普通高等院校经济管理类“十四五”应用型精品教材
【经济管理类专业基础课系列】

国际经济学

INTERNATIONAL ECONOMICS

第2版

主编 胡静寅
参编 张晓岚 史晓寰 王思文 宣红岩 谭伊茗

机械工业出版社
China Machine Press

图书在版编目（CIP）数据

国际经济学 / 胡静寅主编 . —2 版 . —北京：机械工业出版社，2022.12（2024.6 重印）
普通高等院校经济管理类“十四五”应用型精品教材 · 经济管理类专业基础课系列
ISBN 978-7-111-71904-5

I. ①国… II. ①胡… III. ①国际经济学 - 高等学校 - 教材 IV. ① F11-0

中国版本图书馆 CIP 数据核字（2022）第 201478 号

国际经济学通常分为微观（国际贸易）和宏观（国际金融）两大部分。本书的微观部分介绍国际贸易理论和贸易政策等内容；宏观部分讨论国际经济关系与一国宏观经济活动之间的相互关系，着重介绍国际收支、汇率决定理论、开放经济条件下的宏观经济政策以及国际经济政策协调等内容。

本书以微观经济学和宏观经济学为理论基础，在系统介绍国际贸易与国际金融的理论和政策的同时，注重运用规范的经济学思维方式和分析方法，让读者通过学习不仅能了解和掌握国际经济学的基本知识，而且能够熟悉一些现代经济学的研究范式、分析技巧和工具。本书补充了国际贸易与国际金融领域的前沿理论知识，并结合现实中的案例进行理论与政策分析，以培养读者独立思考、分析问题、解决问题的能力。

本书可以作为高等院校经济类专业的本科教材，也可以作为高等院校人文社科类等其他专业的选修课教材，还可以供相关从业人士参考。

出版发行：机械工业出版社（北京市西城区百万庄大街 22 号 邮政编码：100037）

责任编辑：伍 曼　　责任校对：李小宝 张 薇

印 刷：北京机工印刷厂有限公司　　版 次：2024 年 6 月第 2 版第 2 次印刷

开 本：185mm × 260mm 1/16　　印 张：15.25

书 号：ISBN 978-7-111-71904-5　　定 价：49.00 元

客服电话：（010）88361066 68326294

Preface 前言

随着经济全球化的不断深入，世界各国参与国际经济活动日益频繁，国家间的交流与合作日趋紧密，国际经济关系更加复杂，运用经济学的相关理论研究国家之间经济活动和经济关系的国际经济学也得到了快速的发展，成为各高校经济类专业的必修课。由于世界政治经济形势不断变化，专业教材的时效性日益缩短，因此新的研究方法与学说必须紧跟国际经济的研究进展，才能真正起到促进专业教育水平提升的作用。本书编者在充分吸纳国际经济学领域最新研究成果的基础上，对第 1 版的内容进行了修订和补充，并加强了与现实案例的结合，以期能够更好地满足国内高校经济类本科生的教学需要。

本书主要由国际贸易与国际金融两部分构成，一共有 14 章内容。参与编写的人员均为兰州财经大学国际经济与贸易系的教师，具体分工如下：胡静寅编写第 1 章、第 2 章、第 3 章，王思文编写第 4 章、第 6 章，史晓寰编写第 5 章、第 8 章，谭伊茗编写第 7 章、第 9 章，张晓岚编写第 10 章、第 11 章、第 12 章，宣红岩编写第 13 章、第 14 章。本书最后由胡静寅统纂定稿。

在本书编写过程中，我们参考了国内外大量的国际经济学、国际贸易、国际金融、国际投资和国际经济关系的教科书、论文及其他研究资料，并在书后列出了主要参考书目和资料。限于编者水平，本书难免有疏漏之处，敬请谅解。

胡静寅

教学建议 Suggestions

“国际经济学”是一门研究国际范围内资源最优配置以及国际经济关系对资源配置影响的课程，主要运用经济学的分析方法，以国际经济关系为主要研究对象，系统地介绍国际经济学中的理论与政策问题，分析经济体之间的经济关系，阐述开放经济的一般运行规律及其运行方式。

教学方法及手段建议

本课程是一门理论性很强的学科基础课，难点主要体现在理论与实际并重，既要运用西方经济学的基本知识和分析工具来阐述理论，又要采用定性分析和定量分析相结合、实证分析和规范分析相结合的方法对现实问题做出合理的解释，因此对学生的经济学理论基础与应用能力有较高的要求。针对本门课程的特点，建议教师以理论教学（课堂讲授）为主，采用以学生兴趣为导向的案例教学模式，辅以多媒体课件、教学 App 等工具，结合讨论、自学等方法，鼓励学生利用课外资源，从多种媒介（网络、报刊、电视等）获取有关知识，思考有关现象，培养学生的兴趣，加强感性认识。

学时分配建议（供参考）

章	教学内容	学习要点	学时安排
第 1 章	绪论	国际经济学的研究对象、发展、学习方法	2
第 2 章	国际贸易理论的微观基础	国际贸易理论的研究方法与分析工具、国际贸易的起因	3

（续）

章	教学内容	学习要点	学时安排
第 3 章	古典国际贸易理论	绝对优势理论、比较优势理论、相互需求理论	6
第 4 章	新古典国际贸易理论	要素禀赋理论及其扩展与验证	6
第 5 章	国际贸易与收入分配	国际贸易与收入分配的长期与短期分析	5
第 6 章	现代国际贸易理论	重叠需求理论、产品生命周期理论、规模经济理论、垄断竞争模型、产业内贸易理论、新新贸易理论	6
第 7 章	国际贸易政策	贸易保护理论、贸易政策的经济效应	4
第 8 章	国际要素流动	国际劳动力流动、国际资本流动与国际贸易的关系	可自学
第 9 章	区域经济一体化	关税同盟理论、区域经济一体化与国际贸易	2
第 10 章	国际收支	国际收支的概念与国际收支平衡表	2
第 11 章	外汇与汇率	外汇、汇率的概念，汇率决定理论	4
第 12 章	国际收支调节理论	弹性分析法、乘数分析法、吸收分析法、货币分析法	3
第 13 章	开放经济条件下的宏观经济政策	经济政策目标与工具、内外平衡理论、固定与浮动汇率制下的宏观经济政策效果、政策选择的“三元悖论”	8
第 14 章	国际经济政策协调	国际经济政策协调的必要性、可能性、内容与实践	可自学
合　计			51

目录 Contents

前言

教学建议

第1章 绪论 /1

学习目标 /1

1.1 国际经济学的研究对象及层次 /1

1.2 国际经济学的发展 /2

1.3 学习国际经济学的方法 /6

1.4 本书内容安排 /7

本章要点 /8

课后思考与练习 /8

第1篇 国际贸易

第2章 国际贸易理论的微观基础 /10

学习目标 /10

2.1 国际贸易理论的研究方法与分析工具 /10

2.2 一般均衡分析 /13

2.3 贸易的起因 /16

2.4 贸易利益 /17

本章要点 /18

课后思考与练习 /19

第3章 古典国际贸易理论 /20

学习目标 /20

3.1 绝对优势理论 /20

3.2 比较优势理论 /22

3.3 相互需求理论 /30

本章要点 /34

课后思考与练习 /35

第4章 新古典国际贸易理论 /36

学习目标 /36

4.1 要素禀赋理论 /36

4.2 要素积累与生产变化 /41

4.3 要素积累与贸易条件 /43

4.4 要素禀赋理论的验证与解释 /45

本章要点 /48

课后思考与练习 / 48

第5章 国际贸易与收入分配 / 49

学习目标 / 49
5.1 长期分析 / 49
5.2 短期分析 / 53
5.3 短期与长期的比较 / 56
本章要点 / 56
课后思考与练习 / 57

第6章 现代国际贸易理论 / 58

学习目标 / 58
6.1 国际贸易理论中的需求分析：重叠需求理论 / 58
6.2 产业内贸易理论 / 60
6.3 产品生命周期理论 / 63
6.4 规模经济与国际贸易 / 67
6.5 不完全竞争与国际贸易 / 69
6.6 新新贸易理论 / 72
本章要点 / 85
课后思考与练习 / 85

第7章 国际贸易政策 / 86

学习目标 / 86
7.1 贸易保护的理论依据 / 86
7.2 贸易政策的经济效应 / 96
本章要点 / 110
课后思考与练习 / 111

第8章 国际要素流动 / 112

学习目标 / 112
8.1 国际劳动力流动 / 112
8.2 国际资本流动 / 118
8.3 生产要素流动和国际贸易的关系 / 121
本章要点 / 125
课后思考与练习 / 125

第9章 区域经济一体化 / 126

学习目标 / 126
9.1 区域经济一体化概述 / 126
9.2 关税同盟理论 / 130
9.3 区域经济一体化与国际贸易 / 133
本章要点 / 135
课后思考与练习 / 135

第2篇 国际金融

第10章 国际收支 / 138

学习目标 / 138
10.1 国际收支概述 / 138
10.2 国际收支平衡表 / 141
10.3 国际收支分析 / 146
本章要点 / 149
课后思考与练习 / 150

第11章 外汇与汇率 / 151

学习目标 / 151
11.1 外汇、汇率和外汇市场 / 151
11.2 汇率决定理论 / 162
本章要点 / 176
课后思考与练习 / 176

第12章 国际收支调节理论 / 177

学习目标 / 177
12.1 弹性分析法 / 177
12.2 乘数分析法 / 182
12.3 吸收分析法 / 184
12.4 货币分析法 / 187
本章要点 / 189

课后思考与练习　/ 190

第 13 章　开放经济条件下的宏观经济政策　/ 191

学习目标　/ 191
13.1　开放经济条件下的宏观经济政策目标与工具　/ 191
13.2　开放经济条件下的内外平衡理论　/ 194
13.3　开放经济条件下的宏观经济模型　/ 199
13.4　固定汇率制下的宏观经济政策效果　/ 204
13.5　浮动汇率制下的宏观经济政策效果　/ 208
13.6　开放经济条件下政策选择的"三元悖论"　/ 211
本章要点　/ 214
课后思考与练习　/ 214

第 14 章　国际经济政策协调　/ 215

学习目标　/ 215
14.1　国际经济政策协调的必要性　/ 215
14.2　国际经济政策协调的可能性　/ 219
14.3　国际经济政策协调的内容及实践　/ 228
本章要点　/ 232
课后思考与练习　/ 233

参考文献　/ 234

第 1 章

绪　　论

学习目标

通过对本章的学习，初步了解国际经济学的相关知识，包括国际经济学的研究对象及层次、国际经济学的发展、学习国际经济学的方法，并了解本书内容安排。

随着人类社会的不断进步，以国家为单位的国际经济关系越来越密切，所涉及的范围也越来越广泛。当人们说“世界正日益变小”的时候，他们指的不仅是交通与沟通日趋快捷和便利，还强调了人们越来越多地利用国际市场来买卖商品、劳务和金融资产。到处充斥的外国产品、外国厂商和由外国人拥有的资产让许多人关注国际交易所带来的影响，并考虑是否需要这种交易。在这样的背景下，国际经济学作为经济学的一个独立分支应运而生，并在众多经济学家的努力下迅速发展，在经济学中的地位日益提高，成为经济学领域里发展最快、影响巨大的分支之一。目前，国际经济学已被越来越多的国内外大学列为经济学类学生的必修课程，是一门十分重要的课程。

1.1　国际经济学的研究对象及层次

人类活动历经了从简单到复杂，从微观经济到宏观经济，最终形成经济的完整体系。一个国家在与其他国家的经济交往中，产生了国际经济，与世界各国的经济交往便推动了经济全球化，人们在研究国际经济活动规律的过程中，产生了国际经济学。因此，国际经济学是以国际经济关系为研究对象，将理论研究和政策分析相融合，解释各个经济社会之间经济联系的内在机制及其政策含义的学科。作为经济学的分支，它是一般西方经济理论在国际活动范围中的应用与延伸，它以西方经济学的一般理论为基础，研究世界范围内的资源配置与管理机制，进而考察国家间的交易如何影响一国的社会福利、收入分配、就业、经济增长和价格稳定等，并探讨政府政策影响这些方面的可能途径。

一般来说，经济学研究的问题可以划分为两个层次，一是资源配置问题，属于微观经济学的研究范围；二是资源的利用程度及积累问题，属于宏观经济学的研究范围。这意味着国际经济学也可分为微观和宏观两部分，其中微观部分主要讨论世界范围内的资源配置问题，研究经济资源的国际流动，如商品与劳务的跨国交易及相关的政策，称为国际贸易；宏观部分主要讨论在国际格局中资源利用的决定因素及国际传导机制，分析货币资本的国际流动，如用人民币购买美元，称为国际金融。按照英国经济学家马歇尔的标准，国际贸易在研究方法上主要以微观经济分析为基本工具，属于实物面研究；而国际金融则是以宏观经济分析为主要工具，属于货币面研究。

国际贸易部分旨在说明贸易的起因、模式和利益，贸易政策的影响及依据，具体内容包括国际贸易理论、贸易政策、贸易与经济增长之间的关系以及生产要素的国际流动等。国际金融部分则主要探讨国际经济活动在国民收入决定中的作用，以及各国国内经济活动对国际经济关系的影响，具体内容包括外汇理论与政策、国际收支调节理论与政策、国际经济政策协调及国际货币制度等。当然，随着国际经济活动的不断发展，新的问题层出不穷，因此国际经济学的研究内容也在不断地深化。

1.2 国际经济学的发展

1.2.1 国际贸易理论的发展

国际贸易理论在于揭示国际贸易产生的原因、模式以及贸易利益的分配问题。在经济发展的不同时期，国际贸易理论也在不断发展。15 世纪到 17 世纪流行的重商主义是对国际贸易的第一次解释，从国家财富增长的角度讨论了国际贸易的作用和国家应当采取的政策。第一次系统提出国际贸易理论的是亚当·斯密（Adam Smith），至今已有 200 多年的历史。随着经济的发展，国际贸易理论经历了以亚当·斯密和大卫·李嘉图（David Ricardo）为代表的古典国际贸易理论、以赫克歇尔（Heckscher）和俄林（Ohlin）为代表的新古典国际贸易理论、以克鲁格曼（Krugman）为代表的新贸易理论和以梅里兹（Melitz）为代表的新新贸易理论四个阶段。

1. 古典国际贸易理论

古典国际贸易理论产生于 18 世纪中叶，是在批判重商主义的基础上发展起来的，主要包括亚当·斯密的绝对优势理论和大卫·李嘉图的比较优势理论，从劳动生产率绝对或相对差异的角度说明了国际贸易产生的原因、贸易模式和利益分配，由此确立了国际贸易理论发展的方向。后来的学者一直将国际贸易的研究重心放在比较优势原则上，不断探索决定比较优势的各种因素。

2. 新古典国际贸易理论

20世纪初，两位瑞典经济学家赫克歇尔和俄林提出了不同于李嘉图的比较优势思想，新古典经济学逐渐形成。相对于古典国际贸易理论强调劳动生产率差异对国际贸易的影响，新古典国际贸易理论更侧重于从不同国家的生产要素禀赋角度来解释国际贸易的发生以及贸易均衡条件的实现。之后，哈伯勒（Harberler）等学者将技术、要素禀赋和偏好集于一体对国际贸易进行一般均衡分析，与要素禀赋理论（H-O理论）融合，最终形成了国际贸易理论的标准模型。可以说，这一标准化的贸易模型实质上就是新古典学派一般均衡理论在国际贸易研究中的应用，在两种或两种以上生产要素框架下分析产品的生产成本，用总体均衡的方法探讨国际贸易与要素变动的相互影响。

需要一提的是，由于现实中各国技术差异与要素禀赋差异比较显著，古典与新古典国际贸易理论在分析中更为关注这两个方面对国际贸易的影响，忽略了国家间的消费者偏好、技术差异等因素，因此专注于从供给方面探讨国际贸易的起因、模式与利益，被统称为传统国际贸易理论。

3. 新贸易理论

在相当长的时期内，以新古典模型为表达形式的要素禀赋理论在国际贸易理论中占据着绝对的统治地位。20世纪50年代，里昂惕夫（Leontief）以美国的统计数据得出了与H-O理论完全相反的结论，对原有的国际分工和贸易理论提出了严峻的挑战，引发了学术界对国际贸易主流思想的反思，推动了第二次世界大战后新的国际贸易理论的诞生。

第二次世界大战后，国际贸易的产品结构和地理结构出现了一系列新变化：首先，同类产品之间以及发达工业国之间的贸易量大大增加，产业领先地位不断转移，跨国公司内部化和对外直接投资兴起，这些现象与传统国际贸易理论认为的贸易只会发生在劳动生产率或要素禀赋不同的国家间是相悖的。林德（Linder）、波斯纳（Posner）、弗农（Vernon）等人从动态的角度提出了不同于比较优势的新贸易基础。其次，20世纪40年代产业组织理论的兴起，它以不完全竞争市场结构为考察对象，分析市场结构、厂商行为和市场绩效三者之间的因果关系，并在70年代引入了博弈论分析方法，对经济学许多分支的发展产生了巨大的推动作用。在此背景下，以美国经济学家克鲁格曼为代表的经济学家将贸易理论与产业组织分析方法相结合，修正传统国际贸易理论，以规模经济、市场不完全竞争、产品差异性为理论基础，解释上述国际贸易新现象，新贸易理论应运而生。

新贸易理论引入了规模经济的假设，打破了比较优势理论关于规模收益不变和完全竞争的基本假设，使得研究的重心由国家间的差异转向市场结构和厂商行为方面。如果将新古典学派一般均衡分析为基础的比较优势理论冠以“国际贸易的完全竞争理论模型”，那么新贸易理论则可称为“国际贸易的不完全竞争理论模型”，因此这两种流派的理论基础是不同的。另外，它们解释的也是不同的贸易现象，前者主要解释发生在发达国家与发展中国家之间的产业间贸易，后者则解释了发达国家之间的产业内贸易。从这个意义上来说，这两个理论流派不仅不是相互替代的关系，实际上还表现出互补性，共同丰富和完善了国际贸易理论。

4. 新新贸易理论

21世纪国际贸易理论的最新进展主要体现为异质企业贸易模型和企业内生边界模型在国际贸易中的广泛使用。传统国际贸易理论与新贸易理论都没有对单独企业进行研究，也不考虑企业间差异。但是随着跨国公司在全球经济地位的重要性与日俱增，企业国际化过程中越来越复杂的一体化战略选择，以及中间投入品贸易在全球贸易中的份额不断增加，都使得研究国际贸易中企业的组织形式和生产方式的选择变得非常重要。同一产业内企业之间的差异可能比不同产业部门间的差异更加显著，而且现实中并非所有的企业都会从事出口。无论是在规模还是在生产率方面，企业都是异质的。因此，考虑企业间的差异对于理解国际贸易至关重要，新新贸易理论由此产生，它是对企业层面的微观研究，主要代表人物是梅里兹。

新新贸易理论突破了新古典国际贸易理论和新贸易理论以产业为对象的研究范畴，将分析变量进一步细化到企业，以异质企业的贸易投资作为研究重点。新新贸易理论有两个分支：一是以梅里兹为代表的学者提出的异质企业贸易模型；另一个是以安特拉斯（Antras）为代表的学者提出的企业内生边界模型。前者解释为什么在同一产业内有的企业会从事出口贸易而有的企业则不会；后者解释是什么因素决定了企业会选择公司内贸易、市场交易还是以外包形式进行资源配置。二者同时都研究了什么决定了企业会选择以出口方式还是以对外直接投资方式进入海外市场。新新贸易理论较好地将产业组织理论和契约理论的概念融入贸易模型，在企业全球化生产这一研究领域做出了重大理论突破，为研究企业全球化和产业组织提供了全新的视角。

1.2.2 国际金融理论的发展

国际金融理论主要研究各国之间货币运动和资本流动的方式、规律及其影响，所涉及的问题和领域较多，流派众多，不像国际贸易理论的演变那样线索清晰。随着世界经济的发展，国际金融理论也在不断地推陈出新，成为经济学中十分活跃的领域之一。可以说，国际金融理论的发展一直围绕着“外部平衡”问题而展开。从古典国际贸易理论开始，贸易平衡总是被看作一个先决条件，这是因为不考虑货币因素，所讨论的国与国之间的贸易被设想成是完全的易货贸易（物物交换）。但在现实中，国际贸易是以货币作为流通媒介进行的，因而贸易不平衡现象是显而易见的，而贸易平衡事实上只反映了国际经济的长期均衡状态。因此，国际金融理论是从货币金融的角度研究开放经济下内外均衡同时实现的一门独立学科。

1. 国际金融理论的萌芽时期

第二次世界大战以前，各国实行的是金本位制（其他贵金属本位制），经济联系以贸易为主，因此这一时期的外部均衡体现在贸易收支平衡上。重商主义把货币视为财富的唯一形式，将货币的多少作为衡量国家富裕程度的标准，于是奖出限入的贸易政策成为增加一国财富的主要任务。1752年休谟（Hume）提出的“价格－铸币流动机制”是外部调节的古典范例，他认为可以自动通过市场力量不断恢复国际收支平衡。他指出，国家可以通过货币－贵重金属的进出口来完全解决贸易不平衡问题。基于货币数量学说，他建立了一个国际收支和贸易条件的动态模型。

休谟的理论在相当长的时期内（直到两次世界大战期间）一直主导着国际金融领域的探索方向。实际上影响一国商品贸易的因素除了相对价格外，还有另一个重要的变量——名义汇率，但这个因素在金本位制的固定汇率时期，一直没有进入理论分析，直到金本位制崩溃。在两次世界大战间隔时期，各国竞相实行汇率贬值以期改善本国的贸易收支状况，运用贸易收支的弹性分析法，从局部均衡的角度，可以得出汇率贬值与贸易收支的关系，即马歇尔－勒纳条件，并由多位经济学家进一步研究，逐渐形成了国际收支的弹性理论。这一理论应用局部静态均衡分析法，从另一个角度分析了国际收支经常项目的均衡问题，研究在收入不变的条件下价格变动的国际收支效应，并且认为国际收支调节不是自动进行的，而是需要政府政策发挥作用。

考虑到与固定汇率相联系的物价水平和工资的黏性，在20世纪四五十年代，很多研究文献放弃了古典模型核心所在的相对价格调整之说，转向借助收入或就业的变动来调整国际收支，以取得外部平衡的做法。凯恩斯（Keynes）的乘数理论说明了在价格不变的情况下，收入变动对国际收支的影响，它可以帮助我们理解本国或外国居民的支出变动如何影响国内收入的均衡水平，进而影响国际收支。在凯恩斯宏观经济学的基础上，西德尼·斯图亚特·亚历山大（Sidney Stuart Alexander）从国民收入和总需求的角度，系统研究了收入与总支出对国际收支的影响，并提出国际收支调节的相应政策主张。

同时，两次世界大战期间的浮动汇率制和投资性国际资本流动的教训，使人们的注意力更为集中在汇率稳定问题上。这一时期国际金融研究的突出成果是汇率决定理论的发展，诸如购买力平价说、利率平价说、心理预期说等理论先后出现。

2. 国际金融理论的形成时期

第二次世界大战后，布雷顿森林体系的确立和发展对国际金融理论的发展产生了深远的影响。布雷顿森林体系采用了固定汇率制及严格限制资本流动的做法，限定了内外均衡的实现条件。这一阶段国际金融理论的研究主要体现在固定汇率制下如何通过政策搭配来实现经济的内外均衡。米德（Meade）将外部均衡的分析视角从贸易收支扩大到包括资本流动在内的整个国际收支，首先较为系统地提出了内外均衡之间的相互关系，分析了各国实现内外均衡目标时的相互影响。20世纪60年代初期，蒙代尔（Mundell）更新了国际收支调整的传统观点，将货币部门放在了首要位置，国际收支中的资本项目占据了重要地位。

与以前偏重于研究自动实现机制相比，这一时期的国际金融理论重点放在了政策调控的分析上。丁伯根法则因其对于内外均衡目标同时实现问题的强烈针对性成为经济政策理论的基础。在具体的政策设计上，米德提出了金融政策、汇率政策与直接管制的搭配方案，蒙代尔提出了财政政策与货币政策的搭配方案，斯旺（Swan）提出了汇率政策与支出增减政策的搭配方案。

3. 国际金融理论的发展时期

"特里芬难题"的存在逐渐损害了布雷顿森林体系的稳定性。到了1973年，布雷顿森林体系崩溃，国际资本流动迅速发展，浮动汇率制取代了固定汇率制，各国经济的内外均衡问题在这一新的历史条件下显得更加复杂。人们认为，可以通过浮动汇率及其诱发的国际资本流动自发调节国际收支，汇率的资产市场分析是这一时期研究的主流。20世纪70年代货币主义的兴起，涌现了一些极有价值的开放经济的动态模型。其中比古典主义更进一步的国际收支货币分析方法，强调实际平衡效果和长期国际收支平衡；而资产组合模型则阐明了货币与经济增长的关系，指出财富积累中资产的存量和流量的不同，并吸收了宏观经济学中理性预期的一些基本思想。

然而，20世纪80年代世界债务危机和20世纪90年代货币危机的频繁爆发，使人们意识到单纯依靠汇率调节内外均衡是不可能的。经过正反两方面的实践，经济学家们认识到简单追求国际收支平衡是不够的，应当既要发挥国际资本流动对维持国际收支平衡的作用，又要对国际资本流动进行必要的控制，而问题的核心在于确定经常账户的目标。经常项目的跨时均衡成为这一时期的外部均衡标准，它表明对于短期的经常项目不平衡，可以通过融资的方式调节，而对于长期的不平衡则需要通过调整来解决。在有关外部平衡的跨时模型中，一国随时间推移的消费、投资机会由跨时预算约束来描述，这些约束也确定了一国能够向国外借款和放款的条件。在这类模型里，外部平衡被定义为维持与预期的跨时预算约束相一致的、稳定的最佳消费水平的国际收支经常项目状况。在产出、国际利率、贸易条件等方面暂时不利的情况下保持暂时的国际收支经常项目逆差可适当抵消不利冲突；同样，暂时的顺差是对暂时的有利冲击的一个适当反应。

随着国际环境的不断发展变化、国际经济一体化的加深以及全球经济的纵深发展，特别是2008年的全球金融危机给世界经济带来了深远的影响，内外均衡实现问题更加复杂，以这一问题为主要研究对象的国际金融理论处于整个经济科学的发展前沿，面临着前所未有的发展机遇和挑战。

1.3 学习国际经济学的方法

随着改革开放的深入，我国国民经济越来越深入地参与世界经济的循环，成为世界经济运行中的有机组成部分，资源配置与国民福利日益受到国际经济变化的重要影响。我们希望读者在阅读完本书后，可以掌握国际经济活动的规律和运作方式，对国际贸易和国际收支怎样影响一国经济的认识有所改进，并学会评价政府采用的用以影响国际交换水平和方向的各项政策的意义。为了达到这一目的，学习国际经济学要注意以下四个方面。

1.3.1 宏观与微观相结合

如前所述，国际经济学的微观部分主要涉及国际市场中的交易、价格、资源配置、收入分配、经济效率及福利等，宏观部分主要涉及分析国际收支与国际收入的关系、国际收支的调节、国际收支的均衡过程等，而政策的研究中既有微观的福利探讨，也有宏观的均衡分析。因此，在国际经济学的学习中要注意宏观与微观经济分析的有机结合。

1.3.2 静态与动态相结合

国际经济学的发展趋势，正逐步以静态分析为起点，尽量使得理论自身动态化，以适应国际经济现实，并对它给予符合现实的说明。学习国际经济学，要注意理论中应用的比较静态分析，强调的是对变化中的不同阶段的一些既定结果加以比较分析，如比较优势学说。而动态分析则强调对事物变化过程以及变化中各个变量对过程的影响，如产品生命周期理论。

1.3.3 定性与定量相结合

定性分析与定量分析是经济学的两种主要分析方法和手段，国际经济学更强调二者的有机结合。学习中要注意国际经济中结构性的联系，如比较利益分为得自贸易的利益和得自分工的利益，国际经济福利的分配、再分配等，就是定性分析；定量分析主要是对事物数量关系的变换进行分析，如某一关税水平对于国内市场的有效保护率是多少。

1.3.4 理论与政策相结合

理论与政策的相互结合在国际经济学分析中表现得要比一般微观、宏观经济学更为明显，它所阐释的理论大多具有强烈的政策内涵和政策取向。例如，国际贸易理论分析总是要结合贸易政策，国际收支理论总要伴随经济失衡调整，购买力平价理论分析也总是与它的实际运用相结合。因此，理论联系实际是国际经济学的重要特征之一，在学习的时候一定要注意这一点。

1.4 本书内容安排

如前所述，国际经济学分为宏观与微观两部分，因此本书的内容共分为两篇：第 1 篇介绍国际贸易理论与政策，第 2 篇探讨国际金融的相关理论与宏观经济政策选择。

第 1 篇共有 8 章。第 2 章总体介绍国际贸易理论的研究方法与分析工具，建立起一个基本的模型框架，将国际贸易理论的发展顺序与研究的逻辑次序统一起来，便于读者更清晰地把握国际贸易理论的基本问题和具体内容。第 3 章到第 6 章根据理论的发展脉络详细阐述不同历史阶段的国际贸易理论，并应用分析工具对理论进行现代经济学分析，让读者逐渐了解不同条件下的国际贸易的起因、模式与结果。第 7 章讨论与贸易保护有关的理论与政策，特别分析了不同的贸易政策的经济效应。第 8 章涉及国际要素流动问题，由于相关要素流动的研究起步较晚，基本上附属于商品贸易理论，因此许多商品贸易理论的观点扩展到国际要素流动领域也同样适用。第 9 章专门讨论特殊的贸易政策安排——经济一体化与关税同盟，分析区域经济一体化的经济效应。

第2篇共有5章。第10章和第11章分别介绍国际收支与外汇、汇率的基本概念和核心理论，从而把第1篇中所讨论的纯贸易问题与开放经济条件下的收入决定和国际收支平衡问题联系起来。第12章主要介绍国际收支调节的内在机制和方法，包括弹性理论、乘数理论、吸收理论和货币理论。在以上内容的基础上，第13章探讨开放经济条件下宏观经济的内外平衡问题及财政政策与货币政策的作用效果。最后，第14章阐述了国际经济政策协调的必要性和制度安排。

本书在结构安排上借鉴了国内外同类教材的一些成功经验，并采用了比较成熟的现代经济学分析方法和工具。本书主要面向经济类本科生，也可供研究生作为参考资料。学习本书要求读者掌握微观经济学、宏观经济学、国际贸易、国际金融的基础知识。

本章要点

1. 国际经济学是以西方经济学的一般理论为基础，研究世界范围内的资源配置，进而考察国家间的交易如何影响一国的社会福利、收入分配、就业、经济增长和价格稳定等，并探讨政府政策影响的学科。
2. 国际经济学包括微观的国际贸易和宏观的国际金融两部分，前者研究世界范围内的资源配置，后者研究国际格局中资源利用的决定因素及国际传导机制。
3. 国际经济学伴随着国际经济活动的不断发展而深化。
4. 良好的学习方法是学好国际经济学的保证。

课后思考与练习

1. 国际经济学的研究对象是什么？
2. 从国际经济学理论的发展中你能得出哪些结论？

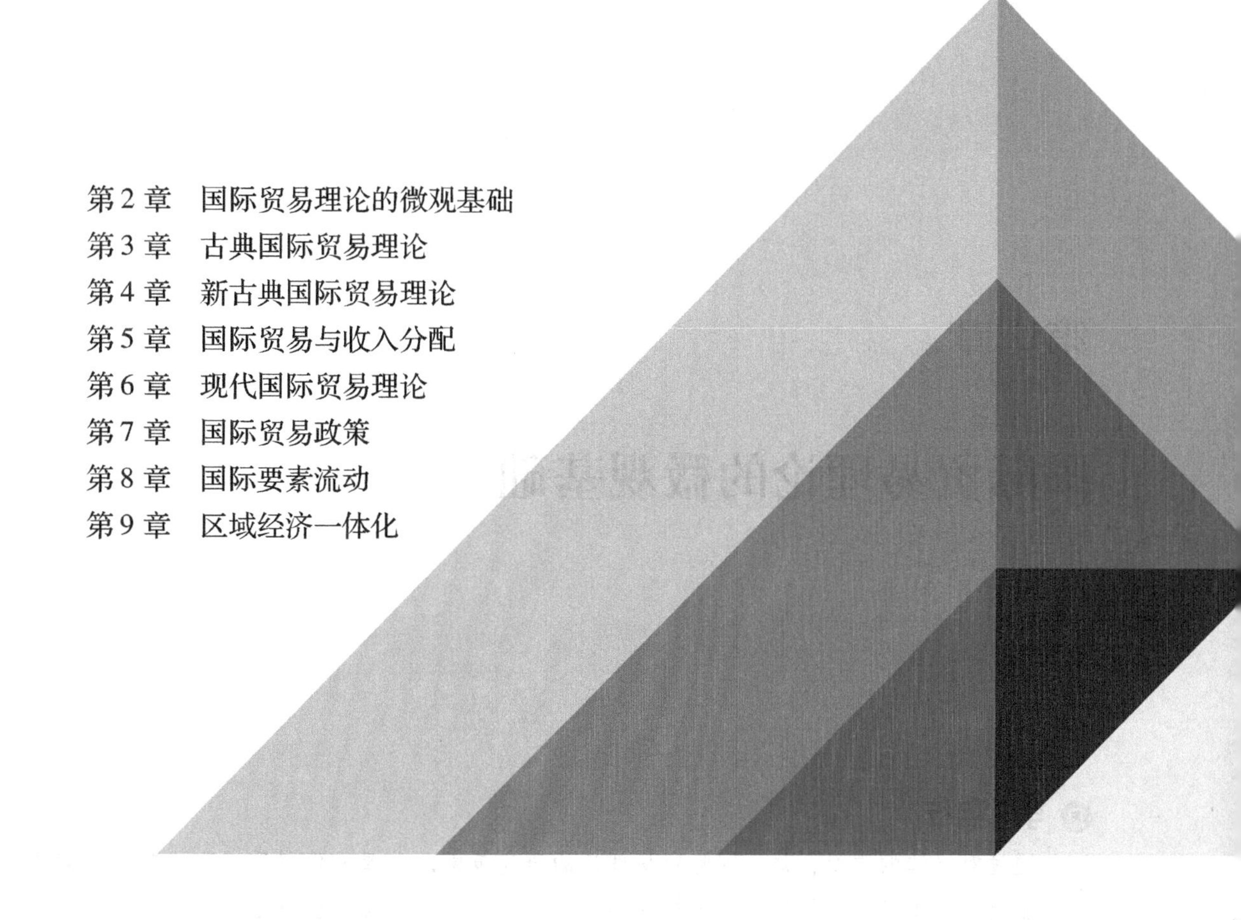

第 2 章　国际贸易理论的微观基础
第 3 章　古典国际贸易理论
第 4 章　新古典国际贸易理论
第 5 章　国际贸易与收入分配
第 6 章　现代国际贸易理论
第 7 章　国际贸易政策
第 8 章　国际要素流动
第 9 章　区域经济一体化

第 1 篇

国际贸易

第 2 章

国际贸易理论的微观基础

学习目标

通过对本章的学习，熟悉国际贸易理论的研究范围，掌握国际贸易理论的基本研究方法和主要分析工具，并能够正确分析国际贸易的起因、模式及利益分配。

国际贸易理论是国际经济学的微观部分，它以微观经济学为理论基础，研究和解释国际贸易的起因、模式、利益以及贸易政策的影响。从研究内容上看，国际贸易分为国际贸易理论与国际贸易政策两部分。在学习国际贸易理论之前，需熟悉并掌握其主要分析方法和工具。

2.1 国际贸易理论的研究方法与分析工具

2.1.1 研究方法及特点

总体而言，国际贸易理论的研究方法与一般经济学相同，也分为实证分析和规范分析两种。前者主要针对某一国参与国际贸易的现象，提供理论分析框架，解释诸如国际贸易发生的原因、贸易模式的决定、贸易利益的衡量与分配、贸易对一国经济增长的影响等问题；后者则是就某一与贸易有关的现象，进行价值判断，如政策措施对国内经济活动与福利的影响、不同条件下政府在贸易政策制定中的最佳选择等。

由于国际贸易研究以国家为单位，既考虑个体行为，又考虑国家或政府行为，因此，国际贸易理论在研究方法上又与微观经济学有所不同，具有以下几个特点。

第一，在分析框架上，国际贸易理论大都假定世界上只有两个国家，生产两种产品，投入的生产要素不超过2个，即2×2×1或2×2×2模型。这个假定建立了一个二维坐标图，其优点是不仅简单直观，便于理解，而且在论证过程中较为严密。但缺点是模型限定在二维范围内，与现实差距较大。

第二，国际贸易理论分析不涉及货币因素，贸易的形式为物物交换。因此，国际贸易理论实际上是一种实物面的分析。这种研究方法主要基于一个假设：经济行为主体的决策取决于所有价格，而不仅仅依靠部分价格信息，在“实际”经济没有变动的情况下，行为主体不会改变决策。例如：某一农场主在决定种植哪一种农产品时，面临两个选择——小麦与玉米，并且两种农产品的生产成本完全相同。假设两种农产品的市场价格相同，那么对于农场主来说，无论种植哪种作物，利润都是一样的。假定农场主选择种植小麦。过了一段时间之后，农场主发现市场上玉米价格上涨了50%，此时农场主是否决定下一年改种玉米呢？回答是不一定，因为农场主是否决定改种玉米，不仅取决于玉米价格的变化，还要视小麦价格的变化而定。如果小麦的价格也上涨了50%，那么对农场主来说，种植两种作物的利润还是一样，没有必要改种玉米。如果小麦的价格未变或上涨幅度小于玉米，那么改种玉米对于农场主来说就会带来更高的收入。因此，农场主决定将来种植哪种作物，取决于两种作物价格的相对变化，而不是某一种作物的价格变化。

由此可以说明，理性经济主体不会被某些货币变化带来的“货币幻觉”所影响，从而能做出正确的判断。为了描述这种现象，在此引入“相对价格”的概念。假设P_X和P_Y分别表示两种商品X和Y的货币价格（也称绝对价格），那么P_X/P_Y就是商品X的相对价格。它的含义是用商品Y代替货币，即用一个单位的商品X与商品Y进行交换，所能得到的商品Y的数量。相对价格表达的是一种纯粹的物物交换关系，经济主体的行为只取决于相对价格，而与商品的绝对价格无关。

第三，由于国际贸易涉及不同国家的价格体系，因此国际贸易理论多采用一般均衡分析。一般均衡分析是把所有相互联系的市场看成一个整体来加以研究。在这种分析框架下，每个商品的供求和价格不仅取决于该商品本身，还取决于所有相关商品。当整个经济体系的所有商品都达到供求相等时，市场才达到一般均衡状态。

第四，大多数国际贸易理论采用静态或比较静态分析，剔除了时间因素的影响。

2.1.2 主要分析工具

人们从事国际贸易是为了自身利益的改善，具体来说，消费者追求效用最大化，厂商追求利润最大化。因此，微观经济学关于消费者理论和生产者理论分析中使用的工具，同样适用于国际贸易理论的研究。

1. 生产可能性曲线

（1）生产可能性曲线的概念。

在2×2×1或2×2×2模型的假定下，描述供给条件的分析工具是生产可能性曲线，它是指在一定的技术条件下，充分利用一国全部资源所能生产的两种产品的最大产量组合的轨迹。如图 2-1 所示，一国生产 X 与 Y 两种商品，横轴表示 X 的产量，纵轴表示 Y 的产量。如果把全部资源用于生产 X，产量可达 160 个单位；全部资源用于生产 Y，可得 120 个单位；如果两种产品都生产，一国既可以选择在 A 点生产，产量为（50，70），也可以选择在 B 点生产，产量为（130，40）。将所有这样的产量组合点连成一条曲线，就构成了该国的生产可能性曲线。

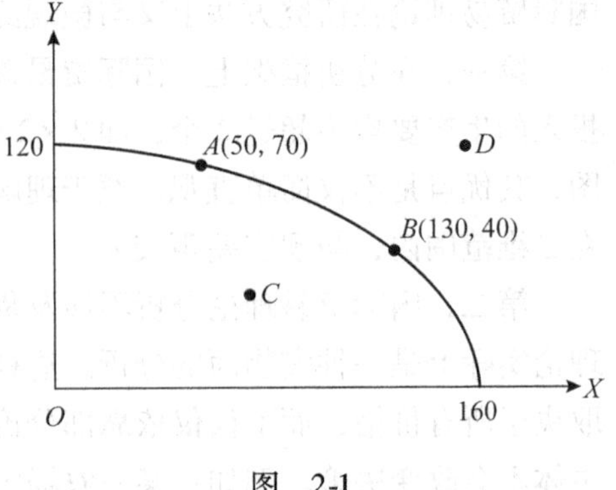

图 2-1

生产可能性曲线内部所有的点表示资源未被充分利用，如点 C；其外部的所有点表示现有的资源和技术无法达到的产出水平，如点 D。因此，生产可能性曲线反映一国在既定资源和技术水平下的产出极限，当生产要素存量增加或技术进步时，生产可能性曲线就会向外扩展，从而达到更高的产出水平。

（2）机会成本。

在资源既定的情形下，当生产组合处于生产可能性曲线上时，要想增加一种产品的产量，就必须降低另一种产品的产量，也就是说，增加某一产品的生产必须以牺牲另一产品的生产为代价，这种替代关系可以用“机会成本”来表达。

所谓机会成本是指增加一单位的某产品而必须放弃的另一种产品的生产数量。如图 2-1所示，假设现在该国的生产点位于 A 点，当生产点向 B 点转移时，X 的产量增加，相应减少 Y 的产量，那么 X 生产的机会成本就是以 Y 的生产的减少来衡量的，机会成本即为 $-\Delta Y/\Delta X$。如果 X 的生产仅增加一个微小的量，机会成本就可以用通过 A 点的生产可能性曲线的切线斜率的绝对值来表示，即 $|dY/dX|$。

随着 X 产量的增加，机会成本的变动会出现三种情形：递增、不变和递减，说明每增加一单位的 X 产品生产而放弃的 Y 产品数量分别为越来越多、不变或越来越少。当机会成本递增时，随着 X 的生产增加，生产可能性曲线上对应的切线斜率的绝对值不断上升，因此生产可能性曲线的形状是凹向原点的；当机会成本不变时，生产可能性曲线上每一点切线斜率相等，因此生产可能性曲线是一条直线；当机会成本递减时，随着 X 的生产增加，对应的切线斜率绝对值不断下降，因此生产可能性曲线的形状是凸向原点的。

（3）商品市场均衡。

生产可能性曲线上的每一个点表示一个国家能够生产的两种产品的不同组合，但究竟在哪一个点进行生产，则取决于两种产品的相对价格。

在一个完全竞争经济中，均衡时的商品价格应等于其边际成本。以 P_X/P_Y 表示 X 商品的相对价格，X 的边际成本是其机会成本，当二者相等时达到均衡，生产点在生产可能性曲线上的位置也就确定了。在图 2-2 中，当相对价格线 P_X/P_Y 与生产可能性曲线相切时，切点 Q 就是生产均衡点，在这一点 X 与 Y 的供给分别为 X_Q 和 Y_Q。如果 X 的相对价格上升为（P_X/P_Y）′，则生产均衡点由 Q 转移到 Q'，X 的供给增加，而 Y 的供给下降。

2. 社会无差异曲线

在需求方面，个体无差异曲线是描述单个消费者的偏好与福利的重要概念。但在国际贸易中，我们更关注整个国家的福利，即判断国际贸易对一国福利是好是坏。在此，我们用社会无差异曲线衡量整个社会需求和福利水平。

假定社会中所有消费者偏好都是相同的，这样集体偏好与个体偏好一致，因此社会无差异曲线就是个体无差异曲线的加总，它的形状和性质与个体无差异曲线一致，如图 2-3 所示。

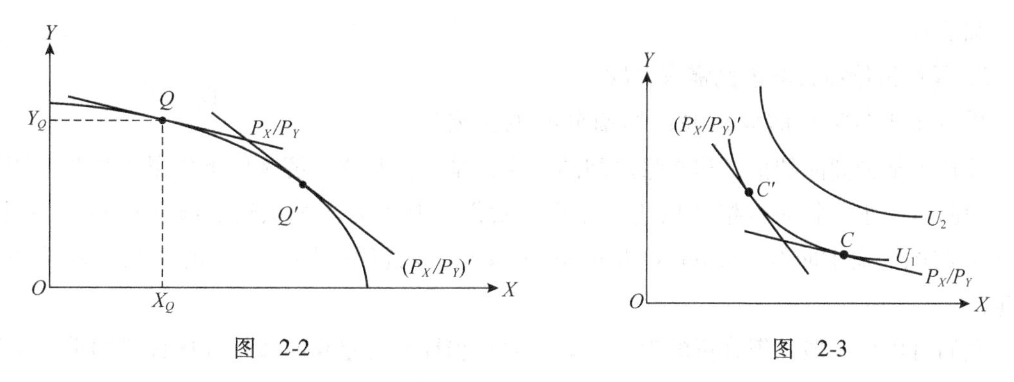

图　2-2　　　　图　2-3

社会无差异曲线表示在一定的社会偏好、技术和资源条件下，国家获得同等满足程度的两种产品的消费组合。它有两种用途。

1）用来确定一国的消费均衡点。由于边际效用递减，社会无差异曲线凸向原点，表明在既定的收入条件下，消费者每增加一单位 X 的消费所愿意放弃的 Y 的消费数量趋于减少，因此社会无差异曲线上的每一个点的斜率定义为边际替代率（MRS）。当一国实现福利最大化时，边际替代率等于商品的相对价格，即 $\text{MRS} = P_X/P_Y$，在图 2-3 中表现为相对价格线与社会无差异曲线相切，切点 C 即是消费均衡点。如果 X 的相对价格上升为（P_X/P_Y）′，则生产均衡点由 C 转移到 C'，X 的消费减少，而 Y 的消费增加。

2）用来衡量社会的福利水平。如果贸易的开展导致社会无差异曲线向远离原点的方向移动（见图 2-3），说明贸易使该国的福利水平提高（从 U_1 提高到 U_2），贸易是有利的。

2.2　一般均衡分析

2.2.1　封闭条件下的一般均衡

1. 一般均衡条件和均衡解

在封闭状况下，决定一国经济一般均衡的条件有三个。

1）生产达到均衡。此时机会成本等于相对价格，表达式为 $\text{OC} = \dfrac{P_X}{P_Y}$。

2）消费达到均衡。此时社会无差异曲线在该点的边际替代率等于相对价格，表达式为 $\text{MRS} = \dfrac{P_X}{P_Y}$。

3）市场出清。此时每种商品的生产均等于消费，表达式为 $X_C = X_P$，$Y_C = Y_P$。其中 C 表示消费，P 表示产出。

图 2-4 描述了满足上述三个条件的一般均衡状态，均衡解是生产可能性曲线与社会无差异曲线相切的切点 E，由 E 点决定的切线的斜率的绝对值等于 X 的相对价格。也就是说，生产可能性曲线和社会无差异曲线共同决定了均衡状态下一国的相对价格水平、生产和消费。

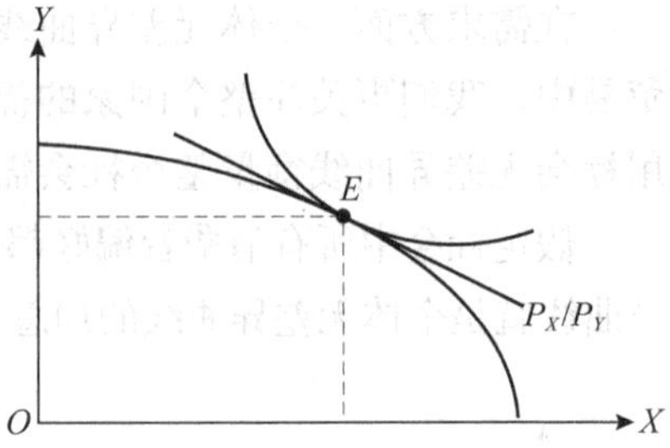

图 2-4

2. 国民供给曲线与国民需求曲线

供给曲线与需求曲线是局部均衡分析的主要工具，反映了某种商品的价格和数量之间的对应关系，在开放经济条件下可以表现为一国某一种商品对应于其相对价格的供给与需求，我们将其称为国民供给曲线（national supply curve）与国民需求曲线（national demand curve），以说明一国生产、消费和均衡价格的决定。

我们可以由一般均衡分析的生产可能性曲线和社会无差异曲线推导国民供给曲线与国民需求曲线。图 2-5a 中，任取 X 的三个不同的相对价格 1/2、1 和 2，三条相对价格线与生产可能性曲线的切点分别决定了三个生产均衡点 A、B、C，对应于这三点的 X 的产出分别为 S_1、S_2、S_3。在图 2-5b 中，横坐标表示 X 的供给量，纵坐标表示 X 的相对价格。根据图 2-5a，可以在图 2-5b 中画出相对应于各种相对价格的 X 的供给量，于是得到 X 的国民供给曲线 NS_X，该曲线斜率为正，表明供给量是价格的增函数。

图 2-6 说明了 X 的国民需求曲线是如何推导出来的。在图 2-6a 中，通过生产点 A、B、C 的三条价格线同时又代表该国在三个不同相对价格水平下的预算约束线，为达到效用最大化的目的，消费者希望选择的消费应在预算约束线与社会无差异曲线相切的点。在相对价格为 1/2、1 和 2 时，消费者希望达到的消费点分别为 D、E、F。将对应于 X 不同的相对价格与消费者希望得到的消费量之间的关系绘制在图 2-6b 中，就得到国民需求曲线 ND_X。该曲线向右下方倾斜，斜率为负，表示消费量与价格成反比关系。

当然，国民供给曲线与国民需求曲线反映的是一国供给与需求的各种潜在可能，实际发生的供给与需求只是众多潜在可能中的一种。当两条曲线相交时，它们的交点决定了封闭条件下的均衡产量、消费水平以及相对价格。

3. 封闭条件下的相对价格差与国际贸易的发生

如图 2-7 所示，在封闭条件下，A 国的国民供给曲线与国民需求曲线相交，由此决定了该国 X 产品的相对价格为 1。同样，B 国封闭条件下的相对价格为 2（见图 2-8）。可以想象，如果商品在两国之间可以自由流动且没有任何成本，那么，B 国的消费者会发现，从 A 国购买 X 商品要比从本国购买便宜，因此 B 国会从 A 国进口 X；反之，B 国的 Y 商品的相对价格低于 A 国，A 国的消费者会发现，从 B 国购买 Y 商品要比从本国购买便宜，因此 A 国会从 B 国进口 Y，于是，两国之间发生了贸易。

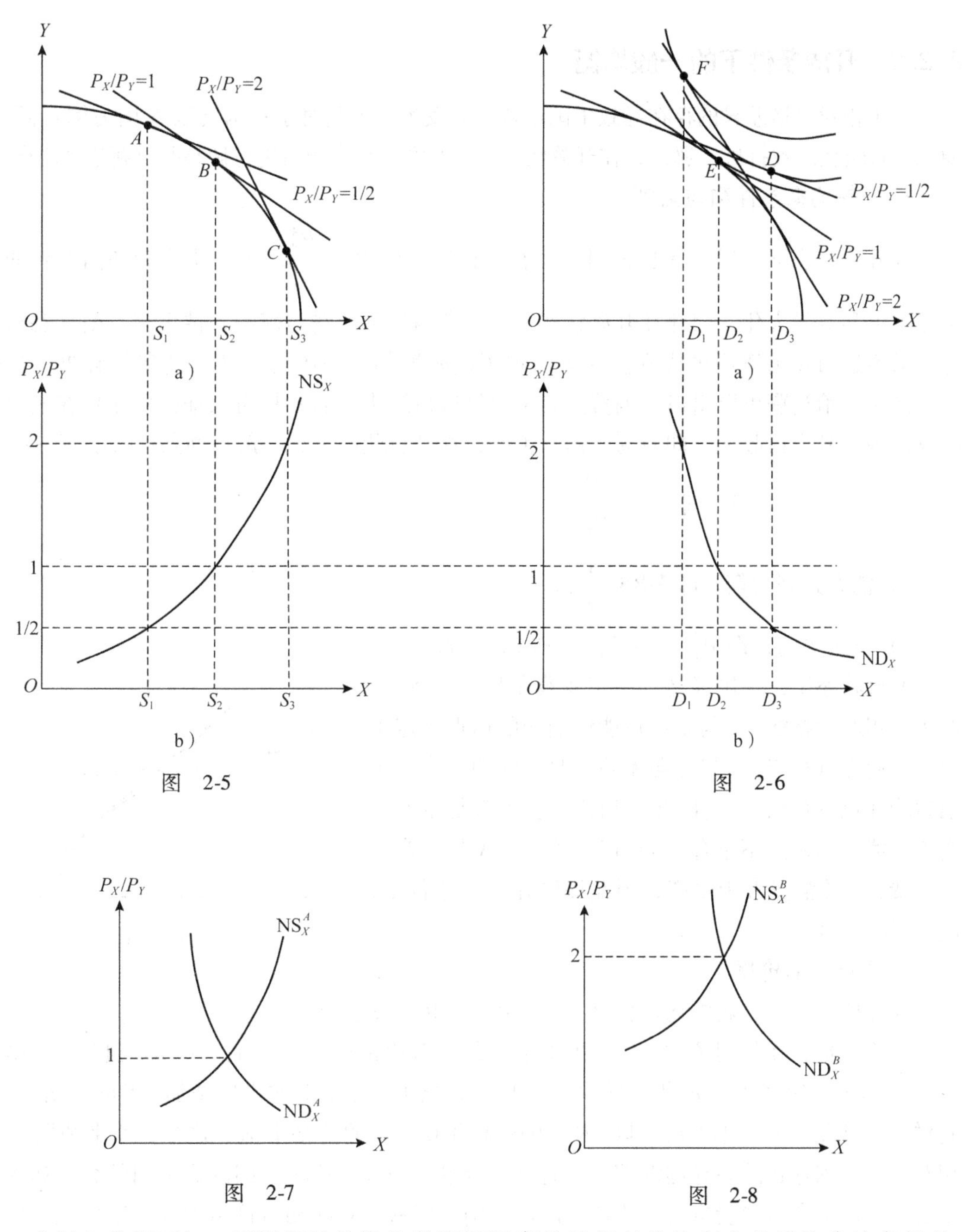

图　2-5

图　2-6

图　2-7

图　2-8

由以上分析可知，国际贸易的发生是以两国商品的相对价格存在差异为先决条件的，因此，国际贸易是建立在相对价格差异的基础上的。

由于 A 国在封闭条件下 X 商品的相对价格低于 B 国，可以称 A 国在 X 商品上具有比较优势，而在 Y 商品上处于比较劣势；同样，B 国则在 Y 商品上具有比较优势，在 X 商品上处于比较劣势。从这个意义上讲，两国之间的贸易方向取决于比较优势，即每个国家出口具有比较优势的商品，进口处于比较劣势的商品。

2.2.2 开放条件下的一般均衡

由于相对价格差异的存在导致了国际贸易的发生，因此对于一国（以A国为例）而言，原来的封闭状态被打破。那么，在开放状态下，A国的经济如何进行调整并重新达到均衡？

1. 一般均衡条件和均衡解

在开放状态下，假设A国面对一个新的相对价格 $P^W=\frac{P_X^W}{P_Y^W}$。由于生产者和消费者的目标是追求利益最大化，因此在开放状态下，生产均衡和消费均衡的条件仍与封闭状态时一样，只不过市场出清不再成立。因为出现了国际贸易，一国的生产与消费不必再保持一致，产品供给过剩可以出口，消费过剩可以靠进口解决，因此只需保证国民花费在进口上的支出等于其出口收入，即贸易平衡。由此，在开放状态下，一般均衡条件有以下三点。

1）生产达到均衡，即 $OC=\frac{P_X^W}{P_Y^W}$；

2）消费达到均衡，即 $MRS=\frac{P_X^W}{P_Y^W}$；

3）贸易平衡，即 $P_X^W(X_P-X_C)=P_Y^W(Y_C-Y_P)$。

开放状态下，一国经济的一般均衡如图2-9所示。图中，相对价格线 P^W 与生产可能性曲线的切点决定了生产均衡点（Q 点），与社会无差异曲线的切点决定了消费均衡点（C 点），与图2-4相比，差别就是生产均衡点与消费均衡点不重合。如图2-9所示，X 的生产大于消费，Y 的消费大于生产，因此该国在开放条件下，出口 X，进口 Y。

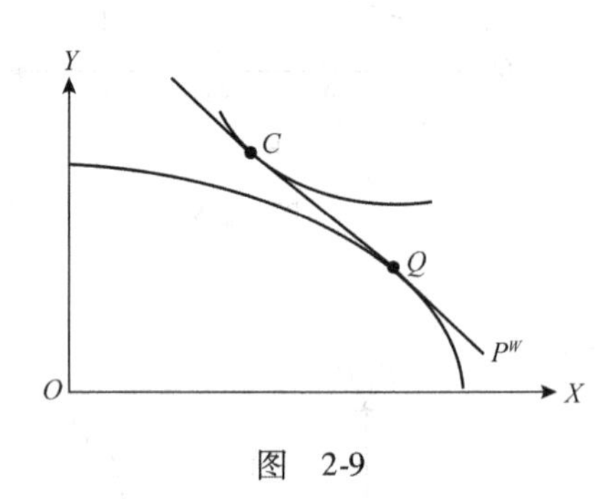

图 2-9

2. 国际均衡价格

在开放条件下，新的均衡价格 P^W 是由两国共同决定的。

如前分析，在封闭条件下，A国由于 X 的相对价格低于B国而出口 X、进口 Y，由此导致A国国内市场上 X 的供应减少，引起 X 价格的上涨，Y 的供应增加，Y 的价格下降；同样，B国进口 X、出口 Y，其国内 X 的价格下降，Y 的价格上涨。这样，原来两国 X 的相对价格之间存在的差异逐渐缩小，直到完全趋于一致，这时两国国民之间的交易达到了新的均衡，生产与消费也达到均衡。因此，国际贸易建立在相对价格差异的基础上，反过来国际贸易又会消除相对价格差异，导致国际商品价格的均等化。也就是说，在新的均衡状态下，两国面对相同的价格水平，此时的价格称为国际均衡价格。这个新的价格一定介于两国原来的国内相对价格之间，即 $P^A<P^W<P^B$。

2.3 贸易的起因

贸易的起因、贸易的模式以及贸易的利益是国际贸易理论研究的三大基本问题，而贸易的起因则是贸易模式决定与贸易利益获得及分配的前提。如前所述，国际贸易建立在相对价格差异的基础上，而产品的相对价格取决于供求两个方面，因此，要进一步了解国际贸易发生的根源，必须从供给与需求两方面去探索产品相对价格差异产生的原因。

2.3.1　完全竞争条件下贸易的起因

如前所述，生产可能性曲线和社会无差异曲线共同决定了均衡状态下一国的相对价格水平，那么，当两国的生产可能性曲线与社会无差异曲线不相同时，相对价格一定是有差异的。

进一步地，生产可能性曲线的形状与位置由生产技术水平和要素禀赋共同决定。如果两国相同部门的生产函数不同，要素禀赋不同，则两国的生产可能性曲线就会不同；同样，如果两国消费者偏好有差异，那么两国的社会无差异曲线的形状和位置也就不一致。在规模不变和完全竞争情况下，当存在这些差异时，两国的相对价格会不一样，国际贸易就会发生。

因此，在完全竞争条件下，生产技术差异、相对要素禀赋差异、消费者偏好不同均是国际贸易的起因。生产技术差异或相对要素禀赋差异反映了两国供给方面的差异，而消费者偏好则体现了需求方面的差异。

2.3.2　不完全竞争条件下贸易的起因

需要指出的是，在规模收益递增或不完全竞争条件下，相对价格差异不再是国际贸易的唯一基础。在这种情形下，即使两国相对价格一样，国际贸易仍可能发生。这是因为，规模经济会导致国际分工的完全专业化生产，不同的国家可以选择生产不同的商品，然后互相交换。在不完全竞争条件下，以上基于完全竞争前提的分析方法也不再适用。因此，国际贸易理论实际上包括两类不同的理论体系：国际贸易的完全竞争理论和不完全竞争理论。关于不完全竞争及其在国际贸易研究中的应用，我们将在第 6 章进行详细分析。

2.4　贸易利益

一国能否从国际贸易中获益，这是国际贸易理论研究的一个基本问题。从亚当 · 斯密开始，一代代的经济学家都在不断地向人们证明一个理念：贸易是有益的。

2.4.1　贸易利益的衡量

如前所述，社会无差异曲线代表一国的福利水平，因此可以通过贸易前后一国社会无差异曲线的移动来判断贸易利益的存在及利益的大小。

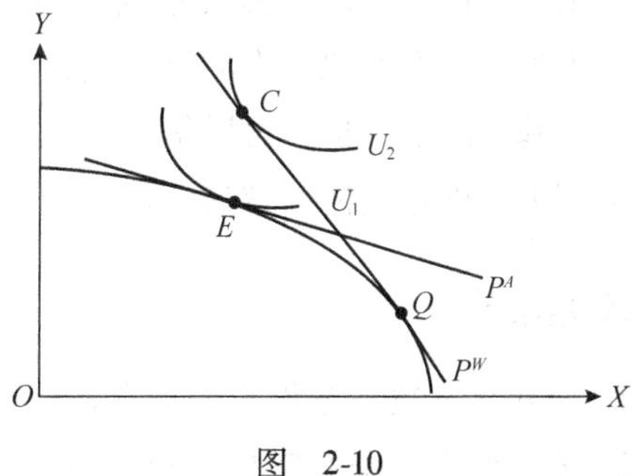

图　2-10

如图 2-10 所示，开放前 A 国一般均衡点在 E

点，相对价格为 P^A。开放后，A 国面对新的相对价格 P^W，生产均衡在 Q 点，消费均衡在 C 点。贸易前 A 国的福利水平由通过 E 点的一条社会无差异曲线所代表的 U_1 表示，贸易后其消费点由 E 点转移到 C 点，过这一点的另一条社会无差异曲线位置更高，其所代表的福利水平提高，说明 A 国从贸易中获得了利益。由图 2-10 可以看出，A 国国内相对价格 P^A 与国际价格 P^W 相差越大，两条社会无差异曲线之间的距离越远，国际贸易的利益也就越大。P^W 又称为该国的贸易条件（出口价格与进口价格之比），因此贸易条件改善意味着该国从国际贸易中可以获得更多的利益。

对于其他国家而言，以上的结果同样成立。因此，国际贸易是一种互利行为，参与贸易的各国都能从中获益，而贸易利益的大小则取决于该国的贸易条件。

2.4.2 贸易利益的分解

国际贸易利益包括两部分，即来自交换的利益和来自专业化的利益。前者指国家之间拥有不同的资源禀赋或不同的偏好，那么通过商品交易可以改善各自的福利；后者则指国家可以通过专门从事其效率相对更高的生产来获得的额外利益。

可以想象，当一国由封闭走向开放，面对新的国际价格时，生产者不能立即调整其生产数量，所以生产点不变；而消费者发现原来在封闭条件下价格比较低的 X 商品变贵了，而原来比较贵的 Y 商品变便宜了，他们将不会停留在原来的消费点，而是减少 X 的消费，增加对 Y 的购买。如图 2-11 所示，消费点由 E 点转移到 F 点，F 点是通过生产点 E 点的国际相对价格线与另一条更高位置的社会无差异曲线的切点。由此，该国社会福利水平提高（从 U_1 到 U_2），这是在生产不变的情况下，从国际交换中获得的利益。过了一段时间，生产者也会根据商品相对价格的变动调整其产量，他们会增加相对变贵了的 X 商品的生产，而减少变便宜了的 Y 商品的生产，于是生产点由 E 点沿着生产可能性曲线向右下方移动，直到 Q 点时再次达到生产均衡。生产的这一变动提高了资源配置效率，使国民收入由原来通过 E 点和 F 点的预算线所代表的水平提高到现在通过 Q 点的预算线所代表的水平，进而提高了消费水平，消费点由 F 点转移到 C 点，其代表的福利水平再次得到提高（从 U_2 到 U_3），这是由生产的专业化带来的额外利益。

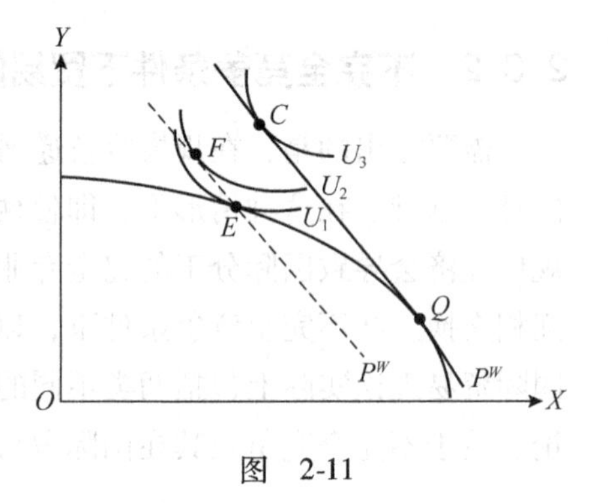

图 2-11

基于以上分析，可以得出贸易能为双方带来利益的结论，贸易利益如何在贸易国之间分配则要根据具体的贸易条件而定。

本章要点

1. 国际贸易理论分析不涉及货币因素，交易为物物交换，因此商品价格采用相对价格。
2. 基于完全竞争的假设，封闭条件下相对价格差异是国际贸易产生的基础，而国家间的供给与需求方面的差异是造成相对价格差异的根源。

3. 贸易后，国际均衡价格由两国供求共同决定，它必然处于两国封闭条件下的相对价格之间。
4. 贸易可以提高参与国的福利水平，贸易是有利的。

课后思考与练习

1. 模仿图 2-5 和图 2-6 推导出 Y 商品的国民需求曲线与国民供给曲线。
2. 如果生产可能性曲线是一条直线，试推导封闭条件下和开放条件下的一般均衡。
3. 国际均衡价格的变化会如何影响国际贸易利益在两国间的分配？
4. 如果国际贸易发生在大国和小国之间，你认为贸易后的国际相对价格会更接近哪个国家？哪个国家在贸易中的获利会更大？
5. 封闭条件下的均衡价格与开放条件下的均衡价格有何不同？

第3章

古典国际贸易理论

学习目标

通过对本章的学习，熟练掌握绝对优势理论、比较优势理论、相互需求理论产生的背景、分析方法、理论的主要内容，以及每个理论之间的内在逻辑，并深入了解理论的优势与不足。

古典国际贸易理论是最早阐述国际贸易产生的原因与影响的学说，起源于亚当·斯密的绝对优势理论，发展于大卫·李嘉图的比较优势理论，相互需求理论则进一步补充完善了该理论。本质上讲，古典国际贸易理论从劳动生产率差异的角度解释国际贸易的起因与影响。

3.1 绝对优势理论

亚当·斯密是古典经济学的创始人，于1776年发表了《国民财富的性质和原因的研究》（简称《国富论》）一书，在深刻批判重商主义的基础上，奠定了古典国际贸易理论的基石。

3.1.1 对重商主义的批判

重商主义（mercantilism）是资本主义生产方式准备时期建立起来的代表商业资产阶级

利益的一种经济学说和政策体系。它产生于15世纪，全盛于16世纪和17世纪上半叶，从17世纪下半叶开始衰落。重商主义所重的“商”是对外贸易，认为对外贸易是财富的源泉。它把金银货币看作财富的唯一形式，一切经济活动的目的就是积累财富，而获取财富的途径是对外贸易顺差。因而主张国家干预经济活动，鼓励本国商品输出，限制外国商品输入，以此使货币流入国内，从而增加国家财富和增强国力。

亚当·斯密深刻批判了重商主义思想。他指出，一国的财富反映在生产能力上，即生产最终产品和服务的能力，而非所拥有的贵金属水平上。如何才能增加一国的财富？亚当·斯密认为扩大生产才能提高本国的生活水平，而生产的扩大最根本的动力是劳动生产率的不断提高，而这又取决于社会分工的不断深化。简而言之，财富增加依赖于劳动分工，这就是亚当·斯密的劳动分工学说的基本思想。

3.1.2 理论的主要内容

亚当·斯密非常重视分工，认为分工可以提高劳动生产率，从而能增加国家财富。因此，各国应该开展国际分工，分工的原则是绝对优势，分工的基础则是有利的自然禀赋和后天条件。他提出，因为有利的自然禀赋或后天条件可以使一个国家生产某种产品的成本绝对低于他国，因而在该产品的生产和交换上处于绝对有利的地位。各国按照各自的有利条件进行分工和自由交换，将会使各国的资源得到最有效的利用，大大地提高劳动生产率和增加物质财富，并使各国从贸易中获益。

在表3-1中，A国单位X产品的劳动投入量为3个单位，B国则为12个单位，可见A国X的生产成本小于B国。同时，生产单位Y产品的劳动投入量A国为6个单位，B国为4个单位，A国的生产成本大于B国。表3-2则反映两国在两种产品上各自的劳动生产率，显然，在X的生产上，A国的劳动生产率高于B国，而在Y的生产上，B国的劳动生产率则高于A国。因此，可以说，A国在X产品上具有绝对优势，而B国在Y产品上具有绝对优势。

表3-1 两国单位产出所需的劳动量

	A国	B国
X的劳动投入量	3	12
Y的劳动投入量	6	4

表3-2 两国的劳动生产率

	A国	B国
X的劳动生产率	1/3	1/12
Y的劳动生产率	1/6	1/4

两国按照绝对优势原则进行国际分工与贸易，A国专业化生产并出口X，B国专业化生产并出口Y，这样不仅会增加世界的财富，而且使两国都能从中获益。在表3-3中，A国每减少1个单位的Y的生产，将其释放出来的6个单位的劳动用于生产X，可得2个单位；同样，B国每减少1个单位的X的生产所释放出来的12个单位的劳动，可以生产3个单位的Y。从整个世界生产来看，国际分工后虽然劳动总量并没有任何增加，但X和Y的总产出分别增加了1个单位和2个单位，增加了物质财富。

表 3-3 国际分工后生产的变化

	A 国	B 国	世界生产的净变化
X 的产量	+2	−1	+1
Y 的产量	−1	+3	+2

从两国来看，假设两国按 1 : 1 的比例国际交换，A 国用放弃 1 个单位 Y 的生产所得到的 X 与 B 国交换，得到 2 个单位的 Y；同样，B 国用放弃 1 个单位的 X 的生产所得到的 Y 与 A 国交换，得到 3 个单位的 X，显然都比自己生产更为有利。因此，依据绝对优势原则，开展国际分工和国际贸易，两国的福利水平提高了。这表明，国际贸易是一种正和博弈，而非重商主义者所信奉的国际贸易是零和博弈。

3.1.3 简要评述

亚当·斯密对于早期古典学派思想的发展以及后来对国际贸易所能带来潜在利益的观点的形成发挥了关键作用，他提出的绝对优势说奠定了自由贸易的理论基础，反映了 18 世纪资产阶级通过国际贸易进行经济扩张的要求。但是，这一理论本身有一定的局限性，它不能解释贸易的全部，而只说明了国际贸易中的一种特殊情形，即每个国家都具有各自的绝对优势。但是现实中，有的国家没有任何一种产品处于绝对有利的地位，那这个国家是不是就不能参加国际贸易了？对于这个问题绝对优势理论并未涉及，从而成为一大缺陷。

3.2 比较优势理论

大卫·李嘉图是资产阶级古典经济学的完成者。在其 1817 年出版的代表作《政治经济学及赋税原理》一书中，他探讨了一般情况下互利贸易发生的可能性，认为决定国际贸易的基础是比较优势而非绝对优势，由此提出了著名的比较优势理论。

3.2.1 理论假设

比较优势理论以古典学派的劳动价值论为基础，它建立在以下假定前提之上：

1）只有两个国家（A 国和 B 国），生产两种产品（X 产品与 Y 产品），生产中只使用劳动一种要素；

2）劳动在一国国内可以自由流动，国家间则不能流动；

3）不存在技术变化；

4）规模收益不变；

5）商品和劳动力市场完全竞争；

6）没有运输成本和其他交易费用；

7）两国消费者偏好相同；

8）两国生产函数不同。

在此，A、B 两国生产 X 与 Y 两种产品的生产函数分别表示成：

$$\begin{cases} X = a_X L_X \\ Y = a_Y L_Y \end{cases} \qquad \begin{cases} X = b_X L_X \\ Y = b_Y L_Y \end{cases}$$

两式中，a_X、b_X、a_Y、b_Y 均为正的常数，其中 a_X、b_X 分别表示 A、B 两国 X 部门劳动生产率，a_Y、b_Y 分别表示 A、B 两国 Y 部门劳动生产率，L_X、L_Y 分别表示 X 与 Y 部门的劳动投入。

3.2.2 绝对优势与比较优势的表达

古典国际贸易理论从劳动生产率差异方面来解释贸易的发生及贸易利益，如何描述国家之间的劳动生产率的差异呢？亚当·斯密提出了绝对优势的概念，而李嘉图则给出了更合理也更贴近现实的概念——比较优势。

1. 绝对优势

绝对优势模型中，如果满足条件：

$$a_X > b_X \text{ 或 } 1/a_X < 1/b_X \tag{3-1}$$

则说 A 国在 X 产品上具有绝对优势。这个关系式表明，A 国在 X 部门的劳动生产率高于 B 国，或者说 A 国生产一单位的 X 所使用的劳动投入比 B 国要少。因此，绝对优势是指一国在某一产品的生产上比其他国家劳动投入更低或劳动生产率更高。

同样地，如果满足条件：

$$a_X < b_X \text{ 或 } 1/a_X > 1/b_X \tag{3-2}$$

则 B 国在 X 产品上具有绝对优势。

2. 比较优势

绝对优势理论适合每个国家都能找到自己的绝对优势这种情形，如果一个国家在所有部门的生产上都处于绝对劣势的话，它还会与他国发生贸易吗？对此，绝对优势理论显然无法进行解释。李嘉图提出的比较优势理论解决了这一问题，他比较的不再是两个国家同一部门的绝对劳动生产率，而是相对劳动生产率。

我们将 a_X/a_Y 称为 A 国 X 部门的相对劳动生产率，b_X/b_Y 为 B 国 X 部门的相对劳动生产率，如果下列条件成立：

$$a_X/a_Y > b_X/b_Y \tag{3-3}$$

则说 A 国相对于 B 国在 X 部门具有比较优势，相应地，B 国在 Y 部门具有比较优势，因此，比较优势实际上取决于劳动生产率的相对水平。

3.2.3 理论的主要内容

李嘉图认为，一个国家可能在所有产品上都不具有绝对优势，但一定会在某些产品上拥有比较优势，因此，任何国家都有条件参与国际分工和国际贸易，都可以从中获益，分工的原则是“两优相权择其重，两劣相权择其轻”。这意味着，当一国在所有产品生产中都处于绝对劣势，只要劣势程度不同，它可以专业化生产、出口其劣势程度较低的产品；反之，对于在所有产品生产上都具有绝对优势的国家，则应专业化生产并出口其优势程度较高的产品，这样，两类国家都能通过分工和贸易获得利益。

为了更好地理解比较优势的概念，表3-4和表3-5给出了A、B两国劳动生产率相对差异的例子。

表3-4 两国单位产出所需的劳动量

	A国	B国
X的劳动投入量	3	12
Y的劳动投入量	6	8

表3-5 两国的劳动生产率

	A国	B国
X的劳动生产率	1/3	1/12
Y的劳动生产率	1/6	1/8

表3-4显示，在单位X产品生产上，A、B两国的劳动投入量分别为3个单位和12个单位，A国生产成本小于B国。同时，生产单位Y产品的劳动投入量两国分别为6个单位和8个单位，A国的生产成本仍小于B国。表3-5则反映出在X与Y的生产上，A的劳动生产率都高于B国，两表均意味着A国在X与Y的生产上都具有绝对优势，而B国在两种产品生产上都是绝对劣势。

虽然A国在两种产品的生产上都处于绝对优势，但优势程度并不相同。在X产品上A国的生产成本是B国的1/4，或劳动生产率是B国的4倍，而在Y产品上A国的生产成本是B国的3/4，或劳动生产率是B国的4/3倍。相比之下，A国X的生产成本相对更低($3/6<12/8$)，或A国X的劳动生产率相对更高，即A国在X生产上具有比较优势，相应地，B国在Y生产上具有比较优势。

按照比较优势原则，A国专业化生产具有比较优势的X产品，B国则专门生产其具有比较优势的Y产品。如表3-6所示，国际分工后，X、Y的世界产量都会较以前提高。如果两国仍按1∶1的国际比价进行贸易，那么，在同等代价下，A、B两国通过国际贸易获得的商品数量均要比自己直接生产多，由此可见贸易对两国均有好处。

表3-6 国际分工后生产的变化

	A国	B国	世界生产的净变化
X的产量	+2	−1	+1
Y的产量	−1	+1.5	+0.5

由以上例子不难看出，李嘉图的比较优势学说比斯密的绝对优势学说更具有普遍意义，只要两国间存在成本上的相对差异，即使其中一国处于完全的劣势地位，国际贸易仍会发生，而且贸易可以使所有国家获利。下面我们以第2章的基本模型为基础，对李嘉图的比较优势理论进行现代经济学分析。

3.2.4 比较优势理论的现代经济学分析

李嘉图认为生产成本取决于劳动投入，而生产单位产品的劳动投入量与劳动生产率成倒数关系。因此，劳动生产率较高的部门，生产一单位的产品使用较少的劳动，其价格也就比较便宜。反之，劳动生产率较低的部门，产品的价格比较昂贵。也就是说，产品价格与其劳动生产率成反比。

1. 生产可能性边界

在李嘉图模型中，由于假定生产中只使用劳动一种要素，且劳动是同质的，因此机会成本是固定不变的，生产可能性边界是直线形的。以 A 国为例，根据生产函数的表达式，两个部门的产量分别为 $X=a_XL_X$ 和 $Y=a_YL_Y$，劳动力总量 $\overline{L}_A$ 固定不变，则根据充分就业条件可得到方程组：

$$\begin{cases}X=a_XL_X\\Y=a_YL_Y\\L_X+L_Y=\overline{L}_A\end{cases}$$

由此得到方程式：

$$Y=-\frac{a_Y}{a_X}X+a_Y\times\overline{L}_A \tag{3-4}$$

式（3-4）就是 A 国的生产可能性边界的函数表达式，这是一个线性方程式，表示 A 国的生产可能性边界是一条直线，如图 3-1 所示。图中，AA'表示 A 国的生产可能性边界，这条线上各点的斜率相同，均为 $-\frac{a_Y}{a_X}$。同样，B 国的生产可能性边界也是一条直线，如图中的 BB'，其斜率为 $-\frac{b_Y}{b_X}$。

根据第 8 条假定，两国生产函数不同，也就是说 X 与 Y 产品的劳动生产率存在差异。这里假设 A 国在 X 生产上具有比较优势，B 国在 Y 的生产上具有比较优势，即 $a_X/a_Y>b_X/b_Y$，因而图 3-1 中 A 国的生产可能性边界要比 B 国更平坦些。

2. 封闭条件的相对价格

由于两国的消费者偏好完全相同，所以 A、B 两国的社会无差异曲线形状相同。在封闭条件下，两国的相对价格由各自的生产可能性边界与社会无差异曲线相切决定。如图 3-1 所示，A 国的均衡点为 E^A，B 国的均衡点为 E^B，通过 E^A 点与 AA'相切的社会无差异曲线和通过 E^B 点与 BB'相切的社会无差异曲线形状相同，但位置不同。

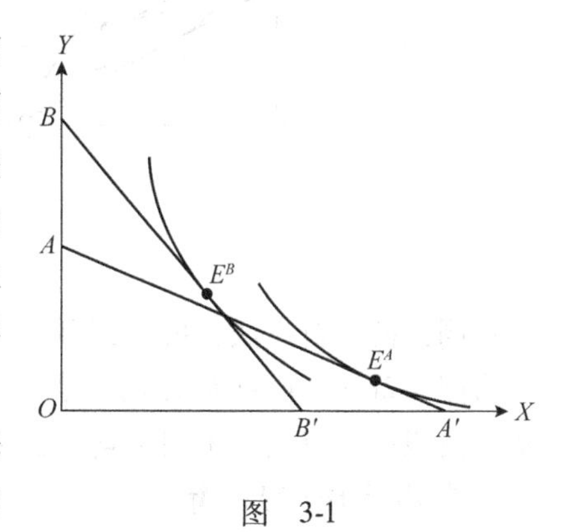

图　3-1

由于两国生产可能性曲线均为直线，均衡状态下两国 X 产品的相对价格线与其重合，因此 A 国的相对价格 $P^A=a_Y/a_X$，B 国的相对价格 $P^B=b_Y/b_X$，相对价格与相对劳动生产率成反比。

前面假定，A 国在 X 生产上具有比较优势，所以在封闭条件下，$P^A=a_Y/a_X<b_Y/b_X=P^B$，A 国将出口 X、进口 Y，而 B 国将出口 Y、进口 X。这里我们可以清楚地看到，封闭条件下的相对价格反映了比较优势所在。同时，也证实了两国在封闭条件下的相对价格差异完全是由劳动生产率的差异造成的，因此国际贸易因两国劳动生产率的差异而产生。

3. 国际均衡价格

贸易后，商品进行交换的价格是由两国的供求共同决定的，在此我们用第 2 章介绍的决定国际均衡价格的分析方法，说明在李嘉图模型中国际价格的决定。

首先需要确定开放条件下 A 国 X 产品的过剩供给曲线。在图 3-2b 中，横坐标代表 X 的过剩供给（X_P-X_C），纵坐标代表 X 的相对价格。在开放条件下，A 国面对的国际价格 P^W 会有三种可能。第一种是正好等于其封闭条件下的相对价格 P^A，这时，与封闭情况相比，虽然相对价格一样，但生产均衡点与消费均衡点不必保持一致，其生产均衡点可以是线段 AA' 上的任何一点，而消费均衡点只能是其社会无差异曲线与生产可能性边界的切点 E^A，此时 X 的消费为 X_A。在此情况下，A 国 X 的过剩供给变化范围在 $-X_A$ 与 $a_X\bar{L}_A-X_A$ 之间；当国际价格小于 P^A 时，假定等于 P_1，与封闭条件下的均衡相比，意味着 X 的相对价格下降或 Y 的相对价格上升，这时 Y 的生产部门的劳动报酬将超过 X 的生产部门，于是劳动由 X 部门流向 Y 部门。由于机会成本不变，所以 Y 部门的劳动报酬将始终高于 X 部门，劳动的流动会持续直到全部转移到 Y 部门。因此，当 X 的相对价格低于封闭条件下的均衡价格时，A 国将完全专业化生产 Y。在图 3-2a 中，对应于相对价格 P_1，生产均衡点在 A 点，而消费均衡点在 C_1 点，这时 X 的消费大于生产，即 X 的过剩供给为负。而且 P_1 越低，X 的消费与生产的差额就越大，因此，X 的过剩供给曲线向左下方延伸；当国际价格高于 P^A 时，比如为 P_2，同理分析，A 国将完全专业化生产 X，这时 X 的供给大于消费，即 X 的过剩供给为正。P_2 越大，过剩供给越大。

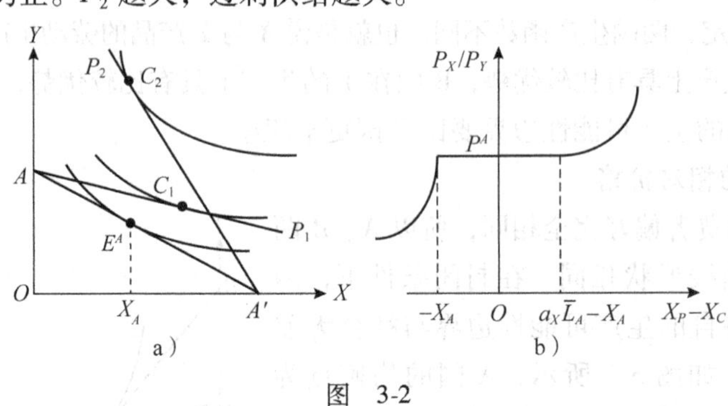

图　3-2

用同样的分析方法，可得到 B 国 X 的过剩需求曲线，如图 3-3 所示。

将图 3-2b 和图 3-3 放在同一个坐标图中，如图 3-4 所示，A 国过剩供给曲线与 B 国过剩需求曲线的交点决定了国际均衡价格 P^W，它必然位于 P^A 与 P^B 之间。

4. 贸易后的一般均衡

对应于国际均衡价格 P^W，贸易后 A，B 两国的一般均衡如图 3-5 所示。在图 3-5a 中，由于国际均衡价格 $P^W>P^A$，所以贸易后，A 国的生产均衡点在 A' 点，即 A 国完全专业化生产 X，而消费均衡点则在社会无差异曲线与国际均衡价格线相切的地方，即 C^A 点。比较贸易后的生产点和消费点，可知 A 国出口 X，进口 Y，图中 $\triangle DA'C^A$ 称为贸易三角，其中 DA' 表示 X 的出口量，DC^A 表示 Y 的进口量。B 国贸易后的均衡如图 3-5b 所示，同理，B 国完全专业化生产 Y 并出口 Y，进口 X，$\triangle FBC^B$ 为其贸易三角。由贸易平衡条件可知，由 $DA'=FC^B$，$DC^A=FB$。

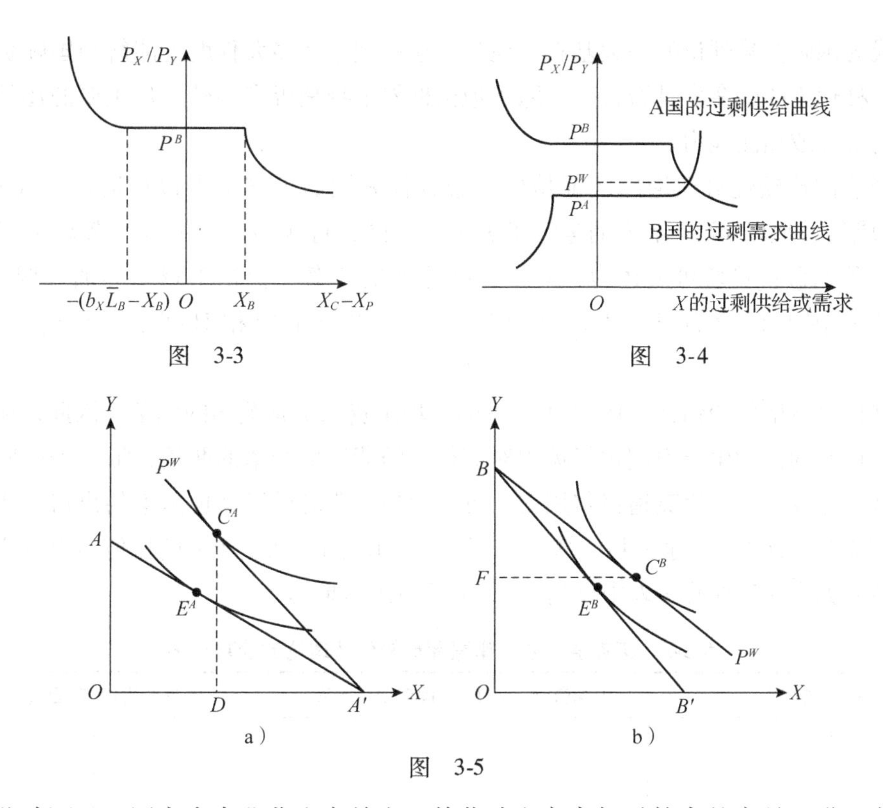

图　3-3

图　3-4

图　3-5

由此验证，一国完全专业化生产并出口其劳动生产率相对较高的产品，进口劳动生产率相对较低的产品。

5. 贸易利益

可以通过两种方法判断贸易利益及其大小。一种是直观法，即根据贸易前后社会无差异曲线的移动来判定。如图3-5所示，无论A国还是B国，贸易后社会无差异曲线均向右上方移动，表明贸易提高了两国福利水平。

另外，还可从资源配置的角度来判定贸易利益的存在。仍以A国为例，其生产一单位Y的劳动投入量为$1/a_Y$。开放后，放弃一单位Y的生产，能生产出X的数量为a_X/a_Y。然后用这些X去与B国交换Y，国际价格为P^W，由此得到Y商品的数量为$(a_X/a_Y)P^W$。由于$P^W>P^A$，所以：

$$\frac{a_X}{a_Y}P^W>\frac{a_X}{a_Y}P^A=1$$

这意味着用放弃一单位Y生产的劳动去生产X，再与他国交换Y，可获得的Y多于一单位。这表明参与国际分工与国际贸易，要比自己同时生产两种产品更合算。因此，国际贸易可以改善资源配置效率，从而提高各国的福利水平。

3.2.5　比较优势理论的验证与评价

李嘉图对国际贸易理论做出了重要贡献，比较优势理论把国际分工和交换的领域扩展到各种类型的、经济发展水平各异的国家，从而论证了国际分工和贸易的普遍适用性和合理性，成为国际贸易理论的一大基石。但是，这一理论在多大程度上能解释国际贸易的实践呢？一种理论的生命力是否长久，除了理论框架本身是否完善外，最主要的还是看其在实践中的解释或预测能力。

对李嘉图比较优势理论的实证检验，最具代表性的工作是由迈克道格尔（MacDougall）完成的，他以 1937 年为例考察了美国与英国各行业的出口绩效与劳动生产率之间的关系。他的假设检验可表述为：对于美国劳动生产率（根据工资差异加以调整后的）相对高于英国的行业而言，美国在这些行业的出口也应相对高于英国这些行业的出口。[⊖]

根据迈克道格尔的估计，1937 年美国的平均工资水平是英国的两倍。因此，他假设若美国某些行业的劳动生产率超过了英国对应行业的劳动生产率的两倍，那么美国应在这些行业上具有比较优势。迈克道格尔用美、英两国各行业对世界其他国家的出口之比，作为判断比较优势的标准[⊜]。他一共计算了 25 个部门的两国劳动生产率的比值与出口比值，其中部分结果如表 3-7 所示（表中仅列出 19 个部门的结果）。

表 3-7 迈克道格尔对李嘉图比较优势理论的检验结果

行业或产品	美国劳动生产率/英国劳动生产率	美国出口/英国出口
收音机	大于 2	8
生铁		5
容器		4
罐头		3.5
机械		15
纸		1.5
烟卷	1.4 ~ 2	0.5
油毡		0.33
针织品		0.33
皮鞋		0.33
可乐		0.2
化纤		0.2
棉织品		0.11
人造丝		0.09
啤酒		0.06
水泥	小于 1.4	0.09
男士毛织品		0.04
人造奶油		0.03
毛衣		0.004

⊖ MACDOUGALL G D A. British and American exports: a study suggested by the theory of comparative costs [J]. Economic Journal, 1951 (61): 697-724.

⊜ 这里之所以没有选择两国之间的贸易来进行检验，是因为在那个时期，贸易壁垒比较显著，它会对两国之间的贸易产生实质性的影响。而两国对世界其他国家的出口则面临相同的贸易壁垒，贸易壁垒对两国出口的影响可认为是一致的。

迈克道格尔的检验结果显示，在25个部门中，有20个部门服从假设检验，即在这20个部门中，当美、英两国的劳动生产率之比大于2时，两国相应的出口之比大于1；当两国的劳动生产率之比小于2时，两国的出口之比小于1。

后来的一些学者按照迈克道格尔的研究思路，又进行了一些检验分析。如斯特恩（R. M. Stern）比较了1950年和1959年两个年份美、英两国的劳动生产率与出口绩效之间的关系。根据他的实证分析，1950年所观察的39个部门中有33个部门支持假设检验，但到了1959年，这些关系有所削弱。

上述两项研究成果为古典贸易理论提供了有力的证据，但还不能说古典贸易理论具有广泛适用性。这是因为，首先，这些实证分析过于简单化，不具有普遍意义；其次，这些研究结果虽然与古典贸易理论所预计的情况比较接近，但并不排除与其他贸易理论也有一致的地方。比如，如果贸易主要是由后面我们将要讨论的要素禀赋差异引起的，由于现实中要素价格很难均等化，所以资本丰裕的国家，其劳动生产率也可能相对较高。因此，上述实证分析结果也可能反映的只是两国要素禀赋的差异。

此外，李嘉图比较优势理论本身也还存在着一些局限性，主要反映在三个方面：一是李嘉图虽然解释了劳动生产率的差异如何引起国际贸易，但没有进一步解释造成各国劳动生产率差异的原因；二是根据比较优势原则，各国将进行完全的专业化生产，但这一点与现实有较大的出入，现实中很难找到一个国家在国际贸易中进行完全的专业化生产，各国大都会生产一些与进口商品相替代的产品；三是比较优势理论虽然证明了国际分工和国际贸易能够带来利益，但没有说明利益是多少，以及如何分配等问题。

当然，古典国际贸易理论虽然存在一些缺陷或不足，但它仍然是国际贸易理论的重要组成部分，为自由贸易提供了有力证据，并从劳动生产率差异的角度，成功地解释了国际贸易发生的一个重要起因。即使在今天，它仍然有很重要的应用价值。

小思考

“比较优势陷阱”与比较优势的动态变化

比较优势是国际贸易的基本规律，但是如果一国一味地发挥比较优势，则会陷入“比较优势陷阱”，特别是对于发展中国家而言更是如此。所谓“比较优势陷阱”，是指一国完全按照机会成本来确定本国在国际分工中的位置，长期以自然资源或劳动力资源的优势参与贸易，从而被固化于全球价值链的低端，最终丧失竞争力，甚至出现贫困化增长现象。或者对国外先进技术过度依赖，本国产业升级所需的自主创新能力长期无法提高，从而成为发达国家的技术附庸。正如2008年广东省委书记汪洋指出的：“当前的金融危机，给广东上了生动一课。过去利用廉价的土地、人力成本优势，承接国际产业转移而发展起来的劳动密集型产业，其低端生产能力在金融危机冲击下，深层次矛盾暴露无遗；而一批果断转型、狠抓自主创新的企业，面对危机反能脱颖而出。”

在科技迅猛发展的当下，一国传统的、静态的比较优势可能变成劣势，甚至可能成为经济发展的软肋。托马斯·弗里德曼在《世界是平的》里，就描述了这样一种现象：“一个国家自身越平坦，也就是说一个国家的自然资源越少，那么这个国家在平坦的世界中的处境就越好。在平坦的世界里，一个理想的国家是没有任何资源的，因为没有任何资源的国家无依无靠，所以倾向于挖掘自己的潜力，提高自身的竞争能力。这些国家会设法调动起全体国民的干劲、创业精神、创造力和学习知识的热情，而不是热衷于挖油井。”日本则是成功避免了“比较优势陷阱”的典范。20 世纪 80 年代日本在劳动密集型产品方面仍具有比较优势，但它主动割舍，向东南亚国家和中国转移劳动密集型产业，同时积极培育拥有自有技术、自主品牌的机电、半导体、汽车等产业的比较优势，迅速提升了自己的国际竞争力。因此，我们要慎视比较优势理论带来的现实启迪，敞开胸襟在世界范围内发挥传统比较优势的同时，更要注重实现比较优势的动态变化。

资料来源：1. 汪洋. 金融危机给广东上了生动一课 [N]. 人民日报海外版，2008-12-10(1).

2. 弗里德曼. 世界是平的：21 世纪简史：内容升级和扩充版 [M]. 何帆，肖莹莹，郝正非，译. 长沙：湖南科学技术出版社，2008.

3.3 相互需求理论

贸易利益如何在两国之间分配，是国际贸易理论解释的问题之一。围绕这一问题，相互需求理论给出了一般性的分析。因此，相互需求理论实质是贸易利益分配机制的分析，是对比较优势理论的补充。约翰·穆勒（John Mill）和阿尔弗雷德·马歇尔（Alfred Marshall）是相互需求理论的主要代表人物，穆勒首先提出了相互需求论，马歇尔则以几何方法对这一理论做了进一步的分析和阐述。

3.3.1 穆勒的相互需求理论

约翰·穆勒是 19 世纪中叶英国著名的经济学家。他在其代表作《政治经济学原理》中提出了相互需求理论，对比较优势理论做了重要的补充。他用两国商品交换比例的上下限解释互惠贸易的范围，用贸易条件说明贸易利益的分配，用相互需求方程解释贸易条件的变动。

1. 互惠贸易的范围

相互需求理论认为，交易双方在各自国内市场有各自的交换比例，在世界市场上两国商品的交换形成一个国际交换比例，这一比例只有介于两国国内交换比例之间，才对贸易双方都有利。

以表 3-5 为例。分工前，A 国国内 1 单位 X 可换取 1/2 单位 Y，B 国内则是 1 单位 X 可换 3/2 单位 Y。按照比较优势原则，分工后，A 国专门生产 X，B 国专门生产 Y，然后相互交换。在国际市场上，如果 A 国能用 1 单位 X 换取多于 1/2 单位的 Y，B 国能用少于 3/2 单位的 Y 换取 1 单位 X，则两国都会进入国际市场。因此，两国间 X 与 Y 的交换比例必须介于两国国内交换比例之间，才能使两国都能从中获得利益，两国才愿意参与国际贸易。

如图3-6所示，两国的国内交换比例用从原点引出的射线的斜率来表示。OP^A 的斜率为1∶1/2，表示A国的国内交换比例，OP^B 的斜率为1∶3/2，表示B国的国内交换比例。OX 与 OP^A 之间为A国不参加贸易的区域，OY 与 OP^B 之间为B国不参加贸易的区域，OP^A 与 OP^B 之间为互惠贸易区，而贸易利益的大小则取决于两国国内交换比例之间范围的大小。

2. 贸易利益的分配

国际贸易利益取决于互惠贸易范围的大小，而贸易利益的分配则决定于具体的国际交换比例（贸易条件）。如图3-7所示，若国际交换比例为1∶3/4，则A国比国内交换多获得1/4单位的 Y，B国比国内交换节约3/4单位的 Y；若国际交换比例为1∶1，则A国比国内交换多获得1/2单位的 Y，B国比国内交换节约1/2单位的 Y。因此，国际交换比例越接近于本国国内交换比例，对本国越不利，本国分得的贸易利益越少。相反，国际交换比例越接近于对方国家的国内交换比例，对本国越有利，贸易利益就越多。

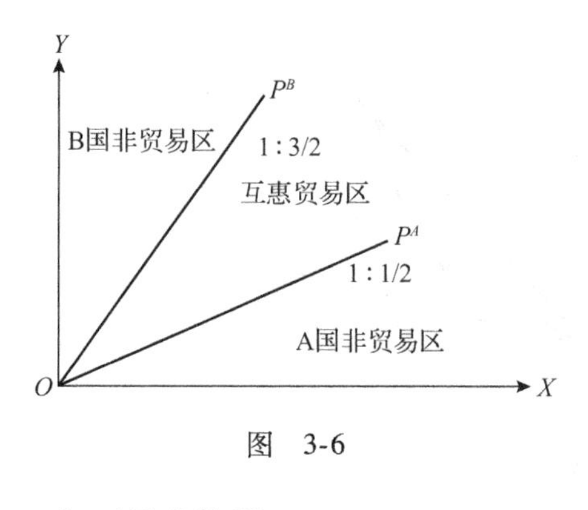

图　3-6

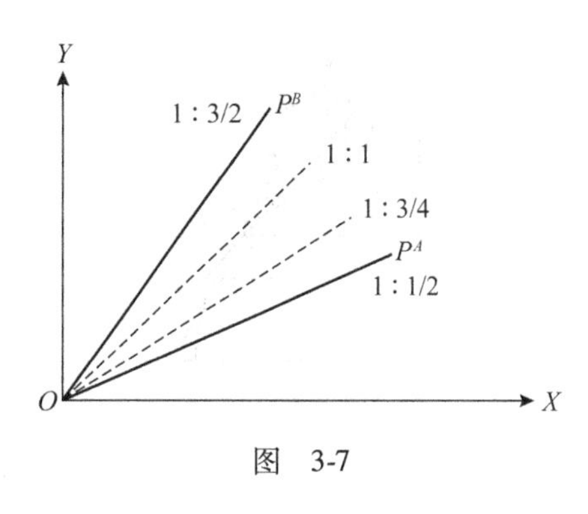

图　3-7

3. 相互需求法则

穆勒将需求因素导入国际贸易理论之中，以说明贸易条件决定的原则。他认为一切贸易都是商品的交换，一方出售商品便是购买对方商品的手段，即一方的供给是对对方商品的需求，所以供给和需求也就是相互需求。在两国互惠贸易的范围内，贸易条件是由两国相互需求对方商品的强度决定的，它与两国需求对方商品总量之比相等，这样才能使两国贸易达到均衡。如果两国的需求强度发生变化，那么贸易条件必然发生变动。因此，相互需求法则是指，一国对另一国出口商品的需求越强，贸易条件对该国越不利，该国从贸易中获得的利益越小；反之，贸易条件对该国越有利，该国获得的贸易利益越大。

3.3.2　马歇尔的相互需求理论

马歇尔是19世纪末20世纪初著名的英国经济学家、新古典学派的创始人。穆勒认为贸易利益的分配关键在于两国相互需求决定的贸易条件，马歇尔对此做了进一步的探讨，基于相互需求提出了提供曲线，以此来分析国际贸易价格的确定问题。

1. 提供曲线

提供曲线（offer curve），也称相互需求曲线，它表示一国为了进口一定数量的商品，必须向其他国家出口本国商品的数量，因此，提供曲线就是对应每一进口量而提供的出口量的轨迹的集合。

仍以表 3-5 为例，A 国在 X 产品上有比较优势，B 国则在 Y 产品上有比较优势。A 国在参与国际贸易之前处于内均衡，均衡点为 E^A。此时，X 的国内价格为 P^A，不会产生任何出口供应，这一点对应于图 3-8b 中提供曲线的原点 O。如图 3-8a 所示当 X 的相对价格大于 E^A 点所表示的价格 P^A 时，生产点就会沿着生产可能性边界向右下方移动，消费则处于更高水平。若 X 的相对价格为 P^M，则生产点移至 M 点，消费点位于 H 点。此时，A 国出口 GM 单位的 X，同时进口 GH 单位的 Y。将 GM 平移到图 3-8b 中，得到 OG；将 GH 同样平移到图 3-8b 中，得到 H 点。若 X 的相对价格为 P^N，则生产点移至 N 点，消费点位于 J 点。此时，A 国出口 IN 单位的 X，同时进口 IJ 单位的 Y。将 IN 平移到图 3-8b 中，得到 OI；将 IJ 同样平移到图 3-8b 中，得到 J 点。用类似的方法可以找到很多诸如图中的 H 和 J 点，把这些点用一条光滑的线连接起来，就得到了 A 国的提供曲线。

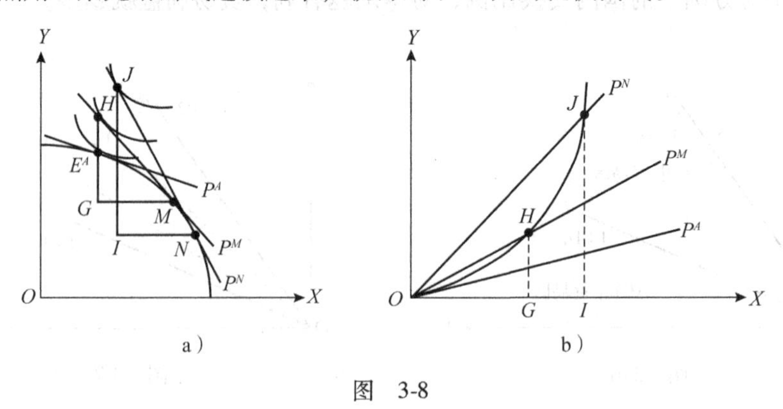

图 3-8

用同样的方法也可以推导出 B 国的提供曲线，如图 3-9 所示。

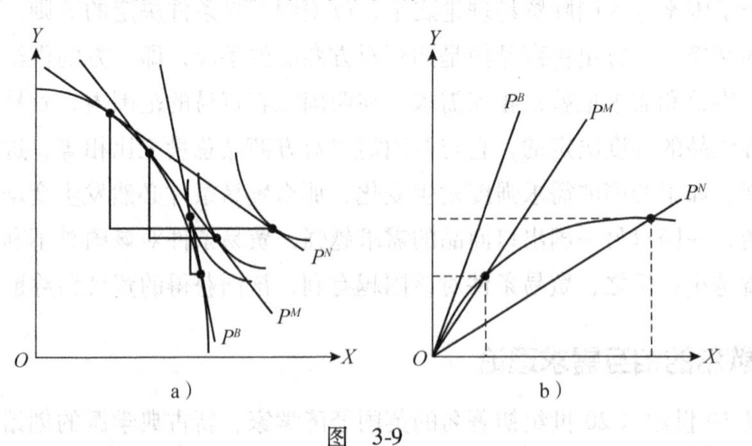

图 3-9

提供曲线一般具有以下特点：首先，一国的提供曲线凸向代表本国具有比较优势产品的坐标轴，表示相对价格对本国越来越有利。例如，A 国的提供曲线凸向 X 轴，表示 A 国用一定数量的 X 产品可以交换越来越多的 Y 产品。因为曲线凸向 X 轴向上弯曲，通过曲线上每一点的射线越来越陡，即斜率越来越大，意味着随着贸易量的增加，A 国交换同样数量的 Y 产品所用的 X 产品的数量越来越少，或用同样数量的 X 产品能交换更多的 Y 产品。其次，从提供曲线的位置来看，A 国的提供曲线位于其国内价格 P^A 之上，B 国的提供曲线位于其国内价格 P^B 之下，两国的提供曲线位于两国国内商品相对价格之间，这与前述的互惠贸易的范围介于两国国内相对价格之间是一致的。

2. 国际贸易均衡价格的确定

把两个国家的提供曲线放在一个坐标图中，只要两条曲线在原点有不同的斜率，即两国国内价格不同，它们总会在某处相交，因为两国国内价格存在差异，为贸易提供了基础。一旦贸易可能，它们将相互交换产品。如图 3-10 所示，A 国和 B 国的提供曲线在原点具有不同的斜率 $P^A < P^B$，因此两国的提供曲线相交于 E 点，国际贸易均衡价格即由从原点到 E 点所连成的射线 OP^E 的斜率给定。E 点满足了贸易均衡的三个条件：其一，A 国出口的数量等于 B 国进口的数量，使双方的进出口平衡；其二，各国贸易收支平衡，即 $P^E = \frac{P_X}{P_Y} = \frac{OY^E}{OX^E}$；其三，对各国提供了最大的生产和满足。除 E 点之外，两条曲线上任何一点都不具备这些性质，即贸易都不平衡。

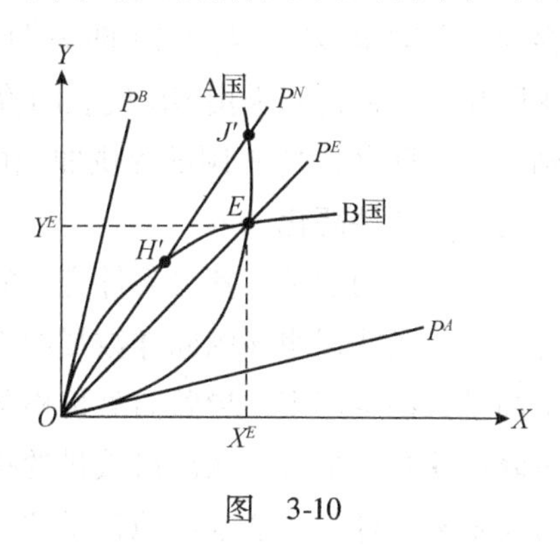

图 3-10

例如，在 P^N 价格水平上，B 国的经济移至 H'，A 国的经济移到 J'，B 国的 Y 产品出口供应小于 A 国的 Y 产品进口需求，因而出现对 Y 产品的过度需求；而 B 国对 X 产品的进口需求小于 A 国对 X 产品的供给，出现对 X 产品的过度供给。贸易的失衡，使 X 产品的价格下降，从而使价格线变得较为平缓，并缩小两国提供曲线上 H' 和 J' 之间的间隙。这种变化将持续到相对价格与贸易均衡相对价格线重合。相反，若出现对 X 产品的过度需求和对 Y 产品的过度供给，则会驱使商品相对价格上升，直至与均衡相对价格相等为止。

3. 贸易条件

国际贸易对一国生产、消费和贸易利益的影响，很大程度上取决于国际交换比例，即贸易条件。在经济学中，将一国出口与进口商品的国际市场价格之比称为该国的贸易条件，表达式为 $T = \frac{P_X}{P_Y}$。这里，T 代表贸易条件，P_X 表示出口商品价格，P_Y 表示进口商品价格。如果 T 上升，意味着每单位出口商品可以换回更多的进口商品，称为贸易条件改善；反之，如果 T 下降，则称为贸易条件恶化。

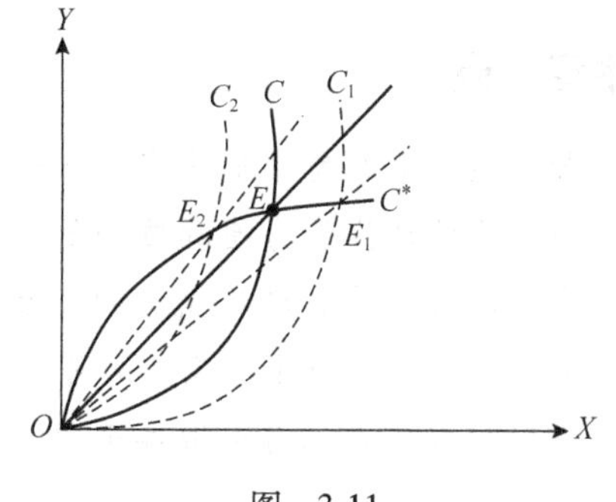

图 3-11

贸易条件可以用提供曲线来直观地说明。如

图 3-11 所示，OC 和 OC^* 分别表示 A、B 两国的提供曲线，射线表示均衡时 X 的国际相对价格。按照假设，A 国出口 X、进口 Y，因此 OE 代表了 A 国的贸易条件，同时也是 B 国贸易条件的倒数。

如果一国的供给与需求发生变化，该国提供曲线就会发生移动，从而使均衡贸易条件发生变动。其中，需求方面引进提供曲线移动的主要原因包括消费者偏好和收入水平变化等，供给方面造成提供曲线移动的因素主要是要素数量和技术水平的变化等。

假如 A 国消费者比原先更喜欢购买 Y，愿意用更多的 X 去换 Y，则 A 国的提供曲线就会向外移动至 OC_1，与 B 国的提供曲线相交得到新的均衡点 E_1，射线 OE_1 所代表的新的国际相对价格比原来由 OE 代表的价格下降。因此 A 国的贸易条件恶化，B 国的贸易条件则改善。反之，当 A 国的提供曲线由于某种原因向内移动，则 A 国的贸易条件改善，而 B 国的贸易条件恶化。

需要说明的是，贸易条件变动的方向有时和贸易利益一致，有时不一致。一国贸易条件恶化，只能说明该国同样数量的出口商品所获得的贸易利益减少。假如该国采用新技术提高了劳动生产率，导致商品价格降低，尽管贸易条件看似恶化，但该国可以从劳动成本下降中获利，也可以从出口数量的扩大中获得利益，整体贸易利益很可能增大。所以单纯考虑贸易条件，无法准确地计量贸易利益。

3.3.3 简要评价

相互需求理论是对比较优势理论的补充。穆勒指出互惠贸易的范围介于两国国内交换比例之间，从贸易中获利的多少取决于国际交换比例与本国国内交换比例的远近程度，从而充实了比较优势理论的内容。但穆勒关于相互需求强度决定贸易条件的观点是不切实际的。因为相互需求法则的假设前提是物物交换下供给等于需求，实际上出口和进口不是以物易物同时进行的，而是彼此分离的，是商品对货币的两个不同的过程。出口的货币收入不一定同时用于进口，甚至不一定用于进口。

马歇尔用几何分析方法说明贸易条件的决定与变动，为传统国际贸易理论增添了新的表达方法和研究手段。但马歇尔与穆勒一样，虽然在一定范围内并从某一角度说明了各国在贸易利益分配中，实物产品的孰多孰少问题，但不能从根本上说明国家间的商品交换是否公平合理，是否等价交换。

本章要点

1. 劳动生产率的差异是国际贸易产生的原因。
2. 绝对优势理论认为国际贸易的基础是各国存在劳动生产率的绝对差异，各国应专业生产并出口其具有绝对优势的产品；比较优势理论则认为国际贸易的基础是劳动生产率的相对差异，每个国家应专业生产并出口其比较优势产品，进口比较劣势产品。
3. 国际贸易利益的分配取决于贸易条件。

课后思考与练习

1. 假设世界上有两个国家，A国拥有5 000单位劳动，B国拥有1 200单位劳动。两国都可以生产两种产品——红酒和奶酪，两种产品在两国生产所需使用的劳动量如下表所示。

	一单位红酒	一单位奶酪
A国	500	200
B国	300	100

(1) 计算贸易前A、B国两国生产奶酪的机会成本。

(2) 哪个国家具有生产红酒的绝对优势，哪个国家具有生产红酒的比较优势？

(3) 确定两国的生产可能性边界方程，画出生产可能性边界，并求出封闭状态下两国各自奶酪的相对价格。

(4) 开展自由贸易后，两国各应生产什么产品？生产多少数量？画出两国贸易后均衡生产点和贸易三角。

(5) 若奶酪的国际相对价格为11/30（1单位奶酪换11/30单位的红酒），两国是否会进行国际贸易？为什么？

2. 如果一国在某种商品上具有绝对优势，那么它必定也具有比较优势。根据你的理解判断这句话正确与否。
3. 提供曲线与贸易条件及贸易利益的分配有怎样的关系？
4. 为什么说比较优势理论是国际贸易的基石？

第 4 章

新古典国际贸易理论

学习目标

通过对本章的学习，熟悉 H-O 理论、罗布津斯基定理及其应用、运用经济增长的福利分解解释贫困化增长的成因，掌握分析工具在新古典国际贸易理论中的应用，能够从其他角度解释国际贸易的起因和贸易形态的决定。

本章放松各国相对要素禀赋相同这一假设条件，从要素禀赋差异的角度探讨国际贸易的起因与影响，介绍另一国际贸易的基本理论——要素禀赋理论（factor endowment theory）。要素禀赋理论由赫克歇尔和俄林提出，后经萨缪尔森等人不断完善，形成了新古典国际贸易理论，进一步扩展了贸易模型。

4.1　要素禀赋理论

1919 年，瑞典经济学家赫克歇尔发表了题为《国际贸易对收入分配的影响》的论文，对现代国际贸易理论做了概括性说明。但这篇文章发表后，并没有引起人们的注意，直到十年后，他的学生俄林在这篇文章的基础上，做了进一步的研究。1933 年，俄林出版了《区际贸易与国际贸易》一书，系统地阐述了要素禀赋理论，为国际贸易理论的发展做出了重要贡献。因此后人称要素禀赋理论为赫克歇尔－俄林理论，简称 H-O 理论。

要素禀赋理论与古典国际贸易理论的重要区别在于：第一，古典国际贸易理论为

$2\times2\times1$ 模型，即生产中只使用劳动作为唯一的要素，要素禀赋理论引入另外一个生产要素资本，扩展为 $2\times2\times2$ 模型，导致生产可能性边界由于机会成本递增，由古典国际贸易理论中的直线变为凹向原点的曲线；第二，要素禀赋差异的产生原因较古典国际贸易理论对劳动生产率差异产生的原因易于解释，自然条件、地理位置和历史发展等因素都可以作为各国要素禀赋差异的来源。

4.1.1 重要概念

要素禀赋理论是用要素禀赋和要素密集度两个重要概念来阐述的，因此，清晰准确地表述这两个概念对理解要素禀赋理论非常重要。

1. 要素禀赋

要素禀赋是指一国的两种生产要素的相对比例，有两种定义方法：一种是以实物单位定义（用各国所有的资本和劳动的供给量或禀赋来衡量）；另一种是用要素相对价格来定义（用各国资本和劳动要素市场均衡的相对价格来衡量）。

（1）实物单位定义法。

假设 A、B 两国各自拥有的两种生产要素资本和劳动的总量为 K^A、L^A 和 K^B、L^B，那么两国所拥有的要素比例分别为

$$k^A=\frac{K^A}{L^A},\quad k^B=\frac{K^B}{L^B}$$

如果 $k^A>k^B$，则称 A 国为资本丰裕或劳动稀缺的国家，B 国为劳动丰裕或资本稀缺的国家。

在图 4-1 中，E^A、E^B 分别表示 A、B 两国的要素总量组合，称为要素禀赋点。E^A 点表明 A 国拥有的资本和劳动总量为（K^A，L^A），E^B 点表示 B 国拥有的资本和劳动总量为（K^B，L^B）。图中 E^A 和 E^B 两点与原点连线的斜率分别表示 A、B 两国的要素禀赋状况。由图 4-1 可知，A 国为资本丰富的国家，B 国为劳动丰富的国家。

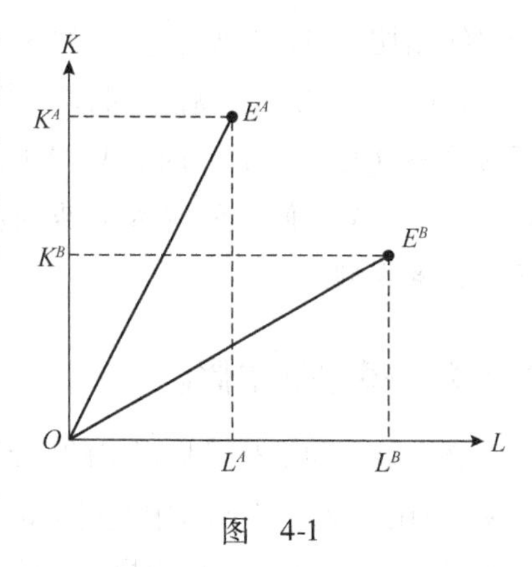

图 4-1

（2）要素相对价格定义法。

假设 A、B 两国资本市场和劳动市场的均衡价格分别为 r^A、r^B 和 w^A、w^B，则可以计算 A、B 两国要素的相对价格分别为

$$\omega^A=\frac{w^A}{r^A},\quad \omega^B=\frac{w^B}{r^B}$$

如果 $\omega^A>\omega^B$，则 A 国与 B 国相比，劳动工资对资本利息的比率较高，即以资本表示的劳动力价格（劳动对资本的相对价格）较高，说明 A 国资本相对丰裕而劳动相对稀缺；相反，B 国劳动相对丰裕而资本相对稀缺。

相较而言，用实物单位表示的要素禀赋只考虑了要素供给方面，没有考虑要素需求方

面；而用要素相对价格定义的要素禀赋同时考虑了供给和需求两方面的影响，较为全面。

关于要素禀赋，有两点需要说明：其一，只有对两个国家进行比较，才能说明要素禀赋；其二，要素禀赋是一个相对概念，一国资本相对稀缺并不意味着它的资本数量就少。

2. 要素密集度

要素密集度是指在最优的生产要素组合下，生产某种产品所投入的两种生产要素的相对比例。这也是一个相对概念，与生产要素的绝对投入量无关。

用 K_X、L_X 表示生产单位商品 X 所需投入的资本与劳动的数量，用 K_Y、L_Y 表示生产单位商品 Y 所需投入的资本与劳动的数量，那么 $k_X=K_X/L_X$ 表示 X 商品生产所投入的资本与劳动的比例；$k_Y=K_Y/L_Y$ 表示 Y 商品生产所投入的资本与劳动的比例。若 $k_X>k_Y$，称 X 是资本密集型产品，Y 是劳动密集型产品。

比较两个部门的要素密集度，必须在同一个标准下进行，也就是共同的要素价格。如果在任何相同的要素价格下，生产 X 所使用的资本 - 劳动比均大于生产 Y 所使用的资本 - 劳动比，则称 X 是资本密集型产品，Y 是劳动密集型产品。

如图 4-2 所示，XX'曲线、YY'曲线分别表示 X、Y 的等产量曲线，其中，X 的等产量曲线更偏向于 K 坐标轴，Y 的等产量曲线更偏向于 L 坐标轴。在资本、劳动价格既定的前提下，等成本线和等产量线相切决定最佳要素组合。在图中，任意给定一组要素价格（如 w，r）时，两条斜率为（$-w/r$）的平行线分别与 X、Y 的等产量线相切于 A、B 两点。此时 X、Y 的资本 - 劳动比的关系为 $k_X>k_Y$；同样，当任选另一组要素价格（如 w'，r'）时，X、Y 的资本 - 劳动比的关系为 $k'_X>k'_Y$。由此可知，无论在哪种情况下，X 所使用的资本 - 劳动比均大于 Y。因此根据定义，X 是资本密集型产品，Y 是劳动密集型产品。

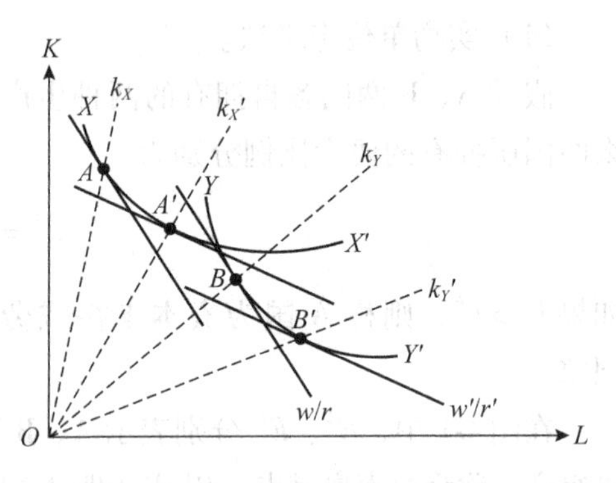

图 4-2

4.1.2 模型基本假设

赫克歇尔和俄林最早提出的要素禀赋理论以固定生产要素比例探讨要素禀赋差异与国际贸易，但由于对生产函数限制过于苛刻，因此后来以新古典生产函数为基础，即生产要素之间是可替代的，生产可能性边界为凸性曲线。此外，要素禀赋模型建立在以下假设条件之上：

1）2×2×2 模型，即两个国家（A 国和 B 国），生产两种商品（X 和 Y），投入两种要素（资本和劳动）；

2）两国相同部门生产函数相同（古典模型假设生产函数不同）；

3）X 为资本密集型产品，Y 为劳动密集型产品；

4）两国生产要素供给既定，其中 A 国为资本丰裕国家，B 国为劳动丰裕国家；

5）生产要素在一国内自由流动，国家间不能流动；

6）两国消费者偏好相同；

7）规模报酬不变；

8）商品和要素市场完全竞争；

9）不存在运输成本或其他贸易障碍。

4.1.3　要素禀赋理论的主要内容

1. 要素禀赋差异与相对供给差异

两国生产技术相同的条件下，要素禀赋的差异最终会影响两国生产两种产品的能力，从而导致供给能力的差异。供给能力的差异我们可以通过生产可能性边界的偏向性来判断。

如图4-3所示，E^A、E^B 分别表示两国的要素禀赋点。当A国所有要素全部用于生产 X 时，所生产出来的 X 数量等于图中通过 E^A 点的 X 等产量线所代表的产出水平 X^A；当所有要素全部用于生产 Y 时，所生产出来的 Y 数量等于图中通过 E^A 点的 Y 等产量线所代表的产出水平 Y^A。根据图4-3，可以在图4-4中标出A国生产可能性曲线的两个端点，并用外凸曲线将两端点连接，得到A国生产可能性曲线 AA'。

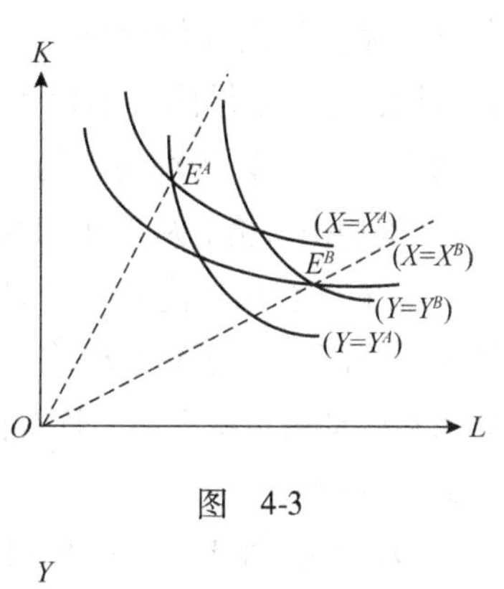

图　4-3

同样的方法可以确定B国生产可能性曲线。如图4-3所示，通过 E^B 点的 X、Y 的等产量曲线分别代表的产出水平为 X^B 和 Y^B，对应于图4-4中B国的生产可能性曲线 BB'。

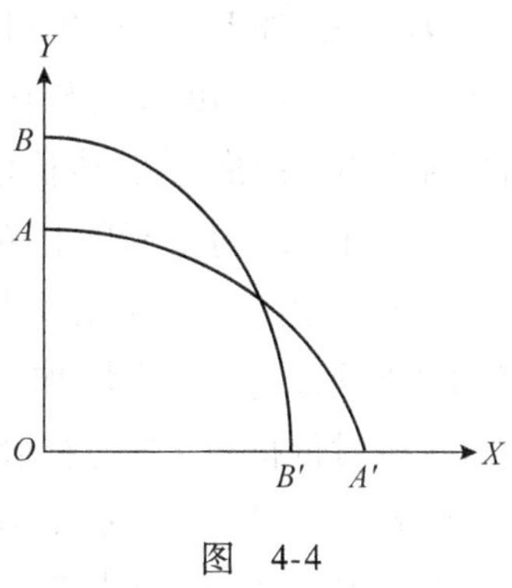

图　4-4

如图4-3所示，通过 E^A 点的 X 等产量线位于通过 E^B 点的 X 等产量线之上，说明 $X^A > X^B$；通过 E^A 点的 Y 等产量线位于通过 E^B 点的 Y 等产量线之下，说明 $Y^A < Y^B$。这一结果反映到图4-4中就是A国的生产可能性曲线比B国更偏向于 X 轴。

由图4-3和图4-4可以看出，在生产技术相同的条件下，A、B两国生产可能性曲线的差异完全由两国要素禀赋差异造成。A国的生产可能性曲线偏向于 X 产品，说明在相同产品相对价格下，A国在 X 产品上的相对供给能力高于B国，而B国在 Y 产品上的相对供给能力高于A国。

由此我们得出结论：资本丰裕的国家在资本密集型产品上相对供给能力较强，劳动丰裕的国家在劳动密集型产品上相对供给能力较强。

2. 封闭条件下的相对价格

由于两国需求条件相同，在封闭条件下，两国供给差异造成相对价格差异，而供给差异由要素禀赋差异引起，因此要素禀赋差异引起相对价格差异。

我们可以用图 4-5 和图 4-6 来说明封闭条件下的相对价格差异。如图 4-5 所示，RD 曲线代表相对需求曲线，RS 曲线代表相对供给曲线。由于假定消费者的偏好是相同的，再进一步假定偏好是齐次的，那么 RD 曲线只取决于价格，与收入水平无关。图中 RD 与 RS 相交决定了两国在贸易前的均衡相对价格水平，可以看出，两国之间相对价格水平因相对供给差异而不同。由于 A 国在 X 产品上相对供给能力更高，所以 A 国 X 产品的相对价格水平小于 B 国，即 $P^A < P^B$。

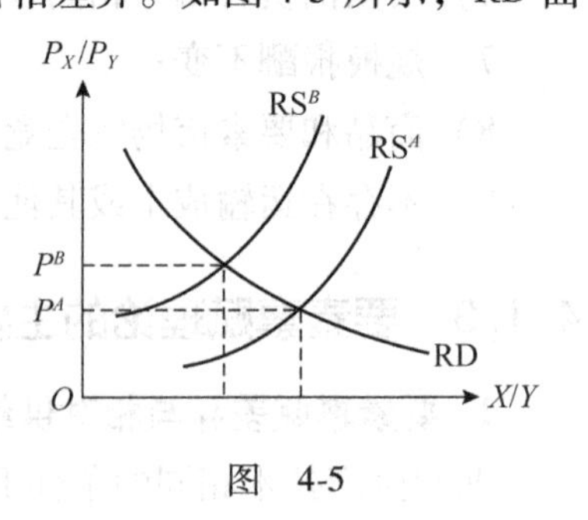

图 4-5

两国在封闭条件下的相对价格差异也可以用图 4-6 说明。如图 4-6 所示，A、B 两国封闭条件下的价格由生产可能性曲线与社会无差异曲线相切决定。由于假定消费者偏好相同，因此两国社会无差异曲线形状相同。封闭条件下，A 国的均衡点为 E^A 点，B 国的均衡点为 E^B 点。P^A 为 A 国均衡价格，P^B 为 B 国均衡价格。从图中可以看出，$P^A < P^B$，说明 A 国在 X 产品上具有比较优势，B 国在 Y 产品上具有比较优势，即资本丰裕国家在资本密集型产品上具有比较优势，劳动丰裕国家在劳动密集型产品上具有比较优势。

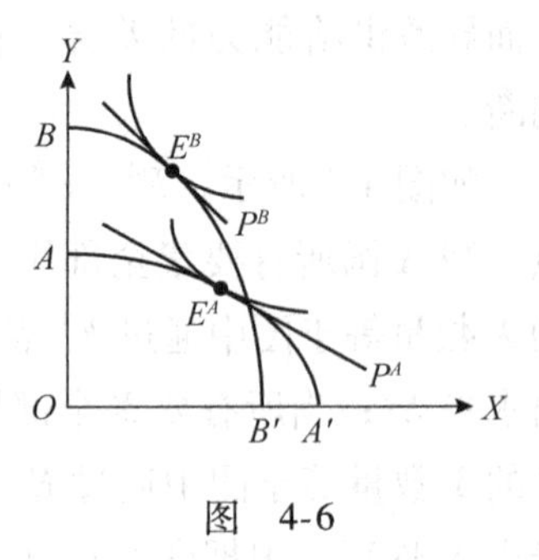

图 4-6

3. H-O 理论

开放经济条件下，A 国出口 X 产品，B 国出口 Y 产品，从而导致 A 国 X 产品的相对价格上升，B 国 X 产品的相对价格下降，最终两国 X 产品的相对价格趋于一致，即两国面对相同的国际均衡价格 P^W，该价格位于 A、B 两国封闭条件下的相对价格 P^A 和 P^B 之间。

A 国面对比以前更高的相对价格，生产均衡点将由原来的 E^A 点沿生产可能性曲线向下移动到 Q^A 点（如图 4-7 所示），X 生产增加，Y 生产减少。通过 Q^A 点的国际相对价格线 P^W 与社会无差异曲线相切的 C^A 点为消费均衡点，与 Q^A、O^A 点形成贸易三角 $\triangle Q^AO^AC^A$，其中线段 O^AQ^A 表示 X 的出口量，O^AC^A 表示 Y 的进口量。

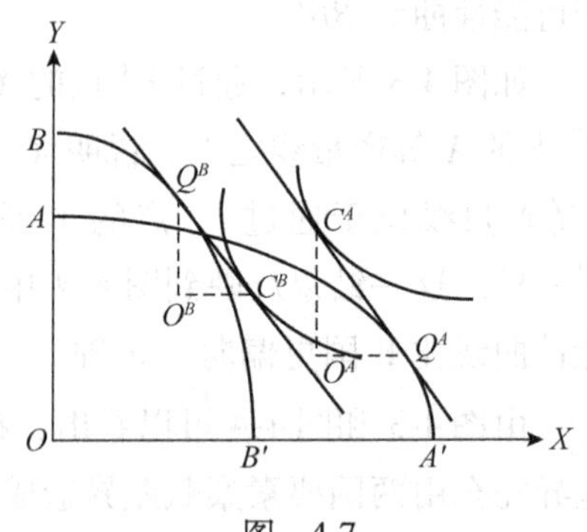

图 4-7

B 国 X 产品的相对价格由原来的 P^B 下降为 P^W，生产均衡点由原来的 E^B 点向上移动到 Q^B 点，消费均衡点为切点 C^B，与 Q^B、O^B 点形成贸易三角为 $\triangle Q^BO^BC^B$，其中线段 O^BQ^B 表示 Y 的出口量，O^BC^B 表示 X 的进口量。

由以上分析可知，A、B 两国在贸易前由于要素禀赋不同导致供给能力差异，从而引起商品相对价格不同，进而产生两国间的贸易。因此可以得出 H-O 理论：一国出口密集使用其丰裕要素生产的产品，进口密集使用其稀缺要素生产的产品。

4.2 要素积累与生产变化

在之前的要素禀赋理论模型中，一直假定一国的要素总量是固定不变的，但这一假设与现实有较大距离。事实上，一国人口的增长、自然资源的开发等因素都会使该国要素数量发生变化。一般来说，要素总量的变化会导致一国生产可能性曲线的移动，进而影响国家的比较优势，甚至改变一国的国际贸易结构。英籍波兰经济学家罗布津斯基（Tadeusz Rybczynski）对这一问题进行了研究，提出了罗布津斯基定理（Rybczynski theorem），系统地阐述了在商品相对不变的条件下一国生产要素数量变化对生产和国际贸易的影响。

4.2.1 假设条件

该定理的假设前提基本与H-O定理保持一致，并且假定商品相对价格保持不变，因此要素相对价格也会保持不变，两个部门生产中的要素投入比例也不发生变化。唯一不同的是假设一国资本供给数量因为某种原因增加了 ΔK，而劳动力数量不变。

4.2.2 罗布津斯基定理

当一国资本要素供给增加了 ΔK，为了使新增加的资本能够被全部利用以实现充分就业，则需资本密集型的 X 部门来吸收新增资本。但是，要实现 X 部门将新增的资本全部吸收，必然需要一定数量的劳动相配合。因为劳动力数量并未增加，所以劳动密集型的 Y 部门缩小其生产规模，以便释放出一定数量的劳动力（ΔL_Y）。而 Y 部门在释放出这些 X 部门所需的劳动力的同时，还会同时释放出与之相对应的一定数量的资本（ΔK_Y）由 X 部门吸收。如此循环反复，在保证两种产品的要素投入比例不变的前提下，最终两个部门生产变化的结果是：

$$k_X = \frac{K_X}{L_X} = \frac{K_X + \Delta K + \Delta K_Y}{L_X + \Delta L_Y} \tag{4-1}$$

$$k_Y = \frac{K_Y}{L_Y} = \frac{K_Y - \Delta K_Y}{L_Y - \Delta L_Y} \tag{4-2}$$

当上述两式同时满足时，所有的要素都得到了充分利用，结果是 X 部门的生产扩大，而 Y 部门的生产下降。如果增加的是劳动力要素，资本总量不变，则 Y 部门的生产扩大，X 部门的生产将下降。由此，可以得到罗布津斯基定理：在商品相对价格不变的前提下，某一要素的增加将会导致密集使用该要素部门的生产规模扩大，而密集使用另一要素的部门的生产规模缩小。

如图4-8所示，横轴和纵轴分别代表一国劳动力和资本的数量，E 点是该国的要素禀赋点。OX、OY 直线的斜率分别表示均衡时两个部门的要素投入比例，可见，X 部门偏向于纵轴为资本密集型产业，Y 部门偏向于横轴为劳动密集型产业。根据要素充分利用的假设，$OXEY$ 为一个平行四边形。由于规模收益不变，X 和 Y 的产量分别与线段 OX、OY 的长度成等比例关系，所以可以用线段 OX、OY 表示两个部门的产出水平。当资本增加、劳动力不变时，该国的要素禀赋点由 E 变为 E'。在商品价格不变时，要素投入比例不变，因此直线 OX、OY 的斜率不变。因此，为了保证要素的充分利用，四边形 $OXEY$ 变为 $O'X'E'Y'$，相应地，X、Y 的产量分别变为 OX'、OY'。从图中可以看出，X 的产量增加，而 Y 的产量减少。

罗布津斯基定理还可以用我们更为熟悉的生产可能性曲线的移动来进行说明，如图 4-9 所示，一国要素供给未发生变化前，生产可能性曲线为 AA'，其与相对价格线 P^W 相切于 E 点，该国在 E 点处实现生产和消费的均衡。若资本供给增加，则导致该国的生产可能性曲线偏向于 X 轴向外移动到 BB'。根据商品相对价格不变的前提，BB' 与 P^W 相切于 E' 点。通过比较可以看出，E' 点位于 E 点的右下方，表明资本密集型的 X 产品的产量增加了，而劳动密集型的 Y 产品的产量则下降。因此，我们把直线 EE' 称之为罗布津斯基线（Rybczynski line）。

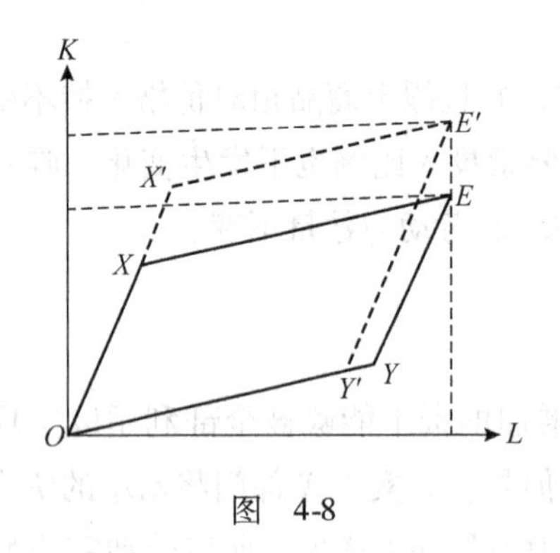

图 4-8

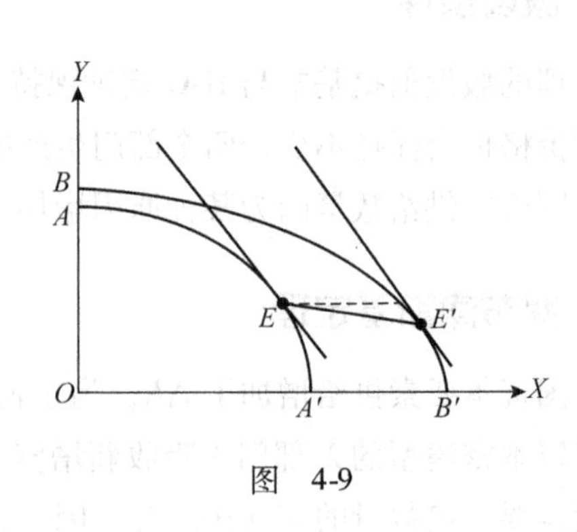

图 4-9

小知识

荷兰病

荷兰病（the Dutch disease），是指一国特别是指中小国家经济的某一初级产品部门异常繁荣而导致其他部门衰落的现象。因为发现沿海地区蕴藏巨量天然气，荷兰在 20 世纪 50 年代迅速成为以出口天然气为主业的国家。天然气的大量出口引起国际收支顺差，经济显现繁荣景象。可是荷兰的农业、工业部门却开始萎缩，同时本币升值，出口产品竞争力下降。到了 70 年代，荷兰出现通货膨胀上升、制成品出口下降、收入增长率降低、失业率增加等经济失衡的现象，被称为“荷兰病”。

自开展西部大开发战略以来，我国中西部地区对各自自然资源储备的开采带动了当地经济的快速进展，随之产生的“荷兰病”也对地区经济结构产生了巨大的影响。我国有很多因资源而兴起的城市，比如石油之城大庆、煤炭之城大同。历史上，这些资源型城市虽然由小到大走向繁荣，但过于依赖资源优势，导致经济构成单一，当资源变少、枯竭，以及资源价格开始国际性下行时，危机也开始产生。

内蒙古自治区有大量的、丰富的自然资源，其煤炭资源储量已是全国煤炭储量之最，羊绒、稀土、天然气等自然资源储量也在全国自然资源储量中占据了很大一部分。内蒙古自治区丰富的自然资源储量推动了经济发展，得天独厚的煤炭资源保障了工业的繁荣，

2020 年内蒙古自治区生产总值完成 17 359. 8 亿元，按可比价计算，比 2019 年增长 0. 2%。其中，第一产业增加值 2 025. 1 亿元，增长 1. 7%；第二产业增加值 6 868. 0 亿元，增长 1. 0%；第三产业增加值 8 466. 7 亿元，下降 0. 9%。三次产业比例为 11. 7 : 39. 6 : 48. 8。近年来，内蒙古自治区对与煤炭有关行业加大整顿力度，出台一系列政策推进煤炭资源科学合理、规范有序地开采利用，力图摆脱“荷兰病”。

4. 3　要素积累与贸易条件

4. 3. 1　贫困化增长

开放经济条件下，如果一国要素积累导致经济增长偏向出口部门，将会对一国福利带来两方面的影响，一是由于经济增长导致国民收入水平提高，福利改善；二是本国贸易条件恶化，福利降低。净效应取决于两种影响效应的力量对比，如图 4-10 所示。

由图 4-10 可知，增长前，消费点为 Q，生产点为 C，相对价格也即贸易条件为 P^W，一国要素积累导致经济增长偏向出口部门后，面对新的生产可能性边界，生产点为 Q^*，消费点为 C^*，贸易条件为 P^{W^*}。由于贸易条件恶化，P^{W^*} 比 P^W 更平坦，该国福利由 C 增加到 C^*。

接下来，将 C 到 C^* 的福利进行分解，在图 4-11 中，画一条 P^W 的平行线，与经济增长后的生产可能性边界相切于 Q'，与社会无差异曲线相切于 C'。从 C 到 C' 的福利变化表示不考虑贸易条件效果情况下，经济增长对该国福利的改善，称为纯粹的增长利益。

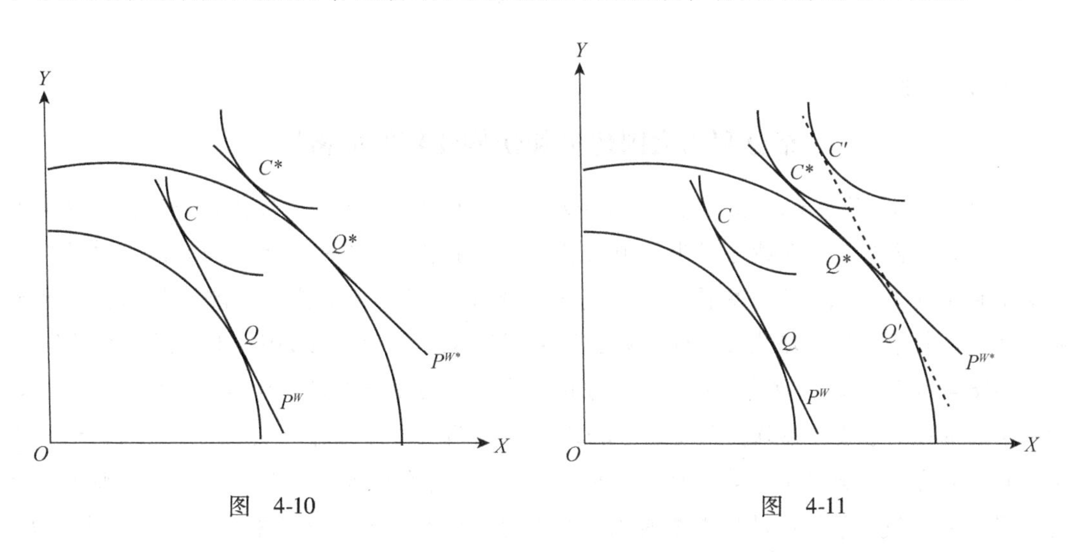

图　4-10　　　　图　4-11

C^* 位于 C' 下方，说明贸易条件恶化抵销了部分经济增长利益，抵销的部分以转移支付形式为他国享有，如果转移至他国的福利超过了增长利益，该国福利水平低于增长前，称为贫困化增长。

贫困化增长（又称悲惨增长）是指当一国生产要素增加从而使产品出口增加时，该国的出口收入不但没有增加，反而减少了。造成这种局面的直接原因是贸易条件恶化。从图4-12中可以明显看出，转移至他国的部分超过了增长利益，净福利损失。

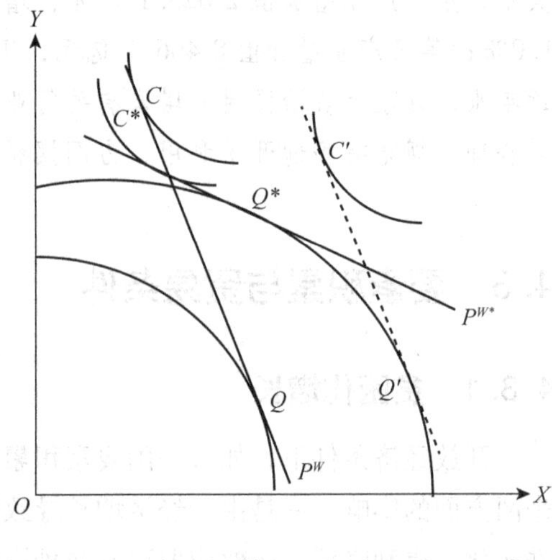

图 4-12

4.3.2 贫困化增长的条件

从一定程度来说，贸易条件的变化是衡量一国是否存在贫困化增长的“显示器”，但贸易条件的恶化并不是贫困化增长出现的唯一条件。贫困化增长的出现是一种极特别的现象，它的发生需要具备以下几个条件：

1）该国是一个贸易大国，因为只有贸易大国的进出口数量变化才会影响世界商品价格；

2）经济增长偏向于出口部门，且增长较快；

3）国际市场对该出口商品的需求缺乏弹性，以致出口供给的扩大导致出口价格的迅速下跌；

4）边际进口倾向较高。

需要指出的是，满足以上条件并不必然造成贫困化增长。也就是说，以上四个条件是一国出现贫困化增长的必要条件而非充分条件。贫困化增长的本质是经济增长后，价格贸易条件、收入贸易条件以及要素贸易条件的全面恶化，从而造成福利水平的下降。

思政小课堂

充分利用大国优势加快构建新发展格局

改革开放40多年来，尤其是加入WTO后，中国积极参与全球价值链分工，以要素低成本、出口导向型工业化战略实现了国家经济的高速增长，并用几十年的时间走过了发达国家上百年的工业化进程。中国经济的高速发展不仅归功于坚持走中国特色社会主义道路，而且依赖于经济全球化带来的良好国际发展环境。然而，自2016年英国“脱欧”公投、2018年美国特朗普政府对中国及其他国家发动贸易争端以来，世界市场持续动荡，国际政治经济格局也发生着深刻的变革。2020年，新型冠状病毒肺炎疫情席卷全球，世界百年未有之大变局加速演化，美、西方国家一系列逆全球化的操作使我国经济发展迎来严峻的外部环境，加剧了经济对外交流的风险与阻力。同时，由于近年来我国核心技术缺失、产业基础薄弱、产业链现代化水平低、国内市场需求得不到有效满足等问题日益突出，严重制约了经济从高速增长转向高质量发展，导致低成本、出口导向的高速增长模式不可持续，这表明我国经济发展战略需要从出口导向型转向内需增长型。习近平总书记提出加快形成以国内大循环为主体、国内国际双循环相互促进的新发展格局，正是体现了这种发展战略转型的内涵以及由此形成的发展格局之变。一方面，新发展格局要求我国改变激励出口的政策导向，把满足国内需要作为发展的出发点和落脚点，充分发挥超大规模市场优势和内需潜力；另一方面，新发展格局要求我国提升产业基础能力和产业链现代化水平，加快关键核心技术攻关，改变出口导向战略形成的长期处于价值链中低端的分工地位，以提高满足内需的能力。中国区域和城乡发展不平衡的问题长期存在，这虽是过去经济非均衡发展的产物，但也为未来实现高质量、可持续的发展提供了空间。2020年全国人均GDP最高的省份（北京市，16.76万元）是最低省份（甘肃省，3.41万元）的近5倍，全国城镇居民人均可支配收入（4.38万元）是农村居民可支配收入（1.71万元）的2.56倍，地区间、城乡间发展差别巨大，中西部地区和农村地区还有巨大的发展空间和回旋余地，这为中国的高质量、可持续发展提供了可能。我国在以国内大循环为主体的同时，实现国内国际双循环相互促进，实质是力促改变外向型经济主导的发展格局，形成内外经济循环相互促进和平衡增长、经济增长的动力更加协调的新发展格局。

4.4 要素禀赋理论的验证与解释

一个理论模型的正确与否必须通过实证检验才能得以证实。本节我们首先介绍里昂惕夫对H-O理论的经验检验，即里昂惕夫之谜（Leontief's paradox），然后介绍对里昂惕夫之谜所做出的各种解释。

4.4.1 里昂惕夫之谜

里昂惕夫于1951年首次对H-O理论进行了检验，由于美国当时是世界上资本最丰裕的国家，里昂惕夫希望能得出美国出口资本密集型商品、进口劳动密集型商品的结论。

里昂惕夫利用投入产出表计算了美国1947年每100万美元进口替代产品和出口产品生产中劳动和资本数量及其比率，发现美国进口替代产品的资本密集程度大约比其出口产品的资本密集程度高30%（见表4-1）。这意味着相对而言，美国进口的是资本密集型产品，出口的是劳动密集型产品。这一结果与H-O理论的预测完全相反，因此称之为里昂惕夫之谜。

表4-1 1947年美国每百万美元出口产品和进口替代产品的资本－劳动比

	出口	进口替代	进口/出口
里昂惕夫（1947年投入需求，1947年贸易）			
资本（美元）	2 550 780	3 091 339	
劳动力（年人工）	182	170	
资本/劳动（美元/年人工）	14 010	18 180	1.30
里昂惕夫（1947年投入需求，1951年贸易）			
资本（美元）	2 256 800	2 303 400	
劳动力（年人工）	174	168	
资本/劳动（美元/年人工）	12 977	13 726	1.06
资本/劳动力（不包括自然资源）			0.88

（续）

	出口	进口替代	进口/出口
鲍德温（1958 年投入需求，1962 年贸易）①			
资本（美元）	1 876 000	2 132 000	
劳动力（年人工）	131	119	
资本/劳动（美元/年人工）	14 200	18 000	1.27
资本/劳动力（不包括自然资源）			1.04
资本/劳动力（不包括自然资源和人力资本）			0.92

① BALDWIN R E. Determinants of the commodity structure of U. S. trade [J]. American Economic Review, 1971:111-131.

资料来源：Leontief（1954），Leontief（1956），Baldwin（1971）。

4.4.2 对里昂惕夫之谜的解释

里昂惕夫之谜提出后，引起了强烈反响，经济学家纷纷发表文章从不同角度对里昂惕夫的检验结果进行解释和评论。例如，里昂惕夫本人认为在 1947 年美国工人的劳动生产率是外国工人的 3 倍，因此如果将美国的劳动力数量乘以 3，再与国内可用资本比较，美国就变成了一个劳动丰裕的国家，这样检验结果与 H-O 理论就没有矛盾了。但是这一解释并未得到广泛接受，后来他自己也否定了这种解释。

还有人试图从需求偏好差异的角度来解释，认为美国的需求偏好强烈偏向资本密集型商品，导致对资本要素的需求过度，从而使资本要素价格与资本密集型商品价格上涨，美国因为需求偏好变为资本相对稀缺的国家，因此应该进口资本密集型商品。但这一解释也未得到广泛承认。

更多的学者从统计方法和资料处理的角度，或从 H-O 理论本身进行了研究，其中比较有代表性的观点有以下几种。

1. 统计资料和方法的问题

有学者认为里昂惕夫检验的年代与 1947 年距离太近，数据资料缺乏代表性。因此里昂惕夫在 1956 年重新用美国 1947 年和 1951 年的数据进行了检验，结果发现美国进口替代部门的资本密集程度仍然比出口部门高出 6%（见表 4-1），因此里昂惕夫之谜仍然存在。1971 年，鲍德温（Baldwin）运用美国 1958 年的投入产出表和 1962 年的数据再次检验了 H-O 理论，发现美国进口替代部门的资本密集程度比出口部门高出 27%（见表 4-1）。因此统计资料缺乏代表性并不是里昂惕夫之谜产生的真正原因。

统计资料的处理上，利默（Leamer）认为在多要素世界里，应当比较生产和消费的资本－劳动比，而不是比较进出口的资本－劳动比。按照这种方法，运用 1947 年的数据，鲍德温进行了重新检验，结果发现美国生产中的资本－劳动比远远高于消费中的资本－劳动比，说明美国仍然是资本密集型国家。1981 年斯特恩和马斯库斯（Maskus）用 1972 年的数据、1990 年萨尔瓦多（Salvatore）和巴拉扎什（Barazesh）用 1958～1981 年数据做出的研究，都证实了这一结论。

2. 自然资源、人力资本的影响

有学者认为，里昂惕夫验证 H-O 理论使用的是两要素模型，忽略了自然资源（如土壤、森林、水资源等）和人力资本对贸易模式的影响。如果一种商品是自然资源密集型的，那么按照两要素模型将商品划分为劳动密集型和资本密集型，就会发生资源密集度逆转，从而违背 H-O 理论假设，不能得出正确结论。例如，粮食生产是土地密集型生产，按照两要素模型，在美国是资本密集型生产，而在大多数国家是劳动密集型生产。因此在检验时，应将贸易产品中去除自然资源密集型产品，这样可能会降低里昂惕夫之谜出现的可能性。

表4-1 中，里昂惕夫 1956 年的研究在去除自然资源密集型产品后，美国进口替代部门资本密集度比出口部门低 12%；鲍德温 1971 年的检验中，去除自然资源密集型产品后，美国进口替代部门的资本密集程度只比出口部门高了 4%，说明自然资源对贸易模式的影响是至关重要的，可以在一定程度上解释里昂惕夫之谜。

在人力资本对贸易模型的影响研究中，有代表性的是克拉维斯（Kravis）、基辛（Keesing）和鲍德温的研究。克拉维斯 1956 年的研究指出，在 1947 年和 1951 年，美国出口产业的工资水平比进口竞争产业的工资水平高 15%，这说明美国出口产业具有较高的劳动生产率和较多的人力资本。基辛 1966 年的研究指出，1957 年美国出口产品的技能密集度要比其他 9 个国家出口产品的技能密集度高，说明美国较其他国家相比，拥有更多的人力资本。鲍德温 1971 年的研究（见表 4-1）发现仅消除自然资源的影响，还不能使里昂惕夫之谜完全消失，但是如果把人力资本加到实物资本上，美国出口部门的资本 - 劳动比较进口替代部门高 8%，里昂惕夫之谜得以完全消除。

3. 生产要素密集度逆转的问题

明哈斯（Minhas）提出，如果同一种产品在劳动丰裕的国家是劳动密集型产品，在资本丰裕的国家是资本密集型产品，就会发生要素密集度逆转。比如小麦在美国生产，由于机械化作业和大农场，属于资本密集型产品，而在非洲手工生产则属于劳动密集型产品，因此不能以本国产品的要素密集性来代替别国。当存在要素密集度逆转时，H-O 理论的结论就不能成立了，这也是产生里昂惕夫之谜的一个重要原因。

4. 关税和其他贸易壁垒的影响

H-O 理论的假设条件认为不存在任何贸易壁垒，但现实中存在着大量的关税和非关税壁垒，这些壁垒的存在导致贸易模式被严重扭曲。研究表明，美国的贸易政策是限制高技术产品出口，阻碍劳动密集型产品进口。克拉维斯 1954 年的研究发现，美国受贸易保护最严重的产业是劳动密集型产业，如纺织业和制鞋业，这对解释里昂惕夫之谜起到了一定的作用。

除了以上关于里昂惕夫之谜的解释外，对 H-O 理论其他假设的经验分析也会对该理论进行修正，后面要介绍的现代贸易理论就是在探讨里昂惕夫之谜的过程中不断发展起来的。

本章要点

1. 新古典国际贸易理论由要素禀赋理论及其两个推论组成。
2. 要素禀赋的相对差异是国际贸易的另一原因，一国应出口密集使用其相对丰富要素生产的产品，进口密集使用其相对稀缺要素生产的产品。
3. 罗布津斯基定理说明要素总量的变化会影响一国的比较优势，甚至改变一国的国际贸易结构。
4. 要素的增加在大国情况下会引起贸易条件的变化，因此由要素增加带来的经济增长对一国福利的影响取决于两者的相对变化。
5. 偏向出口的经济增长在满足一定条件下会导致福利水平净下降，这属于贫困化增长。
6. 里昂惕夫之谜是对要素禀赋理论的实证检验，现实与理论的背离表明传统的国际贸易理论在解释国际贸易的起因方面仍然存在着不足，国际贸易的产生应该还有其他原因。

课后思考与练习

1. 试从生产函数的表达式出发证明在规模收益不变的条件下，生产要素的边际产出只取决于两个要素的使用比例，与两个要素投入的绝对量无关。
2. 如果两个部门的要素密集度完全相同，那么要素禀赋差异会引发国际贸易吗？如果有国际贸易，解释贸易分工和形态。
3. 你认为造成里昂惕夫之谜的原因是什么？如何解释？
4. 假定中国香港和日本的偏好与技术都完全相同。中国香港劳动力丰富，日本资本丰富。服装是劳动密集型产品，汽车是资本密集型产品。
   （1）画出中国香港和日本的生产可能性曲线，解释为什么它们的形状会是这样。
   （2）在封闭条件下，两者的比较优势分别是何种产品？解释原因。
   （3）在开放条件下，当中国香港和日本进行贸易时，根据H-O理论，会有什么情况发生？
   （4）分别就封闭和开放条件下，在图中标出两者的生产点、消费点、进口量和出口量以及封闭条件下的相对价格和开放条件下的相对价格。

第 5 章

国际贸易与收入分配

学习目标

通过对本章的学习，了解生产要素的长短期划分，掌握斯托尔珀 - 萨缪尔森定理、要素价格均等化定理、特定要素的定义，掌握特定要素模型的假设条件和均衡条件及均衡解，熟悉长期和短期国际贸易对收入分配的影响。

新古典国际贸易理论从要素禀赋的差异讨论了国际贸易的产生，与此同时，国际贸易产生后伴随着商品相对价格的变化也会导致参与贸易的各国国内的生产发生调整，进而影响要素的相对价格。本章从国际贸易对要素价格的影响角度，分长期和短期两种情况解释国际贸易如何通过商品价格变动影响收入分配和要素的再配置。

5.1 长期分析

据微观经济学的划分方法，可以按照生产要素流动性的不同将要素划分为长期和短期。在生产要素同质的假定下，生产要素在长期可以自由流动，且相互替代，厂商使用的要素投入量可以自由调整，从而达到要素价格的均等化。

本节主要介绍 H-O 理论的两个推论：斯托尔珀 - 萨缪尔森定理和要素价格均等化定理，从国际贸易对要素价格影响的角度，解释国际贸易如何通过商品价格变动影响收入分配和要素的再配置，从而达到要素价格均等化；以及 H-O 理论的一个拓展——罗布津斯基定理，讨论要素总量的变化对生产及国际贸易的影响。

5.1.1 斯托尔珀－萨缪尔森定理

在介绍斯托尔珀－萨缪尔森定理之前，我们首先讨论商品价格与要素价格之间的关系，以下以 X 商品相对价格上升为例进行分析。

在完全竞争条件下，厂商使用要素的原则是要素在每一部门的报酬等于要素的边际产品价值（VMP，商品价格与边际产出的乘积），即 $\text{VMP} = P \times \text{MP}$。均衡时，生产要素在所有部门的报酬是相等的。如果此时 X 产品的相对价格上升，那么 X 部门的资本和劳动能够获得比 Y 部门更多的报酬，所以资本和劳动都会从 Y 部门转移到 X 部门。由于 X 部门是资本密集型的，它的生产扩张需要较多的资本和较少的劳动，但是 Y 部门是劳动密集型的，释放出较多的劳动和较少的资本，从而导致在生产要素的重新配置过程中，对资本新增的需求超过了资本的新增供给，对劳动的新增供给超过了劳动的新增需求，从而资本价格上升，劳动价格下降。

同时，追求利润最大化的厂商在生产要素价格调整的过程中也会改变生产中所使用的资本－劳动比。由于资本价格上升劳动价格下降，因此厂商会增加使用更便宜的劳动来代替一部分越来越贵的资本，最后导致每一部门的资本－劳动比都低于原来的资本－劳动比。

通过上述分析可知，当 X 相对价格上升时，会导致它所密集使用的生产要素——资本的名义价格上升，另一种要素——劳动的名义价格下降。但是要分析要素价格的变化，仅有名义价格是不够的，还需知道要素实际价格的变化。

均衡时，要素的价格分别为

$$w = P_X \times \text{MP}_{LX} = P_Y \times \text{MP}_{LY} \tag{5-1}$$

$$r = P_X \times \text{MP}_{KX} = P_Y \times \text{MP}_{KY} \tag{5-2}$$

式中，w、r 分别表示劳动和资本的价格；MP_{LX}、MP_{LY}分别表示劳动在 X、Y 生产中的边际产出；MP_{KX}、MP_{KY}分别表示资本在 X、Y 生产中的边际产出。

由式（5-1）和式（5-2）可以得到要素的实际价格为

$$\frac{w}{P_X} = \text{MP}_{LX},\ \frac{w}{P_Y} = \text{MP}_{LY} \tag{5-3}$$

$$\frac{r}{P_X} = \text{MP}_{KX},\ \frac{r}{P_Y} = \text{MP}_{KY} \tag{5-4}$$

上述两式说明要素的实际价格等于其边际产出。在规模收益不变的条件下，生产要素的边际产出只取决于两个生产要素的使用比例，与要素投入的绝对量无关，因此，商品相对价格的变化对要素实际收入的影响只取决于两种商品所使用的要素比例变化。

由之前分析可知，当 X 相对价格上升时，X、Y 生产所使用的资本－劳动比均下降。根据边际收益递减规律，当资本－劳动比下降时，由于资本相对于劳动投入减少，因此资本的边际产出上升，劳动的边际产出下降，由式（5-3）和式（5-4）可知，资本要素的实际价格均上升，劳动要素的实际价格均下降，由此得到斯托尔珀－萨缪尔森定理：某一商品相对价格的上升，将导致该商品密集使用的生产要素的实际价格或报酬提高，而另一种生产要素的实际价格或报酬下降。

斯托尔珀－萨缪尔森定理能够引申出一个结论：国际贸易会提高该国丰裕要素所有者的实际收入，降低稀缺要素所有者的实际收入。根据H-O理论，贸易后一国出口商品相对价格会上升，带来该商品所密集使用的生产要素的实际报酬上升，另一种生产要素的实际报酬下降，因此贸易虽然从整体上改善了一国福利，但是并非对每个人都有利。

5.1.2　要素价格均等化定理

要素价格均等化定理是H-O理论的一个推论。该定理最先由赫克歇尔提出，俄林进行了进一步阐述，最后由萨缪尔森给出了严格证明，因此该定理又被称为赫克歇尔－俄林－萨缪尔森定理（Heckscher-Ohlin-Samuelson theorem），简称H-O-S定理。

该定理认为，在要素禀赋理论的假设成立的前提下，国际贸易将使各国同质要素的价格趋于一致，即各国按照要素禀赋决定的比较优势参与国际分工后，不仅使各国产品价格趋于一致，而且使要素的绝对价格和相对价格趋于一致，国际贸易变成了国际要素流动的替代手段。

根据假设条件，A国资本丰裕劳动稀缺，B国劳动丰裕资本稀缺，在没有贸易的条件下，A国资本密集型商品X的相对价格低于B国。当A国按照比较优势出口X商品而进口Y商品后，由于X商品生产增加，Y商品生产减少，对资本的需求增加，对劳动的需求减少，从而导致资本价格上升，劳动价格下降。B国相反，资本价格下降，劳动价格上升。简言之，两国按各自要素禀赋决定的比较优势参与国际分工和贸易，使得两国要素报酬的差距不断缩小，直至完全相等，这种生产专业化过程才会停止。否则，只要要素价格存在差异，商品价格就会存在差异，比较优势就会继续存在，贸易进一步开展。因此按照要素禀赋决定的比较优势开展贸易的结果，是各国同质要素的价格趋于一致。

如图5-1所示，根据两国不同的要素禀赋，A国等产量线Q_X偏向于代表资本的纵轴，B国的等产量线Q_Y偏向于代表劳动的横轴。$(w/r)^A$、$(w/r)^B$分别为两国的等成本线，表示贸易前用于购买资本和劳动的支出，可以看出，$(w/r)^A>(w/r)^B$。两国开展自由贸易后，对本国丰裕要素的需求随出口而增长，在供给不变的情况下，需求的增长将改变要素的相对价格，A国原来较低的资本价格上涨，原来较高的劳动力价格下降，图中等成本线$(w/r)^A$逆时针旋转。B国反之，等成本线$(w/r)^B$顺时针旋转，从而两国要素的相对价格差异不断缩小直至相等为止，即两国的等成本线重合。

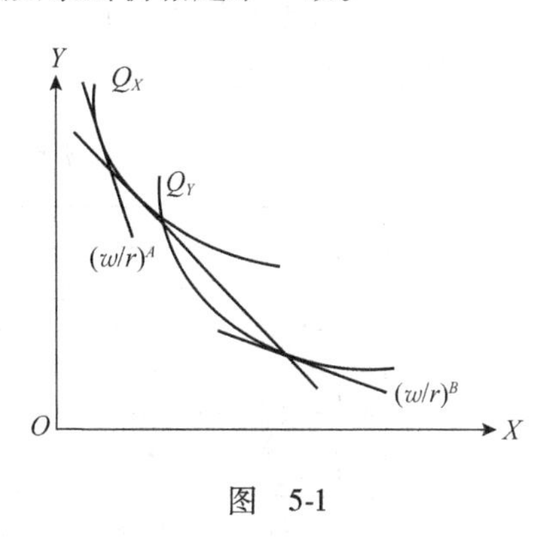

图　5-1

要素价格均等化定理证明了在各国要素价格存在差异以及生产要素不能通过在国家间

自由流动来直接实现最佳配置的情况下，国际贸易可以替代要素国际流动，间接地实现世界范围内资源的最佳配置。同时，它也说明了贸易利益在一国内部的分配问题。但在现实中，各国同质要素价格并不一致，原因是H-O理论的假设条件大多在现实经济中不成立。例如，各国间存在着明显的技术差异；运输成本和贸易壁垒阻碍了各国商品价格的均等化；许多企业处在不完全竞争市场环境中，多数是规模报酬递增的生产模式。因此，国际贸易在现实中并没有使各国同质要素报酬达到均等化。在这种情况下，我们可以说国际贸易缩小了同质要素收入的国际差异，而不是将差异完全消除。

小思考

要素价格均等化定理的实证检验

在现实中，国家之间的要素价格并未如H-O-S定理所分析的那样达到均等，特别是各国的工资水平显然存在很大差异。原因有很多，其中各国生产技术的差异是导致工资差异的重要原因。

一些学者研究了国家之间要素价格差异与其生产技术差异的关系。Trefler（1993）从劳动力这一要素出发，认为由于两个国家生产技术不同即劳动生产率不同，因而工资存在差异。如果要素价格均等化的逻辑成立，那么不同国家的工资差异应该反映其劳动生产率的差异。他将世界上很多国家的劳动生产率与工资同美国进行对比，发现一国相对于美国的劳动生产率越低，该国相对于美国的工资也越低，这两者之间存在着显著的正相关关系，即两国之间的相对工资与相对劳动生产率成正比。Golub（1998）的研究也得出了类似的结论。如图5-2所示，将美国的劳动生产率、工资和单位产品的劳动力成本（工资/劳动生产率）标准化为1。其他各国从左向右，相对于美国的劳动生产率越低，其相对于美国的工资也越低。因此，各国单位产品的劳动力成本差异不是很大。这两项研究表明，要素价格均等化定理与现实不符，原因之一是各国生产技术水平相同这一前提未得到满足。但要素价格之间的国别差异反映了其生产技术的国别差异，表明要素价格均等化定理的基本逻辑仍然是正确的。

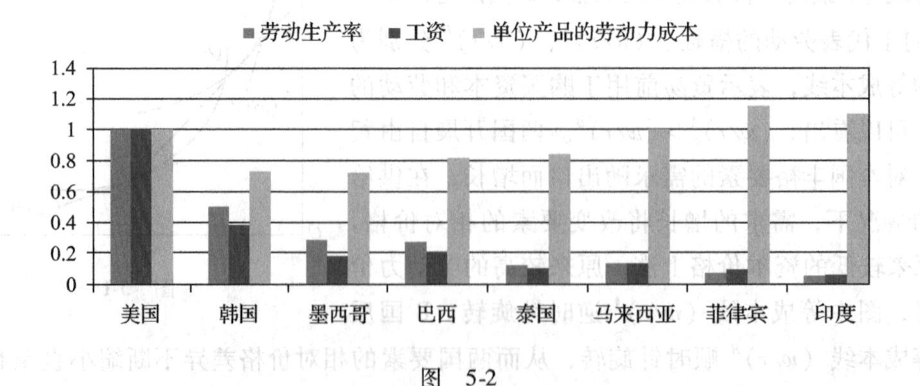

图 5-2

资料来源：Golub，1998。引自：余智．国际贸易基础理论与研究前沿［M］．上海：上海人民出版社，2015.

5.2　短期分析

随着研究的深入，经济学家将短期要素引入到要素禀赋理论中，形成了新的分析方法，即特定要素模型，主要用于解释短期国际贸易对收入分配的影响。

5.2.1　短期中的生产要素

在本节的分析中，仍然假定生产要素只有资本和劳动两种。短期内，假设只有一种生产要素可以自由变动，而另一种生产要素是固定不变的。根据要素的属性不同，通常认为资本在短期内是不能流动的，属于“特定要素”，而劳动在短期内可以自由流动。因此，特定要素（specific factor）是指在短期内用途仅限于某一部门，不适合于其他部门需要的一种要素。由于资本的特定性，在部门之间的流动很小，几乎为零，而劳动的特定性远远小于资本，因此在短期内劳动可以自由流动。当时间充分长时，所有部门的资本都可以调整，模型又回到上一节的长期情况。

在运用特定要素模型时，学者一般不把要素的特定性看成永久条件，而只是一个时间问题。如纺织机是用来生产衣服的，压膜机是用来制造汽车车身的，它们的作用不能相互替代，因此这些不同种类的设备是产业特定型的。但是当时间足够长时，则有可能发生改变。当企业家改变自己的投资方向，从纺织厂转向汽车厂时，纺织机和压膜机都可以看成一种叫作资本的单一流动要素的两种表现形式。

因此在实际分析中，特定要素和流动要素之间没有明显的界线，只是一个调整速度的问题，即越是特定的要素，在不同产业间的调配时间越长。根据 Blanchard 和 Katz (1991)[⊖]的研究发现，当美国某州遭遇经济困难时，该州的工人迅速离开当地进入其他州，在6年内，该州的失业率回落到全国平均水平。这与一台专用设备15~20年的寿命相比，转移的时间要短得多。因此劳动的特定性肯定不如大多数资本要素。

5.2.2　特定要素模型

1. 基本假设

由于本节只讨论短期国际贸易对一国收入分配的影响，因此模型中不涉及其他国家。模型基本假设如下：

1）两种产品 X 和 Y，使用两种要素 K 和 L；

2）劳动总量固定，且充分就业；

3）劳动同质，可以在两个部门间自由流动；

4）资本是特定要素，不能在部门之间流动，不能相互替代；

5）每个部门的资本投入量固定不变；

⊖ BLANCHARD O J, KATZ L F. Regional evolutions [J]. Brookings Papers on Econmic Activity, 1992.

6）产品市场和要素市场完全竞争；

7）规模收益不变；

8）没有运输成本及关税壁垒。

根据假设条件，可以将 X 和 Y 的生产函数分别为

$$X = F_X（\overline{K}_X，L_X），Y = F_Y（\overline{K}_Y，L_Y） \quad (5\text{-}5)$$

式中，$\overline{K}_X$ 和 $\overline{K}_Y$ 均为常数，分别表示 X 部门和 Y 部门的特定要素。

如果劳动总量为 $\overline{L}$，且充分就业，那么

$$\overline{L} = L_X + L_Y \quad (5\text{-}6)$$

2. 模型的均衡解

根据长期分析的结论，在完全竞争市场条件下，两部门的要素报酬分别为

$$w_X = P_X \times \mathrm{MP}_{LX}，r_X = P_X \times \mathrm{MP}_{KX} \quad (5\text{-}7)$$

$$w_Y = P_Y \times \mathrm{MP}_{LY}，r_Y = P_Y \times \mathrm{MP}_{KY} \quad (5\text{-}8)$$

由于只有劳动是可变要素，因此当商品价格已知时，只需知道劳动在两部门之间的分配，就可以确定要素市场的均衡条件和要素价格。由于资本是特定要素，因此两部门劳动的边际产出（MP_{LX}，MP_{LY}）只取决于劳动投入量。根据边际产出递减规律，劳动投入越多，劳动的边际产出就越低。在商品价格不变的假定下，劳动报酬与劳动投入量成反比。

如图 5-3 所示，VMP_{LX} 表示 X 部门的劳动需求与劳动价格之间的关系，即劳动的需求曲线，VMP_{LY} 表示 Y 部门的劳动需求曲线。当两部门劳动报酬相同时，劳动在两部门间的分配达到均衡。如图 5-3 中 E 点所示，此时两部门的劳动需求曲线相交，两部门面对相同的劳动价格 w，在此价格下，X 部门的劳动投入量为 O_XL，Y 部门的劳动投入量为 O_YL。从图中可知，当劳动在两部门间的分配确定后，两部门的生产也随之确定。

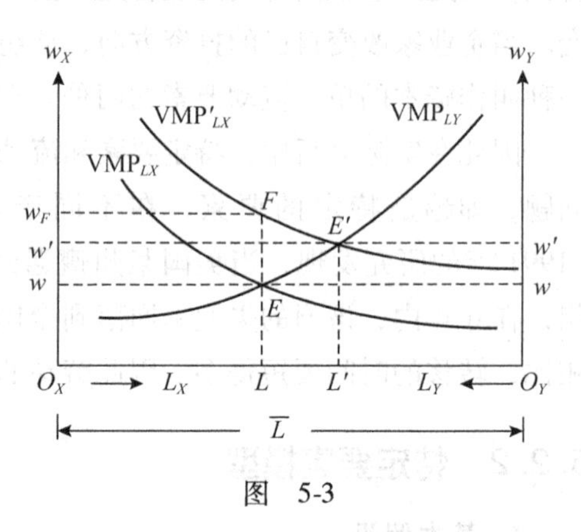

图 5-3

5.2.3 国际贸易与收入分配

短期内国际贸易也会对收入分配产生影响，这种影响的传递机制和长期是一样的，都是通过商品价格的变化来影响的。

1. 商品价格与要素价格

根据上一节的分析，如果两国发生贸易，会导致出口产品的相对价格上升，这里假设该国在封闭条件下的生产均衡点在图 5-3 中的 E 点，根据比较优势原则，该国出口 X 商品，进口 Y 商品，开放后会导致 X 商品价格 P_X 上升。为了分析简便起见，假设 Y 商品价格 P_Y 不变。

如图 5-3 所示，当 P_X 上升时，X 的劳动需求曲线向右上方移动，由 VMP_{LX} 移动到

VMP'_{LX}。由于 X 商品的价格上升，在劳动力投入不变的情况下，劳动力报酬从 w 上升到 w_F，这样的上升必然引起劳动力从 Y 部门向 X 部门的转移。根据边际收益递减规律，X 部门的劳动边际产出下降，Y 部门的劳动边际产出上升，导致 X 部门劳动报酬回落，Y 部门劳动报酬上升，最终在 E' 点再次达到均衡，均衡后的劳动报酬为 w'。

接下来，我们要分析在新的均衡下，与之前的封闭条件相比，各要素的实际收入发生了哪些变化。

（1）劳动实际报酬的变化。

将式（5-7）和式（5-8）进行变形，得到劳动实际报酬表达式

$$\frac{w_X}{P_X}=MP_{LX},\qquad \frac{w_Y}{P_Y}=MP_{LY} \tag{5-9}$$

由于资本投入量在两部门间固定不变，因此，当 P_X 上升时，X 部门劳动投入量增加，从而劳动边际产出下降；Y 部门劳动投入量减少，从而劳动边际产出上升。在式（5-9）中，MP_{LX}下降，MP_{LY}上升，因此$\frac{w}{P_X}$下降，$\frac{w}{P_Y}$上升，即贸易后该国的名义工资水平将提高，但是提高幅度小于 X 价格上涨幅度。对于劳动者而言，如果收入全部来自工资，那么贸易后实际收入是否提高取决于该消费者的消费结构。如果消费偏重于 X 商品，那么实际收入水平可能下降；如果消费偏重于 Y 商品，那么实际收入水平可能上升。

（2）资本实际报酬的变化。

根据假设，劳动力在两部分之间可以自由流动，资本作为特定要素，不能在部门间流动。因此在分析劳动报酬变化时我们没有分部门分析，资本报酬变化的分析中就要分别对 X 和 Y 部门的资本报酬进行区分。

1）X 部门资本实际报酬的变化。根据式（5-7），X 部门的资本实际报酬表达式为

$$\frac{r_X}{P_X}=MP_{KX} \tag{5-10}$$

当 X 部门商品价格上升导致劳动报酬上升后，劳动流入增加，劳动的边际产出下降，资本相对劳动显得稀缺，从而资本的边际产出上升，即 MP_{KX}上升，这说明 X 部门的资本实际报酬上升。相对于 Y 产品价格而言，X 部门资本实际报酬也是上升的，因为 Y 产品价格不变。在自由贸易下，X 部门的资本实际报酬提高了。

2）Y 部门资本实际报酬的变化。根据式（5-8），Y 部门的资本实际报酬表达式为

$$\frac{r_Y}{P_Y}=MP_{KY} \tag{5-11}$$

Y 部门由于 X 商品价格上涨，部分劳动转移到 X 部门，带来劳动边际产出增加，此时资本相对劳动显得更为丰裕，因此资本的边际产出（MP_{KY}）下降，由于 P_Y 不变，因此 Y 部门的资本实际报酬下降。

通过上述分析，可以得出结论：贸易会提高贸易国出口部门特定要素的实际收入，降低进口竞争部门特定要素的实际收入；对可自由流动要素的实际收入的影响则不确定，主要取决于要素所有者的消费结构。

2. 利益集团与贸易政策

利益集团会左右贸易政策的制定：自由贸易会使出口部门（X）的资本所有者受益，进口竞争部门（Y）的资本所有者受损，因此两个部门的资本所有者对自由贸易持相反态度；对两个部门的劳动者来说，态度则是不确定的。来自出口部门的利益集团，会鼓动政府采取更为自由的贸易政策，而来自进口竞争部门的利益集团则会鼓动政府采取严厉的贸易限制措施。

小案例

欧盟的农业组织委员会

作为欧盟最大的农民协会组织，农业组织委员会（COPA）对欧盟2013年之后共同农业政策（CAP）改革展开积极游说，试图保持未来CAP较高的预算水平。其领导人强调，由于市场竞争加剧和成本上升，在过去十多年中欧盟农民的收入水平大幅降低，农业部门的收入水平仅为其他部门的一半，农场主2/3的收入来自直接支付。若给予农民正确的激励，农业可以为环境、气候变化和农村发展提供公共产品，但这些公共产品不能帮助农民从市场直接获得回报。因此，欧盟比以往任何时候都需要强大的CAP。COPA称欧盟对农业的支持仅占GDP的0.4%，但农业对整个经济的贡献占GDP的3.4%，欧盟对农业的支持应与农业带来的利益相平衡。可见，作为农民利益集团的联合体，COPA组织完善，专业化程度较高，具有极强的游说能力和话语权，充分维护了欧盟农民的利益，对欧盟农业政策和农产品关税等贸易政策的制定产生重大影响。

资料来源：王琦，田志宏．农业利益集团对农产品关税政策的影响——基于美国、欧盟、印度和日本的案例分析[J]．经济研究参考，2013，65：71-74.

5.3 短期与长期的比较

由上所述，短期国际贸易对收入分配的影响是按部门区分的，长期则按要素所有者区分。之所以造成收入分配影响的不同，原因在于长期和短期国际贸易对商品要素使用比例的影响不同。

长期内，通过商品价格的变化，国际贸易促使两个部门的资本－劳动比向同一方向变化，即对劳动丰裕国家而言，国际贸易会同时提高出口和进口竞争部门的资本－劳动比，从而两部门相同要素的实际报酬也按相同方向变化。短期内，由于资本是特定要素，使用量无法调整，国际贸易导致两部门的资本－劳动比向相反方向变化，因此两部门资本的实际报酬的变化方向也是相反的。

本章要点

1. 斯托尔珀－萨缪尔森定理表明国际贸易可以通过商品价格变动影响一国的收入分配和

要素的再配置：国际贸易会提高该国丰裕要素所有者的实际收入，降低稀缺要素所有者的实际收入，因此贸易虽然从整体上改善了一国福利，但是并非对每个人都有利。
2. 要素价格均等化定理认为国际贸易通过商品价格的均等化带来要素价格的均等化，从而在世界范围内实现资源的最佳配置。
3. 特定要素模型与斯托尔珀 – 萨缪尔森定理相比，前者属于短期分析，后者属于长期分析。
4. 短期国际贸易对收入分配的影响是按部门区分的，长期则是按要素所有者区分的。
5. 国际贸易会提高出口部门的资本实际报酬，降低进口替代部门的资本实际报酬，而对劳动实际报酬的影响则不确定。这对人们认识贸易政策的制定是非常有益的启示。

课后思考与练习

1. 如果短期内资本和劳动都不能自由流动，国际贸易对要素实际报酬会产生什么影响？
2. 请结合本章所学内容解释为什么短期国际贸易对收入分配的影响是按部门区分的，长期则是按要素所有者区分的。
3. 从政策制定者的角度出发，在利益集团会左右贸易政策的制定这一假设下，你认为什么样的贸易政策适合目前我国的贸易现状？
4. 结合图 5-3 分析当劳动增加对要素实际收入和两个部门的生产各自产生什么影响。

第6章

现代国际贸易理论

学习目标

通过对本章的学习，了解现代国际贸易理论产生的背景和假设条件的变化，掌握现代国际贸易理论的主要内容，熟悉不同理论的适用范围，熟练应用分析工具分析规模收益递增假设下的封闭和开放条件均衡，熟悉新新贸易理论的研究进展。

现代国际贸易理论是指第二次世界大战以后逐渐形成的国际贸易理论。建立在要素禀赋差异基础上的H-O理论，存在着两个问题：第一，里昂惕夫之谜；第二，要素禀赋理论赖以建立的某些假设不符合现实，使运用该理论解释现实贸易发生困难。这就促使经济学家从新的角度，探讨国际贸易产生的原因和贸易模式。本章内容主要包括重叠需求理论、产业内贸易理论、产品生命周期理论、规模经济与国际贸易、不完全竞争与国际贸易、新新贸易理论等。

6.1　国际贸易理论中的需求分析：　重叠需求理论

在前面章节我们所介绍的传统贸易理论假定国家之间不存在需求差异，而且各国具有相同的生产技术，规模收益不变，因此可以得出结论：国际商品相对价格差异产生的原因在于各国要素禀赋的差异，从而在供给面上强调了生产供给差异对国际贸易的影响。1961年，瑞典经济学家林德在《论贸易与转换》一书中，从需求方面探讨了国际贸易产生的原因，提出了重叠需求理论（theory of overlapping demand），也称之为需求偏好相似理论（theory of preference similarity）。

6.1.1 假设

之前的章节，为构造社会无差异曲线，假设消费者偏好完全相同，本节将放松偏好相同这一假设条件，假设：一国不同收入阶层的消费者偏好不同；世界不同地方的消费者如果收入水平相同，则两国消费者偏好相同，即两国收入水平越接近，消费结构也就越相似。

6.1.2 重叠需求与国际贸易

如果两个国家人均收入水平完全相同，从而两国需求结构完全相同，那么是什么力量引起两国实际贸易的发生呢？当企业家将其产品向国际市场扩展时，由于产品差异性的存在，他们发现完全进入对方市场变得很容易。正如林德所说："几乎无限范围的产品差异性——实际的或广告的产品差异的存在，与看起来毫无限制的购买者特质相结合，使得本质上相同的商品的国际贸易得以繁荣起来。"[㊀]

如果两国存在人均收入差别，从而两国存在需求结构差别，那么两国需求的重叠部分将减少，贸易发生的可能性就会降低。图6-1可以很直观地解释重叠需求理论。

如图6-1所示，横轴表示一国人均收入水平（Y），纵轴表示消费者需要的各种商品的品质等级（q），商品越高档，品质等级越高。根据重叠需求理论，人均收入水平越高，消费者所需商品的品质等级也就越高，二者关系通过图中的OP线来表示。

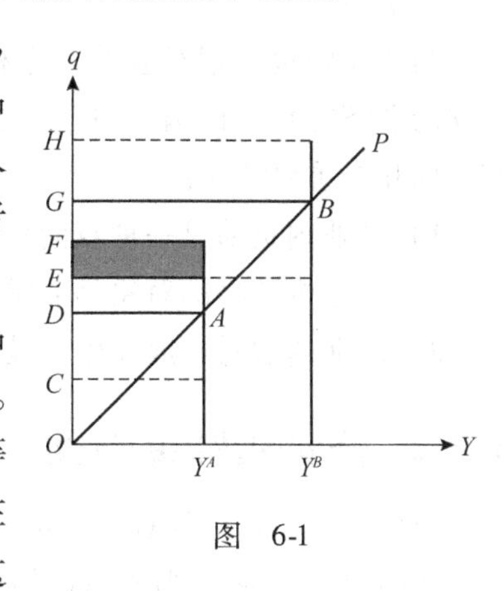

图 6-1

假设A国人均收入水平为Y^A，则A国需要的商品品质等级处于以D点为基点，上限F、下限C的范围内。假设B国人均收入水平为Y^B，则B国需要的商品品质等级处于以G点为基点，上限H、下限E的范围内。落在各自范围之外的商品是两国消费者无法购买的，因为这些商品要么超出了消费者的消费能力，要么过于低档使得消费者不愿购买。

图中A国品质等级处于C和E之间的商品、B国品质等级处于F和H之间的商品都只有来自国内的需求，不能成为贸易品。在品质等级E和F之间的商品，在两国都有需求，即重叠需求，这一范围内的商品在两国都可以输入或输出。

从图中可以看出，两国人均收入水平越接近，重叠需求的范围就越大，相互的贸易关系就越密切。反之，如果收入水平相差较大，那么可贸易的商品就会很少甚至不存在，两国贸易密切程度也很小。

㊀ LINDER S B. An essay on trade and transformation [M]. New York: John Wiley and Sons, 1961.

6.1.3 重叠需求理论的适用性

林德认为，要素禀赋理论只能解释初级产品之间的贸易，通常这些产品是自然资源密集型的，而不能解释制成品之间的贸易。国际制成品贸易的发生，往往是先由国内市场建立起生产的规模经济和国际竞争力，然后再向国外市场拓展，因此制成品品质的差异较为明显。而消费结构与一国收入水平有密切关系，因此重叠需求理论适合于解释制成品贸易。概括而言，要素禀赋理论主要解释发生在发达国家与发展中国家的产业间贸易，而重叠需求理论则适合解释发生在发达国家之间的产业内贸易。

6.2 产业内贸易理论

6.2.1 产业内贸易的定义

产业内贸易（inter-industry trade）是指一国（或独立的经济区）一定时期同一产业内既有进口、又有出口的现象。如一国在某一统计期内，既进口服装，又出口服装；既进口某种家用小轿车，又出口另一种家用小轿车，等等。这里所说的同一产业，是依据联合国国际贸易标准分类（SITC），若进出口商品的前三位编码相同，则称该国该种产业内存在产业内贸易。

与产业内贸易相对应的一个概念是产业间贸易（intra-industry trade），是指一国（或独立的经济区）与他国不同产业之间进行的国际贸易。与产业间贸易相比较，产业内贸易有下面几个重要特征：

1）产业内贸易是一种双向贸易，在同一产业内部，既有进口，又有出口；

2）产业内贸易的对象是非常接近的替代品；

3）产业内贸易一般发生在技术水平相近、需求结构相似的国家之间。

6.2.2 产业内贸易的分类

根据产业内贸易的对象，可以将产业内贸易划分成同质产品的产业内贸易和差异产品的产业内贸易两种。同质产品的产业内贸易，对象完全相同，若一国存在转口贸易、复进口、复出口等贸易方式，这种产业内贸易现象极易发生。差异产品的产业内贸易，贸易的对象不完全相同。根据产品的差异，进而可以将差异产品的产业内贸易划分为垂直差异产品的产业内贸易和水平差异产品的产业内贸易两种形式。前者是指产品的差异表现在产品的质量方面，而后者是指进出口商品的质量基本相同，差异主要表现在产品的外观设计、销售条件、售后服务等其他方面。

分清产业内贸易的分类，对理解产业内贸易理论至关重要。

6.2.3 产业内贸易的测量

对产业内贸易程度的测量，虽然曾出现过其他几种度量的方法，如沃顿指数、巴拉萨指数，但目前国际上影响比较大的是格鲁贝尔－劳埃德指数，即G-L指数。这一指数是由格鲁贝尔（Grubel）、劳埃德（Lloyd）两位经济学家于1975年提出的。

若用X_i表示某一时期内某国i部门的出口额，用M_i表示同期该国i部门的进口额，则：

$$G-L=1-\frac{|X_i-M_i|}{X_i+M_i} \tag{6-1}$$

显然，当一国在某一产业中，出口额X_i与进口额M_i完全相等，即有$X_i=M_i$成立，则$G-L=1$，这时称该国该产业存在完全产业内贸易。当一国统计时期某一产业只有出口而无进口，即$X_i\neq0$，$M_i=0$，或只有进口而无出口，即$X_i=0$，$M_i\neq0$时，则$G-L=0$，这时该国该产业无产业内贸易。因此，G-L指数的取值范围在0到1之间。$G-L$值越大，表明某部门的产业内贸易程度越深。

事实上，产业内贸易指数受到两个因素的影响。其一，是该产业部门产品的性质。有些部门，如化工产品部门、机械和运输设备部门，就容易发生产业内贸易，而有些部门则不易发生产业内贸易。其二，是该国该部门产品的成熟程度。高度发达成熟的产业部门内容易发生产业内贸易，而幼稚产业部门内就不易发生产业内贸易。

6.2.4　产业内贸易模型：新H-O理论

新H-O理论又称新要素比例理论（theory of neo-factor proportions），由法尔斐（R. E. Falvey）于1981年提出[⊖]。

1. 假设条件

1）每个产业不再生产单一同质产品，而是生产质量不同的差异化产品，每种质量的产品都由许多企业生产。

2）存量资本不同质，由不同部门的特定资本设备构成，资本不能在部门间流动，但可以在同一部门内流动。

3）劳动同质，且可以在不同部门间流动。

2. 生产模式

假设分析在单一产业中进行，该部门拥有一定数量的特定资本，报酬r调整到保证该部门资本充分就业，劳动力按照w价格雇用。该产业生产质量连续变化的产品，且规模报酬不变。

定义α为质量指数，较大的α对应较高的产品质量，且较高质量商品的生产要求每一劳动配备较多的资本。两国生产技术相同，一单位α质量的商品生产投入一单位劳动和α单位资本。

完全竞争下，α质量的商品价格等于其单位生产成本。

对A、B两国，有：

⊖ FALVEY R E. Commercial policy and intra-industry trade [J]. Journal of International Economics, 1981 (11): 495-511.

$$p_A(\alpha) = w_A + \alpha r_A \tag{6-2}$$

$$p_B(\alpha) = w_B + \alpha r_B \tag{6-3}$$

假设 $w_A < w_B$，那么 $r_A > r_B$，有 $(w_A/r_A) < (w_B/r_B)$，可知 A 国劳动丰富，B 国资本丰富。

3. 分工格局

由图 6-2 可知，劳动丰富的 A 国生产质量较低的商品价格较低，具有比较优势。资本丰富的 B 国生产质量较高的商品价格较低，具有比较优势。当 A、B 两国开展贸易时，A 国专业化生产并出口质量较低的产品（$\alpha < \alpha_0$），B 国专业化生产并出口质量较低的产品（$\alpha > \alpha_0$），两国发生了在同一产业不同质量产品之间的产业内贸易。

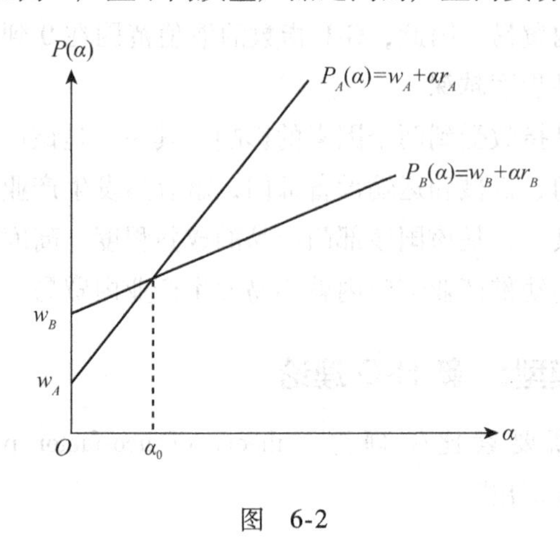

图 6-2

6.2.5 产业内贸易的形式

现实经济中，产业内贸易的具体形式复杂多样，主要有下面一些形式。

1）由运输成本问题产生的产业内贸易。一些产品，诸如黄沙、水泥、稻草等，其价值量不大，但长途运输成本过高，出口到邻国可能费用更低。因此，这类产业内贸易极易发生于一国的边境地区。

2）由转口贸易、复进口、复出口而引起的产业内贸易。有些国家（地区），如新加坡、中国香港，利用其优越的地理位置，大规模从周边国家或地区进口一些产品，但在本国和本地区并没有进行加工，或者至少没有进行实质性加工，而将该种产品又出口到其他国家和地区，进行着转口贸易。从国际贸易统计的角度看，这种贸易即为产业内贸易。

3）由生产的季节性因素引起的产业内贸易。有些产品，例如鲜鱼，生产的高峰期与消费期未必同步，且这种产品不易保存。从而在一国生产的高峰期，可能将过剩的产品出口到国外，而在另一时期，又从国外进口不足的产品，产业内贸易由此产生。

4）由政府干预引起国内市场价格扭曲，进而形成产业内贸易。例如在不同时期国家实行出口退税或进口优惠政策，国内企业为了与进口商竞争，可能通过出口得到退税，再以进口享受进口优惠，从而造成同质产品的产业内贸易。

5）由跨国公司的内部经营机制引起的产业内贸易。跨国公司的母公司与子公司之间、子公司与子公司之间，经常进口某种产品的某种零部件和半成品，却同时出口同种产品的另外一些零部件和半成品，从而形成产业内贸易。

实际上，产业内贸易的形式复杂多样，上面仅是通过列举的方式说明了产业内贸易的几种情形。

6.2.6　产业内贸易的成因

产业内贸易形成的原因，需要具体问题具体分析。前面我们所说的产业内贸易的形式，实际上也同时说明了产业内贸易形成的一些具体原因。除了上述的一些具体原因外，对于产业内贸易的形成，还需要考虑以下的一些原因。

1. 规模经济

如果在产品的生产中存在规模经济利益，那么厂商进行大规模生产会更有利可图。这时不同国家的厂商会进行一定程度的分工，彼此生产同一产业内部不同的具体产品，然后将多余的产品销往国外。这种生产和销售模式，不但可以降低厂商的生产成本，而且能获得更大的收益。因此，规模经济的存在是产生产业内贸易现象的重要利益来源。

2. 消费者对差异产品的追求

依据经济学原理，消费者效用水平的提高来自两个方面：一是能消费更多的商品；二是能消费差异化的商品。也就是说，若自己消费的商品不同于他人消费的商品，则自己的满足程度会提高。消费者对差异产品的追求，是消费群体普遍存在的一种心理倾向，这种对差异产品的追求也是导致产业内贸易产生的重要诱因。

3. 消费偏好相似

产品的差别性只是为产业内贸易的发生准备了可能性条件，而产业内贸易的内在动力来自不同国家需求结构的多样性和相似性。收入接近的国家之间需求更加相似，出现在其市场上的产品会更加类似，他们之间更具备进行产业内分工和贸易的可能。

6.3　产品生命周期理论

古典政治经济学家认为，两国技术水平的差异是引起国际贸易的重要根源。然而，一国的技术水平不是一成不变的，而是随着时间的推移不断发生变化的。当一国技术水平发生变化时，该国的贸易格局也会发生变化。产品生命周期理论即是用动态分析方法探讨技术变化与国际贸易关系的国际贸易理论。

产品生命周期理论（product life cycle theory）是由美国经济学家弗农于1966年在其《产品生命周期中的国际投资和国际贸易》一文中提出的，后由威尔斯（Louis T. Wells）和赫希哲（Hirsch）等人不断完善。

弗农认为，技术差异是国际贸易的一个重要决定因素。随着技术的变化，产品像自然界的生物一样，从出生到衰落，完成一次循环。因此在新产品的生产中，可以观察到一个由产品创新阶段、产品成长阶段、产品成熟阶段和产品标准化阶段构成的产品生命周期。

在产品生命周期的不同阶段，各种要素投入在成本中的相对重要性也将发生变化。由于各国在各种要素投入上的相对优势不同，因此，各国在该产品不同阶段是否拥有比较优势，取决于各种投入在成本中的相对重要性。例如，如果在某一阶段，资本在生产成本中居于支配地位，而资本又是某一国的相对丰裕要素，那么该国在产品的这一阶段就处于比较优势地位。

产品生命周期理论可通过图6-3进行说明。图中用坐标横轴表示时间 t，用坐标纵轴表示产量和消费量 Q。图中的其他曲线分别表示创新国生产、创新国消费、模仿国生产、模仿国消费。产品生命周期的不同阶段，产品生产具有不同特征。

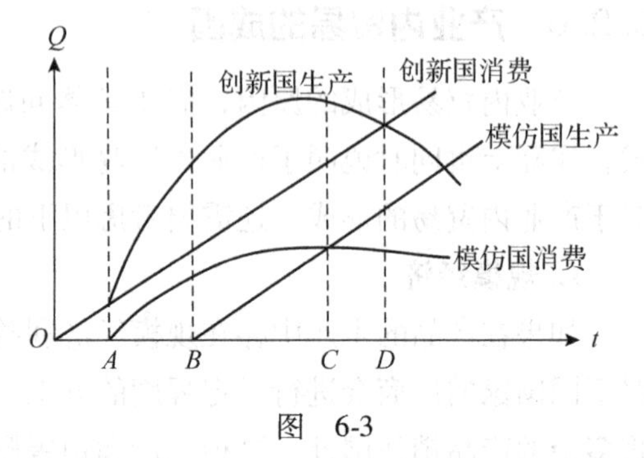

图 6-3

第一阶段：创新阶段，是指创新国开始研发新产品到新产品问世的时间段，即图中的 OA 段。在这一阶段，从产品的生产技术上来看，创新国需投入大量的科学家、工程师和熟练技术人员，虽然研发出了新产品，但生产技术尚需改进，工艺流程尚未定型。该产品的生产商垄断着生产技术，并在创新国本国生产该种产品，产品体现为技术密集型产品。由于产品的生产成本，尤其是研发费用很高，因此新产品的销售价格很高。这一阶段，新产品的消费者主要是创新国的高收入阶层，外国尚未产生需求，因此没有国际贸易产生。

第二阶段：成长阶段，是指模仿国开始进口到模仿国开始生产这种产品的时段，如图中的 AB 段。在这一阶段，产品的生产技术不断改进，产品性质、厂商对生产区位的选择、产品成本、产品价格跟前一阶段基本相同。进入这个阶段，一些收入水平与创新国接近，需求结构与创新国相似的其他发达国家开始进口创新国生产的新产品，国际贸易由此开始。

第三阶段：成熟阶段，是指模仿国由开始生产到转为净出口国的时段，即图中的 BC 段。在这一阶段，随着创新国新产品的出口，其他发达国家会逐渐掌握生产该种产品的新技术。创新国厂商对技术的垄断被打破，巨大的利益诱使其他发达国家开始生产该种产品。从产品的性质来看，这一阶段的产品不再需要大量的科学家、工程师和熟练技术人员，而资本在生产过程中所占的比重很大，产品逐渐转为资本密集型产品。从生产的区位看，一方面，创新国仍会在本国生产该种产品，并将产品出口到第三国市场；同时也会在发达模仿国建立自己的子公司生产该种产品，以便降低由于在本国生产，而在模仿国销售时所带来的巨大运输费用以及海关关税，但其产量在逐步减少，如图中的 CD 段。另一方面，发达模仿国也会从事该种产品的生产，以其生产的产品逐渐替代进口品，直至进口为零。

第四阶段：标准化阶段，是指创新国逆转成产品的净出口国以后这一时段，即图中的 D 点以后的时段。标准化阶段具体又可分为标准化前期、中期和后期三个时期。在标准化阶段前期，由于发达模仿国的出口，创新国市场被其他发达模仿国逐渐占领，创新国出口下降，逐渐逆转成该种产品的净进口国。到了标准化阶段中期，发达模仿国的出口继续增加，并达到出口高峰。这一阶段后期，随着发展中国家大规模模仿该种产品的生产，发展中国家逐渐成为该种产品的净出口国。这一时段上，产品的生产技术已标准化，甚至生产该种产品的机器、设备、生产流程也标准化，资本投入量相对下降。为了降低成本，生产中大量使用非熟练劳动，此阶段产品属于劳动密集型产品。

至此，新产品从最初的创新生产到最后的衰退，完成了一次生命循环。

产品的生命周期理论是一种动态的国际贸易理论。在产品的生命周期中，生产产品所投入的各种要素的相对比例、厂商对生产区位的选择以及进出口贸易的方向都呈现出有规律的变化。

从产品的性质看，产品生产最初需要投入大量的科学家、工程师和熟练技术人员，产品属于技术密集型产品。到了成熟阶段，资本投入在生产中所占的比例很大，产品成为资本密集型产品。而到了标准化阶段，生产中大量使用非熟练劳动，产品成为劳动密集型产品。

从厂商对生产区位的选择看，产品的创新阶段和成长阶段，创新国在本国从事该种产品的生产。到了成熟阶段，发达模仿国也从事这种产品的生产，并逐渐获得这种产品生产上的优势。而到了标准化阶段后期，则由劳动相对丰裕的发展中国家生产这种产品。

从进出口贸易方向方面分析，产品的生命周期理论也动态地分析了国际贸易的格局。如图6-4所示，用坐标纵轴表示产品的净出口，用横轴表示时间。在时点 t_0，创新国开始生产该种新产品。但产品销售给本国收入水平较高的阶层，该阶段（从 t_0 到 t_1 段）没有新产品的国际贸易。从时点 t_1 开始，创新国开始出口新产品，最初出口到与创新国收入水平相近、需求结构相似的其他发达国家，随后不但向发达国家出口，产品也出口到发展中国家。随着出口的增加，创新国逐渐达到出口高峰。到了成熟阶段，发达模仿国开始生产该种产品。由于发达模仿国的产品会替代创新国的部分出口产品，创新国在达到出口高峰后，出口会逐渐下降。到了标准化时期（从 t_4 开始），创新国会变成新产品的净进口国。其贸易曲线如图中曲线Ⅰ所示。对于发达模仿国而言，从时点 t_1 开始进口新产品，随后，由于其模仿生产创新国产品，用部分国产产品替代进口品，进口量随之减少，到了成熟阶段末期，发达模仿国会成为该种产品的净出口国，随后其出口量逐渐增加，达到出口高峰后，由于来自发展中国家低成本产品的激烈竞争，发达模仿国的产品出口逐渐萎缩。其贸易曲线如图中曲线Ⅱ所示。对于发展中国家而言，在产品的成熟阶段开始进口新产品，随着产品的进口，发展中国家也会模仿生产新产品。到了标准化时期，发展中国家利用自己劳动相对丰裕的优势，大规模生产该种产品，进口量逐渐减少，到了标准化阶段后期，发展中国家既会向创新国、也会向发达模仿国出口该种产品，发展中国家会成为该种产品的净出口国。其贸易曲线如图中曲线Ⅲ所示。

根据上面的分析，不难看出，产品生命周期理论是把动态比较成本理论和相对要素禀赋理论、新要素理论结合起来的一种理论。这一理论运用了动态分析法，从技术创新、技术传播的角度分析国际分工的基础和贸易格局的演变。然而，当代许多产品已不具备这样的生命周期。有的时候，跨国公司会在子公司直接从事新产品的研究与开发，甚至会在新产品开始生产的初期，直接在东道国生产新产品。区位选择上更注重产品的低成本优势。

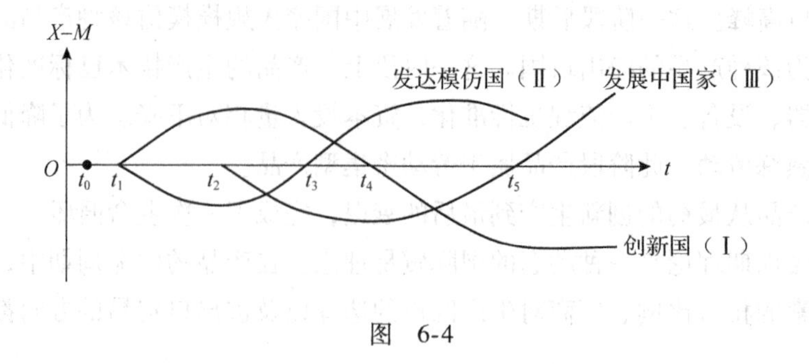

图 6-4

但是，事实并未否认产品的生命周期理论仍是一个极其重要的国际贸易理论。该理论给我们这样一种启示：作为发展中的中国，要充分利用发达国家产业转移的规律，加快自身经济的发展。

小知识

国际产业转移历程中的四次浪潮

第一次浪潮发生在第一次科技革命后期的18世纪末19世纪上半叶，产业转移的路径是从英国向欧洲大陆和美国转移。第一次科技革命完成后，英国成为当时名副其实的第一个“世界工厂”，也是当时最主要的产业转出国，目的地主要是法国、德国等欧洲大陆国家以及北美。美国作为一个新兴国家，是这次国际产业转移的最大受益国，奠定了美国后来领跑第二次科技革命的物质和技术基础，并在19世纪末一跃成为世界第一大工业强国，成为世界工业发展史的第二个“世界工厂”。

第二次国际产业转移浪潮发生在第二次世界大战之后的20世纪50年代至60年代，产业转移的路径是从美国向日本和联邦德国转移。20世纪50年代，美国在第三次科技革命的大背景下，对其国内的产业结构进行了重大调整，将钢铁、纺织等传统产业转移到日本和联邦德国，国内则主要致力于集成电路、精密机械、精细化工、家用电器和汽车等资本和技术密集型产业的发展。与前两次科技革命对产业影响不同的是，第三次科技革命对各国产业的主要影响，不是产业的互补，而是产业之间的替代，即新产业的诞生。具有替代关系的新产业的诞生，决定了伴随第三次科技革命的，必然是产业结构的重大调整，是传统产业为新产业的发展让路。第二次国际产业转移对世界经济的影响巨大，联邦德国发展成为世界经济强国，日本建成了第三个“世界工厂”。也可以说，第二次国际产业转移，推动了“世界工厂”的第二次变迁。

第三次国际产业转移浪潮开始于20世纪70年代到80年代，产业转移发生的主要区域在东亚地区。日本成为第三次国际产业转移主要的产业输出国，而亚洲“四小龙”是这次国际产业转移的主要承接地。已经成为世界制造大国的日本为了应对世界石油危机的冲击和日元汇率升值的影响，先后向以“四小龙”为主的亚洲国家和地区输出劳动密集型的纺织业等轻纺产业，资本密集型的钢铁、化工和造船等产业，以及包括汽车、电子等在内的已经实现了技术标准化的资本密集型和部分技术密集型产业。由日本所推动的第三次国际产业转移，引领了东亚崛起的“雁阵飞翔”。20世纪80年代末之前，日本在这一“雁阵”中，无疑处于“雁首”的地位，也催生了亚洲“四小龙”的经济发展奇迹。

第四次国际产业转移发端于20世纪90年代持续至今。这一次国际产业转移之所以独立于前一次国际产业转移，是因为这次国际产业转移的输出地、转移的目的地等方面和前次产业转移相比，发生了较大的变化并具备新的特征。20世纪90年代以后国际产业转移的产业输出地，不仅有日本，而且有亚洲“四小龙”，还有美国。产业承接地有东盟四国，但主要是中国大陆。在此次转移中，亚洲“四小龙”起到了二传手的作用。亚洲“四小龙”通过承接第三次国际产业转移，加上原有的产业发展基础，很快成为东亚地区崛起的一个经济发展群体性明星，但它们在经济发展中很快就面临着境内市场狭小与生产能力扩张之间的矛盾、生产要素成本上升与企业追求更多利润的矛盾、产业发展与资源环境瓶颈的矛盾。这三大矛盾的存在，催生了20世纪90年代开始的第四次国际产业转移浪潮。亚洲“四小龙”在将其产业转移到菲律宾等国家和地区的同时，也将很大一部分外移产业转移到中国大陆。中国大陆是第四次国际产业转移的最大受益者。除了对亚洲“四小龙”产业的承接，中国大陆还以其广大的市场吸引了日本、美国和欧洲的大量投资，制造业得到迅速发展。也可以说，对第四次国际产业转移的承接，奠定了中国世界制造大国的地位。

6.4　规模经济与国际贸易

6.4.1　规模经济

传统的国际贸易理论在分析国际贸易时，一般都假定产品的生产不存在规模经济。然而，规模经济的存在是经济现实中一种普遍的现象。为了深入分析国际贸易的起因，有必要剔除传统国际贸易理论中这一不符合经济现实的假定，进一步探讨规模经济条件下的国际贸易问题。

规模经济（economies of scale）是指产出水平的提高导致企业单位产品成本（长期平均成本，LAC）的降低。规模经济可以划分为两种类型。

一种类型为内部规模经济，是指企业自身生产规模的扩大导致其单位产品生产成本的降低。造成这种规模经济的原因，一是大规模的企业拥有雄厚的经济实力，更有利于购买和使用先进的机器设备和先进技术，从而造成单位产品生产成本的降低；二是大企业更便于综合利用废旧材料，这有利于降低单位产品的生产成本；三是大企业在采购和销售方面的优势，也有利于其生产成本的降低。内部规模经济不同于规模报酬递增。规模报酬递增是指随着企业所使用的生产要素同比例、同方向发生变动以后，企业产出扩大的倍数大于要素扩大的倍数。内部规模经济反映的是企业生产规模与其产品的长期平均成本之间的关系，而规模报酬递增反映的是投入与产出之间的关系。但经济学家认为规模报酬递增是导致企业内部规模经济的重要原因。

另一种类型为外部规模经济，是指行业生产规模的扩大（行业内部单个企业的生产规模不变），导致该行业内部企业单位产品的生产成本降低。造成这种规模经济的原因，主要是企业地理位置的集中，有利于出现专业化的供应商，有利于共享生产要素，有利于知识外溢。这些因素都有利于降低行业内单个企业产品的生产成本。

6.4.2 规模经济和国际贸易

1. 假设条件

1）2×2×2；

2）两国生产两种产品的生产技术完全相同；

3）消费者对两种产品的消费偏好完全相同；

4）两国在两种产品的生产中具有规模经济。

由于两国存在规模报酬递增，因此机会成本与平均成本递减，生产可能性曲线的形状为凸向原点的曲线。根据假设条件，两国生产可能性边界重合，同时无差异曲线也重合。

2. 封闭条件下的均衡

根据以上假设条件，可以得出封闭条件下的均衡，如图 6-5 所示：封闭条件下，A、B 两国生产和消费在同一点达到均衡（E^A 或 E^B），均衡时 X 商品相对价格在两国相等（$P^A = P^B$）。由于两国同种商品不存在价格差，因此按传统比较优势理论，两国不会发生贸易。

3. 开放条件下的均衡

现在假定 A、B 两国开展贸易：由于某种偶然因素或历史原因的影响，A 国由均衡点沿生产可能性曲线向下偏离均衡点生产，即增加 X 生产减少 Y 生产。B 国由均衡点沿生产可能性边界向上偏离均衡点生产，即增加 Y 生产减少 X 生产。由于两国在 X 和 Y 生产上具有规模经济，A 国 X 生产成本下降（X 产量提高），B 国 X 生产成本上升（X 产量下降），此时相对价格差出现，比较优势产生。按照比较优势原理，A 国进一步沿生产可能性曲线向下移动生产点，直至专业化生产 X，取得 X 生产的最大规模经济利益。B 国则进一步沿生产可能性边界向上移动生产点，直至专业化生产 Y，取得 Y 生产的最大规模经济利益。开放经济条件下的均衡如图 6-6 所示。

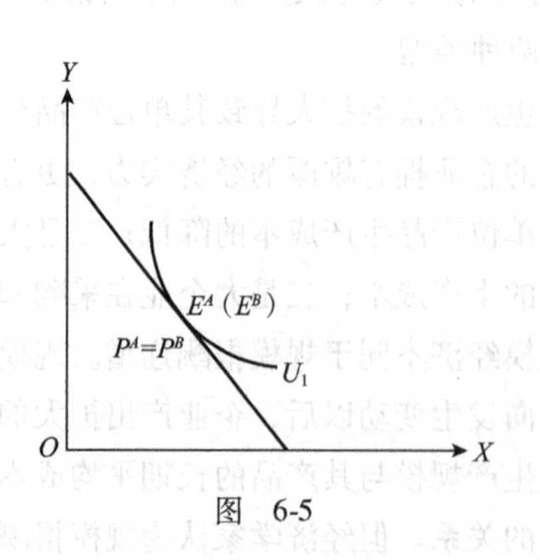

图 6-5

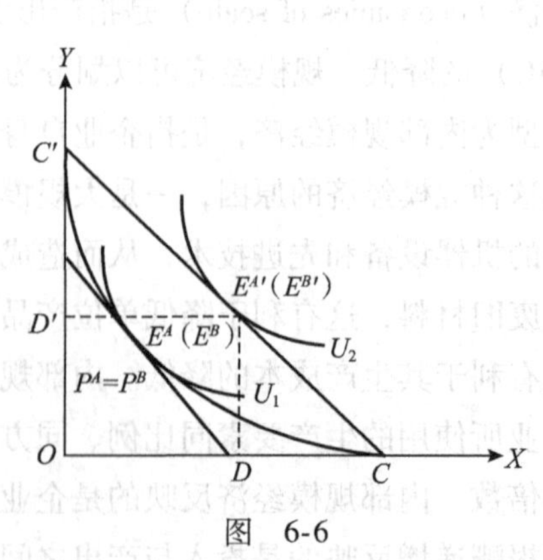

图 6-6

开放经济条件下，A国生产点为C点，B国生产点为C'点。两国按照直线CC'的斜率的绝对值表示的价格进行贸易时，两国消费在更高的无差异曲线U_2上达到均衡，均衡点为$E^{A'}(E^{B'})$。A国出口X数量CD等于B国进口X数量$E^{A'}D'$。B国出口Y数量$C'D'$等于A国进口Y数量$E^{A'}D$，两国贸易达到均衡。

由此可以得出结论：两国在要素禀赋、需求偏好、技术等因素完全相同的情况下，仅仅由于规模经济的存在，两国也可能发生贸易，因此，规模经济也是引起国际贸易的一个独立因素。但是无法根据规模经济来预测贸易模式，只能根据偶然因素或历史原因设定好生产方向。如果规模经济在很高的产量水平上仍然存在，一国少数几个企业或一个企业就会占有整个市场，从而导致不完全竞争与国际贸易。

6.5　不完全竞争与国际贸易

古典国际贸易理论和新古典国际贸易理论都基于这样的基本假设：产品市场和要素市场都是完全竞争的。我们知道，完全竞争的市场在现实经济中是不存在的，普遍存在的是不完全竞争市场，市场的不完全竞争也是产生国际贸易的重要根源。

6.5.1　垄断竞争与国际贸易

1. 垄断竞争市场的特征

1）企业生产的同种产品是有差别的，可以互为替代品；

2）企业数量很多，每个企业都认为自己的行为不会影响竞争对手的反应，不会遭到竞争对手的报复；

3）厂商生产规模较小，进入和退出较为容易。

2. 垄断竞争市场的长期均衡

垄断竞争市场上厂商的长期均衡可以通过图6-7进行分析。

如图6-7所示，横轴表示垄断竞争厂商的产量，纵轴表示产品价格。LAC曲线为厂商的长期平均成本曲线，它先降后升，表明在长期平均成本下降阶段存在着内部规模经济。LMC曲线为长期边际成本曲线，它必过LAC曲线的最低点。d为厂商的主观需求曲线，长期均衡时它与LAC曲线相切于LAC曲线最低点的左边。MR曲线为边际收益线，厂商依据MR = MC进行最优决策，确定自己的最优产量Q_0和最优价格P_0。SAC曲线和SMC曲线分别表示与Q_0相配的短期最优生产规模，这里，SAC曲线与LAC曲线相切于d需求曲线与LAC曲线的切点，即图中的A点。D需求曲线为厂商的客观需求曲线，它必经过A点。

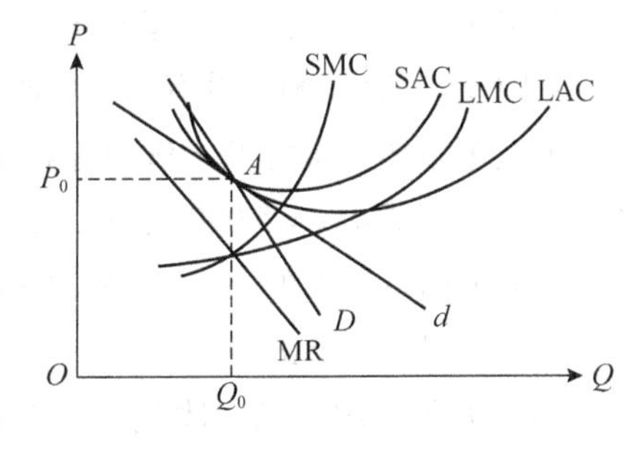

图　6-7

垄断竞争厂商的长期均衡隐含着两个极其重要的规律：

1）垄断竞争厂商长期均衡时，由于存在 $P_0 = \mathrm{SAC} = \mathrm{LAC}$，因此，厂商不能获得经济利润（或垄断利润），但能获得正常利润；

2）若垄断竞争市场上有 n 个厂商，市场容量为 S，则市场长期均衡时，n 个厂商必将市场均分，即有 $Q_0 = S/n$ 成立。

3. 垄断竞争和国际贸易的主要内容

克鲁格曼认为，垄断竞争市场长期均衡时，存在下面四个基本关系式

$$Q = S/n \tag{6-4}$$

式中，Q 为单个厂商的最优产量，S 为市场容量，n 为垄断竞争市场上最优的厂商个数。其中，S 为常量，Q、n 为模型的内生变量。

为了说明上述关系，克鲁格曼假定市场需求函数为

$$Q = S \times \left[\frac{1}{n} - b(p - \bar{p})\right]$$

式中，b 为需求对价格的敏感系数，p 为本厂商产品的价格，$\bar{p}$为其他厂商产品的价格。由于垄断竞争市场长期均衡时，有 $p = \bar{p}$成立，故可推出 $Q = S/n$ 。

根据平均成本的定义，有

$$\mathrm{AC} = \frac{F}{Q} + c$$

克鲁格曼认为，厂商的固定成本函数为

$$\mathrm{TC} = F + cQ$$
$$\mathrm{AC} = \frac{\mathrm{TC}}{Q} = \frac{F + cQ}{Q} = \frac{F}{Q} + c \tag{6-5}$$

式中，AC 为垄断竞争厂商产品的平均成本，F 为其固定成本，c 为垄断竞争厂商的边际成本。

克鲁格曼认为，垄断竞争市场长期均衡时，存在的第三个基本关系为

$$\mathrm{AC} = P \tag{6-6}$$

式中，P 为厂商的最优销售价格。

除上述三个基本关系以外，还存在下面的基本关系：

$$P = c + 1/nb \tag{6-7}$$

可以通过下面的例子来更好地理解克鲁格曼的垄断竞争与国际贸易模型。

假定小汽车生产是一个垄断竞争行业，任何一家小汽车制造厂商所面临的需求曲线相同，其中 $b = 1/30\,000$。设有 A、B 两个国家，A 国的小汽车市场容量为 $S_1 = 160$ 万辆，B 国的小汽车市场容量为 $S_2 = 90$ 万辆。其中，所有单个厂商生产小汽车的固定成本 $F = 7.5$ 亿美元，边际成本 $c = 5\,000$ 美元，试计算：

（1）A 国市场上的 Q_1、n_1 和 P_1；

（2）B 国市场上的 Q_2、n_2 和 P_2；

（3）假如两国市场一体化，试求 Q_3、n_3 和 P_3。

解：（1）依题意，可列出方程组：

$$\begin{cases} Q_1 = \dfrac{1\ 600\ 000}{n_1} \\ AC_1 = \dfrac{750\ 000\ 000}{Q_1} + 5\ 000 \\ AC_1 = P_1 \\ P_1 = 5\ 000 + \dfrac{30\ 000}{n_1} \end{cases}$$

解此方程组，可得：

$$\begin{cases} Q_1 = 200\ 000 \\ n_1 = 8 \\ P_1 = 8\ 750 \end{cases}$$

（2）依题意，可列出方程组：

$$\begin{cases} Q_2 = \dfrac{900\ 000}{n_2} \\ AC_2 = \dfrac{750\ 000\ 000}{Q_2} + 5\ 000 \\ AC_2 = P_2 \\ P_2 = 5\ 000 + \dfrac{30\ 000}{n_2} \end{cases}$$

解此方程组，可得：

$$\begin{cases} Q_2 = 150\ 000 \\ n_2 = 6 \\ P_2 = 10\ 000 \end{cases}$$

（3）若两国实行一体化，则：$S_3 = S_1 + S_2$，即有：

$$S_3 = 1\ 600\ 000 + 900\ 000 = 2\ 500\ 000$$

可列出方程组：

$$\begin{cases} Q_3 = \dfrac{2\ 500\ 000}{n_3} \\ AC_3 = \dfrac{750\ 000\ 000}{Q_3} + 5\ 000 \\ AC_3 = P_3 \\ P_3 = 5\ 000 + \dfrac{30\ 000}{n_3} \end{cases}$$

解此方程组，可得：

$$\begin{cases} Q_3 = 250\ 000 \\ n_3 = 10 \\ P_3 = 8\ 000 \end{cases}$$

根据上面的例子，我们可看出这一模型的实质。该模型强调：自由贸易一方面可使厂商获得规模经济所带来的好处；另一方面，消费者不但能以更低的价格消费同种商品，而且对商品类型选择的余地将扩大，这会使消费者效用水平得到提高。

6.5.2 寡头竞争与国际贸易

假定世界上有 A、B 两个国家，每个国家的市场上都有唯一的一个厂商垄断着本国某种产品的生产和销售，两国厂商生产的产品完全同质。这样就可以利用古诺模型来分析两国间的贸易。

根据古诺模型的推论，若市场上有 n 个厂商生产和销售完全相同的产品，该市场容量为 S，长期均衡时单个厂商的最优产出为 Q，则存在下面的关系：

$$Q = S/(n+1)$$

若两国经济为完全封闭经济，那么，长期均衡时 A 国厂商的最优产出为 $Q_1 = S_1/2$，B 国厂商的最优产出为 $Q_2 = S_2/2$，两国厂商的总产出为 $Q = (S_1 + S_2)/2$。

若两国实行自由贸易，即两国市场一体化，那么，一体化市场的容量则为 $S_1 + S_2$。根据古诺模型，单个厂商的最优产出为

$$Q = (S_1 + S_2)/3$$

两国厂商的总产出为

$$Q = (S_1 + S_2)/3 + (S_1 + S_2)/3 = 2(S_1 + S_2)/3$$

显然，自由贸易会导致厂商的总产出增加，从而有利于资源使用效率的提高。另外，厂商产出数量的提高，也有利于消费者以更低的价格消费同种产品。

6.6 新新贸易理论

进入 21 世纪，大量微观数据证明，出口企业与非出口企业之间存在着销售收入、市场份额、企业规模、生产率、利润等多方面的差异，新贸易理论关于企业同质性的假设不再适用，也难以解释这种不同企业的出口异质性现象。经济学家打破了原有的理论假设束缚，以企业异质性为假设前提，发展并提出了“新新贸易理论”，为国际贸易理论的研究开拓了新的空间，丰富了国际贸易的研究内容。

6.6.1 新新贸易理论的形成与发展

传统的国际贸易理论，包括斯密的绝对优势理论、李嘉图的比较优势理论、俄林的要

素禀赋理论等，都只是从整个国家层面假设了企业技术水平和生产率的同质性。而新贸易理论虽然把研究视角深入产业内部，但仍然假设企业是同质的。随着国际贸易和对外直接投资的迅速增长，一些新的发展态势出现并成为国际贸易的主要特征，例如：一个国家内同一行业的企业行为是大不相同的，大部分企业并不出口，只有极少数的企业出口；出口企业相对于非出口企业，其以就业量和产量衡量的生产规模更大、更有生产效率、资本密集度更高、工资更高且企业产值增长速度更快。以往的国际贸易理论无法对这些现象做出合理的解释，从而引起了经济学家的极大关注并提出如下问题：为什么同一国家同一行业的企业出口行为会如此不同？它受什么因素影响？同一国家同一行业的出口企业和非出口企业的业绩为何有如此大的差异，它们同出口的关系是什么？贸易政策（包括自由贸易、自由贸易区、关税联盟等）对同一国家同一行业的企业的出口行为具有何种影响？

以梅里兹和伯纳德等为代表的经济学家们，以克鲁格曼的产业内贸易模型为基础，引入企业生产率异质性，建立了完整的一般均衡理论框架，创立了异质性企业贸易模型(heterogeneous firms trade model)。由于其假设合理，模型的拓展较为简便，而且能够求解出各种经济变量的显式解，使得研究者很容易在加入影响贸易的其他变量后进一步拓展模型，丰富对现实世界的解释力，因而在国际贸易理论和实证研究中得到了大力推广，成为新新贸易理论研究的主流理论。梅里兹通过构建理论模型认为，企业出口是企业自我选择的结果。国际贸易能够实现企业的优胜劣汰，生产率最低的企业在市场竞争中失败从而退出市场，生产率较低的企业不能参与出口只能继续在国内生产和销售，而优秀的高生产率企业进入国际市场参与竞争。梅里兹模型较好地解释了企业参与国际贸易活动的原因。而以安特拉斯和赫尔普曼（Helpman）为代表的研究，则进一步提出了企业内生边界模型(endogenous boundary model)。他们把契约理论和制度经济学思想融入国际分工和生产决策中，研究企业的生产组织形式如何与企业的异质性生产率相联系，分析企业如何做出关于自行生产、外包生产、国内外包、国际外包的选择决定，而这种决定不仅与企业生产率紧密相关，也与国内外市场的契约制度环境有关。

因此，新新贸易理论基于异质性企业假设将贸易理论引入异质企业的微观分析框架中，通过分析企业之间的生产率差异等异质性因素，考察贸易自由化对生产率和企业微观决策行为的影响，探讨国际经济交往方式的选择，在当今国际贸易理论和实证研究中占据着重要地位，成为21世纪以来国际贸易理论和实证研究中的最前沿课题。

综上所述，国际贸易理论的三大发展阶段具有不同的时代背景和理论模型，在解释贸易现实的适用性方面也各不相同。表6-1概括了国际贸易理论发展中不同阶段的研究重点。

表6-1　国际贸易理论的发展阶段

理论类别	传统贸易理论	新贸易理论	新新贸易理论
代表理论	比较优势理论 要素禀赋理论	产业内贸易理论	异质性企业贸易理论

（续）

理论类别	传统贸易理论	新贸易理论	新新贸易理论
贸易类型			
产业间贸易	√	×	×
产业内贸易	×	√	√
行业内出口/非出口	×	×	√
贸易与生产率			
出口企业生产率更高	×	×	√
贸易自由化提高行业生产率	×	×	√
贸易与劳动市场			
贸易后行业间的就业净变化	√	×	×
行业内共存的总就业增加和减少	×	×	√
贸易影响收入分配（要素报酬）	√	×	×

资料来源：BERNARD A B，JENSEN B J，REDDING S J，etc. Firms in international trade［J］. Journal of Economic Perspectives，2007，21(3)：105-130.

6.6.2 出口贸易与企业异质性：梅里兹模型

1. 企业的异质性

Bartelman 和 Doms（2000）指出，企业从创立诞生开始，做出各种决策，然后在市场环境中进行竞争，或者不断发展壮大或者不幸失败而从市场上消亡，结束企业生命，形成一个完整的生命周期。这种企业生命周期的动态过程，形成了企业之间的差异性和多样化特征。这种异质性不仅体现在不同行业中的企业间，而且在同一行业内也明显存在。在美国 2002 年全国制造业普查数据中可以发现，比起非出口企业，出口企业的员工人数要高出 119%，生产规模大 148%，人均增加值高出 26%。同时，出口企业在行业内数量占比较低，制造业平均出口企业数量占全部企业之比仅为 18%，而出口金额占全部生产总值只有 14%。此外，在技术密集型行业内出口更可能发生，并且企业出口密度更高，特别是在计算机和电子行业内，出口企业比例高达 38%。

企业之间的这些明显异质性特征成为新新贸易理论的出发点，大量实证研究考察了出口参与状态与企业异质性的因果关系问题。有两种不同的但并非完全互斥的假说，解释了为什么出口企业比非出口企业生产率更高。

（1）自我选择效应。

第一种假说认为生产率更高的企业选择进行出口，因为其能承担向国外市场出口所需要的额外的出口成本。这些增加的出口成本包括：货物运输国外的物流成本，建立国外市场销售网络、进行市场营销的成本，雇用具有国际经验的高层人员管理国外市场机构的费用开支，为了适应国外市场的法规要求或者消费者需求与国内不同而进行的额外产品改进成本。以上这些成本被称为“沉没成本”，构成了一种国际市场进入壁垒，而低效率的企业无法克服这种出口壁垒。而且，企业行为很可能是具有预期性的行为，为了企业能够在未来进行出口，企业会在当前就努力提高经营绩效，以便在国际市场中具备竞争优势。所以在微观数据中展现的出口企业与非出口企业的横截面特征差异，部分能够被企业之间事先（ex-ante）的生产率差异所解释——最有生产效率的企业进行出口。

（2）出口学习效应。

第二种假说则认为，企业出口之后，能够近距离地更直接地面对国外客户和竞争者，了解外国消费者的需求偏好、购买意愿，来自国外客户和竞争对手的各种国际市场信息，都有助于在企业开始出口后提升经营绩效。同时，企业走向国际市场，会面对非常激烈的市场竞争，不同国家的出口企业在国外展开共同竞争，这种竞争效应也必然使得出口企业的生产率比国内企业提升得更快。所以出口行为能够使得企业更加具有生产效率。

2. 梅里兹模型

梅里兹通过构建理论模型认为，企业出口是企业自我选择的结果。

（1）梅里兹模型的基本框架。

梅里兹模型假定存在两个对等的国家，两国均有一个生产部门，一种要素劳动，同时存在贸易成本和沉没成本。根据劳动生产率的不同，将企业分成三种不同类型：X型企业（export firm）、D型企业（domestic firm）和N型企业（non-producer）。其中，X型企业的生产率最高，它选择在国内市场销售并出口国际市场；D型企业生产率居中，只能在国内市场销售；N型企业生产率最低而成本过高，进而被淘汰出市场。

1）需求。该模型假定所有产品构成同一连续的产品集合，每个企业生产一种差异化产品，且生产企业的生产率具有异质性，这些产品之间是具有可替代性的，产品替代弹性为常数σ，那么一国代表性消费者的需求偏好满足CES（不变替代弹性）形式效用函数：

$$U = \left[\int_{\omega \in \Omega} q(\omega)^{\rho} \mathrm{d}\omega\right]^{1/\rho} \tag{6-8}$$

式中，ω表示单一种类产品；Ω代表包括所有差异化产品的品种集合；$0<\rho<1$，产品替代弹性$\sigma<1$，$\sigma=1/(1-\rho)$或者$\rho=(\sigma-1)/\sigma$。根据Dixit和Stigliz（1977）的经典模型，消费者以效用最大化为目标的行为决策可以用如下公式来描述。最优的消费行为选择是：

$$q(\omega) = Q\left[\frac{p(\omega)}{P}\right]^{-\sigma}$$

$$r(\omega) = R\left[\frac{p(\omega)}{p}\right]^{1-\sigma}$$

式中，P为产品总价格水平，$P = \left[\int_{\omega \in \Omega} p(\omega)^{1-\sigma} \mathrm{d}\omega\right]^{1/(1-\sigma)}$，且消费的总产品总量$Q \equiv U$，$R = PQ = \int_{\omega \in \Omega} r(\omega)\mathrm{d}\omega$定义了国家的总支出水平。

2）生产。假设每个企业对应只生产单一品种的产品，于是企业数量与产品种类就一一对应，企业生产率遵循连续性的外生分布函数，且生产中只使用劳动一种生产要素。企业具有相同固定成本$f>0$，而可变生产成本则随着生产率提高而降低。总的劳动禀赋用L表示，劳动供给无弹性。因此，用成本函数表示企业的生产技术，劳动是产出的线性函数，有如下方程：$l(q)=f+q/\varphi$。式中，l 为生产所需劳动数量，φ 为企业生产率，q 为单个企业产品的生产数量，单位固定边际生产成本则为 $1/\varphi$。由于企业生产需要投入固定成本，所以产量越高企业生产的单位成本就越低，生产就具有规模经济。同时生产率越高的企业，生产相同产量所需的劳动力就越少，成本也就越低。每个企业面临的需求曲线的价格弹性相同，都等于产品替代弹性 σ。所以在引入企业生产率变量 φ 之后，产品价格可以界定为

$$p(\varphi)=\frac{w}{\rho\varphi} \tag{6-9}$$

式中，w 为劳动工资率，设 $w=1$。那么接下来就可以求出企业利润的表达式：

$$\pi(\varphi)=r(\varphi)-l(\varphi)=\frac{r(\varphi)}{\sigma}-f \tag{6-10}$$

式中，$r(\varphi)$ 表示企业收入，$l(\varphi)$ 表示企业生产所需劳动数量，$\frac{r(\varphi)}{\sigma}$ 表示可变利润。

企业收入 $r(\varphi)$ 和 $\pi(\varphi)$ 取决于总的价格水平和收入：

$$r(\varphi)=R(P\rho\varphi)^{\sigma-1}$$

$$\pi(\varphi)=\frac{R}{\sigma}(P\rho\varphi)^{\sigma-1}-f$$

另外，任意两个企业的产量和收入之比取决于这两个企业生产率的差异：

$$\frac{q(\varphi_1)}{q(\varphi_2)}=\left(\frac{\varphi_1}{\varphi_2}\right)^{\sigma},\quad \frac{r(\varphi_1)}{r(\varphi_2)}=\left(\frac{\varphi_1}{\varphi_2}\right)^{\sigma-1}$$

利润最大化的条件下可以得到结论：企业生产率越高则产量越大，收入越高。这个理论预测与实际现象中的出口企业生产率更高、规模更大基本一致。

3）经济总量。在均衡条件下，总价格水平可以用下式表示：

$$P=\left[\int_0^{\infty}p(\varphi)^{1-\sigma}M\mu(\varphi)\mathrm{d}\varphi\right]^{\frac{1}{1-\sigma}} \tag{6-11}$$

式中，M 表示一个行业内所有企业的数量，同时也代表了产品数量，生产率分布函数为 $\mu(\varphi)$。R 为行业总收入，P 为总体价格，Q 为总产量，Π 表示行业总利润。行业的收入、价格、产量和利润都是所有企业加权平均生产率和企业（或产品）数量（M）的函数，也就是有以下关于经济总量的公式：

$$P=M^{\frac{1}{1-\sigma}}p(\tilde{\varphi}),\quad R=PQ=Mr(\tilde{\varphi})$$

$$Q=M^{\frac{1}{\rho}}q(\tilde{\varphi}),\quad \Pi=M\pi(\tilde{\varphi})$$

式中，$\tilde{\varphi}=\left[\int_0^{\infty}\varphi^{\sigma-1}\mu(\varphi)\mathrm{d}\varphi\right]^{\frac{1}{\sigma-1}}$。

$\tilde{\varphi}$ 独立于企业数量 M，为整个行业内所有企业的加权平均生产率，代表了总的生产率水平，权数大小反映不同生产率企业的相对产出水平。

这里，$R=\int_0^{\infty}r(\varphi)M\mu(\varphi)\mathrm{d}\varphi$ 和 $\Pi=\int_0^{\infty}\pi(\varphi)M\mu(\varphi)\mathrm{d}\varphi$，分别代表总收入（支出）和

利润。同样，$\bar{r}=\dfrac{R}{M}$，$\tilde{\pi}=\dfrac{\Pi}{M}$分别表示每个企业的平均收入和利润，以及具有平均生产率水平$\tilde{\varphi}$的企业收入和利润。

（2）企业的进入和退出。

企业进入会面临一个固定的进入成本$f_e>0$（用劳动来衡量成本），这个进入成本就是沉没成本。初始生产率水平为φ的企业，其生产率分布的密度函数为$g(\varphi)$，生产率的累积分布函数为$G(\varphi)$。生产率低的企业或者选择立即退出不再生产，或者选择继续生产。但是，如果发生来自经济环境的负面冲击，企业就不得不选择退出市场，失败退出的概率为δ。虽然负面冲击是偶然的，但从某种程度上来说是一种必然现象。因此，平均来看，新进入企业的生产率较低，而且更容易退出。假定不考虑利润的时间价值或贴现率，那么企业价值函数可以用公式（6-12）表示：

$$\nu(\varphi)=\max\left\{0,\sum_{0}^{\infty}(1-\delta)^{t}\pi(\varphi)\right\}=\max\left\{0,\frac{1}{\delta}\pi(\varphi)\right\} \tag{6-12}$$

$\varphi^{*}=\inf\{\varphi:\nu(\varphi)>0\}$代表企业的最低生产率水平，代表零利润企业的生产率进入临界值，$\pi(\varphi^{*})=0$。

生产率水平低于φ^{*}的企业将退出该行业不再生产。因而企业退出不会影响到均衡状态的生产率分布函数$\mu(\varphi)$，$\mu(\varphi)$是$g(\varphi)$在$[\varphi^{*},\infty]$区间的条件分布函数：

$$\mu(\varphi)=\begin{cases}\dfrac{g(\varphi)}{1-G(\varphi^{*})}, & \text{如果 } \varphi\geqslant\varphi^{*}\\ 0, & \text{如果 } \varphi<\varphi^{*}\end{cases} \tag{6-13}$$

公式（6-13）表明生产率分布的均衡水平受外生分布函数$g(\varphi)$的影响。$p_{in}=1-G(\varphi^{*})$代表成功进入的可能性。行业的平均生产率$\tilde{\varphi}$是企业市场进入临界生产率φ^{*}的函数：

$$\tilde{\varphi}(\varphi^{*})=\left[\frac{1}{1-G(\varphi^{*})}\int_{\varphi^{*}}^{\infty}\varphi^{\sigma-1}g(\varphi)\mathrm{d}\varphi\right]^{\frac{1}{\sigma-1}}$$

1）零利润临界条件（zero cutoff profit condition，ZCP）。由于平均生产率水平$\tilde{\varphi}$由临界生产率水平φ^{*}决定，因而行业平均利润和收入水平同样由临界生产率水平φ^{*}决定：

$$\bar{r}=r(\tilde{\varphi})=\left[\frac{\tilde{\varphi}(\varphi^{*})}{\varphi^{*}}\right]^{\sigma-1}r(\varphi^{*})$$

$$\bar{\pi}=\pi(\tilde{\varphi})=\left[\frac{\tilde{\varphi}(\varphi^{*})}{\varphi^{*}}\right]^{\sigma-1}\frac{r(\varphi^{*})}{\sigma}-f$$

零利润临界条件隐含着每个企业的平均利润和临界生产率水平之间的关系：

当$\pi(\varphi^{*})=0\Leftrightarrow r(\varphi^{*})=\sigma f\Leftrightarrow\bar{\pi}=fk(\varphi^{*})$，这里，$k(\varphi^{*})=\left[\dfrac{\tilde{\varphi}(\varphi^{*})}{\varphi^{*}}\right]^{\sigma-1}-1$。

2）自由进入（FE）和企业的价值。$\bar{\nu}$代表平均利润的现值，$\bar{\nu}=\sum_{t=0}^{\infty}(1-\delta)^{t}\bar{\pi}=\left(\dfrac{1}{\delta}\right)\bar{\pi}$，同时$\bar{\nu}$也是在成功进入前提下企业的平均价值，$\bar{\nu}=\int_{\varphi^{*}}^{\infty}\nu(\varphi)\mu(\varphi)\mathrm{d}\varphi$。定义$\nu_e$为企

业进入后的净值：

$$\nu_e = p_{in}\bar{\nu} - f_e = \frac{1 - G(\varphi^*)}{\delta}\bar{\pi} - f_e$$

在自由进入条件下，企业进入均衡时 $\nu_e = 0 \Leftrightarrow \bar{\pi} = \dfrac{\delta f_e}{1 - G(\varphi^*)}$。

（3）封闭经济的均衡。

1）均衡的表述。自由进入和零利润边界条件，给出了均衡状态时平均利润水平$\bar{\pi}$与临界生产率水平 φ^* 的两种条件：

$$\begin{aligned} \bar{\pi} &= fk(\varphi^*) \\ \bar{\pi} &= \frac{\delta f_e}{1 - G(\varphi^*)} \end{aligned} \tag{6-14}$$

在（φ,π）平面内，FE 曲线是向上倾斜的，而且与 ZCP 曲线仅相交一次。这就使得均衡是存在而且唯一存在的，均衡点为（φ^*，$\bar{\pi}$），如图 6-8 所示。

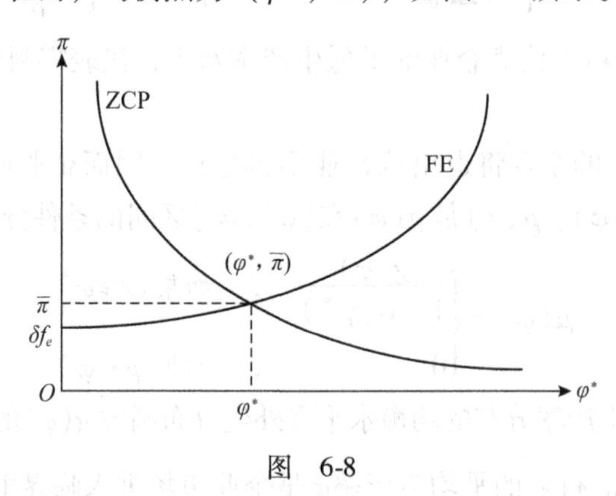

图 6-8

在静态均衡时，所有稳态变量都不随时间变化。这就要求成功进入企业的数量 $p_{in}M_e$ 与遭受冲击而退出的企业数量 δM 相等，即 $p_{in}M_e = \delta M$。均衡生产率 $\mu(\varphi)$ 是不变的，此时 $L = L_p + L_e$，这里 L_p 和 L_e 分别代表生产雇用的总劳动和新进入企业进行投资所雇用的总劳动。对生产雇用的劳动力的工资支付等于企业收入与利润的差值，即 $L_p = R - \Pi$，同时市场出清条件要求 $L_e = M_e f_e$。根据 $p_{in}M_e = \delta M$ 和$\bar{\pi} = \dfrac{\delta f_e}{1 - G(\varphi^*)}$，推出 $L_e = M_e f_e = \dfrac{\delta M}{1 - G(\varphi^*)} f_e = M\bar{\pi} = \Pi$。这样，总收入 $R = L_p + \Pi = L_p + L_e$ 必须等于对劳动力的支出总额，从而由国家规模外生决定。

同时，平均利润水平决定每个时期生产企业的数量：

$$M = \frac{R}{\bar{r}} = \frac{L}{\sigma(\bar{\pi} + f)} \tag{6-15}$$

这反过来又决定均衡价格指数 $P = M^{\frac{1}{1-\sigma}} p(\tilde{\varphi} = M^{\frac{1}{1-\sigma}}/\rho\varphi)$。

2）均衡的分析。所有企业层面上的变量，包括生产率临界值 φ^* 和平均生产率$\tilde{\varphi}$以及平均企业利润$\bar{\pi}$和收入$\bar{r}$都独立于国家规模 L。由式（6-15）可知，尽管企业生产率分布

$\mu(\varphi)$保持不变，企业数量的增加与国家规模成正比。

每个工人的福利水平，也就是实际工资水平，可以用下式表示：

$$W = p^{-1} = M^{\frac{1}{\sigma-1}}\rho\tilde{\varphi} \tag{6-16}$$

从式（6-16）可以看出，大国工人的福利随着产品多样化的增加而提高。国家规模对所有变量的影响作用，等同于克鲁格曼所构建的同质性企业模型。一旦$\tilde{\varphi}$和$\tilde{\pi}$确定下来，这个模型的总产出等于生产率水平为$\tilde{\varphi}$、利润水平为$\bar{\pi}$的同质性企业模型的总产出。此外，异质性企业模型解释了总生产率水平$\tilde{\varphi}$和平均企业利润$\bar{\pi}$是外生决定的，并且阐述了这两个变量是如何随着不同冲击而改变的。影响一国生产率总体发生变化的生产技术［用$g(\varphi)$表示］是不变的。然而当一国进行对外贸易时，低生产率企业就会受到冲击，导致企业之间重新分配资源，使生产率进一步提高，这些结果是同质性企业模型所无法解释的[⊖]。

（4）开放经济的均衡。

在开放条件下，企业出口不仅面临着可变成本（如运输、关税），同时面临着固定成本（不随出口量而变化）。企业出口需要支出一项固定投资的一次性沉没成本$f_{ex}>0$（用劳动单位来衡量）。假设有n个对称国家，假定每个企业在国内市场的定价方法都是一样的，即$p_d(\varphi)=\dfrac{w}{\rho\varphi}=\dfrac{1}{\rho\varphi}$。

出口企业在国外市场会制定更高价格，这反映了出口行为所引致的“冰山”型可变贸易成本τ，即$p_x(\varphi)=\dfrac{\tau}{\rho\varphi}=\tau p_d(\varphi)$。因而企业销售到国内和国外市场的收入分别为

$$r_d(\varphi)=R(P\rho\varphi)^{\sigma-1},\quad r_x(\varphi)=\tau^{1-\sigma}r_d(\varphi)$$

这里R和P代表每个国家的总支出和价格总水平。均衡条件意味着R也代表每个国家企业的总收入。企业总收入$r(\varphi)$取决于出口状态：

$$r(\varphi)=\begin{cases} r_d(\varphi) & \text{，如果企业不出口} \\ r_d(\varphi)+nr_x(\varphi)=(1+n\tau^{1-\sigma})r_d(\varphi) & \text{，如果企业出口到所有国家} \end{cases} \tag{6-17}$$

1）企业进入、退出和出口状态。假定所有国家的出口成本都相同，不考虑时间价值，企业开始出口需要支付一次性投入成本f_{ex}，或者分期摊销该项一次性成本$f_x=\delta f_{ex}$。

每个企业的利润可以分成两个部分，国内销售所获得利润和国外市场销售利润：

$$\pi_d(\varphi)=\frac{r_d(\varphi)}{\sigma}-f,\quad \pi_x(\varphi)=\frac{r_x(\varphi)}{\sigma}-f \tag{6-18}$$

如果$\pi_x(\varphi)\geqslant 0$，企业会向所有国家出口。

每个企业总利润可以表示成$\pi(\varphi)=\pi_d(\varphi)+\max\{0,n\pi_x(\varphi)\}$。

企业价值可以表示成$\nu(\varphi)=\max\{0,\pi(\varphi)/\delta\}$。

$\varphi^*=\inf\{\varphi:\nu(\varphi)>0\}$代表成功进入企业的最低临界生产率水平。

⊖ 同质性企业模型假设总生产率水平是外生决定的，且生产率水平对所有企业都是一样的，从而总生产率变化仅仅来自企业技术水平的改变，而非来自企业之间重新配置。

$\varphi_x^* = \inf\{\varphi: \varphi \geqslant \varphi^*$并且$\pi_x(\varphi) \geqslant 0\}$代表出口企业的临界生产率水平。

如果$\varphi_x^* = \varphi^*$，那么行业中所有企业都选择出口。在这种情形下，生产率水平为临界生产率φ^*的企业，其总利润为零，$\pi(\varphi^*) = \pi_d(\varphi^*) + n\pi_x(\varphi^*) = 0$。

如果$\varphi_x^* > \varphi^*$，那么一部分企业只能面向国内市场销售，即$\varphi^* < \varphi < \varphi_x^*$，对这些企业来说，出口利润为负，因此不会出口，只能从国内市场获得非负利润；而生产率水平高于φ_x^*的另一部分企业既可以从国内市场也可以从国外市场获得正的利润。

当且仅当$\tau^{\sigma-1} f_x > f$时，企业出口状态就会有这样的区分。如果没有出口固定成本，也不需要这样区分；如果没有可变贸易成本，仅仅存在较大固定成本也需要如此进行区分。假定出口固定成本和可变成本的结合是普遍存在的，那么这种区分是必要的，且$\tau^{\sigma-1} f_x > f$。

企业成功进入市场的可能性为$p_{in} = 1 - G(\varphi^*)$。此外，$p_x = 1 - G(\varphi_x^*)/1 - G(\varphi^*)$表示这些成功进入市场的企业出口的可能性。$M$代表一国企业的均衡数量，$M_x = p_x M$代表出口企业数量，$M_t = M + nM_x$代表开放贸易后进入一国市场的所有国内外企业总数量。

2）总水平。假定$\tilde{\varphi}_t$代表生产率的加权平均值，反映出口给所有企业带来的市场份额和产出水平的缩减，总的生产率可以表示成：

$$\tilde{\varphi}_t = \left\{\frac{1}{M_t}\left[M\tilde{\varphi}^{\sigma-1} + nM_x\ (\tau^{-1}\tilde{\varphi}_x)^{\sigma-1}\right]\right\}^{\frac{1}{\sigma-1}}$$

总的价格指数P，支出水平R，工人福利水平W可以用以下函数表示：

$$P = M_t^{\frac{1}{1-\sigma}} p(\tilde{\varphi}_t) = M_t^{\frac{1}{1-\sigma}}/\rho\tilde{\varphi}_t,\ R = M_t r_d\ (\tilde{\varphi}_t),\ W = \frac{R}{L} M_t^{\frac{1}{1-\sigma}} \rho\tilde{\varphi}_t$$

如果用$r_d(\tilde{\varphi})$和$\pi_d(\tilde{\varphi})$分别表示企业从国内销售中获得的平均收入和利润，$r_x(\tilde{\varphi}_x)$和$\pi_x(\tilde{\varphi}_x)$分别表示出口的平均收入和利润，则总收入和利润可以表示成：

$$\bar{r} = r_d(\tilde{\varphi}) + p_x n r_x(\tilde{\varphi}_x),\ \bar{\pi} = \pi_d(\tilde{\varphi}) + p_x n\pi_x(\tilde{\varphi}_x)$$

3）均衡条件。零利润临界条件表明每个企业的平均利润和生产率水平的临界条件是：

$$\pi_d(\varphi^*) = 0 \Leftrightarrow \pi_d(\tilde{\varphi}) = fk(\varphi^*)$$

$$\pi_x(\varphi^*) = 0 \Leftrightarrow \pi_x(\tilde{\varphi}_x) = f_x k(\varphi_x^*)$$

零利润临界条件还意味着：

$$\frac{r_x(\varphi_x^*)}{r_d(\varphi^*)} = \tau^{1-\sigma}\left(\frac{\varphi_x^*}{\varphi^*}\right)^{\sigma-1} = \frac{f_x}{f} \Leftrightarrow \varphi_x^* = \varphi^*\tau\left(\frac{f_x}{f}\right)^{\frac{1}{\sigma-1}}$$

由此得到，

$$\bar{\pi} = \pi_d(\tilde{\varphi}) + p_x n\pi_x(\tilde{\varphi}_x) = fk(\varphi^*) + p_x n f_x k(\varphi_x^*) \tag{6-19}$$

不考虑不同企业的利润差别，在均衡状态下，未来预期利润应等于固定投资成本。

4）均衡的决定。企业自由进入和新的零利润临界条件，决定了均衡状态的临界进入生产率φ^*和均衡利润$\bar{\pi}$。进一步地，临界进入生产率φ^*决定了临界出口生产率φ_x^*以及

平均生产率 $\tilde{\varphi}$，$\tilde{\varphi}_x$ 和 $\tilde{\varphi}_t$，还有企业成功进入市场的概率 p_{in} 和出口概率 p_x。自由进入条件和总的均衡条件 $p_{in}M_e = \delta M$ 保证了支付给投资者的总支出等于总利润水平。这样，总收入 R 仍然由劳动力市场外生决定，$R = L$，企业平均收入由 ZCP 和 FE 条件决定：

$$\bar{\pi} = \frac{\delta f_e}{1 - G(\varphi^*)}$$

$$\bar{r} = r_d(\tilde{\varphi}) + p_x n r_x(\tilde{\varphi}_x) = \sigma(\bar{\pi} + f + p_x n f_x)$$

企业均衡数量是：

$$M = \frac{R}{\bar{r}} = \frac{L}{\sigma(\bar{\pi} + f + p_x n f_x)} \tag{6-20}$$

3. 国际贸易的影响

假设 φ_a^* 和 $\tilde{\varphi}_a$ 分别代表封闭经济的临界生产率水平和平均生产率。比较式（6-14）和式（6-19），可以发现 ZCP 曲线上移了：国际贸易的发生提高了临界进入生产率（$\varphi^* > \varphi_a^*$），同时也提高了每个企业的平均利润。位于（φ_a^*，φ^*）生产率区间的那部分生产率最低的企业在新的贸易均衡条件下由于无法获得正的利润而被迫退出市场；同时，只有生产率水平高于 φ_x^* 的企业才能进入出口市场。这种国内市场和出口市场的自我选择效应会使市场份额朝着更有效率的企业分配，从而提高总体行业生产率水平。

比较式（6-15）和式（6-20），可以发现，开放经济条件下的均衡企业数量小于封闭经济条件下的均衡企业数量。但是，在开放经济条件下，消费者可消费产品的多样性却增加了，即 $M_t = (1 + np_x M) > M_a$。确切地说，新进入本国市场的外国出口企业数量增加将超过随着国际贸易而引起的国内企业数量的减少。然而，也有可能，当出口成本很高时，这些外国企业取代更多国内企业（如果国内企业生产率很低）。尽管产品品种减少对国家福利的影响是负面的，但是总生产率提高的正面影响超过这种负面影响。因此，国际贸易，尽管存在贸易成本，仍会产生整体贸易福利。

接下来考察国际贸易对各种不同生产率水平企业的影响，分析市场份额和利润是如何在各企业间重新分配的。

假设一家企业生产率水平为 $\varphi \geqslant \varphi_a^*$，$r_a(\varphi) > 0$ 和 $\pi_a(\varphi) \geqslant 0$ 分别代表封闭经济下企业的收入和利润。前面已经说明，无论封闭经济还是开放经济，其均衡的国内企业总收入都由该国规模外生决定（$R = L$）。因而，$r_a(\varphi)/R$ 和 $r(\varphi)/R$ 分别代表企业在封闭经济和国际贸易均衡下的市场份额。另外，在国际贸易均衡条件下，$r_d(\varphi)/R$ 代表企业在国内市场份额（由于 R 也代表国家总消费支出）。国际贸易对企业市场份额的影响可以用以下不等式来表示：

$$r_d(\varphi) < r_a(\varphi) < r_d(\varphi) + n r_x(\varphi)\ \forall \varphi \geqslant \varphi^*$$

不等式的第一部分表明，开放经济下所有企业（如果 $\varphi \geqslant \varphi^*$）在国内的销售都会减少，非出口企业同样会遭受总收入上的损失；第二部分表明，出口企业（如果 $\varphi \geqslant \varphi_x^*$）会通过出口弥补其国内销售损失并提高其总收入。因此，出口企业提高其行业收入份额，而非出口企业会损失市场份额。

由于收入降低，非出口企业的利润一定会降低，但出口企业的利润却不确定，因为出口使得收入增加，但同时出口也需要付出固定成本。其利润变化如下所示：

$$\Delta\pi(\varphi)=\pi(\varphi)-\pi_a(\varphi)=\frac{1}{\sigma}\{[r_d\ (\varphi)+nr_x(\varphi)]\}-r_a(\varphi)-nf_x$$

$$=\varphi^{\sigma-1}f\left[\frac{1+n\tau^{1-\sigma}}{(\varphi^*)^{\sigma-1}}-\frac{1}{(\varphi_a^*)^{\sigma-1}}\right]-nf_x$$

由于对所有 $\varphi>\varphi^*$，$r_d(\varphi)+nr_x(\varphi)>r_a(\varphi)$，所以括号内部分为正，利润变化 $\Delta\pi(\varphi)$ 是企业生产率水平 φ 的增函数。另外，对那些生产率水平为临界生产率 φ_x^* 以上的一些生产率不太高的出口企业，则其利润变化为负。因此，根据劳动生产率可将企业划分为利润获得企业和利润损失企业两组：只有一部分生产率较高的企业通过出口会获得收益，该组企业中，生产率越高的企业，从贸易中获得的利润越高。

图 6-9 描述了国际贸易所引起的收入和利润变化。因此，国际贸易产生一种产业内的达尔文式进化路径：生产率最高的企业选择出口，并不断发展壮大——它们通过出口不仅扩大市场份额而且获得更大利润；生产率次之的企业也会继续选择出口并扩大其市场份额，但会遭受利润损失；生产率更低的企业只能选择在国内市场经营销售，同时遭受市场份额减少和利润下降的双重损失；生产率最低的企业会被淘汰出局，因为生产率较高企业和新进入企业会展开对劳动力的竞争，提高劳动力实际工资，所以生产率最低的企业就只能被迫退出市场。

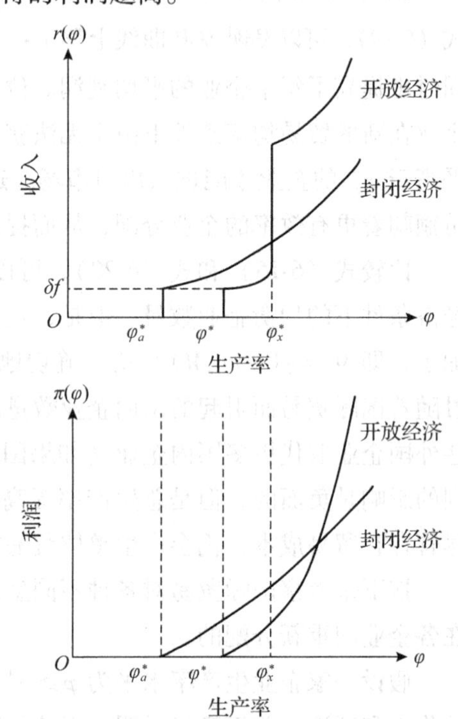

图　6-9

4. 贸易自由化的影响

前面通过模型比较封闭经济和开放经济的均衡结果得出，一国从封闭经济转向开放经济，企业总体劳动生产率会提高；同时生产率更高的企业的市场份额会更多，生产率最低的企业会退出市场。与此类似，贸易自由化会有同样效果：自由贸易会使得生产率最低的企业退出市场，市场份额向生产率更高的企业转移。同时贸易自由化还会提高整个国家的福利水平。这是因为，贸易自由化会增加贸易伙伴国的数量（例如，新的国家加入贸易组织中），固定和可变贸易成本会下降（通过多边谈判降低关税和非关税壁垒）。由于贸易自由化的基本结论和分析过程与开放经济均衡分析类似，所以此处不再赘述。

综上所述，以梅里兹为代表的异质性企业贸易理论强调企业之间存在生产率、规模等多种特征的差异性。这种企业异质性与对外贸易参与行为紧密关联，出口企业比起非出口企业往往在出口实际发生之前就具有更大规模、更加具有生产效率。贸易自由化发生时会引起行业内的资源重新配置，使得低生产率企业退出市场而高生产率企业扩张进入出口市场，从而提高行业的平均生产率。

这种企业异质性理论观点与传统国际贸易理论视角完全不同。根据传统国际贸易理论，两个国家之间比较优势的根本差异推动了国际上不同类别产品进行商品交换的产业间贸易模式，这导致了要素资源在不同行业之间发生重新配置活动。由此，这种要素重新配置反过来改变了对要素的相对需求进而影响了要素的相对价格水平。而异质性企业贸易理论则强调产品种类多样化、规模报酬递增以及企业异质性，由此形成了国际上相同产品之间的产业内贸易，引起相同行业内的企业之间发生要素重新配置，以及企业组织内部的技术创新活动。这种异质性视角不仅可以解释传统贸易理论无法解释的微观企业层面观察到的经济现象，而且还提出了贸易自由化对整个经济体产生影响的资源重新配置新作用机制，为研究总体贸易现象和贸易利益提供了新视角。

6.6.3　企业内生边界模型

异质性企业模型主要解释两个问题：一是企业是否进入国际市场；二是企业的国际化策略，究竟采用对外直接投资来进入国际市场还是用产品或服务外包，抑或是单纯的出口战略。然而在现实的贸易活动中，很多企业的出口行为并不是发生在不同企业之间，而是发生在企业内部，尤其是跨国公司的母公司与其国外子公司之间的产品、技术和服务方面的交易活动。对于日益增加的跨国公司内部贸易量，之前的梅里兹模型无法给出合理的解释。

有学者从20世纪90年代格罗斯曼和赫尔普曼的内生增长理论出发，对单个企业的组织选择问题进行了研究，将国际贸易理论和企业理论结合在一个统一的框架下，形成了新新贸易理论的又一分支——企业内生边界模型。

企业内生边界模型最早以安特拉斯和赫尔普曼的模型为基础，探讨了企业的异质性如何影响企业边界、内部一体化战略和外部一体化战略的实施，对贸易模式问题从企业组织制度形式的角度给出了新的解释。安特拉斯通过对美国进口行业的实证分析发现，企业内部进口占整个美国进口的比例很大，出口企业由于其拥有较高的资本和技术密集度，从而在贸易中有着独特的技术和组织优势。他对美国出口行业的调查发现，企业内出口占整个美国出口的比例也相当大，而且对于美国企业而言，出口企业的资本和技术密集度要远远高于进口企业。这说明企业的异质性在国际化决策中发挥了重要作用。

在安特拉斯和赫尔普曼共同建立的模型中，他们认为，企业的国际化战略是对内生组织边界的自发选择，异质性企业会根据自身特点选择不同的生产方式，进而能够选择不同的组织或契约制度。举例来说，资本和技术密集型企业更倾向于采用内部一体化或垂直一体化，其相应的贸易模式则是母公司与子公司之间或者子公司之间的内部贸易，这种贸易模型相对而言具有较少的市场依赖性。这也很好地解释了发达国家的跨国公司具有越来越集中的资本和技术垄断，也能够解释为什么发展中国家的贸易一体化程度远落后于发达国家。

6.6.4 创新与贸易利益

长久以来，关于国际贸易的原因和利益一直众说纷纭。尽管早期国际贸易曾经以不同地区之间生产的不同大类产品进行交换为主要内容，但是当今世界的国际贸易版图呈现出两大典型事实：一个就是产业内贸易的繁荣，各国之间彼此贸易相似的产品，比如中国消费者能够从日本、韩国和美国购买汽车，而中国也可以少量对外出口汽车产品；另一个事实就是国际贸易目前被创新型的、生产效率极高的大型跨国公司所主宰。这两种现象大大改变了经济学家对贸易利益的看法，相似产品的贸易和企业层面行为的研究更加让人深入思考贸易的原因和基础。

正如梅里兹指出，过去人们往往集中研究来源于要素禀赋差异或者产业间比较优势差异的贸易利益，如今更多集中于研究三种不同来源的贸易利益：①源于产业内贸易的产品多样性的贸易利益；②资源配置效率提高的贸易利益，即将劳动和资本从更小、生产率更低的企业转移到更大、生产率更高的企业中；③源于贸易引致创新（trade-induced innovation）带来的生产效率提高的贸易利益。

就刚才提到的贸易利益第一种源泉而言，从20世纪80年代开始，新贸易理论蓬勃发展，集中研究了在差异化产品和规模报酬递增条件下的产业内贸易。新贸易理论建立了一个平衡而精致的理论框架，即消费者喜欢产品多样化，并且愿意为此支付溢价取得需要的产品；但是市场分割成为多个细分的利基市场（niche market），厂商努力争取扩大自己产品的市场份额。而国际贸易的开展扩大了产品市场，那就意味着每个厂商能够以更大的规模生产，因而更多企业能够生存。所以，新贸易理论学说就像是在鼓吹自由贸易——消费者在国际市场开放后消费的产品价格更低，品种更多，总体福利水平更高。

最近十几年来，贸易利益的第二种源泉，集中在梅里兹和伯纳德等开创的研究领域。这种贸易利益就是指在企业异质性条件下，企业间资源重新配置效应的发生。全球化在同一行业内同时催生胜利者和失败者，企业异质性进一步放大这种资源配置效应。表现优秀的企业发展扩张乃至进入国外市场，而表现糟糕的企业则逐渐萎缩甚至在面临国外企业竞争条件下破产倒闭。这样就引致了新的贸易利益源泉——当生产份额逐渐向优秀厂商集中时，行业的总体生产效率得到提高。

第三种贸易利益来自更大的市场规模对创新活动引致的正效应。实际上，能够提升企业生产率的新产品和新工艺，都要求预先投入研发成本。而贸易一体化，通过扩展市场规模，鼓励企业加大研发投入，进而提高企业生产率。格罗斯曼和赫尔普曼的理论研究，提出同质性企业贸易的创新利益。对企业特别是高技术公司而言，出口与创新之间相关性很强。例如，英特尔和苹果公司都持有众多重要专利，富士康公司拥有中国企业在美国注册的40%的专利。当然，这种出口与创新之间的关联并不直接表示因果关系，而且缺乏描述异质性企业创新的成熟理论。

需要注意的是，第三种贸易利益涉及提高企业内的效率。相比之下，第二种贸易利益关注提高企业间的配置效率。

本章要点

1. 重叠需求理论认为，两国人均收入水平越接近，重叠需求的范围就越大，相互的贸易关系就越密切。反之，如果收入水平相差较大，那么可贸易的商品就会很少甚至不存在，两国贸易密切程度也很小。
2. 产品生命周期理论认为，随着技术的变化，产品像自然界的生物一样，从出生到衰落，完成一次循环。在产品周期的不同阶段，各种要素投入在成本中的相对重要性也将发生变化。由于各国在各种要素投入上的比较优势不同，因此，各国在该产品不同阶段是否拥有比较优势，取决于各种投入在成本中的相对重要性。
3. 两国在要素禀赋、需求偏好、技术等影响贸易的因素完全相同的情况下，仅仅由于规模经济的存在，两国也可能发生贸易，因此，规模经济也是引起国际贸易的一个独立因素。
4. 新新贸易理论基于异质性企业假设，将贸易理论引入到异质企业的微观分析框架中，通过分析企业之间的生产率差异等异质性因素，考察贸易自由化对生产率和企业微观决策行为的影响。

课后思考与练习

1. 根据重叠需求理论，分析北美自由贸易区美国、加拿大和墨西哥三国的贸易格局。
2. 根据图6-6，画出当A国由均衡点沿生产可能性边界向上偏离均衡点生产，B国由均衡点沿生产可能性边界向下偏离均衡点生产时的开放条件下均衡。
3. 根据产品生命周期理论分析三星手机从研发到停产的每个周期的变化情况。
4. 假定A产品生产是一个垄断竞争行业，任何一家A产品制造厂商所面临的需求曲线相同，其中$b=1/50\,000$，设有1、2两个国家，1国的A产品市场容量为$S_1=100$万辆，2国的A产品市场容量为$S_2=180$万辆，其中，所有单个厂商生产A产品的固定成本$F=$ 10亿美元，边际成本$c=8\,000$美元，试计算：

   （1）1国市场上的Q_1、n_1和P_1；

   （2）2国市场上的Q_2、n_2和P_2；

   （3）假如两国市场一体化，试求Q_3、n_3和P_3。
5. 下列例子中，决定贸易模式的主要是比较优势还是规模经济？

   （1）日本和美国互相出口汽车；

   （2）英特尔公司生产了世界上半数以上的CPU；

   （3）东南亚国家生产了大量的衣服和鞋。

第 7 章

国际贸易政策

学习目标

通过对本章的学习，了解有关贸易保护的理论演变，准确掌握关税、配额、出口补贴、倾销与反倾销等贸易手段对经济的影响。

既然自由贸易备受经济学家的青睐，为何当今世界各国又无一例外地采取措施对本国对外贸易加以限制呢？很显然，理论和现实发生了冲突，其原因在于，自由贸易虽然是最佳选择，但是其存在要以完全竞争市场、不存在外部经济性等为前提，这些条件在现实中过于苛刻，难以满足。通常政策制定者会以折中的方式寻找到促进对外贸易的出路，贸易保护政策就成为现实选择。

7.1 贸易保护的理论依据

自 1776 年斯密的《国富论》创立了自由贸易主义理论体系起，许多西方经济学家论证了自由贸易的合理性和现实性，得出的基本结论就是自由贸易可促进经济发展，增加各国福利，而贸易保护政策是有害于经济发展的。但是，各国经济实践表明，任何一个国家，即使是发达国家，都存在程度不等、侧重点不同的贸易保护。而且，为保护寻求理论依据的努力从来就不曾停止过。

7.1.1　幼稚产业保护理论

幼稚产业是指在本国处于初级发展阶段但又面临国外竞争压力的产业。一国为了保护本国幼稚产业的发展，往往会对其进行政策保护。虽然在短期内会造成本国福利的损失，但长期看，获得保护的产业会带来一定的潜在收益，如果未来获得的利益足以弥补现在的损失，那么保护就是有利可图的。保护着眼于将来的利益，这就是幼稚产业保护理论的核心思想。

1. 幼稚产业保护理论的主要内容

幼稚产业保护理论的观点最早是由美国第一任财长亚历山大·汉密尔顿（Alexander Hamilton）在1791年《关于制造业的报告》中提出来的。当时美国成立伊始，国内经济十分落后，市场上充斥着从英法等国进口的各种物美价廉的工业品，国内弱小的工业根本没有办法抵御来自海外的巨大竞争。汉密尔顿在报告中指出，美国应该保护和发展自己的制造业，因为制造业可以促进社会分工，增加社会就业，吸引外国移民，保障农产品销路。为达此目的，政府必须干预对外贸易，而干预的手段就是设置关税壁垒。

德国历史学派先驱弗里德里希·李斯特（Friedrich List），受启于汉密尔顿的产业保护思想，在他1841年出版的著作《政治经济学的国民体系》中，对产业保护思想进行了扩充和完善，形成比较完整的幼稚产业保护理论体系。

（1）生产力理论。

李斯特认为，李嘉图的比较优势理论是不正确的，因为其强调的自由贸易虽然能使交易双方获得利益，但自由贸易只是对既定财富的再分配，它会以丧失长期的生产利益为代价。

对于一个国家而言，财富的生产力是至关重要的，“财富的生产力比之财富本身，不晓得要重要多少倍；它不但可以使已有和已经创造的财富获得保障，而且可以使已经消灭的财富获得补偿”。[㊀]财富的生产力来源于本国的社会生产力的发展水平，归因于两大因素：一是物质资本，指国家所掌握的自然资源和生产物质产品的生产工具；二是精神资本，指国民的身心力量、国家的社会状况、政治状况和制度。提高生产力是国家强盛的基础，而建立和发展国内工业是开发一国生产力的唯一有效途径。因此，他认为一个国家开展对外贸易，也应着眼于提高生产力，而不能仅着眼于财富存量的多少。

（2）经济发展阶段论。

李斯特认为，在现实世界里，以绝对优势或比较优势为基础展开的自由贸易并不存在，因为各贸易国处在不同的经济发展阶段，“每个国家都必须经过如下发展阶段：原始未开化时期、畜牧时期、农业时期、农工业时期、农工商业时期”。[㊁]

对于特定的经济阶段，贸易政策应各不相同。处于农业阶段及以前的国家应实行自由

㊀ 李斯特. 政治经济学的国民体系［M］. 陈万煦，译. 北京：商务印书馆，1997：119.
㊁ 李斯特. 政治经济学的国民体系［M］. 陈万煦，译. 北京：商务印书馆，1997：116.

贸易政策，以利于本国农产品的自由输出和外国工业品的自由输入，以促进本国农业的发展，同时也可培育工业化的基础；处于农工业阶段的国家，由于本国已有工业化的基础，但并未发展到与外国工业品相竞争的地步，所以必须实施保护关税制度，使本国工业不受外国产品的冲击；而处于农工商业阶段的国家，国内工业品已具备国际竞争力，应实行自由贸易政策，以享受自由贸易的最大利益，刺激国内产业进一步发展。

（3）国家干预论。

李斯特在生产力理论和经济发展阶段论的基础上，提出了国家干预论，主张经济发展阶段相对落后的国家为了建立和发展国内工业必须对经济生活予以干预，实行贸易保护政策，使其幼稚工业经过保护能够成熟，与国外竞争者相抗衡。

2. 幼稚产业的判定标准

在李斯特看来，即使落后国家实行贸易保护政策，也并非要保护一切产品。他认为，只有与国家产业发展有关的幼稚产业才需保护。因此，幼稚产业的确定成为一个关键问题，很多学者提出了不同的标准，归纳起来，主要有以下三种。

（1）穆勒标准。

英国经济学家约翰·穆勒认为，当某一产业规模较小，其生产成本高于国际市场价格时，在自由贸易条件下，必然竞争不过国外同类型产业。这时如果政府给予一段时间的保护，促进其发展壮大，充分实现规模经济效应，降低成本，最终完全能够面对自由竞争，并且获得利润，那么该产业就可以作为幼稚产业加以扶持。穆勒标准着眼于幼稚产业未来的成本优势，尽管在现阶段会因为征收关税而付出一定代价，造成福利的损失，但未来成长起来以后，所带来的收益要高于现阶段所付出的成本。

（2）巴斯塔布尔标准。

巴斯塔布尔（C. F. Bastable）则认为判断幼稚产业时不仅要看到产业未来的预期收益，还要对保护成本与未来预期收益之间的关系进行观察，如果未来预期利润的贴现值大于保护成本，那么对该产业进行保护才是值得的。巴斯塔布尔标准引进了经济分析的现值概念，使得它的要求更高，不仅要求产业自立，而且还要求保护成本得到补偿。

（3）肯普标准。

肯普（M. C. Kemp）确定的幼稚产业标准，不仅包含穆勒标准、巴斯塔布尔标准的全部内容，还添加了产业在保护期间所获得的学习成果应具有外部规模经济效应的内容。肯普认为，如果某一产业能够产生外部经济效应，那么该产业的发展就会给其他产业或社会带来额外的好处。在此情形下，即使该产业的保护成本大于预期利润的贴现值，只要其在被保护后能够产生显著的外部经济效应，则仍有保护的必要。

3. 保护方式

关税是所有贸易保护手段中最常见、最普遍的政策，但是，既然幼稚产业保护理论的目的是保护国内生产，直接的保护方式应该是生产补贴，其与关税的效果差异如图 7-1 所示。

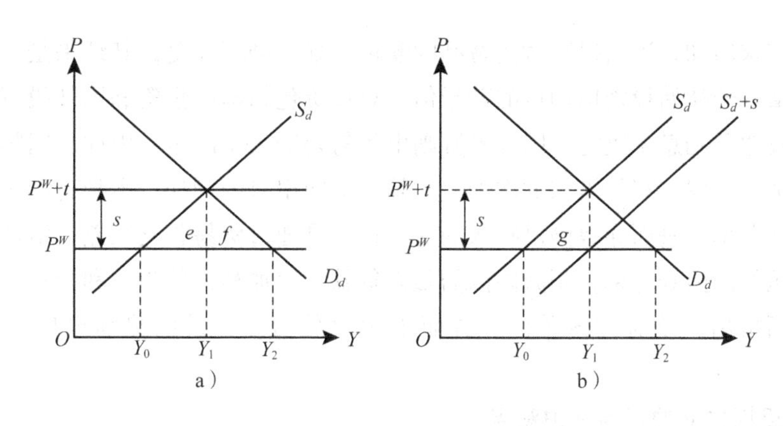

图 7-1

如图7-1a所示，假设本国是一个小国，征收禁止性关税 t，征税后 Y 的价格由 P^W 上升至 P^W+t。价格的上升刺激国内厂商增加生产，国内产出由原来的 Y_0 提高到 Y_1，但价格上升的同时也抑制了国内消费，消费由原来的 Y_2 下降到 Y_1。如果改用补贴的方式保护国内生产，结果会怎样呢？在图7-1b中，本国采用直接给予国内厂商补贴的办法。假设每单位产品补贴 s，补贴后厂商原来的生产成本中的一部分由政府承担。在同样的价格下，现在厂商愿意提供的商品比原来增多了，厂商供给曲线向右下方移动。选择适当的补贴水平，使得移动后的供给曲线与世界价格线的交点对应的产出水平为 Y_1，高于原产出水平 Y。这意味着采用补贴的方法，同样可达到关税的生产保护效果。但与关税不同的是，生产补贴情形下的市场价格还是 P^W，消费仍为 Y_2。与图7-1a对比，国内生产的数量是相同的，都是 Y_1，但关税情形下的消费数量为 Y_1，低于补贴情形下的消费数量 Y_2。

可见，两种政策措施虽然对国内生产的保护效果相同，但对消费者影响则不同，所以福利效果自然也不尽相同。显然，对幼稚产业直接采用生产补贴的办法要比关税等手段更为可取。

4. 保护期限

李斯特认为，对国内某项产业的保护不能永久持续下去，保护只能在一定期限内进行。有发展前途的产业在经过一段时间的保护后发展起来，能够与外国竞争时，就不再需要保护。他认为，对产业的保护最长不能超过30年，在此期限内仍不能成长起来的产业，政府不应继续对其给予保护。

7.1.2 超保护贸易理论

超保护贸易理论是凯恩斯及其后来者提出的贸易保护观点。20世纪30年代前后，西方各国国内经济危机加剧，对国外市场争夺日益激烈。此时自由贸易政策已难以应付局面，各国开始奉行保护贸易政策，强化国家政权对经济的干预作用，实行超保护贸易政策。

1. 凯恩斯的贸易保护观点

凯恩斯认为，投资增长与国民收入提高之间存在乘数效应，因为投资的增长会引起对生产资料的需求增加，进而提高对消费品的需求，如此循环往复，其结果是由此而增长的国民收入总量等于初始投资增加量的若干倍。总投资包括国内投资和国外投资，国内投资由资本边际收益和利息率决定，国外投资则由贸易差额大小决定。因此，国际贸易收支顺差可以从两个方面促进有效需求的增加，一是一国净出口的增加，本身有利于国内危机的缓和与扩大就业率，进而导致国民收入的提高；二是通过贸易收支顺差，增加国内货币供应量，从而压低国内利息率，刺激国内的私人贷款，增加私人的消费和投资需求。基于这两点，凯恩斯指出，政府应该关注、进而干预对外贸易，采用奖励出口、限制进口的做法。

2. 后凯恩斯主义的贸易保护观点

后凯恩斯主义经济学家对凯恩斯的贸易保护论做了进一步发挥，在他们看来，凯恩斯的主张无疑是正确的，但是在贸易收支差额对国民收入的影响程度上，一倍的贸易收支顺差将带来几倍的国民收入增加，这种国民收入水平的成倍增加效果又会为经济的稳定增长和充分就业创造更好的条件。因为一国出口的增长，代表有效需求的增长，如同投资一样，它可以一轮一轮地引起与这一出口量直接或间接有关的国内其他产业产生连锁反应，这将带动收入与消费增加，循环往复，国民收入总增量必将是出口增量的若干倍，这就是对外贸易乘数原理。该原理主张，一个国家应积极扩大出口，扩大出口除了有乘数效应推动经济发展的好处之外，还可以取得贸易顺差，为一国带来所需要的外汇，扩展支付手段，压低利息率，刺激物价上涨，有利于投资增长，从而进一步有益于经济发展。

对外贸易乘数理论是凯恩斯的主要追随者马克卢普（Machlup）和哈罗德（Harrod）等人在凯恩斯的投资乘数原理的基础上引申提出的。其推导过程如下：一国经济处于开放状态下，从总需求的角度有

$$Y = C + I + X \tag{7-1}$$

从总供给的角度有

$$Y = C + S + M \tag{7-2}$$

所以，国民经济平衡可以表示为

$$Y = C + I + X = C + S + M \tag{7-3}$$

式中 Y——国民收入；

C——国内消费；

I——国内投资；

S——国内储蓄；

M——进口；

X——出口。

根据式（7-2），有 $\Delta Y = \Delta C + \Delta S + \Delta M$，将该式两边同时除以 ΔY，得到

$$1 = \frac{\Delta C}{\Delta Y} + \frac{\Delta S}{\Delta Y} + \frac{\Delta M}{\Delta Y} \tag{7-4}$$

式（7-4）中右边三项分别为边际消费倾向、边际储蓄倾向和边际进口倾向，分别以

c、s、m 表示，该式可表示为

$$1 = c + s + m$$

令 k 为对外贸易乘数，

$$k = \frac{1}{1 - c} = \frac{1}{s + m} \tag{7-5}$$

从式（7-5）可以看出，对外贸易乘数与边际储蓄倾向和边际进口倾向成反比，即在增加的国民收入中，增加的储蓄和进口越少，顺差越大，国民收入增加也就越多，解决失业和危机问题的作用也就越大。

总之，凯恩斯主义的贸易保护理论反映了西方经济由单纯重视企业的经济运行向重视宏观经济稳定和增长方向的转变。他们不仅强调政府干预国内经济，通过财政和货币政策实现经济目标的重要性，还提出了政府干预对外贸易的观点，主张实行贸易保护政策来配合国内的宏观经济政策。

7.1.3 战略性贸易理论

战略性贸易理论最早提出于20世纪80年代中期，该理论放弃了传统国际贸易理论中关于自由竞争和规模收益不变的假设，认为在一种特殊的不完全竞争市场结构，即寡头垄断市场和存在规模经济的条件下，政府对贸易活动进行干预，改变市场构成或环境，可以提高本国企业的国际竞争力，使其获得更多的垄断利润或租金。

战略性贸易理论主张，一国政府可以借助研发补贴、生产补贴、出口补贴、进口征税等政策手段，扶持本国战略性产业的成长，增强其国际竞争力，从而谋取规模经济之利，占领国际竞争对手的市场份额，转移其垄断利润，并带动相关产业发展，提高自身福利水平。

1. 政策实施对象

战略性贸易政策实施的对象是战略性产业。所谓战略性产业一般应具有以下几个特征：第一，属寡头垄断市场结构。在该市场结构中，厂商的数目很少，每个厂商对市场定价具有重要的影响力，厂商进出该产业很困难，决定胜负的关键是市场份额。这在现实中是一种较为普遍的市场结构；第二，厂商投资成本巨大，且很难通过市场得到完全补偿。由于此类产业主要分布于高资本、高技术密集型行业，因此其投资具有高成本性，如果市场份额小就很难收回投资；第三，具有很大的外部性。该产业的发展不仅能使自身得到发展，获得丰厚的利益，而且能带动国民经济其他部门的生产和壮大。

2. 战略性政策干预

战略性贸易理论最为强调的政策主张有两种。一是出口补贴，经济学家詹姆斯·布兰德（James Brander）和巴巴拉·斯宾塞（Barbara Spencer）最早提出战略性出口政策。他们证明：在不完全竞争条件下，出口补贴的效应不同于完全竞争条件下的出口补贴效应。如果市场结构是寡头垄断的，那么出口补贴可以提高本国企业在国际市场上的市场占有率，从而获得更多的超额利润。若新增的利润能够抵销出口补贴的成本，那么实行出口补贴就可提高本国福利。二是进口保护能促进出口，该观点是由克鲁格曼提出的，指通过保

护厂商所在的国内市场，来提高其在国外市场的竞争力，达到增加出口的目的。

下面以双寡头市场结构为例，来说明这两项政策的实施效果。

将考察对象称作 H 国和 F 国，假设世界市场（不包括 H 和 F 两国国内市场）上只有分别来自这两国的两个厂商，即世界市场是双寡头结构。另外假设两个厂商的决策变量为产量或销售量，这样问题就变成了古诺模型所讨论的问题。

在寡头市场条件下，每个厂商的决策都取决于对其竞争对手情况的判断，对应于竞争对手的不同情况，每个厂商的最佳应当策略也不同。如图 7-2所示，横坐标表示 H 国厂商在世界市场的销售量，纵坐标表示 F 国厂商在世界市场的销售量；曲线 HH' 与 FF' 分别表示 H 国和 F 国厂商的反应曲线，它们的交点 E 是古诺均衡点。对应于 E 点，H 国和 F 国厂商的均衡销售量分别为 q_H^0 和 q_F^0，也就是说，在这一点，每个厂商都不愿再改变其选择。均衡时，每个厂商都获得一部分超额利润，至于所得利润的多寡则取决于每个厂商的市场份额的高低。销售量越大或市场份额越高，则厂商获得的利润就越多。

现在假设 H 国的厂商希望提高其利润所得，但是无法依靠自身的努力实现。因为如果它自行扩大产出与销售量，市场价格马上就会下降，从而增加销售所得的收益会被价格下降所带来的损失抵销。如果 H 国的厂商转而求助于本国政府，并能说服政府对其进行资助的话，假设 H 国政府对本国出口商提供出口补贴，则本国厂商的出口实际边际成本将低于其生产中的边际成本，两者之间的差额等于单位产品补贴金额。此时，H 国厂商再增加产出与销售量，虽然价格下降导致其边际收益降低，但由于边际成本也下降了，所以增加出口可使 H 国厂商获得更多的利润。与此同时，F 国厂商的利润也将受到影响，为了抵销因价格下降而导致的利润下降，F 国厂商不得不减少产出与销售量，以促使价格有所回升，减少其利润损失。

显然，出口补贴相当于降低了 H 国厂商的边际成本，如图7-2所示，对应于相同的竞争对手的产量，H 国厂商的最佳反应由原来的 q_H^0 提高到 q_H^1，所以补贴后，H 国厂商的反应曲线将向右移动，这表示 H 国厂商将提高其产量。新的反应曲线（如图 7-2 中虚线所示）与 F 国厂商的反应曲线相交于 E' 点。对应于新的均衡点，H 国厂商的产出与销售量扩大到 q_H^1，而 F 国厂商的产出与销售量则减至 q_F^1。补贴后，H 国厂商的利润比之前增加了，但 F 国厂商的利润则下降了，因此，在这种情况下，H 国厂商利润的增加是以 F 国厂商利润的损失为代价的，所以这也属于一种“利润转移”或“抽取租金”的行为。

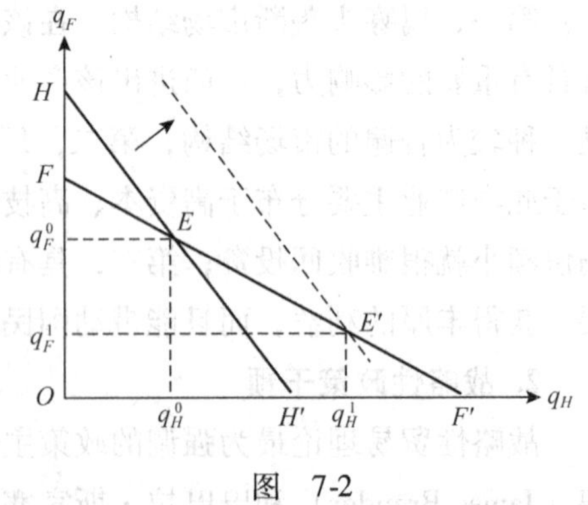

图 7-2

出口补贴对 H 国的福利影响有两方面：一是增加本国厂商的利润；二是增加政府支出。由于不考虑国内市场，所以出口补贴对国内消费者福利没有直接的影响，如果本国厂商利润的增加超出政府补贴支出，那么本国福利将会改善。也就是说，在这种情况下，本国实行贸易保护要优于自由贸易。

再来看对进口保护以促进出口政策的效应分析。假设H国厂商的边际成本是递减的，H国厂商不仅在国外市场（第三国市场）上面对F国厂商的竞争，而且在其国内市场也要面对F国厂商的竞争，即国内外市场都是双寡头市场结构。在自由贸易下，两个厂商在H国国内市场、第三国市场上的销售，分别由这两个厂商在两个市场上的反应曲线的交点决定。

现在假设H国政府对来自F国厂商的进口商品征收关税，以限制F国厂商的产品在本国市场的销售，于是H国厂商的生产增加。由于边际成本递减，所以H国厂商的边际成本因生产规模扩大而下降。边际成本下降之后，H国厂商在第三国市场的反应曲线如图7-2所示，向右移动，结果自然也与出口补贴的情形一样，即H国厂商对第三国的出口增加，所获得的利润也增加，而F国厂商则出口下降，利润减少，如果关税导致的本国厂商利润增加部分与关税收入之和，能完全抵销关税保护的成本，那么保护国的福利会改善。

3. 战略性贸易政策的有效性

战略性贸易理论转化为实际的政策建议并得到了有效实施，对国际贸易理论体系以及许多国家对外贸易政策的制定都产生了重大影响。但是该理论虽然证实了贸易保护的必要性，但其现实有效性自提出伊始就受到各方面的质疑和批评。

第一，战略性贸易政策的成功必须以利润转移部分超过补贴额或关税保护成本为先决条件。如果超额利润不大就会得不偿失，所以只有在市场超额利润足够大的情况下，战略性贸易政策才会有效。

第二，极难选择赢家（战略性产业）及设计合适的政策去培育它们。批评者认为战略性产业的选择本身就是一个难点，谁也不能准确预见产业将来的发展前景，事实上过去几十年间各国政府对产业和商业技术进行补贴而最终流于失败的案例屡见不鲜。另外，即便是选对了产业，也很难预测政府产业与贸易政策的实施效果，这就是为什么大部分经济学家会说自由贸易政策才是最好的政策。

第三，战略性贸易政策的成功运用是以对手不采取行动为前提的。但在寡头市场结构下，利润转移效果很快就会被竞争对手察觉出来，这样一来，竞争对手也会游说其政府采用同样的政策来对付对方，从而爆发补贴战或关税战。因此，在现实中，战略性贸易政策易招致外国报复。与实行自由贸易相比，会导致两国更大的损失，可谓两败俱伤。也就是说，可能得到一时之利，但从长期角度来看，战略性贸易政策并不是最佳选择。特别是在“以牙还牙”的威慑足够大的情况下，战略性贸易政策可能就不会单方面实施。

第四，战略性贸易政策在现实运用中还会受到多边规则的约束。随着WTO多边框架下进行的多边贸易自由化的深入，制定最优关税率的可能性受到限制，出口直接补贴则被明令禁止，一些间接补贴也被列入“可申诉”之类，采取价格歧视式的国内外差别定价也被视为“倾销”行为，这些都使得实施战略性贸易政策受到了“游戏”规则的束缚。

事实上，战略性贸易政策理论倒是从另外一个侧面说明多边贸易自由化的合理性。虽然自由贸易对所有国家有利，但是在市场不完全竞争下，单方面的贸易自由化只会损害本国的利益（因为存在利益转移），所以谁都不愿意单方面进行贸易自由化。但如果形成一种约束机制，使得大家采取统一行动，共同实行贸易自由化，那么各国福利都会改善。

还需说明的是，此政策更适合发达国家应用和实施，因为政策实施需要一定的条件。首先，市场规模要大，产业属于寡头垄断的市场结构，具有更大的市场就更容易配置产业；其次，资本丰裕是关键；最后，政府的干预能力要强。因为政策实施的主体是政府，因此有一个实力雄厚、干预能力强的政府也是必要条件。显然，从以上几点来看，发达国家相比发展中国家更具备实施此项政策的条件。

小案例

印度软件业的发展

战略性贸易政策得到很好实施的典型案例是印度软件业的发展，目前印度已经成为仅次于美国的第二大软件出口国。在分析印度软件产业发展的原因时，人们一般将注意力集中在政府为软件产业发展提供的优惠政策方面。

20 世纪 80 年代前期，印度国内信息技术市场规模小，信息技术基础设施落后，投资环境不利于引进外资，信息技术软件产业的起点非常低。1984 年，印度国民大会党及时抓住机遇和优势，大力发展高科技尤其是计算机产业，采取了包括自由化、明显的税收激励和关税特许措施，促进软件的出口。1986 年，印度政府出台“计算机软件出口、软件开发和培训政策”，成为印度发展软件业出口的转折点。1992 年，印度电子部发起了“软件技术园区计划”，中央政府为每个园区投资 5 000 万卢比，主要用于中央计算机系统、卫星高速数据通信等信息基础设施建设。同时，政府还制定了诸如企业经营头八年可免缴五年所得税、允许资本货物转口、从国内采购资本货物时可免除货物税、取消进口许可证制度、允许园区内建立外国独资软件企业等一系列优惠政策，并通过简化各种审批手续，提高出口业务处理效率，为软件产业的发展提供了良好的政策软环境。1998 年，印度通过了“信息技术超级大国”的政策纲要，涉及国家技术政策、信息技术标准、基础设施建设、税收政策、公司法、人力资源开发、信息技术普及以及信息的监管等许多方面。

伴随该计划的实施，印度软件业进入了一个新的发展时期。正是得益于政府在软件产业实施的战略性贸易政策，印度的软件业才有了飞速的发展，这是战略性贸易政策在发展中国家成功应用的一个典型案例。

资料来源：韦艳玲. 战略性贸易政策在印度软件业上的应用 [J]. 经济纵横, 2007(7).

7.1.4 中心 – 外围理论

第二次世界大战以后，一大批前殖民地、半殖民地和附属国取得政治独立。如何迅速发展民族经济以实现经济独立，是这些国家面临的迫切任务。然而，这些发展中国家面临的国际经济环境对它们的发展十分不利。经济学家普雷维什（Roul Prebisch）在 20 世纪 50 年代提出中心 – 外围理论，对发展中国家的国际经济地位和不利处境进行了分析，主张发展中国家通过实施贸易保护政策，促进本国工业化进程。

1. 中心－外围理论的主要观点

普雷维什认为，整个世界经济体系实际上被分为两个部分，一部分是少数工业化国家，处于国际经济体系的中心；另一部分是广大的非工业化发展中国家，处于国际经济体系的外围。中心国家和外围国家在世界经济中的地位截然不同。中心国家依靠资本和技术优势占据主导地位，享受着国际分工产生的绝大多数利益。外围国家由于技术水平落后，生产效率低下，在国际经济体系中处于十分被动的地位，主要靠出口初级产品与中心国家发生交往，成为中心国家的经济附属，几乎享受不到国际分工的利益。因此，发展中国家如果依据传统的比较优势原则参与国际分工，将永远无法改变贫穷落后的状况。

2. 发展中国家贸易条件恶化及其原因

普雷维什在1950年向联合国提交的题为"拉丁美洲的经济发展及其问题"的报告，首次提出发展中国家贸易条件长期恶化的命题。它以英国1876～1938年的进出口资料为基础，计算了60多年间初级产品和制成品价格比率的变动情况，得出1876～1880年世界初级产品价格和制成品价格比率为1∶1，到1936～1938年该比率降为0.641∶1。

普雷维什等经济学家认为，导致外围发展中国家贸易条件长期恶化的原因主要有以下几点。

1）技术进步的利益分配不均。中心国家因为资金雄厚，研究能力强，成为技术的创新者和传播者，而外围国家只是技术的模仿者和接受者。技术进步使中心国家制成品劳动生产率提高比外围国家初级产品劳动生产率的提高要快很多。但中心国家技术进步和利益并未通过产品价格的降低分配到世界各国。中心国家通过普遍提高利润和工资的方式获取技术进步的好处，产品价格几乎不变，甚至上升。外围国家则是通过降低产品价格的方式利用技术进步的好处，收入几乎不变。技术进步的利益基本上被中心国家占有，外围发展中国家贸易条件陷于恶化。

2）初级产品和制成品进口需求弹性不同。外围发展中国家出口初级产品，但中心国家对初级产品的需求弹性很低，收入增加并未带动对初级产品需求的明显增加。外围国家进口工业制成品，而制成品的需求弹性较高，收入的增长会显著增加对制成品的需求。上述特点决定了初级产品的相对价格不断下降，工业制成品相对价格不断上升，外围发展中国家贸易条件恶化。

3）工业制成品价格具有垄断性。工业制成品和初级产品的价格在经济周期的不同阶段都会出现波动，但两类产品的价格变动幅度差异很大。在经济繁荣时期，两类产品的价格都会上升，但工业制成品的价格上升趋势更加明显，在萧条时期，初级产品的价格受需求影响会大幅度下跌，而工业制成品的价格因存在垄断性，下降幅度很小，甚至没有下降。

发展中国家贸易条件的持续恶化表明，发展中国家并没有从国际分工中获得应有的利益。要改善发展中国家的处境，必须改变旧的国际分工格局。

3. 利用保护贸易政策改善外围国家的经济处境

普雷维什主张发展中国家通过实施贸易保护政策，促进国内工业化进程，改善在世界经济体系中的地位，摆脱受控制、受剥削的处境。

工业化国家和发展中国家在国际经济体系中的中心和外围地位，是由上述不同类型国家的工业化水平决定的。发展中国家要想改变在旧的国际分工体系中的被动地位，只有努力实现本国的工业化。由于发展中国家工业化起步较晚，民族工业建立和发展初期难以承受外来的强大竞争压力，自由贸易政策会将这些工业扼杀在摇篮中。因此，外围国家应当实行保护贸易政策，促进本国进口替代产业的成长。但普雷维什同时强调，贸易保护不能过度，否则不利于民族工业的健康发展。

普雷维什认为，在外围发展中国家实行保护贸易政策的同时，中心国家应向外围国家开放市场。外围国家实行贸易保护是为了实现工业化，摆脱在世界经济中的不平等地位而采取的措施，它不会妨碍世界贸易的增长速度。外围国家向中心国家的出口增长后，便会增加从中心国家的进口，特别是机器设备等的进口。因此，中心国家向外围国家开放市场，不仅有利于外围国家增加出口，最终也会促进中心国家向外围国家的出口，是互惠互利的。

7.2 贸易政策的经济效应

贸易政策是各国政府基于本国某种利益的考虑，对对外贸易活动所采取的干预政策措施。从具体内容来看，贸易政策措施主要包括两大类，一种是限制进口措施，包括关税和非关税措施；另一种是鼓励出口措施，包括出口补贴、倾销等。这些措施会对政策实施国及其他国家的经济产生不同影响。本节将重点分析不同贸易政策带来的经济效应，以便对政策效果给予评价。

7.2.1 关税的经济效应分析

征收关税将对进口国产生一系列的经济效应，表现为其对国内的生产、消费、价格、贸易、福利等各方面所产生的影响。具体到每个国家，又会因小国和大国而有所不同。此外，关税的经济效应可以从单个商品市场的角度来分析，也可以从整个经济的角度来考察，前者属于局部均衡分析，后者为一般均衡分析。

1. 小国情形

下面用图 7-3 来说明小国征收关税对其经济社会各个方面的影响。

(1) 价格效应。

征税带来的最直接影响就是国内市场价格上涨，即产生价格效应。现假设 A 国对国内的 X 商品实施征税。征税前，国内市场价格为 P，国际市场价格为 P^W。征税后，国内市场价格上升为 P_t，这

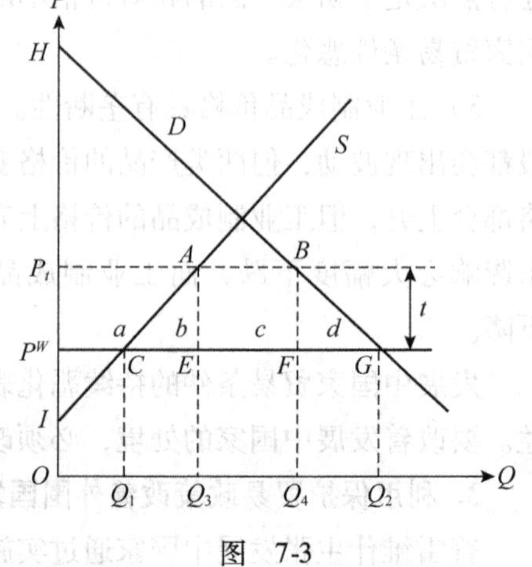

图 7-3

个价格等于国际价格加上关税。因为A国是小国，因此征税后的国际市场价格不变。对比征税前后，小国国内市场价格上涨了，而国际市场价格不变。

（2）生产效应。

征收关税后，随着国内市场价格上升，国内厂商将增加生产，这就是生产效应。如图7-3所示，在自由贸易下，对应于国际市场价格 P^W，国内生产量为 Q_1。征收关税后，国内生产提高到 Q_3。国内生产者因关税而获得的利益可用生产者剩余的变动来衡量。征收关税前，生产者剩余为 $\triangle ICP^W$ 的面积，征收关税后，生产者剩余为 $\triangle IAP_t$ 的面积，可见，生产者剩余增加了梯形 CAP_tP^W 的面积 a，此为征收关税后生产者的福利所得。

（3）消费效应。

征收关税使国内市场价格提高，只要国内的需求弹性大于零，国内价格提高必然导致消费量的减少，此即关税的消费效应。如图7-3所示，征税后，国内消费量由原来的 Q_2 下降到 Q_4，与征税前相比，消费量减少了 Q_2-Q_4。价格的上升对消费者的福利有不利影响。图7-3中，征税前后，消费者剩余分别为 $\triangle HGP^W$ 和 $\triangle HBP_t$，所以消费者福利的损失为梯形 GBP_tP^W 的面积 $(a+b+c+d)$。

（4）贸易效应。

综合生产效应和消费效应，便可得到关税的贸易效应。图7-3中，征税前A国的进口量为 Q_2-Q_1，征税后进口量为 Q_4-Q_3，减少了 $(Q_3-Q_1)+(Q_2-Q_4)$，说明关税限制了进口。

（5）税收效应。

政府由于征收关税而获得了财政收入。征收关税所获得的收入为进口量与关税税率的乘积。在图7-3中，关税收入为 $(Q_4-Q_3)\times t$，即等于矩形 $AEFB$ 的面积 c。

（6）净福利效应。

关税的净福利效应 = 生产者福利增加 - 消费者福利减少 + 政府财政收入 $=a-(a+b+c+d)+c=-(b+d)<0$。其中，b 称为生产扭曲，它表示征税后国内成本高的生产替代原来来自国外成本低的生产，而导致资源配置效率下降所造成的损失；d 称为消费扭曲，它表示征税后产品价格上升导致的消费者满意程度的降低，在扣除消费支出的下降部分之后的净损失。因此，对小国而言，征收关税将导致该国福利水平的净下降。

我们可以进一步地分析以上各种经济效应的大小，它们取决于征税商品的供给与需求弹性以及税率的高低。

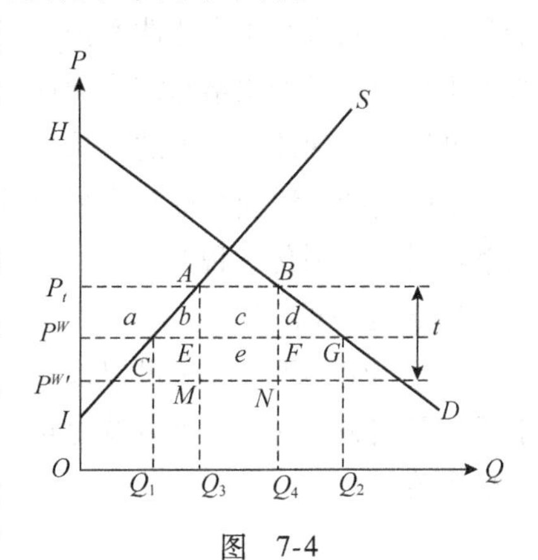

图 7-4

2. 大国情形

大国与小国的不同在于进口量的变动是否可以影响国际市场价格，那么，大国征收关税的经济效应是否与小国有所不同呢？下面我们用图7-4来进行分析。

（1）价格效应。

如果征税国是大国，那么征税后，由于国内市场价格的上涨（$P^W\rightarrow P_t$），该国对进口产品的需求量下降，从而引起国际市场价格的下降（$P^W \to P^{W'}$）。征收关税后的国内市场价格仍等于征收关税后的国际市场价格加上关税。

（2）生产效应。

征收关税后，随着国内市场价格上升，国内厂商将增加生产。如图7-4所示，国内生产由 Q_1 提高到 Q_3。国内生产者因关税而获得的利益可用生产者剩余的变动来衡量。征收关税前，生产者剩余为 $\triangle ICP^W$ 的面积，征收关税后，生产者剩余为 $\triangle IAP_t$ 的面积，征收关税前后，生产者剩余增加了梯形 CAP_tP^W 的面积 a，此为征收关税后生产者的福利所得。

（3）消费效应。

如图7-4所示，征税后，国内消费量为 Q_4，与征税前的 Q_2 相比，消费量减少了 $Q_2 - Q_4$。征税前后，消费者剩余分别为 $\triangle HGP^W$ 和 $\triangle HBP_t$，所以消费者福利的损失为梯形 GBP_tP^W 的面积（$a+b+c+d$）。

（4）贸易效应。

与小国情形一样，大国征税关税后同样减小了进口量，减少的数量为 $(Q_3-Q_1)+(Q_2-Q_4)$。

（5）贸易条件效应。

大国情形下，征收关税会降低国际市场价格，如果出口价格保持不变，则进口价格的下跌意味着本国贸易条件的改善，即征税国用一个单位的本国商品可以换取更多的外国商品。如图7-4所示，征税后，国内市场价格由原来的 P^W 升至 P_t，同时，国际市场价格也由 P^W 降至 $P^{W'}$，征税后的国内外价格之间的关系为 $P_t = P^{W'} + t$。征税后进口量为（$Q_4 - Q_3$），而征税前进口同样多的商品的代价为矩形 EQ_3Q_4F 的面积。因此，征税后在同等情况下进口费用要节约 $EMNF$ 的面积 e，表示征税国因贸易条件改善而获得的利益。

（6）收入效应。

政府由于征收关税而获得了财政收入，由图中矩形 $AMNB$ 的面积（$c+e$）来表示。

（7）净福利效应。

关税的净福利效应 = 生产者福利增加 − 消费者福利减少 + 政府财政收入 + 贸易条件效应 $= a-(a+b+c+d)+(c+e)=e-(b+d)$。当 $e>(b+d)$ 时，本国福利增加；当 $e<(b+d)$ 时，本国福利则减少。所以，在大国情形下，关税的净福利效应不确定，取决于贸易条件效应与生产扭曲和消费扭曲两种效应之和的对比，而这些效应的大小则进一步取决于征税商品的供给与需求弹性、税率高低以及该国在国际市场上的地位。

可见，大国征收关税的效果与小国不同，在供给与需求弹性一定的情况下，大国可通过征收适当的关税使其福利水平上升并达到最大化，而这个能使一国经济收益达到最大的税率就叫作“最优关税”。

3. 最优关税

在大国情形下，关税可以改善本国的贸易条件，这意味着关税有可能改善本国的福利水平，即实施贸易保护可以获得超过自由贸易的利益。因此，对大国而言存在一个大于零的最优关税。

（1）供求弹性与关税承担。

由于关税是由消费者和外国出口商共同承担的，他们承担的程度则取决于出口商对产品的供给弹性和进口国对该产品的需求弹性。从国际贸易的角度看，当出口国产品对进口国市场依赖程度较大时，供给弹性较小，反之供给弹性就较大；而需求弹性的情况完全取决于进口产品在国内的需求状况，由三个因素决定：消费者对该产品的需求弹性、对进口产品的依赖程度和进口替代品的多少。

一般而言，如果国外出口商对进口国市场依赖程度较大，征税产品的供给弹性较小，那么出口商就会承担较多关税，这时出口商会慎重考虑税赋的处置。如果出口商将税赋全部加到产品价格中去，由进口国消费者承担，出口商可能会面临失去进口国市场的风险；如果出口商对进口国市场依赖程度较大，又没有其他市场可以替代，则出口商不得不承担较多关税。另外，进口国国内对该产品需求弹性较大，则出口商的出口规模会下降，而进口国国内对该产品需求弹性较小时，出口商就可以转嫁大部分关税，由进口国的消费者来承担。

最优关税就是在充分考虑出口供给弹性和进口需求弹性的基础上，确定一个适当的关税水平来提高自身的福利水平。

（2）最优关税。

最优关税亦称“最佳关税”“最适关税”，是指使本国福利达到最大的关税水平，当关税税率变化使进口国边际利益增加等于边际利益减少时的关税就是最优关税。

由上述分析可知，在进口需求弹性一定的条件下，最优关税水平取决于外国出口产品的供给弹性，外国出口产品的供给弹性越大，最优关税水平就越低，外国出口产品的供给弹性越小，最优关税水平就越高。进口国政府确定的最优关税水平与出口国厂商提供产品的供给弹性成反比。此外，最优关税应该处于零关税和禁止性关税之间，因为进口国不会任由贸易在自由状态下发生，也不会完全禁止产品的进口，这两种情形下，进口国不会有任何经济收益。当进口国的需求弹性较大和出口国的供给弹性较小时，最优关税能够最大程度地改善进口国的贸易条件，从而使其福利增加。因此，最优关税就是当因贸易条件改善而额外获得的收益恰好抵销了因征收关税而产生的生产扭曲和消费扭曲所带来的额外损失时，在零关税和禁止性关税之间的某一最佳点。这一最佳点的确定如图7-5所示。

图7-5中横坐标表示关税税率，纵坐标表示征税国的福利水平。曲线 AB 表示关税水平对本国福利的影响。A 点对应零关税，t_H 点对应禁止性关税。曲线 AB 在 C 点的切线斜率为零，在这一点，进口国的福利水平达到最高，对应这一点的关税水平 t^*，即为最优关税。

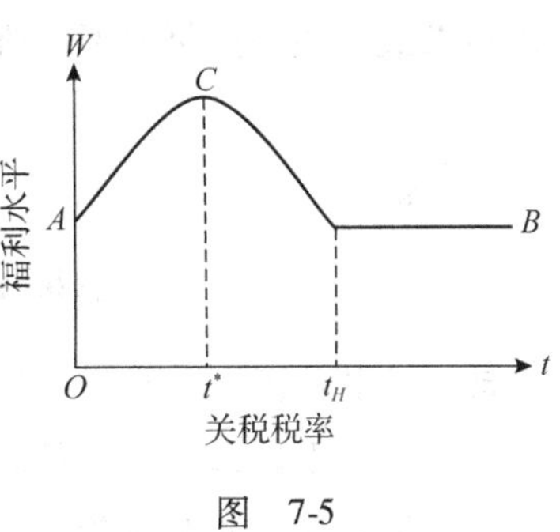

图 7-5

（3）最优关税与抽取垄断租金。

除了基于供求弹性而来的最优关税之外，抽取垄断税金也是最优关税的来源之一。如果出口商在进口国市场上具有垄断力量，那么进口国对进口商品征收关税可迫使垄断厂商放弃一部分垄断利润，这部分放弃的垄断利润实际上转移到了进口国。因此在这种情况下，征收关税意味着从出口商（垄断厂商）那里抽取一部分垄断租金，即关税带来的利益来源于垄断厂商的一部分垄断利润，如图 7-6 所示。

假定在进口国市场上没有其他生产者生产同类产品，因而出口商是进口国市场某种产品的唯一供应者（或垄断者）。图 7-6 中进口国国内需求曲线为 D（这也是出口商在进口国所面对的需求曲线），边际收益曲线为 MR。为了方便起见，假设出口商的平均成本与边际成本相同，且为常数，故平均成本曲线与边际成本曲线是同一条直线。

在进口国征收关税前，出口商根据利润最大化条件决定其在进口国国内市场的销售量和价格，图 7-6 中边际收益曲线 MR 和边际成本曲线 MC 的交点决定了销售量和价格，分别为 Q_m、P_m。此时，出口商获得的垄断利润为 P_mAEC_m。

征收关税后，出口商的出口成本由 C_m 上升至 C_t，现在出口商出于利润最大化的考虑，会重新确定其销售量和价格。如图 7-6 所示，它将以更高的价格 P_t 出售低于原先销售量的产品 Q_t。由于边际收益曲线比需求曲线更陡，所以征收关税后，进口商品价格的上涨幅度要低于出口商成本的上涨幅度，即$(P_t - P_m) < (C_t - C_m)$。

由于征税后进口国国内市场进口商品价格上升，且消费减少，所以消费者福利遭受损失。如图 7-6 所示，消费者剩余的减少部分为 P_tIAP_m，但政府财政收入增加了 C_tGFC_m。此时，关税的净福利效应取决于 P_tIAP_m 与 C_tGFC_m 的比较，因为价格上涨的幅度小于关税，即 $(P_t - P_m) < (C_t - C_m)$，所以 $P_tIAP_m < C_tGFC_m$。如果进口需求弹性比较高（即需求曲线比较平坦），那么 $\triangle IAH$ 的面积就会很小，此时，关税就有可能改善进口国的福利。在这种情况下，可确定最佳关税率，使得进口国的福利达到最大。

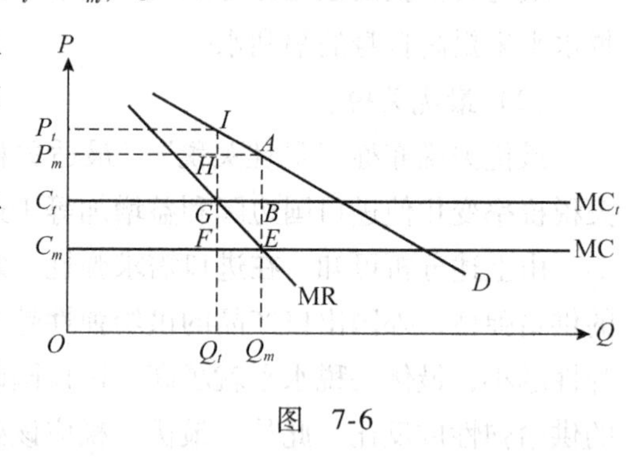

图 7-6

另外，征税后，出口商的利润要减少，减少部分等于 $(C_tGFC_m + HAEF) - P_tIHP_m$，即关税“抽取”了出口商的部分垄断利润。

需要强调的是，最优关税是一种基于出口国不征收报复关税的理论假设。实际上，进口国追求最佳关税的努力不可避免地会招致出口国的报复，最后形成“关税战”。

小案例

加征关税的“游戏”必将付出代价

动辄对其他国家以加征关税相要挟，是当前美国决策者的思维定式——凡是美国要的你就得给，否则就拿加征关税的“大棒”威胁你。如此强盗逻辑，让人们感觉如同穿越到历史上列强频施“炮舰政策”的年代。这，还是 21 世纪吗？

美方用加征关税恫吓墨西哥，迫使墨方同意加大力度阻止试图抵达美国的中美洲移民。美方得意扬扬宣告同墨方达成了“伟大的协议”。可没过两天，美国国务卿蓬佩奥又声称，如果墨西哥在遏制非法移民方面没有取得足够进展，美国还可能对墨西哥商品加征关税。赤裸裸的“丛林法则”，再次令世界震惊，来自国际社会的批评汹涌而起。世界贸易组织前总干事拉米严词谴责美方“绑架”式行径“完全违反了世界贸易组织规定”，担心墨方未来可能将面临美方更多威胁。

人们不应忘记错误的经贸政策所导致的恶果。20世纪20年代末，美国提出以邻为壑的高关税政策，随后出现美国“大萧条”、世界经济危机，全球贸易总量自1929～1934年萎缩66%。第二次世界大战之后建立的国际秩序，初衷就是不让悲剧重演。但是，美国现政府痴迷于加征关税的危险“游戏”，俨然成了全球市场的风险源，让世界上越来越多的人深感忧虑。

美国一些政客在“关税游戏”中入戏很深，一次又一次践踏国际关系道义底线。他们自以为无节制加征关税是灵丹妙药，甚至“嗑药成瘾”，觉得“没有关税就永远不可能做成交易”，完全看不到这一切给美国自身已经造成的混乱和损失，完全无视这一切给全球市场带来的压力和冲击。西班牙埃菲社报道指出，全球市场已经由于美国政府滥用关税而陷入疯狂，人们开始担忧第二次世界大战后不断成长的多边机制的稳定性。德国《每日镜报》网站的文章形容美方“正在朝着作为全球化经济心脏的国际分工和产业供应链开枪”。

美国媒体近日报道了洛杉矶港因“关税战”而陷入的混乱：从航运、公路运输、铁路运输、仓储、建筑、制造业到农业，南加州物流业的整个供应链呈现各式“梗阻”，当地人用“一场噩梦”来形容乱象。但是，美国那些政客既不顾及美国人民的现实困境，也听不进任何不同意见——遇有媒体批评，就称人家是“衰落的”或“无诚信的”媒体。他们以为耍横就能“让美国再次伟大”，但现实不是幻想，更容不得妄想。他们违背经济规律，更看不清全球发展大势，终将付出沉重的代价。

资料来源：五月荷. 加征关税的“游戏”必将付出代价［N］. 人民日报，2019-06-12(2).

4. 关税的一般均衡分析

征收关税除了对单个商品产生影响之外，还会对部门产生影响。现假定出口部门为X，进口替代部门为Y，分析以小国情形为例。如图7-7所示，TT'是生产可能性边界线。在自由贸易条件下，面对国际相对价格P^W，生产均衡点在Q点，消费均衡点在C点。征收关税后，Y产品在国内市场的价格上升，故国内生产者现在面对一个新的相对价格P_t，比原来的相对价格线P^W更平坦些，于是生产均衡点由Q上移至Q_t点，与征税前相比，进口替代部门的生产增加，但出口部门的生产减少了。由此可见，任何的进口壁垒都不利于出口部门的生产，具有反出口倾向。

由于征税国是一个小国，所以征收关税后，其贸易条件并未改变，贸易仍按原来的价格进行，新的消费均衡点应在通过Q_t点与相对价格线P^W平行的线上。国内消费者面对的相对价格线为P_t，根据效用最大化条件，通过新的消费均衡点的社会无差异曲线在该点的切线斜率的绝对值应等于Q_t。如图7-7所示，通过新的消费均衡点C_t的社会无差异曲线的切线与相对价格线P_t是平

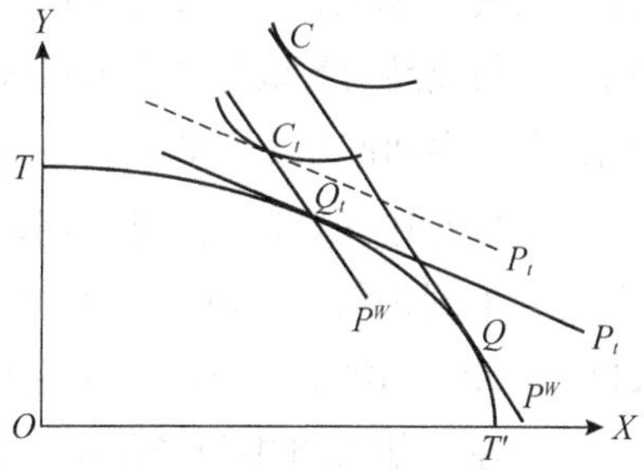

图　7-7

行的。也就是说，在 C_t 点同时满足两个条件：国际贸易仍按原来的价格进行，而国内消费者则按征税后的国内价格来决定其最佳选择。

征收关税后，消费水平由原来的 C 点降至 C_t，通过 C_t 点的社会无差异曲线位于通过 C 点的社会无差异曲线之下，这表明征税国的社会福利水平下降了。

5. 关税的保护制度与关税结构

上面的分析要么是针对单个商品，要么是针对整个进口替代部门。如果对多种商品征收进口关税，那么某一特定行业所受到的保护程度不仅与其本行业的关税有关，而且还与其他行业的关税有关。为说明它们之间的关系，我们引进有效保护率（effective rate of protection，ERP）这一概念。

（1）有效保护率。

有效保护率是指某一行业生产或加工中增加的那部分价值（附加值）受保护的情况，所以保护的程度须以国内生产的附加值的提高来衡量。据此有效保护率可定义为：关税或其他贸易政策措施所引起的国内生产附加值的变动率。有效保护率的计算公式可表示为如下形式：

$$\mathrm{ERP}_j = \frac{V_{j'} - V_j}{V_j} \times 100\% \tag{7-6}$$

其中，ERP_j 表示 j 行业（或产品）的有效保护率；V_j、$V_{j'}$ 分别表示征税关税前后 j 行业（或商品）的国内生产附加值。

有效保护率这一概念的提出是基于如下的事实：根据生产过程中的加工深度，可将产品分为制成品（最终产品）、中间投入品（如零部件）和原材料等。如果对中间产品或原材料征收关税，将提高这些产品的价格，导致生产成本上涨，从而增加国内使用者的负担，使得那些使用中间产品或原材料制成的最终产品的关税所产生的保护效应降低。从生产厂商的角度来看，对中间产品或原材料征收关税，就相当于对生产征税，降低了国内生产的附加值。

为了说明关税结构对有效保护率的影响，这里举一个具体的例子。假设某一制成品在国际市场上的价格为 1 000 元，该产品在国内生产时每单位产出需要使用价值 500 元的中间投入品，因此在自由贸易下，该产品国内生产的单位产出附加值 = 1 000 - 500 = 500 元。现假定对该产品征收 30% 的从价关税，并假设关税不影响国际市场价格。于是征税后，该产品的国内价格上涨为 1 000 ×（1 + 30%）= 1 300 元。另外假设对其使用的中间产品不征进口关税，那么征税后，国内生产的单位产出附加值 = 1 300 - 500 = 800 元。由式（7-6）可得，该制成品的有效保护率 =（800 - 500）÷ 500 × 100% = 60%，即对该制成品征收 30% 的关税，而对中间产品不征收关税，可使其国内生产中价值增值得到的保护提高到 60%。

如果对中间产品也征收 30% 的关税，制成品关税仍为 30%，那么征税后该制成品的单位产出附加值 = 1 300 - 500（1 + 30%）= 1 300 - 650 = 650 元，其有效保护率 =（650 - 500）÷ 500 × 100% = 30%。此种情况下，有效保护率与名义关税率相同。

现在，如果将中间产品的关税率由 30% 改为 40%，那么在这种情况下，制成品的国内生产单位产出附加值 = 1 300 - 500 ×（1 + 40%）= 600 元，其有效保护率 =（600 - 500）÷

500×100% =20%，即国内生产附加值只增加了20%，实际保护率低于其名义关税率。如果中间产品的关税更高，则制成品的国内生产附加值将更低，甚至将变成负的。可见，在制成品关税不变的前提下，随着中间产品关税的上升，制成品的有效保护率将不断下降，甚至会出现负保护的情况。

由以上的例子可知，关税的有效保护率与其名义关税率并不一致，这一结果意味着保护某一特定行业，不一定要通过提高该行业的名义关税率来实现，降低其使用的中间产品或原材料的进口关税，也同样可使其获得更高的保护。根据这一点，如果一国的政策目标是保护最终产品部门，则在关税结构安排上，应当对中间产品和原材料少征或免征进口关税。

（2）关税升级。

所谓关税升级是随着制造业的加工程度的深入，关税税率不断升高的制度，即对于最终制成品所征收的关税高于中间产品所征收的关税，而对于中间产品所征收的关税又高于原材料所征收的关税。发达国家对于原材料进口设置了很低的关税税率，而对于制成品的进口设置了较高的关税，其结果使得对于本国制成品的有效关税率比名义关税率高得多（见表7-1）。这种升级的目的在于“鼓励”发展中国家出口初级产品，并限制对这些国家制成品的进口。然而，发展中国家期望发展本国的制造业并出口更多的制成品，这种关税升级制对它们出口制成品极为不利，就此发展中国家曾多次强烈要求发达国家改变这种关税升级制度。

表7-1　美国、日本和欧共体的关税升级制

	欧共体①		日本		美国	
	名义关税	有效关税	名义关税	有效关税	名义关税	有效关税
花生油						
未加工的花生	0.0		0.0		18.2	
粗加工的花生油	7.5	92.9	7.6	93.7	18.4	24.6
精加工的花生油	15.0	186.4	10.1	324.8	22.0	64.9
纸张和纸的产品						
原木、未加工	0.0		0.0		0.0	
木材纸浆	1.6	2.5	5.0	10.7	0.0	-0.5
纸和纸张产品	13.1	30.2	5.9	17.6	5.3	12.8
奶制品				1		
鲜牛奶和奶油	16.0		0.0		6.5	
炼乳	21.3	44.3	31.7	54.8	10.7	30.1
奶酪	23.0	58.8	35.3	175.6	11.5	34.5
黄油	21.0	76.6	45.0	418.5	10.3	46.7
毛织品						
未加工的羊毛	0.0		0.0		21.1	
毛线	5.4	16.0	5.0	9.3	30.7	62.2
毛织品	14.0	32.9	14.7	35.1	46.9	90.8
皮制品						
牛皮	0.0		0.0		0.0	
皮革	7.0	21.4	6.2	20.2	17.8	57.4
除鞋子以外的皮制品	7.1	10.3	10.5	15.8	22.4	32.5

①1993年11月1日起变为欧盟。

资料来源：http://ishare.iask.sina.com.cn/f/bCrAYC2E1P.html。

7.2.2 配额

关税并非唯一的贸易保护手段，除此之外，还有许多其他的限制贸易措施，统称非关税壁垒。由于在限制进口方面比关税更有效、更隐蔽、更灵活和更具歧视性，非关税壁垒已经取代关税成为贸易保护的主要手段。进口配额便是其中重要的一种。

1. 配额概述

配额（quotation）是指一国政府为保护本国工业，规定在一定时期内对某种商品的进口数量或进口金额加以限制。进口配额主要有两种形式：一是绝对配额，指对某些商品的进口数量或金额规定一个最高限额，达到这个数额后，便不许进口；二是关税配额，指对进口商品的绝对数额不加限制，对配额以内的商品给予低税或免税，对超过配额的进口商品征收较高的关税或附加税。关税配额是一种将征收关税同进口配额结合在一起的限制进口措施。

与征收关税相比，进口配额更有助于限制一国进口商品的数量。因为关税是通过价格变动影响国内对进口品的需求进而起到限制进口的作用的，而配额则是限制商品的进口量或进口金额，因此配额对进口的限制更直接、更易于控制。另外，配额比关税更严厉。在征收关税的情况下，如果一国出口商试图进入课征关税的市场，那么只要在产品价格或质量上有竞争力，就有可能渗入该国市场；但是在该国采取进口配额措施的情况下，无论出口国生产的产品有多强的竞争力，都难以打入进口国市场，因为允许进口的数量是确定的，因此人们一致认为，进口配额是比进口关税更为严厉的保护措施。对国内进口替代品的生产者来说，配额要比关税更受欢迎。

小案例

关税配额实例

例1：1992年12月，欧共体农业部长会议决定，从此后，欧共体对拉美国家的“美元香蕉”征收20%的关税，即每吨征收117美元而且年限额为200万吨，如果超过限额还要征收170%的税金。在这200万吨进口限额中有1/3还必须来自法国、英国、西班牙等国的殖民地。此前，香蕉是少数没有受发达国家配额限制的大宗农产品之一，作为欧共体成员国的德国原来一直免税无限制地主要从中、南美国家进口香蕉，每年高达140万吨。这样，拉美香蕉出口国每年损失4亿多美元。因此，该关税配额遭到了拉美国家的强烈反对。

例2：自2000年12月16日至2001年12月31日，俄罗斯实行原糖进口配额制。总额为365万吨，第一季度为115万吨，第二季度为150万吨，第三季度为60万吨，第四季度为40万吨，对此征收5%的关税。超过额度部分征收30%的关税，但每公斤关税不低于0.09欧元。

资料来源：赵春明．非关税壁垒的应对及运用：“入世”后中国企业的策略选择［M］．北京：人民出版社，2001：275.

2. 配额的经济效应——局部均衡分析

由于配额所规定的进口量通常要小于自由贸易下的进口量，所以配额实施后进口会减少，进口商品在国内市场的价格会上涨。如果实施配额的国家是一个小国，那么配额只影响国内市场价格；如果实施配额的国家是一个大国，那么配额不仅导致国内市场价格上涨，而且还会导致世界市场价格下跌。这一点与关税的价格效应一样。

现以图示方式分析实施配额的经济效应。假设实施配额的是一个小国，如图7-8所示，在自由贸易条件下，国内外价格相同，都为P^W，国内生产和消费分别为Q_1、Q_2，进口为Q_2-Q_1。现对进口设置一个限额，假定限额为Q_4-Q_3，而且$(Q_4-Q_3)<(Q_2-Q_1)$，于是国内价格由原来的P^W上涨为P_q，国内生产增加至Q_3，国内消费减少至Q_4。

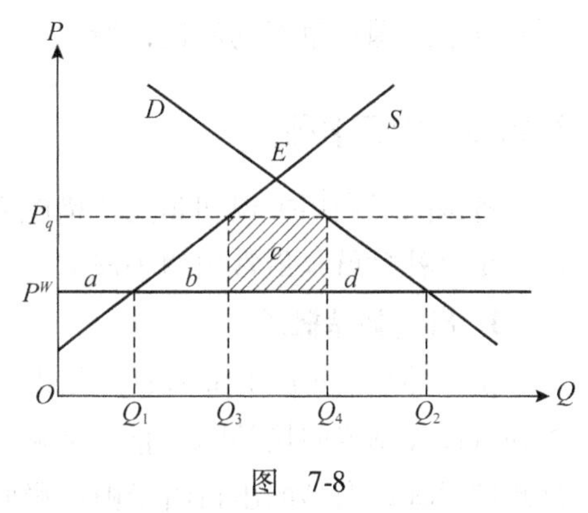

图 7-8

此时，生产者剩余增加了a这部分面积，而消费者剩余减少了，损失为$(a+b+c+d)$。与关税不同的是，实施配额不会给政府带来任何财政收入。综合起来，配额的净福利效应=生产者剩余增加-消费者剩余损失$=a-(a+b+c+d)=-(b+c+d)$，其中b、d分别为生产扭曲和消费扭曲，$(b+d)$为配额的净损失。至于c，在关税情形下我们知道它表示政府的关税收入，因此可被抵销，现在则称为配额利益或配额租金，它实际上是一种垄断利润，它的去向视政府分配配额的方式而定。

3. 配额的分配形式

现实中，分配进口配额常常要与进口许可证相结合。进口许可证是由一国签发的允许一定数量的某种商品进入关境的证明。分配进口许可证的方法有三种：一是竞争性拍卖；二是固定的受惠；三是资源使用申请程序。

第一种方法是政府可通过拍卖的方式分配进口许可证。这种方法使进口权本身具有价格，并将进口一定数量商品的权利分配给出价最高的需要者。一般情况下，进口商购买进口许可证的成本要加到商品的销售价格中。因此，建立在拍卖许可证基础上的进口数量限制所起的作用与关税有许多类似之处。

第二种方法是固定的受惠。它是政府将固定的份额分配给某些企业的方法。通常的方式是，根据现有进口某种产品的企业在上一年度进口该商品总额中的比重来确定。这种方法比较简便。其问题首先是政府不再有关税收入或拍卖许可证的收入；其次这种方法带有某种垄断性，它意味着新增的企业难以获得此种商品进口的特权。因此这种分配方式不利于打破垄断，实现资源的有效配置。

第三种方法是资源使用申请程序。它是指一定的时期内，政府根据进口商递交进口配额管制商品申请书的先后顺序分配进口商品配额的方法。这种方法形成了申请人获得所需进口品的自然顺序，即按照先来后到获得所需商品配额。其缺点是可能给管理部门留有利用职权获取贿赂的机会，相应地可能导致企业的“寻租”活动，以期借助管理部门的不公正行为牟取某种利益。

由此可见，公开拍卖是分配进口配额的最好方法。一方面进口配额与关税对一国福利水平的影响是相同的，且政府获得了有关的收入，有利于收入的再分配；另一方面，从本质上看，进口配额比关税更加严厉，它基本上根除了外国出口商渗入进口国市场的可能性。因此从管理有效的角度衡量，配额比征收进口关税好；从贸易自由化的角度看，关税更有利于外国竞争者的渗透，所以关税比进口配额好。

7.2.3　出口补贴

各国除了利用关税和非关税措施限制进口外，还采取各种鼓励出口的措施扩大商品出口，出口补贴就是最常用的手段之一。

1. 出口补贴概述

出口补贴（expert subsidy）是指一国政府为鼓励某种商品的出口，对该商品的出口给予的直接补贴或间接补贴。直接补贴是政府直接向出口商提供现金补助或津贴，间接补贴是政府对选定商品的出口给予财政税收上的优惠，如对出口的商品采取减免国内税收或向出口商提供低息贷款等。出口补贴可以分为从量补贴（每单位补贴一个固定数额）和从价补贴（出口价值的一个比例）两种。出口补贴的目的是降低本国产品的价格，提高其在国际市场上的竞争力，扩大商品的出口。

2. 出口补贴的经济效应——局部均衡分析

（1）小国情形。

出口补贴政策使厂商在出口时得到各种形式的补贴，这些补贴可以看成在每出口一单位产品时获得的额外收入。如图 7-9 所示，X 商品国际市场价格为 P^W，在这一价格水平下，小国的国内需求量为 Q_1，供给量为 Q_2，供给大于需求，出口量为 Q_2-Q_1。假设该国政府为了促进此商品的出口，对出口商给予每单位商品 s 金额的现金补贴，这使得厂商以相当于 P^W+s 的价格出售商品。由于是小国，补贴不会影响国际市场价格，因此，X 商品的国内价格也上升至 P_s，否则厂商宁愿把所有产品出口到国外。在此价格下，该国国内需求量下降为 Q_3，国内供给量则增加至 Q_4，商品的出口量增加 Q_4-Q_3。

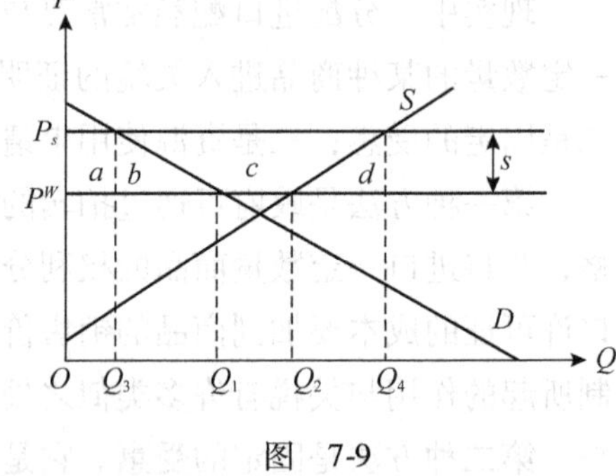

图　7-9

由于实施出口补贴，小国国内商品价格上升，则消费者剩余减少了 $(a+b)$，生产者剩余增加了 $(a+b+c)$，政府支出了 $(b+c+d)$。所以，出口补贴的净福利效应 = 生产者剩余增加 - 消费者剩余减少 - 政府支出 $=(a+b+c)-(a+b)-(b+c+d)=-(b+d)$。

由此可见，小国实施出口补贴支出会使该国的福利水平下降。

（2）大国情形。

如果实施补贴的是出口大国，出口补贴对其国内价格、生产、消费虽然具有与小国相同的经济效应，但其对国际市场供需的影响是不同的，福利的变化也存在很大的差异。

如图7-10所示，在自由贸易条件下，大国X商品的国内市场价格等于国际市场价格P^W，在这个价格水平下，大国的国内需求量为Q_1，供给量为Q_2，出口量为Q_2-Q_1。同样该国政府对出口商给予每单位商品s金额的现金补贴，因为该国是出口大国，出口增加的结果会导致国际市场价格下跌，从P^W下降到$P^{W'}$。

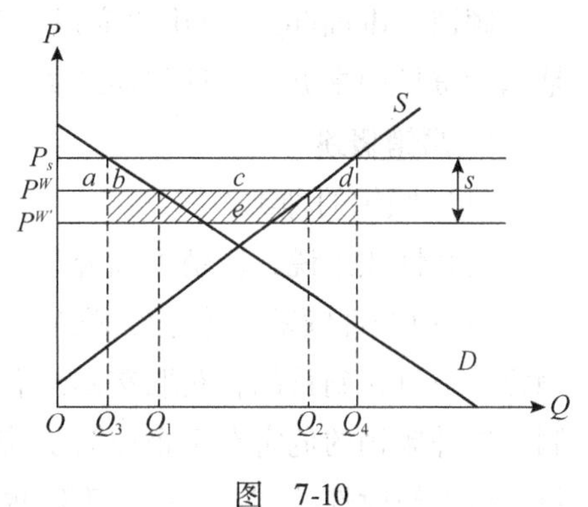

图 7-10

这样，大国实施补贴后的福利影响变化为：国内商品价格上升，导致消费者剩余减少了$(a+b)$，生产者剩余增加了$(a+b+c)$，政府支出了$(b+c+d+e)$。出口增加导致该国商品国际市场价格下降，贸易条件恶化。所以大国出口补贴的净福利效应 = 生产者剩余增加 - 消费者剩余减少 - 政府补贴支出增加 $=(a+b+c)-(a+b)-(b+c+d+e)=-(b+d+e)$。

由此可见，大国实施出口补贴会降低其福利水平，并且净损失大于小国。因此，在出口已占世界市场很大份额时，还使用补贴来刺激出口未必是明智之举。

另外，以上分析基于进口国对该国出口补贴政策不采取报复性措施为前提。由于出口国的补贴行为会给进口国相关产品和厂商带来一定的冲击，进口国往往会对这种做法进行反制，即征收反补贴税，这样，出口国为了提高本国产品的国际竞争力而给予出口厂商的补贴，会因为进口国征收反补贴税而进入进口国政府的“口袋”。最终，出口商品的价格被抬高，丧失因补贴带来的竞争优势，而且补贴金额相当于白白送给了进口国。

小案例

世贸组织裁决印度数项出口补贴措施违规

世界贸易组织2019年10月31日发布专家组报告，裁决印度实施的数项出口补贴措施违反了世界贸易组织相关规定。专家组报告指出，印度在多项出口激励计划中，通过减免关税、企业税、债务等方式，向印度出口商提供了禁止性出口补贴，违反了世界贸易组织《补贴与反补贴措施协定》中的相关规定。专家组建议，自报告公布后90～180天内，印度应陆续取消各项违规出口补贴。

2018年3月，美国就印度多项出口补贴措施在世界贸易组织争端解决机制下提起诉讼，并向印度政府提出磋商请求。这些补贴措施涉及钢铁、药品、化学品、信息技术产品、纺织品等多个行业。美方认为，这些出口补贴为印度企业提供“不公平”竞争优势，使其以更低价格出口商品，损害了美国工人和制造业利益。

资料来源：新华网。

7.2.4 倾销与反倾销

倾销（dumping）是出口商以低于成本或至少低于国内价格向国外销售商品的行为，是国际贸易中常见的一种贸易现象，其实质是一种价格歧视行为。

1. 倾销概述

（1）倾销的种类。

就其性质来说，倾销可以分为三种类型。

1）掠夺性倾销。掠夺性倾销是指出口商以低于成本或低于国外价格向国外市场进行销售，一旦达到目的，获取垄断地位后，企业又会重新提高价格，以获取垄断的超额利润。这种倾销的危害在于企业为了获取垄断地位而降低价格的临时性，使进口国的消费者只获得了暂时性的利益，一旦重新提高价格，消费者的实际收入水平不但不会上升，反而还会下降。因此，掠夺性倾销通常被认为是一种不正当的竞争行为，进口国会对这种行为进行反倾销。

2）持续性倾销。持续性倾销也称国际价格歧视，是国内厂商通过国内市场卖价高于国际市场，使总利润达到最大化的一种持续倾向。这种倾销行为的目的在于谋求利润最大化，有其合理性。

3）偶然性倾销。偶然性倾销也称零星倾销，是指偶然以低于成本或低于国外价格销售商品，其目的是避免降低国内价格而卖掉暂时剩余的产品。

一般来说，不管是哪一种类型的倾销，都不利于进口国同类产品的生产者，会给它们带来压力，因此倾销会招致进口国生产者的反对。

（2）持续性倾销形成的条件。

在实践中，一般常见的倾销类型是持续性倾销。厂商为了追求利润最大化，持续地实施这种行为，须满足三个条件。

如图 7-11 所示，图中右半部分表示企业在国内市场所面临的需求曲线 D_H 和相应的边际收益曲线 MR_H，左半部分表示本国企业在国外市场所面临的需求曲线 D_F 和相应的边际收益曲线 MR_F。为了分析方便，假设企业的边际生产成本为常数。

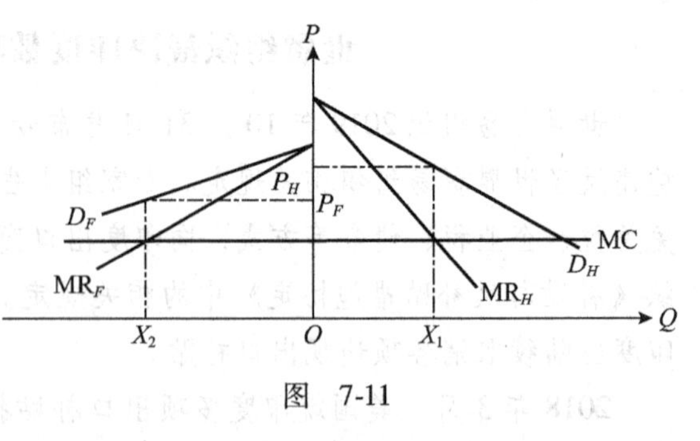

图 7-11

企业的产量分为两部分，分别在国内外市场上销售，它会根据国内外市场的特点采用不同的价格以增加利润。企业决定其销售分配的条件是：如果对应于某一分配方案，其他任何分配方案都不能增加企业的总利润，那么这个方案就是最佳的。假设从本国市场拿出一个单位的产品到国外销售，如果企业在国外市场获得的边际收益大于在本国市场减少一单位销售所损失的收入，那么新方案将使企业的总利润增加，原来的分配方案就不是最佳的，企业将增加在国外市场的销售量，直到国内外市场的边际收益相等，此时企业的总利润不再继续增加，即企业利润达到最大。因此，最佳分配方案的条件可表示成：$MR_H = MR_F$。

此外，企业决定其总产量的条件是边际收益等于边际成本，即 $MR_H = MR_F = MC$。根据这一条件，我们便可确定企业在国内外市场上的销售量和价格。在图7-11中，边际成本曲线与企业国内外市场的边际收益曲线的交点分别决定了其在国内外市场的销售量，再由国内外市场的需求曲线，可确定对应销售量的市场价格。企业在国内外的销售价格分别为 P_H、P_F，由于国外市场的需求曲线更为平坦（需求弹性相对较大），故其对应的价格低于国内价格，即 $P_F < P_H$。由于此种倾销行为是为了谋求最大利润，是一种合理的企业行为，所以只要不受约束，它就可持续下去。

综上所述，持续性倾销的形成必须具备以下条件：第一，MR向右下倾斜，即市场是不完全竞争的；第二，D_F 比 D_H 更平坦，即国际市场商品的需求弹性大于国内市场；第三，无商品的回流，即国内和国际两个市场是完全隔离的。

2. 倾销的经济效应

在倾销的三种类型中，掠夺性倾销是一种典型的损人利己的行为，它在击垮竞争对手、占领进口国市场以后，又会将价格提高到比倾销前还高的水平，因而掠夺性倾销会损害进口国的长期利益，所以用来抵制掠夺性倾销的贸易政策，例如反倾销税，被认为是正当的，且被允许用来保护本国工业以避免遭受来自国外的不公平竞争。而持续性倾销和偶然性倾销是企业追求利润最大化的结果，尤其是持续性倾销，它是利用市场的不完全竞争性而做出的一种合理选择，使国内市场和国外市场的边际收益相等，以达到利润的最大化。但是，在国际贸易实践中，确定倾销的类型是非常困难的，而国内的生产者又总是要求保护以避免受到任何形式的倾销。所以，在一个信息不对称的世界中，持续性倾销往往与掠夺性倾销一样，要遭受反倾销政策的打击。

仍以持续性倾销为例来考察倾销的经济效应。观察图7-11，右半部分表示A国 X 产品的国内市场；左半部分A国对B国的 X 产品的出口市场。在不考虑运输成本及贸易壁垒的情况下，X 产品在A国国内销售与在B国销售的边际成本均为MC。

国内外市场不同的边际收益曲线，表明A国厂商对其国内销售的 X 产品和国外销售的 X 产品具有不同的定价能力。为了实现利润最大化，厂商总是按照边际成本等于边际收益的原则决定产量和销售量。在A国市场，当边际成本等于边际收益时，X 产品的年销量为 X_1，相应的销售价格为 P_H；而在B国市场，当边际成本等于边际收益时，X 产品的年销量为 X_2，相应的销售价格为 P_F。由于 P_H 高于 P_F，这就是倾销。

从A国整体的社会经济利益考虑，只要边际收益大于边际成本，出口倾销并不会带来任何损失。在垄断厂商追求最大利润的前提下，不倾销也不会降低国内价格，倾销也不会提高国内价格，反而可以使国内厂商扩大出口，增加利润。对于被倾销国（B国）来讲，倾销使消费者可以花较少的“外汇”消费更多的进口商品，尽管B国竞争性厂商的利益会受到损害，但消费者盈余的增加可能会超过生产者的损失，整个社会的经济利益并不会因倾销而减少。

由此可见，从经济学的角度讲，持续性倾销并不是什么有损进口国或有损世界利益的事情；零星倾销仅仅是企业处理一些库存积压商品的行为，并不一定会对被倾销国构成持久的压力；只有掠夺性倾销才有可能对进口国甚至对整个世界的长期利益构成损害。

3. 反倾销及其经济效应

（1）反倾销。

虽然倾销对进口国消费者可能有利，但倾销使进口国同类企业或产业的发展面临严重压力，甚至造成进口国同类产业难以生存的恶果。因而进口国生产者会要求政府采取反倾销措施，以抵消倾销对进口国市场的强烈冲击，保护本国同类产业的发展。

反倾销的一般做法是征收反倾销税。所谓反倾销税是指进口国政府在确认外国出口商销售到本国市场的商品有倾销行为并证明对本国同类产业造成损害时，对该商品征收的进口附加税。

（2）反倾销的经济效应。

反倾销措施通常是对倾销的外国商品除征收一般进口税外，再征收进口附加税，使其不能廉价出售，此种附加税称为“反倾销税”。

反倾销税的征收可能产生两个方面的影响。首先，它可以减少国内对低价进口品的需求。反倾销税的作用就是抵消倾销价格低于正常商品价格所带来的竞争优势。其次，反倾销税可以使进口品价格提高到进口国国内市场价格水平，从而保护其国内同类商品的生产者。但在持续性倾销和偶然性倾销的情况下，消费者从低价中得到的好处实际上可能超过了国内生产者可能的损失。因而从国民总体福利的角度看，针对持续性倾销的反倾销措施可能会招致国民福利的净损失。

当然，由于持续性倾销给消费者带来的好处是分散的，并且不易被消费者察觉；而反倾销给生产者带来的利润是集中的，并且生产者对政府的决策有着比消费者强得多的影响力，因而政府常常也是不加区分地对各种形式的倾销采取反倾销措施。

本章要点

1. 根据国际贸易理论，一国应采取自由的贸易政策，但出于各种理由，各国总是希望通过对贸易的干预来实现自身利益的最大化，由此产生了国际贸易理论中的另一流派——贸易保护理论，主要包括幼稚产业保护理论、超保护贸易理论、战略性贸易理论、中心－外围理论等。
2. 在现实中，政府往往会采取各种措施来保护进口，包括关税和非关税壁垒，以及鼓励出口的政策，这些政策在实施时会产生不同的经济效应。
3. 关税可以达到保护国内进口竞争行业的目的，并给政府带来关税收入，但代价是消费者利益和社会效率的损失。小国征收关税必定造成社会福利水平的净下降，而大国征税则可能通过贸易条件的改善而提高福利。理论上存在能使大国福利达到最大化的最优关税税率。
4. 配额是对进口数量的直接控制。在市场完全竞争时，配额对本国生产、消费、价格的影响与关税相似，但是，配额对国内各集团和整个社会的经济利益的影响则与关税不同，取决于配额的分配方式。社会所付出的代价可能会高于关税。

5. 出口补贴可以提高出口企业的竞争力，扩大本国出口，但对大国而言，可能会带来贸易条件的恶化。而且，如果进口国对这种行为进行报复，则会使补贴的一部分转移到国外消费者手里。
6. 倾销是一种企业低价销售商品的策略，当政府将其作为出口战略支持时，它就带有贸易政策的色彩。倾销使一国过度出口商品，帮助企业占领别国市场，虽然有利于进口国的消费者，但对进口国的生产者可能会带来冲击，所以进口国往往会采取反倾销措施。

课后思考与练习

1. 幼稚产业保护理论在当前的经济中还适用吗?
2. 战略性贸易理论所保护的对象是怎样的?
3. 中心－外围理论提出的背景是什么？它与战略性贸易理论有何不同?
4. 如果政府可采取关税保护和产业政策（如生产补贴）两种措施来发展本国汽车工业，你认为应该采取哪一种政策？为什么?

第 8 章

国际要素流动

学习目标

通过对本章的学习，了解国际贸易和生产要素流动之间的关系，国际资本流动的动因分析，同时掌握生产要素的流动对各国经济福利的影响。

和商品在国际上流动一样，生产要素的国际流动也是国际分工的重要组成部分。作为一种特殊商品，生产要素国际流动本身会对各国要素市场的供给、需求和社会福利产生影响。本章主要介绍劳动力和资本两种生产要素国际流动的基本情况，它们对两国贸易、生产、消费和福利的影响，以及要素流动与商品流动的关系。

8.1 国际劳动力流动

8.1.1 国际劳动力流动的概况

劳动力流动的主要形式有移民和外籍劳工两种。一般来说，“移民”是指到别的国家定居，最终成为该国居民。而“外籍劳工”只是在别国临时工作。从流动的性质看，到美国、加拿大、澳大利亚等地的多数是永久性移民，到日本、欧洲或中东国家的，多是外籍劳工。从流动的方向看，基本上是从人口多的国家流向人口相对少的国家，从经济落后、工资低的发展中国家流向工资高的经济发达国家。

据历史学家考察，世界人口迁移在 4 万年以前就开始了。15 世纪哥伦布发现美洲大陆后，世界人口迁移的数量开始迅速增加。此后，世界人口主要经历了三次大规模的迁移浪潮。

第一次浪潮从15世纪初延续到19世纪上半叶，发达国家的殖民扩张导致人口向新大陆大规模迁移，包括大量的非洲人被贩卖到美洲。据估计，被拐运到南北美洲的非洲人口有3 500万~4 000万，不过实际到达目的地的只有大约1 000万人，大部分人在途中死亡。第二次浪潮发生在19世纪下半叶到20世纪初，这一时期的人口迁移主要由欧洲工业化国家的经济扩张引发，生产率的增长和医学的进步导致这一时期欧洲人口急剧增加，快速增长的人口压力需要通过人口向外迁移来缓解。在19世纪20年代，仅有14.5万人离开欧洲，而1900~1910年，移民人数已高达900万，每年有近100万移民。第二次世界大战前后发生了人口迁移的第三次浪潮，躲避战争的难民、战败国被遣返的战俘和平民以及许多民族国家的新建与独立，在欧洲和亚洲引发了两个庞大的人口迁移流。

8.1.2　国际劳动力流动的福利变动

移民对各方利益究竟会产生什么样的影响，各国和世界的净福利到底会如何变化呢？我们下面分两步讨论。首先，我们分析移民对贸易、劳动力供求各方以及各国福利的影响，然后分析移民的外在成本和收益。

为方便起见，假定世界上只有两个国家，一个是代表劳动力丰裕的国家（甲国），人均收入低；另一个是代表资本丰裕的高收入国家（乙国）。在允许国家间劳动力流动之前，甲国有劳动密集型产品（小麦）的比较优势，出口小麦，进口钢铁。乙国则相反，有资本密集型产品（钢铁）的比较优势，出口钢铁，进口小麦。

如果允许劳动力自由流动，甲国就会向乙国移民，从而造成甲国劳动力减少。图8-1表示的是甲、乙两国的劳动力市场，横坐标表示劳动力数量，可以是人数，也可以是劳动时间，纵坐标是工资，即劳动力的价格。向右上方倾斜的SL是劳动力的供给曲线，工资越高愿意工作的人越多或工作时间越长，反之则减少。DL是劳动力的需求曲线，劳动力的需求由厂商决定。一般来说，工资越高，厂商愿意并有能力雇用的人数就越少，而工资低时，厂商对劳动力的需求量就增加，因此DL曲线向下方倾斜。

劳动力的工资水平是由劳动力市场的供求决定的。在两国劳动力允许流动之前，甲国的工资由于劳动力供给相对充裕而较低，假设每小时1美元；乙国的工资则因为劳动力的相对缺乏而较高，假定为每小时5美元。如果两国都放宽移民政策，甲国的劳动力就会向乙国流动，假定为100人。结果是，甲国的劳动力减少，供给曲线内移，而乙国劳动力的供给增加，供给曲线外移。在甲国，新的劳动力供给曲线（SL′）表示的只是留在甲国的劳动力，乙国的新劳动力供给曲线（SL′）则包括乙国原有的劳动力和从甲国来的移民。在劳动力需求不变的情况下，这种移民的结果是：甲国劳动力的工资上升了，乙国劳动力的工资下降了。

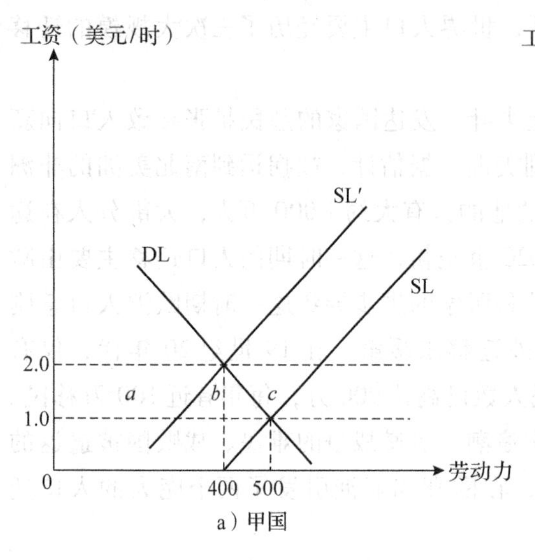

a）甲国

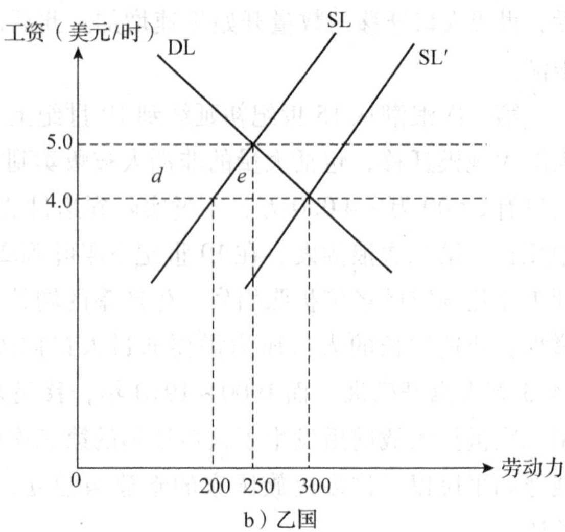

b）乙国

图 8-1

这种劳动力的流动什么时间能够停止下来，两国的工资水平什么时候才能达到新的均衡点？如果假设劳动力完全自由流动，再假设移民完全没有成本，那么甲国的劳动力会一直不断地向乙国迁移。甲国剩下来劳动力的工资会越来越高，乙国劳动力的工资则越来越低，以至于两国的工资水平相等。两国的工资越接近，劳动力的流动就越缓慢。当两国的工资一样时，甲国劳动力也就没有了高工资的引诱和刺激而不再移居乙国。至此，劳动力的流动才会停下来，两国的劳动力市场则会稳定下来。这一点，又与要素价格均等化定理所预测的结果相同。

从表 8-1 不难看出，在整个世界范围内，劳动力的自由流动如同自由贸易一样，提高了资源的有效利用，整个世界总体上获得收益。但事实上这种两国工资完全相等的情况不大可能出现，即使是完全自由的劳动力流动政策，仍然会有一个移民成本的问题，从而造成两国工资的不等，因此在估价移民所得时不能只注重其工资所得。

表 8-1 劳动力流动的经济利益或损失

集团	经济利益或损失（+，-）
移民	$+(b+c)$
留在甲国的劳动力	$+a$
甲国的企业主	$-(a+b)$
乙国的劳动力	$-d$
乙国的企业主	$+(d+e)$
净效果	$+(e+c)$

8.1.3 移民的其他外在成本和收益

除了通过劳动力市场的供求变化对福利产生影响以外，移民还会附带很多其他的成本和收益，包括对财政、技术、文化和社会等方面的影响。

1. 财政影响

移民在接收国获得国防、治安以及公立教育等公共服务的同时承担着相应的公民义务，包括缴纳所得税、销售税、财产税（直接或间接征收）等，其与输出国的其他权利和义务关系，诸如失业保险、社会保险及一般福利支出等转移支付的种种权利，也随之转移。从移民的角度分析，由于移居到一个新的国家，他们会丧失某些已经积累起来的权利，如政府养老金和社会保险等，但移民多数在工资收入较高的国家能获得更好的公共服务。从总体上来看，移民的净收益应该是提高的，否则他们不会轻易移民。

对于移民输出国来说，各项税收以及兵役义务的损失可能会超过移民移居国外而减少的公共服务成本。由于年轻人尤其是教育程度较高的年轻人容易在国外找到工作，移居国外的多数是受过良好教育的中青年，从而更增大了输出国遭受损失的可能性。因为这些移民大多是净纳税人，对输出国的税收贡献往往超过他们所获得的社会福利和补贴，所以移民造成净财政损失的可能性增大。

2. 人才流动

对于发展中国家来说，向外移民往往伴随着人才流失。这些移居国外的人不仅仅只是普通的劳动力，其中很大一部分是这些发展中国家需要的人才。比如菲律宾、印度、巴基斯坦、中国等国家留学和定居美国的人中，受过高等教育的占了相当大的比例，如印度甚至高达60%。这种高级专门人才在国内完成学业或奠定学业基础之后，迁移到其他国家的国际性迁移活动被称为“智力外流”（brain drain）。由于这些人才是由其原居住国花费大量基础教育投资培养出来的，这种“智力外流”显然使原居住国的教育投资效益下降甚至丧失。

当然，人才外流对发展中国家并不完全是损失。由于种族、文化、语言及血缘等关系，这些人才与本国的关系不会完全割断。从长远看，发展中国家也存在人才回流的可能性。一旦发展中国家的经济和政治体制有利于发挥企业家和高级专门人才的能力，许多移居国外的人才会回到自己的祖国，成为这些国家经济增长和科技发展的重要力量。从20世纪80年代开始，中国每年都有大量留学生和移民出国，但从20世纪90年代中期以来，逐渐兴起了大批科学技术人才回国创业和从事科研教学的热潮，成为中国走向世界和赶超发达国家不可缺少的人力资源。

思政小课堂

团结广大海外华侨共同实现中国梦

2020年10月13日，习近平总书记在汕头考察时指出，新时期打好“侨”牌，要深入调研、摸清情况，调动广大华侨的积极性，引进先进技术和高水平产业，扬长避短、久久为功，团结广大海外华侨共同实现中国梦。近年来，我国留学生学成归国人数呈现显著上升的趋势，无论是出国留学人员的数量还是毕业后选择回国就业人员的数量，都在不断增加。2019年出国留学人员70.35万人，毕业后回国人员58.03万人，回国人员占出国人员百分比在2014~2018年已连续5年稳定在78%~79%，2019年达到82.49%。2020年全球新冠肺炎疫情暴发，我国出国留学人数仍稳定在70万~80万人，据教育部数据，2021年选择回国就业的留学生约100万人，越来越多的留学生选择学成归国。

海归潮的形成原因多样。新冠肺炎疫情在全世界蔓延的形势下，我国疫情防控取得积极成效，经济社会稳步发展，展现出强大的经济韧性和抗压能力，综合实力和国际地位不断提高，制度的优越性也逐步显现，吸引着越来越多的留学生回国就业。教育部《对十三届全国人大三次会议第5337号建议的答复》中提出坚持以“支持留学、鼓励回国、来去自由、发挥作用”的新时代留学工作方针为指引。教育部表示，将加强战略谋划和国内外统筹，创新方式方法，提高线上服务能力，加强国内创新创业环境和相关政策的优化和对外宣传，引导和鼓励更多的留学人员回国就业创业，积极为留学人员回国发展和项目转化牵线搭桥。与此同时，中国的科研条件也逐步改善。硬件方面，国内高校的设备条件逐渐提升；软件方面，国家“万人计划”等扶持政策，设立政府部门科技资金、产业发展扶持资金也使得众多高层次人才得到了在其他国家不可能得到的机会。

资料来源：新华网。

3. 其他外在成本和收益

对于输出国来说，除了上述直接的经济影响以外，移民还可能带来其他的成本和收益。

（1）知识收益。

新移民的到来也带来了知识，而且无论是商业关系、食品烹饪法、艺术才能、务农经验还是专门技术，都具有相当高的价值。以美国为例，移民就有“美国工业革命之父”塞缪尔·斯莱特、工业巨富和慈善家安德鲁·卡内基、科学奇才阿尔伯特·爱因斯坦以及许多古典音乐方面的艺术名家，给美国的社会进步和科技发展做出了巨大的贡献。非洲裔美国运动员为美国的田径、篮球等体育项目争得了不少国际荣誉，罗马尼亚的体操教练为美国培养了许多明星，美国的芭蕾舞剧团里不乏俄罗斯的杰出演员，美国信息产业的发展离不开硅谷里的中国人和印度人，美国商界的犹太人在美国经济中举足轻重。遍布各地的中餐馆、墨西哥餐馆、意大利餐馆等使美国人不用远行就可品尝世界各地的美味佳肴。

移民所具有的知识带来的经济收益不仅被移民自身和其劳务购买者分享，同时也会传播给移民接收国的其他居民，从而直接或间接地帮助他们提高收入水平。

（2）拥挤成本。

和任何其他人口增长一样，移民可能会带来与人口拥挤相关的种种外在成本，比如过多的噪声、冲突与犯罪。1959年古巴革命后美国接收了近80万难民和移民，主要分布在佛罗里达州。迈阿密是位于佛罗里达州东南的港口城市，这一地区在接纳了大量的中南美洲移民的同时，也接收了许多外国的犯罪分子，从而使这一地区成为有名的犯罪率高的地方。1975年美国从越南撤军后，60多万越南南方以及老挝、柬埔寨的难民涌向美国，在美国加利福尼亚州迅速形成了一个个新移民区。此外，每年有大量的墨西哥移民进入加利福尼亚州，使加利福尼亚州的人口增长速度过快。加利福尼亚、佛罗里达、新泽西等移民较多的州不时起诉美国联邦政府没有有效控制移民人口而造成这些地方拥挤和过多的财政负担。

（3）社会摩擦。

对移民来说，在陌生的国家生活，除了离乡背井远别亲朋，也许还不得不忍受其他人的敌视、偏见和刁难。接受移民较多的国家往往有种族歧视和种族冲突问题，对移民自由的各种限制，比如19世纪末20世纪初美国对亚洲移民的歧视，20世纪60年代以来英国对许多英联邦国家入境免签特权的撤销，主要就是对移居入境民族的一些偏见造成的，也反映了新移民与本国原有的主要民族之间的社会摩擦程度。

由于移民可能会增加社会成本，政治家必须在决定批准多少移民入境和哪种移民入境时对这些可能发生的社会摩擦与成本加以权衡，这也往往使移民问题染上政治色彩。

小案例

欧洲难民潮

2015年夏天，深受战乱、贫穷困扰的中东、非洲难民铤而走险，一路颠沛流离、风餐露宿，前往心中向往的欧洲，形成国际社会新一轮的难民潮。2015年9月2日，年仅3岁的叙利亚小难民艾兰·库尔迪在偷渡途中溺死，遗体俯卧在土耳其伯顿海滩上的照片顷刻间传遍世界，引发了国际社会强烈的反应和同情。

此次难民潮的主体是战争难民，此外还包括大量非法移民和经济难民。战乱、冲突和社会动荡是欧洲难民数量急剧增长的主要原因。2015年上半年，叙利亚、利比亚等中东、北非地区战乱不断、持续动荡，使得大批难民不断外涌，成为这次欧洲难民危机的导火索。全球化进程中出现的严重两极分化，也是欧洲难民数量增加的原因之一。虽然同属欧洲，但少数南欧国家，如阿尔巴尼亚和波黑等，经济相对落后、失业率较高，加上有组织犯罪猖獗，使得该国部分居民为选择更好的生活环境而选择成为经济难民。据联合国难民署发布的数据，2015年已有超过100万名难民和非法移民经地中海进入欧洲，抵达希腊、保加利亚、西班牙、意大利、马耳他和塞浦路斯等国家寻求庇护，在这个过程中有3 735人死亡和失踪。

2022年2月，随着俄乌冲突的持续，数十万乌克兰难民不断涌入周边国家。联合国难民署表示，自战争爆发以来，已有超过36.8万人逃离乌克兰。联合国预计，这场战争可能导致多达500万名乌克兰人逃往国外，而这将在欧洲引发70多年来最严重的难民危机。作为乌克兰西侧最大的国家，波兰预计将成为乌克兰难民外逃的主要目的地。据法新社等媒体2月27日报道，截至当天中午，超过20万名乌克兰难民进入波兰。仅2月26日一天，就有大约7.73万人从乌克兰进入波兰。波兰官员2月27日表示，在波乌边境的每个入境点，都有数万名来自乌克兰的难民，排队长达“几十公里”。波兰政府称，计划接收100万名难民。匈牙利则表示，最高可接收60万名乌克兰人。罗马尼亚也准备接收50万人。奥地利总理说，如果有必要，该国也会接收难民。摩尔多瓦、罗马尼亚等国也放松边境管控，允许乌克兰人入境。德国首都柏林已经为难民准备好1 300个床位。从2月27日开始，乌克兰人可以免费乘火车从波兰前往德国和奥地利。

对于欧洲国家来说，接收大量难民有利也有弊。首先，慷慨接收难民树立了欧洲国家负责任的国际形象。其次，难民的涌入意味着获得大量的劳动力，而有一定经济基础的劳动力也将成为刺激商品需求的力量。与此同时，大量涌入的难民也给欧洲国家带来了一系列不利影响：难民的接收和安置，为难民提供稳定的工作，对外来难民进行必要的技能培训和语言训练，需要大量的资金和人力作为支撑，使得政府支出大大增加。而且，难民涌入抢占本国居民资源，社会经济福利水平和民众人均生活水平都会受之影响而大大降低，所以民众难免普遍滋生“反移民情节”和排外情绪，欧洲多国爆发反移民游行示威，政治不稳定因素大大增加。同时，来自意识形态方面的冲突、宗教文化矛盾也像一颗定时炸弹一样，为社会稳定埋下隐患。

资料来源：根据“欧洲难民危机系列报道”（http://money.163.com/15/1018/08/B66OS39M00254TI5.html，2015年10月18日）、“欧洲遭遇前所未有的难民危机”（http://www.chinanews.com/gj/2015/09-05/7505804.shtml，2015年9月5日）、“数十万乌克兰难民涌入邻国，波兰边境难民排队‘几十公里’”（http://www.news.cn/mil/2022-02/28/c_1211590029.htm，2022年2月28日）整理。

8.2 国际资本流动

8.2.1 国际资本流动的类型

当资本要素可以在国家间进行自由流动时，为了获得比较高的收益，实现利润最大化，投资者将进行对外投资，正是这种对外投资行为，使资本在国家间流动成为可能。根据投资者在投资行为中对所投入的资金的实际运行过程是否具有足够的影响力和控制权，国际资本流动可划分为对外直接投资和对外间接投资两大类型。

对外直接投资（foreign direct investment，FDI）指的是包括所有权与控制权的资本流动。根据国际货币基金组织的划分标准，其定义是：投资人在国外所经营的企业中拥有持续利益的一种投资，其目的在于对该企业的经营管理拥有有效的控制权。对外直接投资的主要表现形式有：在国外建立自己的全资子公司、分支机构、附属机构，收购兼并当地的公司企业，或者与东道国共同创办合资企业等，或者根据许多西方国家的统计标准，通过购买外国企业的股票而拥有10%及以上的股权，也是对外直接投资的表现。

对外间接投资又称外国资产投资（foreign portfolio investment），不涉及所有权或控制权，即投资者不能直接操纵或者影响资金的实际运行过程，他们只关心投资的回报率。外国资产投资，即经济学家们通常所说的“金融资本”的移动，是指投资者对国外债券或股票的购买或持有的行为，投资者所进行的外汇套汇交易和投机行为以及投资者在国外银行的资金存款等均属于外国资产投资。

8.2.2 国际资本流动的动因分析

在当今世界经济中，存在着大量的资本在国家间流动，而促进其流动的原因是多方面的，我们无法全面考虑产生这种现象的原因，仅提供几个不同的角度供大家参考。这些原因可以单独存在，也可能同时并存。

1. 寻求利润型

追求高额利润，或以追求利润最大化为目标，这是资本在国家间流动的根本动机所在，是资本的天然属性。当在国外投资比在国内投资更有利可图时，资本必然流向国外。

2. 寻求市场型

为了寻求巨大且迅速增长的市场而进行国家间的投资。企业可以通过对外直接投资在过去没有出口的东道国占有一定的市场以开辟新市场；或者为了保护和扩大原有市场，当企业在对出口市场的开辟进行到某种程度之后，通过对外直接投资在当地进行生产和销售更为有利。

3. 寻求资源型

企业为了寻求廉价和稳定的资源供应对外进行直接投资。这类投资一是寻求自然资源，如开发和利用国外石油、矿藏以及林业、水产等资源，美国海外直接投资中相当大的比重就是在石油行业的投资。二是寻求劳动力资源，利用国外廉价劳动力以降低企业的成本。特别是如果生产过程是劳动密集型的，那么东道国相对丰裕的劳动力导致的低工资会吸引对外直接投资。

4. 规避壁垒型

为了避开东道国的关税以及非关税壁垒而将资本直接注入东道国。如果贸易限制使得国外企业难以在东道国市场上进行产品的销售，企业可以通过向东道国或第三国直接投资，在东道国当地生产或在第三国生产再出口到东道国，以避开东道国的贸易限制和其他贸易障碍。

5. 寻求政策型

为了吸引外来投资，加速经济的发展，东道国会向投资方提供各种优惠的政策。而企业被东道国政府的优惠政策所吸引而进行直接投资，可以减少投资风险，降低投资成本，获得高额利润，因此东道国的优惠政策一般对外国直接投资有着强烈的吸引力。

总的来说，投资者关注的是把资源配置到不同的经济体中而获得的总体利益，除了因资金使用而获得的利息收益之外，对外直接投资者往往还可以获得管理费及其他各种收入。而资本在国家间移动的具体原因也与不同的行业、不同的时期以及不同的投资者有关。

8.2.3 国际资本流动的经济效应分析

在现实经济中，资本在国家间大量的流动会对东道国、投资国的产出以及资本和其他生产要素的收益率产生各种影响。在此，我们运用简单的微观经济学工具对这些影响做一些分析，其假设条件与前面分析劳动力的国际流动时相同。

如图8-2所示，假设在初始情况下（国家间资本流动之前），国家甲的资本存量用OA的长度来表示，国家乙的资本存量用GA的长度来表示，两国的资本总量OG固定不变。OX是国家甲在不同投资水平上的资本边际产值，GY是国家乙在不同投资水平上的资本边际产值。由于在完全竞争的假设前提下，资本的边际产值代表了资本的收益或报酬水平。

由图 8-2 可以看出，国家甲的资本相对丰裕，国家乙的资本相对短缺，并且国家甲中资本的收益水平 *OC* 低于国家乙中资本的收益水平 *GH*。由于总产出可以用相应的资本存量规模下边际产值曲线下方区域的面积来表示，因此国家甲的总产出水平可用四边形 *OFPA* 的面积表示，其中长方形 *OCPA* 的面积是国家甲中资本所有者的收益，△*CFP* 的面积代表的是劳动所有者的收益。类似的推理可知，在国家乙内，总产出水平可用四边形 *IMAG* 的面积表示，其中长方形 *GHMA* 的面积是资本所有者的收益，△*IMH* 的面积代表劳动所有者的收益。

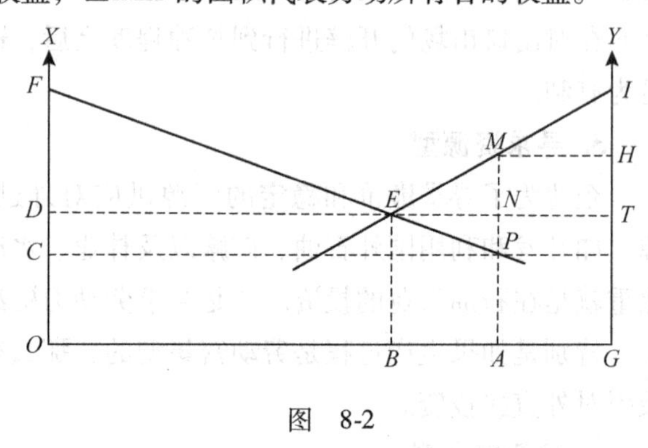

图 8-2

由于 *OC* < *GH*，因此在允许资本国家间自由流动的情况下，为了获得较高的收益率，资本将从国家甲流入国家乙，直至两国资本的收益水平均等才停止流动。从图 8-2 中可以看出，*AB* 数量的资本从国家甲流入国家乙后，两国的资本收益水平在 *E* 点达到均衡，资本在国家间的流动使得国家甲中的资本边际收益率提高，国内总产出水平变为四边形 *OFEB* 的面积，其中长方形 *ODEB* 的面积代表资本所有者国内投资的收益，长方形 *ENAB* 的面积是资本所有者在国外进行投资所获得的收益，△*DFE* 的面积则代表劳动所有者的收益。同理可知，国家乙中的资本边际收益率下降，国内总产出水平为四边形 *GIEB* 的面积，其中资本所有者的收益为四边形 *GTEB* 的面积，劳动所有者的收益为△*EIT* 的面积。

下面我们来具体分析 *AB* 数量的资本在国家间流动后对投资国（国家甲）、东道国（国家乙）以及对世界整体水平的影响。首先，从世界整体水平来看，由于资本的自由流动，资本配置效率的提高带来了世界总产出的净增长，在图中可以用△*EMP* 的面积来表示世界总产出净增长的部分。其次，对于东道国来讲，由于有额外的资本进入并运用于生产过程之中，该国的总产出增加了，从四边形 *GIMA* 变为四边形 *GIEB*，总产出增加了四边形 *AMEB* 的面积，并且其中的长方形 *ANEB* 部分正是外来投资所带来的产出增加，△*NME* 部分是东道国总产出的净增长部分。国内资本所有者的总收益由四边形 *GHMA* 下降为四边形 *GTNA*，而劳动所有者的收益则由△*IMH* 上升为△*IET*。最后，通过对投资国的分析可知，投资国的总产出从原来的四边形 *OFPA* 下降为四边形 *OFEB*，国内资本所有者的收益从四边形 *OCPA* 上升为四边形 *ODNA*，劳动所有者的收益则由△*FCP* 下降为△*FDE*。

通过分析以上建立的模型可知，资本在国家间的自由流动可以使要素在国家之间进行重新分配，由资本丰富的国家流入资本欠缺的国家，从而提高世界的总产出水平。投资国的资本边际收益率提高了，但劳动力的边际收益率下降了，因此投资国的资本所有者会主张资本外流，劳动力所有者则持反对态度。资本流入国则正好与之相反，劳动力所有者支持，资本所有者反对。

8.3　生产要素流动和国际贸易的关系

生产要素流动和商品流动之间的互相影响是一个比较复杂的问题。在不同的假设前提下，二者之间的相互关系亦有不同的表现。在这一节中，我们以资本流动为例进行讨论，当然同样的原理也适用于对劳动力流动的分析。

8.3.1　生产要素流动与商品流动的互相替代

1999年诺贝尔经济学奖获得者、美国哥伦比亚大学教授罗伯特·蒙代尔（Robert Mundell）是最早研究国际贸易与生产要素流动之间关系的经济学家。他在H-O模型的基础上得出国际贸易与生产要素流动之间是替代关系的结论。他进一步推断，对国际贸易的阻碍会促进生产要素的流动，而对生产要素流动的限制则会促进国际贸易。二者都能实现商品价格均等化和生产要素价格均等化：即使生产要素不能流动，自由贸易除了使商品价格均等化外，也能使生产要素价格均等化；同样，即使无法贸易，生产要素的自由流动除了使要素价格均等化外，也会使商品价格趋同。

为说明生产要素流动和商品流动的关系，蒙代尔建立了一个模型。这个模型的基本假设是以下几条。

1）两种生产要素：劳动和资本。

2）两种可贸易商品：小麦和钢铁，假定棉花是劳动密集型产品，钢铁是资本密集型产品。

3）两个国家：A国和B国，A国是劳动丰裕的小国，B国是资本丰裕的大国（可以看成A国以外的所有其他国家）。A国的生产条件和要素禀赋变动不会影响B国的价格，但B国的任何变动都会影响A国的价格。

4）生产技术假定：两国生产技术相同，而且边际收益递减，规模报酬不变。资本和劳动的边际生产率由生产中所使用的两种要素的配置比例决定。这是基本的新古典国际贸易模型假设。

5）要素假定：劳动和资本可以在国内各部门间自由流动，各国要素禀赋的相对丰裕程度排除了完全专业化生产的可能。

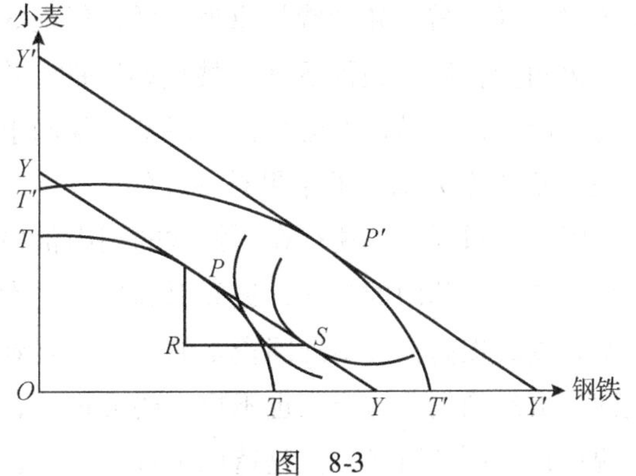

图　8-3

在上述假定下蒙代尔分四步来证明关于国际贸易与生产要素流动之间具有替代关系的假说。

第一步，先假设生产要素在国家间不能自由流动，但贸易是自由的。A国出口小麦进口钢铁，两国商品和生产要素的价格都相等。均衡结果如图8-3所示，自由贸易下钢铁的相对价格用*YY*曲线表示。在这一价格下，A 国进口 RS 单位的钢铁，出口 PR 单位的小麦，它的收入用小麦或钢铁表示都是 OY。

第二步，假设资本在国家间可以自由流动。但是，自由贸易下两国资本的边际生产率是相等的，所以资本不会跨国流动，均衡不变。

第三步，假设 A 国对钢铁征收关税。简单起见，假设关税水平高到使贸易完全停止，即关税使钢铁的相对价格上升使均衡点退回到自给自足的状况（点 P）。产品价格的变动对生产要素价格的影响如何呢？根据斯托尔珀－萨缪尔森定理，A 国钢铁的相对价格的提高会使生产要素由小麦部门向钢铁部门流动。小麦生产的下降和钢铁生产的增加会产生过度的劳动供给和过度的资本需求，劳动边际生产率下降而资本边际生产率上升，最终导致劳动的实际报酬下降和资本的实际收入上升。

但是资本在国家间是可以流动的，A 国较高的资本报酬会促使资本由 B 国向 A 国流动，从而使 A 国资本变得丰裕，A 国的生产可能性曲线外移，在图 8-3 中表现为从 TT 移到了 $T'T'$。资本的流入会对 A 国产生两方面的影响：首先，随着资本流入，A 国国内的资本存量增加，在商品价格不变的条件下（A 国是小国），国内钢铁的生产不断增加，而小麦的产量不断减少；其次，资本的不断流入会使得 A 国资本的边际产量不断下降，最终使两国的生产要素边际生产率相等，实现两国之间生产要素价格的均等化。

因为假设 B 国足够大，所以资本的流出不会影响它的边际劳动生产率，又因为资本流动的最终结果是 A 国和 B 国资本的边际劳动生产率相等，所以资本的国际流动一定会使 A 国劳动和资本的边际生产率恢复到征收关税前的水平。在新的均衡点上，A 国的生产要素边际生产率与征收关税前相同，因此，A 国商品的相对价格等于 B 国商品的相对价格，也会与没有关税时一样，$Y'Y'$ 的斜率等于 YY 的斜率。A 国在新的均衡点 P' 从事生产。A 国和 B 国的商品价格相等意味着 A 国没有必要再从 B 国进口钢铁，从而两国间贸易中止。这是一种由外国资本流入而产生的“进口替代型增长”。

与本国资本积累产生的进口替代型增长的不同之处是：A 国必须支付 B 国资本的利息。A 国的生产点为 P'。但消费点必须低于 P' 点。A 国支付 B 国资本的利息（B 国资本在 A 国获得的收益）不能用于 A 国的消费。这部分收入可以用（$Y'-Y$）来表示。也就是说，在支付了 B 国资本的利息以后，A 国的实际收入约束线是 YY 而不是 $T'T'$，即与原来的生产可能性曲线 TT 相切的相对价格曲线。这样的话，A 国的要素收入和价格都与没有关税时一样，需求和消费与原来一样，仍在 S 点。

第四步，假设关税不是“禁止型”的，在征收关税后的钢铁相对价格仍然低于自给自足时的价格，贸易仍然会存在。但是，我们很快会发现，只要允许资本自由流动，这种情况跟“禁止型关税”的结果是一样的。

因为，只要有关税存在，钢铁的国内价格就会高于国际价格，就会出现生产要素从小麦部门向钢铁部门的移动，进而引起生产要素边际生产率的变化和要素收益的变化。本国资本收益的提高会吸引外国资本的流入，直到两国生产要素的边际生产率相等，两国价格趋同，贸易消失。这时，也不再需要关税了，因为两国的价格和边际生产率均等了。虽然关税最初限制了贸易，但是造成了资本流动，资本流动后即使取消关税，贸易也变得不再必要。至此，蒙代尔证明了国际贸易与生产要素流动之间存在着替代关系。

综合以上分析，蒙代尔认为在世界范围内有效配置资源，不需商品和生产要素同时自由流动，只要生产满足一定条件，商品或生产要素之一完全流动就可以了。

8.3.2　生产要素流动与商品流动的互补关系

生产要素国际流动和商品国际贸易之间的关系除了相互替代以外，在一定条件下还有互补和促进的作用。

1. 技术不同时生产要素流动对国际贸易的促进作用

蒙代尔关于生产要素流动和商品贸易之间的替代关系主要是建立在H-O模型上的。马库森（Markuson）改变了H-O模型中两国技术相同的假设条件，结果发现国际贸易与生产要素流动之间不仅存在替代关系而且还存在互补关系。

在马库森的模型中，假设两国（比如说美国和中国）之间要素禀赋相同但在生产技术上存在差距；两国都生产钢铁和棉布，钢铁是资本密集型产品，棉布是劳动密集型产品；美国生产钢铁的技术比中国高，而中国生产棉布的技术较高，在生产棉布上有比较优势；美国具有生产钢铁的比较优势。两国发生贸易时，美国出口钢铁而中国出口棉布。

贸易后两国各自增加本国有比较优势产品的生产，从而造成各国不同要素回报率的差异。在美国，资本密集型钢铁生产的增加和劳动密集型棉布生产的减少，导致对资本相对需求的增加，从而资本收益率提高而劳动收益率下降。在中国，情况则正好相反，劳动收益率提高而资本收益率下降。这时，如果允许生产要素的国际流动，中国的资本就会流向美国，而美国的劳动力就会流向中国。美国资本的增加和中国劳动力的增加都会进一步加强各自的比较优势，更多地生产和出口本国具有比较优势的产品，进口本国没有比较优势的产品。生产要素流动增加了国际贸易，两者呈现互补关系。

2. 与技术关联的生产要素流动和国际贸易

在传统的生产要素流动分析中，人们通常把各国的资本或劳动看成一种同质的生产要素，在各种不同的行业的生产中都可以使用。在这种情况下，资本从发达国家流向发展中国家，会使发展中国家资本稀缺的情况得到改善，有利于这些国家扩大资本密集型产品的生产。同样，当劳动力从发展中国家流向发达国家时，会促进发达国家劳动密集型产品的生产，这种生产要素的国际流动会在某种程度上替代同类要素密集型商品的贸易。

但现实中国际资本流动的主要形式之一是对外直接投资，资本的流动不仅是货币资金的流动，而且是与具体的技术和产品相联系的。劳动力也不是同质的，可进一步分为有技能的劳动力和无技能的劳动力。当这些与技术关联的生产要素进行跨国流动时，往往会促进国际贸易的发展。这种与技术和产品关联的生产要素流动包括：发达国家劳动密集型产业向发展中国家的转移或对发展中国家劳动密集型产业的直接投资，发达国家对发展中国家资源产业的直接投资，发展中国家技术人才向发达国家的移民等。

（1）发达国家劳动密集型产业的转移。

在传统的贸易理论中，发达国家在劳动密集型产品上失去比较优势后，资本会从劳动密集型行业转移到国内有比较优势的行业中去。但当资本允许在国际上自由流动时，发达国家从劳动密集型行业退出来的资本往往会投入到发展中国家的劳动密集型行业中去。外资的进入会使发展中国家的劳动力得到更充分的利用，从而促进劳动密集型产业的发展。

资本在国家间的流动还会引起资金输入国的技术变动。许多发展中国家虽然劳动力丰裕，但由于缺乏技术，即使是劳动密集型产品也往往无能力生产。而通过外资流动带来的技术转移，发展中国家把产品、技术和有效的管理机制等引进了国内，从而促进了劳动密集型产品的生产和出口。

这种带有特定技术和产品的国际资本流动不仅没有减少发达国家和发展中国家之间资本密集型产品的贸易，还促使发展中国家提高了其具有比较优势的劳动密集型产品的生产和出口，从而推动了国际贸易的发展。

（2）发达国家对发展中国家资源产业的投资。

许多矿产资源和能源是资本密集型产品，发展中国家往往因为缺乏资本和技术而无力开采，但矿产资源本身不能移动。在这种情况下，发达国家的资本投入发展中国家的资源产业会促进这些产业的生产和出口。

美国石油公司向中东地区的投资就是一个典型的例子。美国的石油业始于 1859 年，当埃德温·德来克在宾夕法尼亚首先发现石油后，美国的石油工业就蓬勃地发展起来了，成为重要产业之一。第二次世界大战之后，在美国本土开采石油的成本越来越高，在这种情况下，美国的石油资本不是流向国内其他有比较优势的行业，而是大量流向了中东的石油工业，从而大大提高了中东国家的石油生产能力，使中东地区各国成为主要的石油生产和出口国家。美国则从 1990 年开始变成了石油净进口国，到 2000 年每天从国外（主要从中东地区）净进口 400 万桶石油。可见美国向中东地区的投资增加了它与这些国家的贸易。

（3）发展中国家向发达国家的技术移民。

尽管劳动力不能像资本那样自由流动，但许多发达国家对具有一定教育背景和知识技能的人还是采取了许多积极的移民政策。如美国的移民种类中就有“技术移民”一项，受过高等教育是一般技术移民的必要条件，对于某些有特殊才能或技能的人则可申请技术移民。

在这种积极吸引外国技术人才的政策下，世界高科技人才大量涌入美国，为美国的技术创新注入了源源不断的人力资本，提高了美国产品的科技含量，也增加了技术密集型产品的比较优势。另外，资本密集型产品的生产往往需要技术人员和熟练工人，发展中国家的技术移民也会使美国的资本得到更好的利用，推动美国资本密集型和技术密集型产品的生产和出口。

8.3.3 生产要素流动对国际贸易的其他促进作用

生产要素流动有可能会从更大的范围内对商品贸易产生影响。两国之间的生产要素流动可能会减少相互之间的贸易，但同时也有可能提高整个世界的贸易流量。

假设中国相对于朝鲜是一个资本丰裕的国家，但相对自己的主要贸易伙伴国美国和日本又是一个劳动力丰裕的国家。如果允许中朝之间劳动力的自由流动，就可能会有大批朝鲜移民到中国来。中国劳动力的增加会减少中国与朝鲜的贸易（替代效应），但也会进一步加强中国生产劳动密集型产品的能力，中国的生产可能性曲线朝偏向劳动密集型的出口部门移动，其结果相当于“出口扩张型增长”，在总体上增强了中国生产和出口劳动密集型产品的能力。但是因为中国对朝鲜的贸易量很少，因此这将促进中国对重要贸易国家美国和日本的出口。

本章要点

1. 在传统国际贸易理论中，我们均假定生产要素在国家间是缺乏流动的，但这一假定显然与现实中错综复杂的国际关系不符。生产要素的国家间流动和商品流动一样，都是当今国际分工理论的重要组成部分，随着世界经济的发展，其规模在不断扩大，对各国经济的影响也在不断增强。
2. 从整个世界范围看，劳动力的自由流动如同自由贸易一样，提高了资源配置的效率，使得整个世界的福利水平提高。
3. 资本国家间的自由流动可以使生产要素在国家之间进行重新分配，从资本丰富的国家流入资本欠缺的国家，提高世界的总产出水平。投资国的资本边际收益率提高了，但劳动力的边际收益率则下降了。
4. 世界范围内的资源优化配置，是商品和生产要素自由流动共同作用的结果。

课后思考与练习

1. 劳动力的跨国流动如何影响各国的福利水平？
2. 资本流动对东道国经济的总体影响如何？
3. 资本和劳动力的国家间流动给予发展中国家哪些机遇与挑战？

第 9 章

区域经济一体化

学习目标

本章介绍区域经济一体化的组织形式与相关理论，分析区域经济一体化形成后给一国和地区带来的影响。通过学习，掌握区域经济一体化的内涵和组织形式、关税同盟理论，了解世界主要区域性一体化组织的发展动态，区域经济一体化与国际贸易之间的关系和相互影响。

第二次世界大战后，世界经济出现了两个重大发展趋势，一是在全球多边贸易体制的推动下，贸易自由化所涉及的范围和领域不断扩大与深化，越来越多的国家和地区加入世界生产和贸易体系中，并从中获益；二是以优惠性的贸易协议或安排为宗旨的区域经济一体化发展势头迅猛。一些国家和地区为了共同的利益走向联合，建立了各种区域性的经济组织。区域经济一体化组织不但促进了成员间的分工协作，而且对世界经济的格局和发展也产生了重大影响。

9.1 区域经济一体化概述

自 1958 年欧洲经济共同体成立至今，区域经济一体化已有几十年的发展历史。不仅发达国家经济一体化组织的发展如火如荼，发展中国家组建区域性经济集团也方兴未艾。

9.1.1 区域经济一体化的含义

由于现存的区域经济一体化组织形式不一，经济学家们对于经济一体化的含义尚未形成共识。有的强调一体化的制度性特征，认为“经济一体化通常指国家和地区之间的经济一体化，即两个或两个以上的国家和地区在社会再生产的某些领域内实行不同程度的经济联合和共同的经济调节，并向结成一体的方向发展，一般根据国家和地区间的协定建立，有共同的机构”；有的仅从国际贸易的角度，把经济一体化看作“只是在成员之间减少或取消采取歧视性的贸易壁垒的贸易政策”；还有的经济学家从经济运行更广阔的领域出发，把经济一体化定义为“宏观经济政策的一体化和生产要素的自由流动以及成员之间的自由贸易”。尽管这些定义的侧重点各有不同，但是它们对经济一体化的表述都包括多个国家和地区通过某种程度的经济联合，制定共同的经济政策和措施，以实现区域内的自由贸易。

9.1.2 区域经济一体化的组织形式

根据经济联合的紧密程度不同，区域经济一体化大致可以分为以下几种组织形式。

1. 自由贸易区

自由贸易区（free trade area）是指签订了自由贸易协定的国家和地区组成的贸易区域，区内各成员之间彼此取消一切贸易壁垒，实行区内商品的自由流动，但每个成员仍对非成员保留各自的贸易限制。最典型的例子是成立于1960年的“欧洲自由贸易联盟”（EFTA）和美国、加拿大、墨西哥于1994年建立的“北美自由贸易区”（NAFTA）。

自由贸易区是一种松散的经济一体化形式，其基本特点是用关税措施突出了成员与非成员之间的差别待遇。但是，自由贸易政策在执行时容易出现这样一种情况：来自非成员市场的产品从对外关税较低的成员市场进入一体化市场后，再进入关税水平较高的成员市场，从而造成高关税成员的对外贸易政策失效。这就要求一体化组织制定更为严密的统一对外政策。

2. 关税同盟

关税同盟（customs union）是指在自由贸易区的基础上，所有成员对非成员采取统一的进口关税或其他贸易政策措施。它要求成员协调相互的贸易政策，作为一个整体参与国际谈判，从而开始带有超国家组织的性质。世界上最早最著名的关税同盟是比利时、卢森堡和荷兰组成的比卢荷同盟。

但是关税同盟也具有某种局限性。因为关税同盟使各成员的市场完全暴露在其他成员厂商的竞争之下，各成员为保护自己的某些产业，需要采取更加隐蔽的非关税措施，限制成员商品在自己的市场上自由流动，从而造成一体化组织内部自由贸易的障碍，因此有人提出构建“共同市场”的解决办法。

3. 共同市场

共同市场（common market）比关税同盟更进一步，它不仅允许商品可以在成员之间自由流动，而且服务、资本和劳动力也可以在成员之间自由流动。为保证这些自由流动，各成员之间要实施统一的技术标准、统一的间接税制度，并且协调、统一各成员之间同一产品的课税率，协调金融市场管理的法规，以及成员间学历的相互承认，等等。欧共体于1993年1月1日正式建成的共同市场就是这方面的一个实例。

共同市场的建立需要成员让渡多方面的权利，表明成员干预经济运行的权利在削弱，而区域一体化组织干预经济的权利在增强。然而由于各成员间经济状况有差别，统一的干预政策往往难以奏效，所以超国家的一体化组织的干预能力也是有限的。

4. 经济联盟

经济联盟（economic union）是在共同市场的基础上，成员之间逐步废除经济政策上的差别，制定和执行某些共同的经济政策和社会政策，使一体化的程度从商品交换扩展至生产、分配以至整个国民经济，形成一个庞大的经济实体。欧盟已经到达了这一阶段。

经济联盟意味着各成员让渡了使用宏观经济政策干预自身经济运行的权利，包括财政货币政策、汇率政策，对共同体内部形成自由的市场经济，发挥“看不见的手”的作用是非常有意义的。

5. 完全经济一体化

完全经济一体化（perfectly economic integration）是经济一体化的最终阶段，成员建立起一个超国家的管理机构，制定统一的经济制度、政治制度和法律制度，最终实现完全经济一体化。

自由贸易区、关税同盟、共同市场、经济联盟和完全经济一体化是处在不同层次上的区域经济一体化组织，根据它们的成员让渡干预经济运行权利程度的不同，一体化组织也从低级向高级排列。但在这里不存在低一级的区域经济一体化组织向高一级区域经济一体化组织升级的必然性，它们在经过一段时期的发展后，可以根据成员的具体情况决定是停留在原有的形式上，还是向高一级区域经济一体化组织过渡，关键的问题是各成员需要权衡自己的利弊得失。

9.1.3 区域经济一体化的形成与发展

1. 形成原因

有关区域经济一体化产生原因的解释多种多样。西托夫斯基（T. Scitovsky）和德纽（J. F. Deniau）的大市场理论认为实现经济一体化的目的是：一方面通过扩大市场，获得规模经济效益；另一方面，大市场环境可以激化竞争。但是该理论无法很好地解释为什么一些国内市场容量很大的国家也加入区域经济一体化的行列，如美加贸易协定。而且共同市场并不是加剧竞争的必要条件，切实有效的国内经济政策同样可以达到这一目的。再者，仔细分析可以发现，规模经济和竞争激化两个目标存在相抵触的可能。因为企业内部的规模经济最终会发展成为垄断，而其外部经济又会使产业向特定区域聚集，从而导致产业结构不合理。

对发达国家之间形成的区域经济一体化提供较好解释的要数工业偏好理论。该理论认为世界上绝大多数国家都存在着优先发展工业的偏好，由此许多国家不惜以本国消费者福利的损失为代价而采取鼓励出口、限制进口的政策。这样，如果两个工业偏好的国家结成关税同盟，只在同盟内部取消贸易壁垒，而将同盟外国家和地区的进口排除在外，则同盟内成员之间的贸易得到加强，从而加快各自工业的发展。并且，该理论认为关税同盟应该是在具有同等工业生产成本水平、同等工业偏好、在世界市场上比较优势不明显的那些国家和地区之间缔结，欧洲共同体似乎是对这一说法的最好诠释。

日本经济学家小岛清（Kiyoshi Kojima）用协议性分工原理解释了要素禀赋相似的发达国家和地区之间建立区域经济一体化的动因。一体化内部各成员可通过协议的形式确定差别产品的分工模式，在彼此放弃一些利益的同时，却获得了规模经济基础上更大的好处，故发达工业国都乐意以建立共同市场的方式降低分工水平的不确定性。由于只有“具备容易达成协议条件的地区”才能实行协议分工，所以与发达国家形成垂直分工的发展中国家自然很难被包括在内。

除了上述理论所阐述的各种内在的经济原因以外，区域经济一体化的形成也是外部力量推动的结果。资本主义发展的不平衡导致世界政治经济出现了多极化的格局，一些国家和地区出于共同的目的走向联合，希望借此增强其在世界经济和政治活动中的谈判力量，以提高自身的国际地位并获取更多的利益。而发展中国家走上一体化道路，更多的是为了维护民族经济权益和发展的需要，殖民经济给这些国家造成的产业结构单一、物质技术力量薄弱、资金短缺以及国内市场狭窄的缺陷，决定了它们需要通过加强彼此间的经济合作来加速自身的工业化进程。战后社会生产力的高速发展日益要求打破传统的国家疆界，扩大国际分工的范围也是区域经济一体化形成的重要的客观因素。

2. 发展概况

第二次世界大战结束后，一些国家成立了各种各样的经济一体化组织，于是现代的经济一体化组织逐步兴起。在20世纪50~60年代，出现了一体化发展的第一次高潮，其中有1949年成立的经互会，1951年成立的煤钢共同体，1957年建立的欧洲原子能共同体及欧洲经济共同体，1960年成立的欧洲自由贸易联盟和1968年合并的欧洲共同体（以下简称“欧共体”）等。

欧共体成立后，成员不断增加。最初成员只有6个国家，1973年扩大为9个，1995年扩展为15个［欧共体在1993年11月改名为欧洲联盟（以下简称“欧盟”）］，2004年中东欧10国加入，2016年，英国通过公投决定脱离欧盟。截至2022年6月，欧盟成为拥有27个成员国和4.4亿多人口的区域经济一体化组织。欧盟在成员增加的同时，不断提高经济一体化的层次，从一个关税同盟逐步过渡到了目前的经济和货币联盟。

20世纪80年代以来，经济一体化组织的发展出现了第二次高潮。其间有1989年启动的美加自由贸易区，1994年1月发展为北美自由贸易区；1989年11月组建的亚太经合组织及1993年欧共体发展为欧盟。尤其是20世纪90年代以来，世界上再次兴起了区域贸易集团化的热潮，自由贸易协定（FTA）及优惠贸易安排大量涌现。其中，中国－东盟自由贸易区的建立最为突出。

北美自由贸易区始于1965年美国和加拿大之间的汽车自由贸易协定，该协定在1989

年时扩展为涉及广泛经济领域的自由贸易协定。1994 年美国、加拿大、墨西哥三国成立了北美自由贸易区。亚太经合组织是在澳大利亚总统倡议下于 1989 年成立的，现有 21 个成员，该组织成员的总人口占世界人口的 45%，国内生产总值占世界的 55%，贸易额占 46%，到目前为止，亚太经合组织仍然只是一个松散的和开放的地区经济组织。中国 - 东盟自由贸易区的提议始自 2001 年的第五次中国和东盟“10 +1”领导人会议，2002 年正式启动自由贸易区建设进程，到 2010 年正式建立。中国与东盟 6 个老成员（印度尼西亚、马来西亚、泰国、菲律宾、新加坡、文莱）之间有超过九成的产品实行零关税，平均关税降至 0.1%；中国与东盟的 4 个新成员（缅甸、柬埔寨、老挝、越南）也在 2015 年实现 90% 的产品零关税。自 2009 年起，中国连续 12 年保持东盟第一大贸易伙伴；2020 年，东盟首次成为中国最大的贸易伙伴。

小知识

RCEP 生效

2022 年 1 月 1 日，《区域全面经济伙伴关系协定》（RCEP）生效实施，全球最大自由贸易区正式启航。RCEP 现有 15 个成员，包括中国、日本、韩国、澳大利亚、新西兰 5 国以及东盟 10 国。从人口数量、经济体量、贸易总额三方面看，均占全球总量的约 30%。根据协定规定，6 个东盟成员和 3 个非东盟成员正式提交核准书，即达到协定生效门槛。经各方努力，RCEP 于 2021 年 11 月 2 日达到生效门槛。2022 年 1 月 1 日起，RCEP 对文莱、柬埔寨、老挝、新加坡、泰国、越南、中国、日本、新西兰和澳大利亚 10 国正式生效。韩国将于 2022 年 2 月 1 日加入生效实施中。剩余成员也将在完成国内批准程序后陆续生效实施。

RCEP 生效后，已核准成员之间 90% 以上的货物贸易将最终实现零关税。协定生效当天，中国与东盟、澳大利亚、新西兰之间的立即零关税比例将超过 65%。中国与日本是新建立自贸关系，相互立即零关税比例将分别达到 25% 和 57%。不只是降关税。RCEP 还在原产地规则、海关程序、检验检疫等方面形成统一规则，域内贸易便利化程度将进一步提高。除了货物贸易，RCEP 成员在服务贸易、投资等方面也做出高水平开放承诺，并建立了高水平的知识产权、电子商务等规则，各类经济要素流动将更加顺畅，域内产业链、供应链和价值链将进一步巩固和发展。

RCEP 如期生效，充分体现了各方共同维护多边主义和自由贸易、促进区域经济一体化的信心与决心，将为区域乃至全球贸易投资增长、经济复苏和繁荣发展做出重要贡献。

资料来源：新华网．刘红霞，于佳欣．RCEP 生效！全球最大自由贸易区正式启航 [EB/OL].（2022-01-01）[2022-07-26]. http://www.news.cn/2022-01/01/c_1128223217.htm.

9.2 关税同盟理论

关税同盟是经济一体化的典型形式，除自由贸易区外，其他形式的经济一体化都是以关税同盟为基础逐步扩大其领域或内涵而形成的。所以，在理论上，关于经济一体化的经济效应的分析，大都以关税同盟为例。关税同盟理论主要研究关税同盟形成后，关税措施的变更对国际贸易带来的静态和动态效应。

9.2.1 关税同盟的静态效应

关税同盟的重要特征是“对内自由、对外保护”。关税同盟在扩大区域内贸易的同时，也减少了区域内成员与区域外国家和地区之间的贸易往来，因此它对国际贸易有很大的影响。这种贸易上的影响可进一步区分为贸易创造（trade creation）效应和贸易转移（trade diversion）效应。

1. 贸易创造和贸易转移

贸易创造是指关税同盟建立后，成员之间相互减免关税和非关税壁垒而带来的同盟内贸易规模的扩大和生产要素重新优化配置所形成的经济福利水平提高的效果。贸易转移则是指关税同盟建立后，成员之间的相互贸易代替了原来成员与非成员之间的贸易，从而造成贸易方向的转移。

假设世界上有A、B、C三个国家，都生产某一相同产品，但三国的生产成本各不相同。现以A国为讨论对象。如图9-1所示，S表示A国的供给曲线，D表示A国的需求曲线。假设B、C两国的生产成本是固定的，P^B、P^C分别表示B、C两国的价格，并且$P^A > P^B > P^C$。

在组成关税同盟前，A国对来自B、C两国的商品征收相同的关税t。假设A国是一个小国，征收关税之后，B、C两国的相同产品若在A国销售，价格分别为P^B+t、P^C+t。很显然，B国的产品价格要高于C国，故A国只会从C国进口，而不会从B国进口。此时，A国国内价格为$P^A=P^C+t$，国内生产为Q_1，国内消费为Q_2，从C国进口为Q_2-Q_1。

假设A国与B国结成关税同盟。组成关税同盟后的共同对外关税假设仍为t，A国对来自B国的进口产品不再征收关税，但对来自C国的进口产品仍征收关税t。如图9-1所示，B国产品在A国的销售价格为P^B，低于P^C+t，所以B国取代C国成为A国的供给者。由于价格下降，A国生产缩减至Q_3，Q_1-Q_3是A国生产被B国生产替代的部分，此为生产效应。另外，价格的下降引起A国消费的增加，消费由原来的Q_2升至Q_4，消费的净增部分Q_4-Q_2为关税同盟的消费效应。

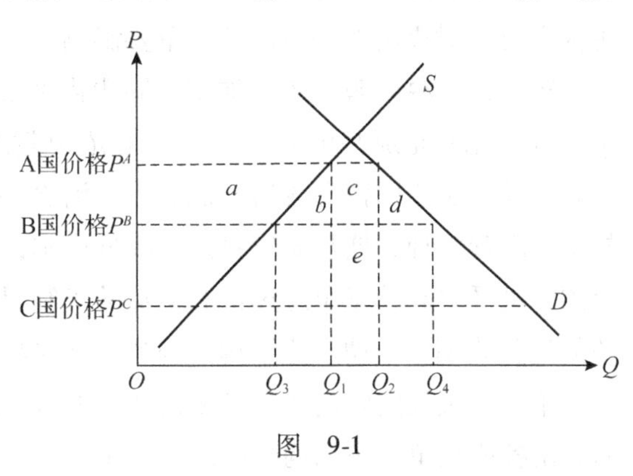

图 9-1

由此，A国的进口由原来的Q_2-Q_1扩大到Q_4-Q_3，新增部分即贸易创造效应。如图9-1所示，贸易创造效应=生产效应+消费效应=$(Q_1-Q_3)+(Q_4-Q_2)$。除去贸易创造部分，剩下的Q_2-Q_1部分原来是从关税同盟外（C国）进口的，但组成关税同盟后，则改由同盟内成员（B 国）进口，即贸易方向发生了转移，故贸易转移效应 $=Q_2-Q_1$。

进一步分析福利效应。与结成关税同盟之前相比，A 国消费者剩余增加了（$a+b+c+d$），生产者剩余减少了 a，（$c+e$）为政府税收的流失。A 国因贸易创造带来的净福利增加为（$b+d$），征收歧视性的进口关税后，A 国的进口由生产效率较高的非成员国（C 国）转向了生产水平较低的成员国（B 国），e 代表 B 国生产者以高于世界市场价格进行生产所造成的资源浪费，是一种福利损失。

因此，A 国与 B 国结成关税同盟的净福利变动要通过因贸易创造带来的福利增加（$b+d$）与因贸易转移造成的福利损失（e）的比较来确定。

2. 关税同盟的其他静态效应

首先，由于各成员的海关人员、边界巡逻人员的减少节省了行政费用，这个好处在贸易创造和贸易转移中都会出现。

其次，关税同盟通过减少对成员以外的世界其他国家和地区的进口需求和出口供给，有可能使成员共同的贸易条件得到改善。当然，对于一个贸易创造型关税同盟来说，也可能发生相反的情况，因为一部分源于关税同盟建立而导致的真实收入的增加可能引发从世界上其他国家和地区进口的需求，某个成员的贸易条件到底是改善、不变还是恶化取决于其所处的环境。

最后，任何一个关税同盟，在贸易谈判中以一个整体来行动，较之任何一个独立行动的国家和地区来说，都可能具有更强大的讨价还价的能力，这是毫无疑问的。欧盟就是其中一例。

9.2.2 关税同盟的动态效应

如上所述，关税同盟并不一定能够增进福利。既然这样，为什么有些国家和地区希望结成关税同盟呢？事实上，关税同盟不仅会给成员带来静态效应，还会给它们带来某些动态效应，尽管这些动态效应较难像静态效应那样被准确度量，但比静态效应更有效益而且更为重要，对成员的经济增长有重要影响。

第一，关税同盟的建立加剧了同盟内部成员之间企业的竞争。在关税同盟建立之前，生产者（尤其是那些市场垄断者）在贸易壁垒的保护下，会缺乏动力去降低成本、提高效率。但是当关税同盟形成后，成员之间消除一切贸易壁垒，保护屏障的丧失迫使它们改进技术、改善管理、增加研发投入以降低成本，从而增强在同盟内部的竞争力。并且，更大范围、水平更高的竞争通过优胜劣汰的机制促使资源向更具效率的厂商集中，可以提高资源的配置效率，推动产业结构的调整，同时降低贸易转移的可能性。

第二，关税同盟的建立带来由于市场扩大而产生的规模经济效应。关税同盟建立之后，由各成员单个市场构建的统一大市场，使各成员生产者突破内部市场的限制，通过提高专业化分工程度，组织大规模生产，从而获得规模经济效应。尽管任何一个国家和地区都可以通过发展对外贸易来实现规模经济，但是相对于同盟内的自由贸易条件，外部世界高筑的贸易壁垒会削弱出口方产品的竞争力，降低其规模经济的收益水平。所以，没有贸易壁垒的统一大市场将有助于生产者更大限度地获取规模经济的收益。

第三，关税同盟的建立将产生强大的投资效应。一方面，市场扩大和竞争加剧，促使同盟内成员企业为了生存和发展而不断增加投资；另一方面，关税同盟还会刺激非成员到同盟内部进行直接投资，在当地直接生产并销售，从而避开歧视性的贸易壁垒。

当然，关税同盟的建立还会产生某些负面影响。首先，它促成了新的垄断的形成，如果关税同盟的对外排他性很大，那么这种保护所形成的垄断又会成为技术进步的严重障碍。除非关税同盟不断有新的成员加入，从而不断有新的刺激，否则由此产生的技术进步缓慢现象就不容忽视。其次，关税同盟的建立可能会拉大同盟内不同地区之间经济发展水平的差距。关税同盟建立后，资本逐步向投资环境比较好的地区流动，如果没有促进地区平衡发展的政策，一些落后地区与先进地区的差距将逐步拉大。

9.3 区域经济一体化与国际贸易

9.3.1 区域经济一体化对国际贸易的促进

区域经济一体化组织的建立和发展对促进国际贸易起到了很重要的作用。

第一，一体化组织促进了经济贸易集团内部贸易的增长。在不同层次的经济一体化组织中，通过削减或免除关税，取消贸易的数量限制，削减非关税壁垒形成区域性的统一市场，加上组织内国际分工向纵深发展，使经济相互依赖加深，致使成员间制成品的贸易环境比第三方市场好得多，从而使区域内成员间的贸易迅速增长，集团内部贸易在各成员对外贸易总额中所占比重也明显提高。

第二，一体化组织促进了集团内部的国际分工和技术合作，加速了产业结构的优化组合。经济一体化组织的建立有助于成员之间科技的协调和合作。如在欧共体的推动和组织下，成员国在许多单纯依靠本国力量难以胜任的重大科研项目，如原子能利用、航空、航天技术、大型电子计算机等高精尖技术领域进行合作。经济一体化给区域内企业提供了重新组织和提高竞争能力的机会和客观条件。兼并或企业间的合作，促进了企业效率的提高，同时加速了产业结构调整，实现了产业结构的高级化和优化，进而推动国际贸易商品结构的优化。

第三，一体化组织促进了经济贸易集团内部的贸易自由化。就贸易而言，通过签订优惠的贸易协定，贸易集团内部相互减免关税，取消数量限制，削减非关税壁垒，取消或放松外汇管制，从而在不同程度上扩大了内部的贸易自由化。

第四，一体化组织增强和提高了经济贸易集团在世界贸易中的地位和谈判力量。以欧共体为例，1958 年 6 个成员国工业生产不及美国的一半，出口贸易与美国相近。但到 1979 年时，欧共体 9 国国内生产总值已达 23 800 亿美元，超过了美国的 23 480 亿美元，出口贸易额是美国的 2 倍以上。同时，在关贸总协定多边贸易谈判中，欧共体以统一的声音同其他缔约方谈判，不仅大大增强了自己的谈判实力，也敢于同任何一个大国或贸易集团抗衡，达到维护自己贸易利益的目的。

第五，一体化组织加强了经济贸易集团内部资本的集中和垄断。由于贸易自由化和统一市场的形成，加剧了成员间市场的竞争，优胜劣汰，一些中小企业遭淘汰或被兼并。同时，大企业在市场扩大和竞争的压力下，力求扩大生产规模，增强资本实力，趋向于结成跨国的垄断组织。

9.3.2 区域经济一体化与国际贸易秩序之间的冲突

经济一体化组织在对世界经济贸易起到积极作用的同时，不可避免地给世界经济带来一些负面影响，一定程度上破坏了 WTO 所倡导的国际贸易秩序。

第一，由于任何经济一体化组织的各种优惠措施都仅仅适用于区域内的各成员，而对组织外的国家和地区依然维持一定程度的贸易壁垒，体现出了排他性的本质属性，从而影响了成员与非成员的贸易扩大。

第二，WTO 中的“授权条款”规定发展中国家或不发达国家之间建立区域贸易协定时，可利用“授权条款”的规定给予区域内成员更优惠的待遇。因此区域经济一体化有时成为规避多边贸易体制中最惠国待遇义务的工具，削弱了多边贸易体制的多边性。任何参加区域经济一体化协定的世界贸易组织成员均可以区域一体化优惠为由，将给予一体化集团内其他成员的优惠不给予集团外的成员。

第三，多边贸易体制的贸易自由化水平对于发展中国家来说偏高，而对于发达国家来说又偏低。区域经济一体化着眼于眼前利益，可能使各成员专注于区域性安排而置世界贸易自由化进程而不顾，从而导致多边贸易体制停滞不前。多哈回合谈判历经 15 年而不能结束，与区域经济一体化集团蓬勃发展形成了鲜明的对比。

第四，区域经济一体化可能造成更大的贫富差距。区域经济一体化大多在经济发展水平相似的国家和地区间形成，在经济发展水平相差较大的国家和地区之间形成的难度是很大的。从长远来看，区域经济一体化很可能形成发达国家和地区之间的一体化与发展中国家和地区之间的一体化这两大阵营，使发展中国家和地区无法搭上发达国家和地区的“顺路车”而拉大与发达国家和地区之间的差距。

总而言之，区域经济一体化对国际贸易的影响，其正面的积极影响是主要的。因此 WTO 要进一步加强对区域经济集团的监督和约束，协调好各组织之间的相互关系，改进和完善其倡导的多边自由贸易体制。同时，各区域经济集团也要不断提高自身的对外开放程度，将自身运作纳入 WTO 的监控范围，充分发挥集团经济的优势和特长。只有如此，才能尽可能消除或减少区域经济一体化的负面影响，使区域经济一体化进一步发展成为一支促进全球贸易自由化的重要力量。

思政小课堂

RCEP 助推中国构建双循环发展格局的路径分析

双循环发展格局是中国在新形势下提出的发展战略。RCEP 的签署对于推进中国构建双循环发展格局具有重要意义。RCEP 可以通过以下路径助推中国双循环发展格局。

一是外贸和投资路径。RCEP 的签署，将通过关税减让以及区域内经贸规则的统一，促进中国与RCEP成员之间的经贸往来，进而提高国内的生产和社会福利水平。二是产业转型升级路径。RCEP的签署，能够促进中国相关产业更好地参与全球范围内的市场竞争和资源配置，巩固中国在区域和全球范围内产业链中的地位，推动中国产业转型升级。三是国内改革路径。RCEP的签署，将通过扩大开放倒逼国内深化改革。通过深化市场准入制度、营商环境、国有企业等相关方面的改革，更好地形成有利于构建双循环发展格局的国内环境。RCEP的签署，也有利于中国进一步参与国际经贸规则谈判和全球经济治理，从而进一步推动中国双循环发展格局的构建。

资料来源：吴国鼎．RCEP助推中国构建双循环发展格局的路径分析［J］．长安大学学报（社会科学版），2021，23(5)：22-30.

本章要点

1. 区域经济一体化的组织形式有五种：自由贸易区、关税同盟、共同市场、经济联盟和完全经济一体化。一体化程度的深入，会伴随成员权利的让渡。
2. 关税同盟的建立对各成员会产生静态和动态两个方面的影响。静态的影响包括贸易创造和贸易转移。从静态的角度看，成员是否参加关税同盟取决于它从该组织中得到的贸易创造效应是否大于贸易转移效应；从动态的角度看，关税同盟可以带来大市场效应、竞争效应、引进外资效应等积极影响。
3. 区域经济一体化的发展能促进国际贸易的发展，但会与国际贸易秩序形成冲突。

课后思考与练习

1. 区域经济一体化组织的建立需要具备哪些条件？
2. 怎样理解关税同盟理论？
3. 简述区域经济一体化和全球经济一体化的关系。
4. 从国际经济一体组织发展的实践看，哪些模式更有利于一国经济的发展？

第 10 章　国际收支
第 11 章　外汇与汇率
第 12 章　国际收支调节理论
第 13 章　开放经济条件下的宏观经济政策
第 14 章　国际经济政策协调

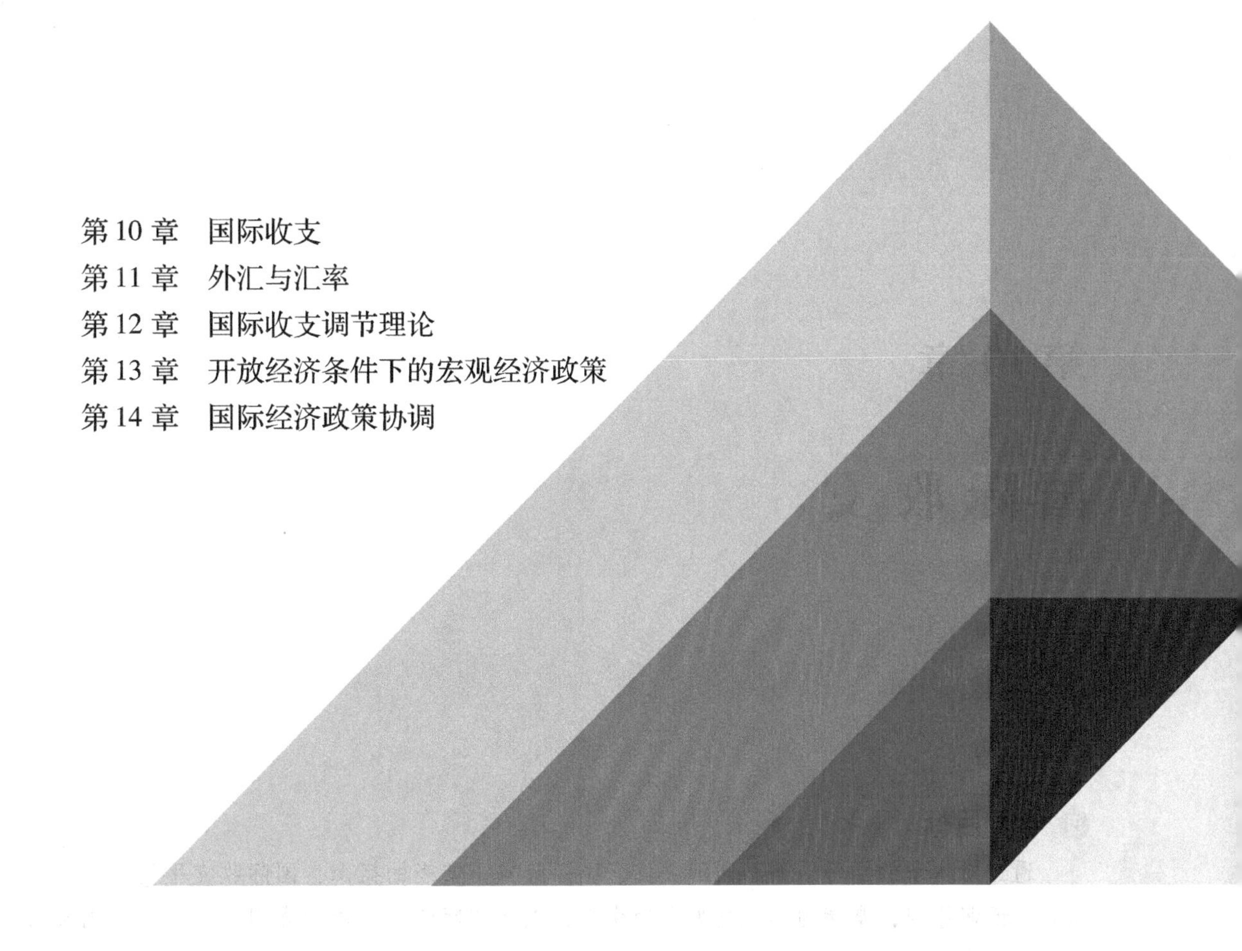

第 2 篇

国际金融

第 10 章

国际收支

学习目标

通过对本章的学习，熟悉国际收支、国际收支平衡表的概念，国际收支平衡表的基本账户、记账原则，掌握国际收支失衡的含义，以及国际收支失衡的类型，并能借助国际收支平衡表来分析国际收支失衡对经济的影响。

在现实中，由于社会生产的发展和国际交通的发达，各国在经济、政治、文化等方面的交往日益密切，因此就会产生国际上的债权债务关系，进而产生货币收支问题。国际收支是一国掌握其对外经济交往全貌的分析工具，各国都希望保持有利于自己的国际收支。

10.1　国际收支概述

宏观经济学主要研究的是一国国民生产总值（GNP）的决定。经济学家和统计学家根据商品和劳务最终的不同可能用途，通常将其分为四种：消费（国内居民私人消费）、投资（国内居民私人投资）、政府购买和净出口（又称经常项目余额）。可见，事实上在学习西方经济学的宏观部分时，我们已经涉及本章的有关内容，如我们即将介绍的经常项目的主要组成部分就是宏观经济学中的净出口。国际收支账户无非是在国民收入账户基础上的延伸而已，它是对经常项目的组成及相关金融业务的详细记录。

10.1.1 国际收支的含义

国际收支（balance of payment）是一种统计记录，它系统地记载了特定时期内一国与世界其他国家的经济交易。这种交易大部分是在居民和非居民之间进行的，包括货物、服务和收入，对世界其他国家的金融债权和债务的交易，以及转移项目（如礼赠）。

国际收支是一个历史概念，其外延随着国际经济交易的发展而不断丰富。国际收支的概念最早起源于17世纪初期。当时，国际经济往来的基本形式是商品贸易，位居经济学主流的重商主义学派把国际收支简单地解释为一个国家的对外贸易差额，即贸易收支（balance of trade）。这反映了资本主义形成时期商品交易在国际经济往来中占统治地位的状况。之后很长一段时期内，国际金融界一直通行这一概念。即使在现代经济条件下，由于商品贸易仍然在国际经济往来中占有重要地位，人们有时还会以贸易收支指代国际收支。因此，狭义的国际收支就仅指这种贸易收支。

第一次世界大战之后，由大规模移民形成的侨汇和战争赔款构成的单方面转移、国际投资导致的资本流动，使国际经济交易的形式明显增多。此外，金本位制度开始解体，黄金逐步退出流通领域，纸币流通日益盛行，外汇已成为国际贸易、国际结算和国际投资的主要手段，这使得外汇收支的重要性与日俱增。这时，各国通行的国际收支概念就由贸易收支推广到外汇收支，即把所有涉及外汇收付的内容都包括在内。

第二次世界大战之后，随着国际货币基金组织和世界银行等国际机构的建立以及布雷顿森林体系的确立，各国之间的经济联系大大加强，美国的对外援助、无偿输出和易货贸易等不涉及外汇收支的国际经济往来已不容忽视，之前的国际收支概念难以全面反映一国对外经济往来的全部内容。在这种情况下，狭义的国际收支概念逐渐发展成为广义的国际收支概念，后者不仅包括涉及外汇收支的国际经济交易，而且包括单方面转移支付、易货贸易和补偿贸易等不涉及外汇收支的对外经济交易。

按照国际货币基金组织的定义，国际收支是在一定时期内，一个经济实体的居民同非居民之间所进行的全部经济交易的系统的货币记录。这一概念的内涵十分丰富，学习时应注意以下几个方面。

第一，国际收支是一个“流量”（flow）概念。当人们提及国际收支时，总是需要指明是属于哪一时期的，是一国对外收付的累计结果。这一报告期可以是一年、一个月、一个季度等，各国根据分析的需要和资料来源的可能来确定，各国通常以一年为报告期。

第二，国际收支反映的内容是以货币记录的交易。交易可能涉及货币支付，也可能涉及非货币支付，凡是非货币的交易必须折算成货币加以记录。

第三，国际收支的主体为一个经济实体。在这里，经济实体是指作为单独财政结算单位的国家或地区。

第四，国际收支记录的是一国居民与非居民之间的交易。判断一项经济交易是否应包括在国际收支的范围内，所依据的不是双方的国籍，而是依据交易双方是否有一方是该国居民，只有居民与非居民之间的经济交易才是国际经济交易。居民以居住地为标准，是指一个国家（地区）的经济领土内具有经济利益的经济单位，既可以是自然人，也可以是政府机构和法人，具体包括个人、政府机构、非营利团体和企业。个人居民是指那些长期居住在本国的自然人，即使是外国公民，只要他在本国长期从事生产、消费行为，也属于本国居民。按照这一原则，国际货币基金组织做了如下规定：移民属于其工作所在国家的居民，逗留时间在一年以上的留学生、旅游者也属所在国居民；身在国外但代表本国政府的个人（包括军队）一般属于所代表的国家的居民；所有派驻国外的政府机构，无论其在国外时间多长，都属于本国居民；国际性机构如联合国、国际货币基金组织、世界银行、世界贸易组织等是任何国家的非居民。就法人组织而言，它在哪国成立、注册，就属于哪国居民，但它所在国外的分支机构和分公司则属于国外居民，因此跨国公司的内部贸易只要是跨国界的贸易都属于国际贸易。

10.1.2 国际收支的重要性

国际收支的概念从仅指简单的贸易收支发展到把全部国际经济交易都包括在内，充分说明了国际收支的重要性与日俱增。

早期的重商主义认为一国的出口若大于进口，由此产生的贸易顺差可导致对外净收入，作为货币的金银就会流入，货币供应量相应增加，利率随之下跌，这有助于促进投资和经济增长。在这一理论的指导下，各国政府都比较重视国际收支，并以争取国际收支顺差作为制定贸易政策的出发点。后来，古典经济学派强调，在金本位制度下，黄金的流入和流出可对国际收支起自动调节作用，政府无需对国际收支进行调节。而且，这一时期盛行自由贸易，一些西方国家通过对殖民地及其附属国的出口使其国际收支始终处于顺差，因此，对国际收支问题不予重视。第一次世界大战后，国际收支问题再度引起人们的关注，大规模短期资金流动与巨额战争赔款转移，造成的国际收支严重失衡对各国经济产生了十分不利的影响。此外，1929～1933 年世界性的经济大萧条，迫使各国相继放弃金本位制度，国际经济关系陷入了极度的混乱之中。各国为了维护本国利益，竞相采取贸易管制、差别汇率、货币贬值等措施，以实现国际收支平衡。

第二次世界大战后，由于国际经济一体化趋势增强，各国之间的经济关系日益密切，国内经济对国际经济的依赖也更为突出，国际收支状况对国内经济的影响日益显现。同时，随着凯恩斯主义的流行，西方国家加强了政府对宏观经济的管理，国际收支成为宏观经济管理的主要目标之一。20 世纪 60 年代以后，美元与英镑不断发生危机，国家间的投机性短期资金流动频繁，再加上 20 世纪 70 年代的石油危机，导致西方国家不断出现国际支付危机。20 世纪 80 年代，发展中国家也受到债务严重困扰，其中拉丁美洲地区所占比重最大，约为全部债务的 1/3，其次为非洲，尤其是撒哈拉以南地区，国际支付危机程度更深。进入 21 世纪，2009 年以来在欧洲部分国家爆发的主权债务危机，随着产生危机国家的增多与问题的不断浮现，加之评级机构不时的评级下调行为，成为牵动全球经济神经的重要事件。所有这一切，使得当今各国对国际收支重要性的认识达到了前所未有的高度。

10.2 国际收支平衡表

在现代经济生活中，一国居民在一定时期内从事的国际经济交易是大量的、多种多样的，为了对本国国际收支状况及其变化有一个系统的了解，必须对这些交易信息进行收集、整理，并编制成国际收支平衡表。国际收支平衡表不仅系统记录了一国已经发生的国际交易情况，而且它还是分析国际经济关系变化及评价国际经济政策效果的有力工具，因此世界各国都非常重视国际收支平衡表的编制工作。

10.2.1 国际收支平衡表的概念

国际收支平衡表（balance of payments account）又称国际收支账户，是以特定的形式记录、分类、整理一个国家或地区在一定时期内（通常为一年）所有的国际经济交易，用来表示这个国家对外经济的全部情况的统计报表。

编制国际收支平衡表的主要目的在于让政府了解国家的状况，以帮助政府制定货币、财政和贸易政策。当政府进行决策时，也常常会参考重要贸易伙伴国的国际收支平衡表。同样，对于那些直接或间接地参与国际贸易与国际金融活动的银行、公司和个人而言，平衡表中包含的信息也具有重要意义。

10.2.2 国际收支平衡表的记账原则

国际收支平衡表的会计主体是一个国家，而不是该国的任何一个单独的经济单位，其记账方法采用国际上通行的复式记账法："有借必有贷，借贷必相等"。国际收支平衡表由贷方项目和借方项目构成，每一笔经济交易分别同时记入有关栏目的贷方和借方，金额相等。贷方（credit）记录的是资金的来源，表示国外对本国付款或负有付款义务的国际交易，记录本国商品、劳务出口，对外资产的减少或负债的增加，例如商品出口、向外借款或收回贷款等，用"+"号表示；借方（debit）记录的是资金的使用，表示本国对外付款或负有付款义务的国际交易，记录本国商品、劳务进口，对外资产的增加或对外负债的减少，例如商品进口、对外投资或偿还外债等，用"-"号表示。

就外汇增减变化的角度而言，有两个拇指法则：①凡引起本国外汇收入的交易记入贷方"+"，凡引起本国外汇支出的交易记入借方"-"；②凡形成本国外汇供给的交易记入贷方"+"，凡形成本国外汇需求的交易记入借方"-"。

10.2.3 国际收支平衡表的标准组成项目

为了便于国家间的比较分析，国际货币基金组织制定了一套国际收支平衡表标准的组织结构，包括货物和服务账户、初次收入账户、二次收入账户、资本和金融账户。2008 年 11 月，国际货币基金组织编制出版了《国际收支和国际投资头寸手册》第 6 版（BPM6）。表 10-1 展示了 2021 年中国国际收支平衡表的概况。

表 10-1 中国国际收支平衡表（2021 年）

项 目	亿元	亿美元	亿 SDR
1. **经常账户**	20 445	3 173	2 231
贷方	250 060	38 780	27 248
借方	-229 616	-35 607	-25 017
1. A 货物和服务	29 810	4 628	3 255
贷方	229 166	35 543	24 979
借方	-199 355	-30 915	-21 724
1. A. a 货物	36 261	5 627	3 956
贷方	207 348	32 159	22 599
借方	-171 087	-26 531	-18 644
1. A. b 服务	-6 451	-999	-701
贷方	21 817	3 384	2 380
借方	-28 268	-4 384	-3 080
1. B 初次收入	-10 430	-1 620	-1 140
贷方	17 724	2 745	1 924
借方	-28 154	-4 365	-3 064
1. C 二次收入	1 064	165	116
贷方	3 171	492	346
借方	-2 107	-327	-230
2. **资本和金融账户**	-9 732	-1 499	-1 054
2. 1 资本账户	6	1	1
贷方	17	3	2
借方	-11	-2	-1
2. 2 金融账户	-9 738	-1 500	-1 055
资产	-52 405	-8 116	-5 690
负债	42 667	6 616	4 635
2. 2. 1 非储备性质的金融账户	2 417	382	266
2. 2. 1. 1 直接投资	13 296	2 059	1 445
2. 2. 1. 2 证券投资	3 242	510	361
2. 2. 1. 3 金融衍生工具	715	111	78
2. 2. 1. 4 其他投资	-14 837	-2 298	-1 617
2. 2. 2 储备资产	-12 154	-1 882	-1 320
3. **净误差与遗漏**	-10 713	-1 674	-1 177

资料来源：国家外汇管理局网站（http://www.safe.gov.cn/safe/2019/0627/13519.html）。

由表 10-1 可以看出，在国际收支平衡表中，国际收支主要分为三大类：经常账户、资本和金融账户、净误差与遗漏。

1. 经常账户

经常账户（current account，CA）是经常发生的国际经济交易，反映实际资源在国家间的转移，是国际收支中最重要、最基本的账户。它包括货物、服务、初次收入和二次收入四个子账户，各项目均按借方总额与贷方总额记录。

（1）货物。

货物即有形贸易，记录货物的出口和进口。出口记入贷方，进口记入借方，其差额为贸易差额，也称为有形贸易差额。其“货物”除包括“一般商品”的进口和出口外，还包括转口贸易商品（居民从非居民处购买的货物，随后出售给其他非居民），以及非货币性黄金（不作为储备资产的黄金的进出口、金首饰等属于一般商品）。

（2）服务。

服务即无形贸易，记录服务的出口和进口。服务出口记入贷方，服务进口记入借方。服务贸易的内容非常广泛，主要包括加工服务、维护和维修服务、运输、旅行、建设、保险和养老金服务、金融服务、知识产权使用费、电信、计算机和信息服务、其他商业服务、文化和娱乐服务、别处未提及的政府服务等内容。

（3）初次收入。

初次收入主要包括雇员报酬、投资收益、其他初次收入三项内容。

雇员报酬记录居民和非居民在国家间取得的劳动报酬（即工资）收支。受雇在国外工作、时间不超过一年的短期工作的工人，以及在外国使馆、国际组织驻本国机构工作的工作人员的工作报酬与其他报酬记入贷方；反之，记入借方。

投资收益记录居民与非居民资本在国家间流动取得的收入。包括直接投资收入（股本收入：红利、利润和再投资收益）、证券投资收入（股本收入：红利；债务收入：利息）、其他投资收入（贷款利息）。非居民凭借其所持有的本国直接投资资本所有权、证券和债券所得股利、利润和利息记入借方；反之，记入贷方。

其他初次收入指将自然资源让渡给另一主体使用而获得的租金收入，以及跨境产品和生产的征税与补贴。贷方记录我国居民从非居民获得的相关收入，借方记录我国居民向非居民进行的相关支付。

（4）二次收入。

二次收入账户表示居民与非居民之间的经常转移，是指发生在居民与非居民间无等值交换物的实际资源或金融项目所有权的变更。经常转移包括个人转移和其他经常转移（对所得、财富等征收的经常性税收，社保缴款，社会福利，非寿险净保费，非寿险索赔，经常性国际合作，其他经常转移）。从本国向外国的无偿转移记入借方；反之，记入贷方。

2. 资本和金融账户

资本和金融账户（capital & financial account，KA）反映资产在居民与非居民之间的转移，即国际资本流动。它包括资本流出和资本流入：资本流出表示本国对外资产的增加，或本国对外负债的减少；资本流入表示本国对外资产的减少，或本国对外负债的增加。这个账户表明本国两个时点之间资产与负债的增减变化，它包括资本账户和金融账户，按借贷方净额记录。

（1）资本账户。

资本账户包括资本转移和非生产、非金融资产的收买或放弃。资本转移是资产（非现金或存货）所有权从一方转到另一方的转移；或使一方或双方获得或处置资产的转移；或债权人减免负债的转移，主要包括债务减免、非人寿保险索赔、投资捐赠、一次性担保和其他债务承担、税金、其他资本转移等。非生产、非金融资产包括自然资源、契约租约和许可、营销资产（和商誉）的收买或放弃，如各种无形资产如专利、版权、商标、经销权以及租赁和其他可转让的合同交易。

（2）金融账户。

金融账户包括一国对外资产和负债所有权变更的所有交易。一国的国外资产包括：手中持有的货币化黄金、特别提款权以及对非居民的债权；一国的国外负债是指对非居民的债务。根据投资类型和功能，金融账户下又分为直接投资、证券投资、金融衍生工具、其他投资和储备资产五类。

1）直接投资。直接投资是指投资者寻求在本国以外运营的企业，以获取有效控制权为目的的投资行为（一般而言是指拥有该企业10%及以上的普通股或投票权）。直接投资项目包括股本资本、用于再投资的收益及其他资本。

2）证券投资。证券投资是指跨越国界的股本证券和债务证券的投资。股本证券包括股票、参股或其他类似文件，它与直接投资的区别就在于投资者拥有的股票数不足10%，对企业的管理不拥有实际的发言权。债务证券又可进一步细分为期限在1年以上的中长期债券、期限在1年以下的货币市场工具。

3）金融衍生工具。金融衍生工具又称金融衍生产品（储备除外）和雇员认股权，用于记录本国居民与非居民金融工具和雇员认股权交易情况。金融衍生工具是一种金融工具，该金融工具与另一特定金融工具、指标或商品相结合，可以独立在金融市场上针对特定金融风险（如利率风险、外汇风险、股权风险和商品价格风险、信用风险等）进行交易。雇员认股权是指向公司雇员提供一种购买公司股权的期权，通常作为公司对其雇员的一种报酬。

4）其他投资。其他投资是指直接投资、证券投资和金融衍生工具之外的金融交易，包括贷款，预付款，金融租赁项下的货物、货币和存款等。

5）储备资产。储备资产是指货币当局可随时利用并控制在手的外部资产。政府可利用其为收支失衡提供直接融资，通过干预外汇市场影响汇率，以间接方式调整收支失衡或达到其他目的。

储备资产包括：货币黄金、特别提款权、在国际货币基金组织的储备头寸、外汇储备和其他储备资产。储备资产的变化可能表现出收支的失衡或本身就是对失衡做出的反应。储备资产的增加是由于经常账户和别的金融账户上有一笔顺差发生，反之则相反。另外，经常账户上的净差额又要通过储备账户的减少（增加）或其他金融账户的资金净流入（净流出）来平衡。

小知识

特别提款权与人民币“入篮”

特别提款权（SDR）是国际货币基金组织于1969年创造的一种用于补充各成员官方储备的国际储备资产。特别提款权不是货币，也不是对基金组织的债权，而是对国际货币基金组织成员的可自由使用的货币的潜在求偿权。特别提款权的持有者可以通过两种方式以其持有的特别提款权换取货币：一是通过成员之间的自愿交换安排，二是基金组织指定对外状况（国际收支情势）好的成员以可自由使用的货币从对外状况不好的成员处购买特别提款权。除了作为补充储备资产外，特别提款权还是国际货币基金组织和其他一些国际组织的记账单位。

特别提款权的价值最初确定为相当于0.888 671克纯金，当时也相当于1美元。然而，在1973年布雷顿森林体系崩溃后，特别提款权被重新确定为一篮子货币。货币篮子每五年复审一次，以确保篮子中的货币是国际交易中所使用的那些具有代表性的货币，各货币所占的权重反映了其在国际贸易和金融体系中的重要程度。2015年12月1日，国际货币基金组织执行董事会完成了对组成特别提款权的一篮子货币的例行五年期审查，并对货币篮子权重进行调整，正式宣布人民币2016年10月1日加入特别提款权，即一篮子货币包括美元、欧元、人民币、日元、英镑这五种货币。对于中国来说，人民币即将成为国际公认的“超级”货币。对于现有的国际机制来说，中国在国际组织中，取得了最难能可贵的决定性发言权。国际货币基金组织总裁拉加德（Christine Lagarde）给出了恰如其分的评价：“人民币进入特别提款权将是中国经济融入全球金融体系的重要里程碑，这也是对于中国政府过去几年在货币和金融体系改革方面取得进步的认可。”

人民币成为特别提款权构成货币之后，中国企业的国际贸易成本和汇率风险将会显著下降。进口和出口均可使用人民币计价和结算，省去了汇兑手续和成本，避免了汇率风险，有利于明确核算各个环节和整体交易的投入产出与利润收益；对于中国的生产型企业，它们在设厂、雇工、买进原料、卖出成品、核算盈亏、银行贷款、支付费用、当地纳税和利润汇回等方面，会享有更为透明的商业环境、更受青睐的融资方案、更为便捷的会计处理，也有利于其海外收购和全球化配置资产，以及开展资源、技术合作。这些都会不同程度地转化为行业竞争力。对于中国的“一带一路”倡议，人民币成为硬通货，则是如虎添翼，相当于为“走出去”的中国企业颁发了“世界通行证”；对于公民个人，则会减少换汇损失和麻烦的手续，享受主体货币的便利。如果是个人理财，人民币的稳定坚挺，也是大大的利好。

资料来源：1. 国际货币基金组织官方网站；

2. 赵昌会. 人民币“入篮”具有里程碑意义［J］. 经济导刊. 2016(1)：80-83.

3. 净误差与遗漏

按照复式记账原理，任何国际交易都会自动在国际收支账户上产生两笔相互抵销的记录，所以经常账户余额与资本和金融账户余额之和必然等于零。但是，在实际国际收支的核算中，由于不同账户的统计资料来源不同，如有来自海关的验关报告，有来自银行的转账支票，这使得来自不同渠道的数据可能在范围、精确度、记录时间等方面存在差异，加之有些数据无法统计（如走私、资金外逃等），造成实际操作中国际收支平衡表很难达到理论上的平衡状态。所以，在经常账户与资本和金融账户之外，人为地设计“净误差与遗漏”（net errors and omissions）账户，数目和上面的余额相等，而符号相反。当官方统计结果借方大于贷方时，两者之间的差额就记净误差与遗漏项目的贷方，前面加“+”号；反之，就记净误差与遗漏项目的借方，前面加“-”号。

10.3 国际收支分析

随着国际交往的深入，国际收支平衡与否将直接影响到国内经济的发展和社会稳定。因此，编写国际收支平衡表的目的不仅仅在于了解一个国家的国际交易情况，更重要的是通过对国际收支平衡表的分析可以初步了解该国整体经济状况，特别是它在对外经济交往中所处的地位，包括其经济发展前景、要素禀赋的差异、地区优势以及开放度等，从而使该国政府可以根据具体情况对本国的宏观经济政策乃至经济发展战略加以变更和调整，促进本国经济的可持续性发展和国民收入的不断提高。

10.3.1 国际收支的平衡与失衡

国际经济交易反映到国际收支平衡表上有若干项目，按交易的性质，这些项目可分为自主性交易和调节性交易两种类型。所谓“自主性交易”（autonomous transaction），又称事前交易（ex-ante transaction），是指企业或个人纯粹为达到一定的经济目的而主动进行的交易，主要包括商品和劳务的进出口、政府或私人的无偿援助、为追求利润进行的对外投资以及为发展本国经济借入的外国资金等。所谓“调节性交易”（accommodating or compensatory transaction），又称事后交易（ex-post transaction），是为了弥补自主性交易各项目所发生的不平衡而进行的，包括动用外汇储备来偿还外债，入超国获得外国出口商或外国银行的信用，得以延期付款；出超国获得外国或国际金融机构的短期融资等。这种交易是政府出面进行的交易活动，体现了一国政府的意志，具有集中性和被动性的特点，在国际收支平衡表中其实就是储备资产和净误差与遗漏。

国际收支平衡表是按照复式记账法则编制的，其借方总额必定等于贷方总额，因此国际收支平衡表是一张名副其实的平衡表。即使存在局部差额，只要统计资料精确完备，各局部差额也将相互抵销，如经常账户差额可以由资本和金融账户弥补，全部自主性交易的差额可以通过动用官方储备来弥补。但是，这种人为调整的平衡只是一种形式上的平衡，而未必是真正的平衡。所谓国际收支平衡，一般是指自主性交易本身就能实现、而不必依赖于调节性交易事后弥补的平衡；如果必须通过调节性交易才能维持平衡，就是国际收支失衡。也就是说，如果一个国家在国际经济交往中，其自主性交易能够自动维持平衡，就说明该国的国际收支是平衡的，否则就是不平衡的。如果自主性交易的贷方总额大于借方总额，表明该国的国际收支出现了盈余或顺差；如果借方总额大于贷方总额，表明国际收支出现了赤字或逆差。一国的国际收支不论处于逆差还是处于顺差，都是国际收支失衡，会对该国经济造成不利的影响。

10.3.2 国际收支失衡的类型

导致一个国家国际收支失衡的因素有很多，根据不同的原因，国际收支失衡可分为以下几种不同的类型。

1. 临时性失衡

由一次性国内外突发事件造成的国际收支失衡。例如，由于气候性灾难、地震、战争、经济制裁等因素造成进出口贸易剧烈变化，导致国际收支赤字。

2. 周期性失衡

经济周期变化对一国国际收支有着重要影响。在经济衰退阶段，国民收入减少，总需求下降，物价下跌，会促使出口增长，进口减少，从而出现贸易收支顺差；但经济衰退也可能引起资本外逃，造成资本项目逆差。在经济繁荣阶段，国民收入增加，总需求上升，物价上涨，则促使进口增加，出口减少，从而出现贸易收支逆差；但经济景气又会吸引外国投资，引起资本项目顺差。

3. 收入性失衡

收入性失衡是指由于各种经济条件的恶化引起国民收入的较大变动而导致的国际收支不平衡。一般来说，国民收入的大幅度增加，全社会的消费水平提高，社会总需求就会扩大。在开放型经济条件下，社会总需求的扩大，通常不一定表现为价格上扬，而表现为增加进口，从而导致国际收支出现逆差；反之，当国民收入减少时，国际收支将出现顺差。

4. 货币性失衡

货币性失衡是由通货膨胀或通货减缩引起的国际收支不平衡。一国在一定的汇率水平下，由于通货膨胀，物价普遍上涨，高于其他国家，必然导致出口竞争力下降，从而出口下降，进口增加，致使国际收支发生逆差；相反，由于通货紧缩，商品的成本和物价水平相对其他国家降低，则有利于出口，抑制进口，从而使国际收支出现顺差。

5. 结构性失衡

由于经济发展过程和发展水平的不同，不同国家的产业结构和商品进出口结构一般会有所不同。当世界商品供求状况发生变化时，如果一国的产业结构或商品进出口结构难以及时进行相应的调整，就会造成国际贸易和国际收支的失衡。

6. 投资环境性失衡

投资环境性失衡主要指由于一国投资环境的优劣而造成资金的流入或流出而导致的国际收支的失衡。一国投资环境的优劣直接决定了该国对外资吸引力的大小。当一国投资环境改善时，外国投资者在该国的投资参与成分就越大，资金流入增加，从而使国际收支出现顺差；反之，当一国投资环境恶化时，外国投资者在该国的投资参与成分就越小，资金流出增加，以至于国际收支出现逆差。

10.3.3 国际收支失衡对经济的影响

国际收支不平衡必须进行调节，因为国内外经济密切相关而互相影响，一国的国际收支失衡，必然影响国内经济的发展和经济政策。

就国际收支赤字而论，首先会引起本币贬值，为维持汇价稳定，就必须用国际储备来弥补，国内货币供应缩减，从而影响本国生产和就业。国际储备的下降还影响到一国的对外金融实力，降低国家的信用，不利于国际贸易和其他经济交往。如果一国出现长期进口大于出口而导致国际收支赤字，本国的国民收入就会下降，失业增加，国内经济状况趋于恶化，必然导致本币不断贬值。如果国际收支逆差是由于一国资本流出大于流入，就会造成本国资金紧张，引起利息率上升、生产成本上升、利润下降、投资减少、生产下降，也势必影响到商品市场的需求。

一国国际收支出现长期或巨额盈余，也会给国内经济带来不良影响。顺差国所持有的外币资金大大增加，在国际金融市场上会发生抢购本币的情况，本币升值，使本国出口商品在国际市场上价格上涨，不利于本国商品的出口，从而对本国经济产生不利影响。顺差累积的国际储备增加，造成货币供应量增长，会带来国内物价水平的上涨，引起通货膨胀。另外，一国盈余意味着贸易伙伴国的赤字，容易引起国际摩擦，不利于国际经济关系的发展。如果国际收支顺差是出口过多造成的，那么本国在这期间可供使用的生产资源就会减少，长期如此势必影响本国经济发展的速度和人民生活的需要。如果国际收支顺差来源于资本流入，对于一个急需资金的发展中国家来说在一定时期内有其必要，但长期资本净流入会出现沉重的债务负担，而持久的贸易顺差没有带来国际竞争力的提高，可能会出现债务危机或者是外资产品占领国内市场，支配国内经济。

总之，无论国际收支出现逆差或顺差，如果超过一定界限对一国的国内经济、物价、货币供应、生产、就业、利率、资金和外贸等都会带来不利的影响，所以必须采取调节国际收支的措施，以达到国际收支的平衡。因此，研究国际收支问题或政策亦必须在“平衡”上下功夫。

思政小课堂

我国国际收支的主要发展历程

改革开放以来，我国经济深度融入世界经济，在推动世界经济增长方面发挥的作用越来越重要；同时，我国的对外贸易、实际利用外资、对外直接投资、外汇储备规模等也跃入世界前列。党的十八大以来，我国国际收支达到更大规模，并逐步形成基本平衡、更加稳健的总体格局。我国的国际收支主要经历了以下发展历程：

一、1978～2000年：我国国际收支经历了从小到大、由逆转顺的发展阶段

新中国成立之初，我国对外贸易规模较小，实行“量入为出，以收定支，基本平衡，略有结余”的外汇政策，采用计划和行政手段来平衡外汇收支。1978年，我国进入改革开放新时期，涉外经济起步发展，国际收支规模逐步扩大。随后，我国经济体制改革和对外开放步伐加速，外资加快流入中国市场，对外贸易也进一步壮大繁荣。2000年，我国货物和服务进出口总额达到4 774亿美元，远超1982年的水平。从经常账户差额角度来看，国际收支朝着略有盈余的方向发展。1982～1993年经常账户呈现顺逆交替的格局，1994年以后呈持续顺差态势。

二、2001～2008年：国际收支呈现“双顺差”格局，外汇储备快速积累

2001年年底，我国加入世界贸易组织，深度融入全球分工体系，对外经济迅猛发展。从2001年到2008年，我国货物贸易和服务贸易进出口总额年均增幅为24%，较上一阶段明显提速，经常账户顺差规模快速积累。受招商引资政策利好和对外贸易加速发展的影响，这一时期，我国外商直接投资净流入顺差也以年均22%的增速快速扩大，外资企业成为我国扩大出口、拉动投资的重要力量。进入新世纪，跨境投融资交易日益频繁，2008年年末，证券投资对外资产和对外负债存量分别达到2 527亿美元和2 784亿美元，较2004年年末均增长了1.8倍左右。在经常账户和非储备性质金融账户保持“双顺差”的情况下，外汇储备快速积累，到2008年年末，余额已达到1.9万亿美元，是21世纪初余额的12倍。

三、2009年至今：经常账户更趋均衡，金融账户交易日益活跃

2008年，国际金融危机爆发，世界经济陷入持续低迷。为了有效应对外需疲弱带来的冲击，党中央推动经济发展向内需主导转变，我国国际收支结构也随之发生了深刻变化。一方面，进出口规模继续扩大但经常账户顺差总体收窄。此阶段，我国货物和服务进出口总额年均增幅为6%，经常账户顺差与GDP之比回落至2%以内，2018年和2019年不到1%。2020年我国新冠肺炎疫情防控形势良好、外贸稳定恢复，经常账户顺差与GDP之比为1.9%，继续维持在合理均衡区间。另一方面，随着金融市场双向开放和投资便利化程度的提升，金融账户项下跨境双向资金流动更趋活跃、总体趋于均衡。这一阶段，我国对外金融资产存量稳步提高、结构进一步优化。国际投资头寸表显示，我国对外净资产从2008年年末的1.4万亿美元增长至2020年年末的2.2万亿美元，民间部门资产占总资产的比例由34%上升至63%。

国际收支的发展演变，不仅体现了党领导下我国经济取得的辉煌成就，也向世界彰显了中国特色社会主义制度的优越性。未来，我国将加快构建以国内大循环为主体、国内国际双循环相互促进的新发展格局，国际收支将迈入更加成熟稳健的新阶段。一方面，国内市场主导国民经济循环的特征将更加明显，经济增长的内需潜力有望不断释放，并为其他国家提供更加广阔的市场机会，成为吸引国际商品和要素资源的巨大引力场；另一方面，我国将不断增强自主创新能力，维护产业链稳定，优化供给体系，在提升对国内需求的适配性的同时，保持产业链的国际竞争力。这将使我国货物贸易和服务贸易呈现出更加高质量的发展态势，促进经常账户总体维持在均衡合理区间。此外，随着我国推动更高水平的对外开放，更深度地融入全球经济，高质量“引进来”和高水平“走出去”将形成合力，推动形成更加紧密稳定的全球经济循环体系，进而以更高水平的国内国际双循环促进更高质量的国际收支平衡。

资料来源：赵玉超．我国国际收支走向成熟稳健［J］．中国外汇，2021(13)．

本章要点

1. 国际收支系统地记载了特定时期内一国与世界其他国家的经济交易。它是一个流量概

念，反映的是以货币记录的交易，主体为一个经济实体，记录的是一国居民与非居民之间的交易。

2. 国际收支平衡表是以特定的形式记录、分类、整理一个国家或地区在一定时期内（通常为一年）所有的国际经济交易，用来表示这个国家对外经济的全部情况的统计报表。采用“有借必有贷，借贷必相等”的复式记账法，主要分为三大类：经常账户、资本和金融账户、净误差与遗漏。
3. 国际收支平衡，一般是指自主性交易本身就能实现、而不必依赖调节性交易事后弥补的平衡；如果必须通过调节性交易才能维持平衡，就是国际收支失衡。国际收支失衡可分为：临时性失衡、周期性失衡、收入性失衡、货币性失衡、结构性失衡、投资环境性失衡。无论国际收支出现逆差或顺差，超过一定界限对一国的国内经济、物价、货币供应、生产、就业、利率、资金和外贸等都会带来不利的影响。

课后思考与练习

1. 什么是国际收支失衡？国际收支失衡是国际收支平衡表的失衡吗？国际收支失衡在国际收支平衡表上表现为哪些项目的失衡？
2. 国际收支失衡的原因有哪些？国际收支逆差会对经济产生什么的影响？
3. 人民币入篮是机遇与风险并存的事件，这一事件对中国是否会有负面影响？
4. 人民币入篮将为全球金融带来哪些影响？
5. “外汇储备是一国财富的象征，因此越多越好。”请对这句话说说你自己的看法。

第 11 章

外汇与汇率

学习目标

通过对本章的学习，熟悉外汇的概念、分类；汇率的标价方法及分类等相关基础知识。在此基础上掌握主要汇率决定理论，着重掌握其基本观点和主要利弊，并能结合实际灵活运用。

在上一篇的国际贸易部分我们一直假定，各国之间的商品交换均是以物物交换的形式进行的，其间的价格问题，我们使用的是相对价格。实际上，各国都有自己的货币作为价值尺度和流通手段，在国际经济交易中不可避免地产生国与国之间的货币兑换问题，即外汇交易活动。

11.1 外汇、汇率和外汇市场

11.1.1 外汇

1. 外汇的概念

通常情况下，一国的货币只能在该国国境内使用，所以，在国际经济交易中至少有一方需要使用以外国货币表示的支付手段，由此就形成了外汇（foreign exchange）。外汇的概念有动态和静态之分。动态的外汇是指把一国货币兑换成为另一国货币，以清偿国际债务的金融活动。从这个意义上说，外汇的概念等同于国际清算。静态的外汇有广义和狭义之分。广义的外汇泛指以外币表示的可作为一国外汇储备的一切金融资产。根据1997年1月14日《国务院关于修改〈中华人民共和国外汇管理条例〉的决定》修正的《中华人民共和国外汇管理条例》第三条的规定，外汇包括：①外币现钞，包括纸币、铸币；②外币支付凭证或者支付工具，包括票据、银行存款凭证、银行卡等；③外币有价证券，包括债券、股票等；④特别提款权；⑤其他外汇资产。狭义的外汇主要是指存放在国外银行的外币资金及体现对银行存款索取权的外币凭据，具体包括以外币表示的银行汇票、支票、银行存款等（见图11-1）。实际业务中，人们通常使用的外汇概念主要是狭义的外汇，而在理论研究中，人们使用的外汇概念主要是指广义的外汇。

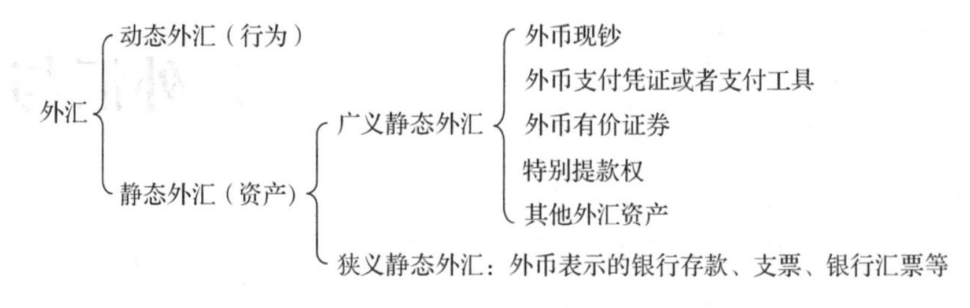

图 11-1

2. 外汇的特征

不管是广义的外汇还是狭义的外汇，其基本条件是必须可以在国际上进行支付，这就决定了真正意义上的外汇要同时具有以下特征。

1）国际性，即一种货币要成为外汇，必须被各国所普遍接受和应用。本国货币及其支付凭证和有价证券等，不管是否可以兑换，都不属于该国外汇的范畴。

2）可偿性，即这种外币债权资产必须能够在国外得到偿付，因此国际货币基金组织关于外汇的定义是以外币表示的债权，没有真实的债权债务关系的凭证，不能算作外汇。

3）可兑换性，即一种货币要成为外汇，必须能够自由兑换成其他货币表示的资产或支付手段。如果一种货币不能自由兑换，就不可能将一国的购买力转换为另一国的购买力，也就无法偿付对外债务，不具备作为国际支付手段的条件，自然不是外汇。

11.1.2 汇率

1. 汇率的概念

外汇汇率（foreign exchange rate），是一国货币折算成另一国货币的比率，或者是用一国货币表示的另一国货币的价格。简而言之，汇率就是两种货币之间的比价。汇率概念的本身并不具有方向性，它可以把本国货币折算成外国货币，也可以把外国货币折算成本国货币。但是如果在汇率前冠以特定的货币，则表示单位该种货币等于若干他国货币。例如美元汇率，是指一美元等于若干其他国家的货币。

2. 汇率的标价方法

外汇汇率通常有两种标价方法（quotation）：直接标价法和间接标价法。

（1）直接标价法。

直接标价法（direct quotation）是以一定单位的外币为标准，用一定数量的本币来表示其价格的方法。它说明的是银行在购买一定单位的某外币时应该付出的本币数量。如在中国，汇价的标价 USD100 = CNY642，即为直接标价法。

（2）间接标价法。

间接标价法（indirect quotation）是以一定单位的本币为标准，用外币来表示本币价格的方法。它说明的是银行在支出一定单位本币时应该回收的某外币的数量。如在美国，汇价的标价 USD100 = CNY642，即为间接标价法。

此外，第二次世界大战后，由于美元是世界货币体系中的中心货币，各国外汇市场上公布的外汇牌价均以美元为标准，这种做法形成惯例，在各个国际金融中心的汇率报价中使用。这种以美元为基准货币，其他货币作为报价货币的方法，被称为美元标价法。

3. 汇率的种类

汇率是外汇理论以及外汇业务的一个中心内容，它虽然被概况地定义为两种货币之间的价格之比，但在实际应用中，汇率可以从不同角度划分为不同的种类。

（1）按照制定汇率的方法不同分为基本汇率和套算汇率。

由于世界上货币种类繁多，不可能一一为本国货币制定出与各种货币的汇率。因此，一国通常选定一种在本国对外经济交往中最常使用、在外汇储备中所占比重较大、能自由兑换的、汇率行情较稳定的主要货币，制定出本国货币与它之间的汇率，这种汇率就称为基本汇率（basic rate）。目前大多数国家都把本国货币与美元的汇率作为基本汇率，成为确定本国货币与其他国家货币汇率的基础。

套算汇率（cross rate）又称为交叉汇率，是根据本国货币对主要货币的基本汇率和主要货币对其他国家货币汇率套算得出的本国货币对其他国家的货币的汇率。

（2）按照银行买卖外汇的角度分为买入汇率、卖出汇率、中间汇率和现钞汇率。

买入汇率（buying rate）又称为买入汇价或买价，是银行买入外汇时所使用的汇率。

卖出汇率（selling rate）又称为卖出汇价或卖价，是银行卖出外汇时所使用的汇率。

中间汇率（middle rate）是银行外汇的买入汇率与卖出汇率的平均数，即买入汇率加卖出汇率之和除以2。媒体报道汇率消息时常用中间汇率，套算汇率也根据有关货币的中间汇率套算得出。

现钞汇率（bank note rate）又称为现钞买入价，是指银行收兑外币现钞时所使用的汇率。一般国家都规定，不允许外国货币在本国流通。银行收兑进来的外国现钞，除少部分用来满足外国人回国或本国人出国的兑换需要外，余下部分必须运送到各外币现钞发行国，或存入其发行国银行及有关外国银行，才能使用或获取利息，这样就产生了外币现钞的保管、运送、保险等费用。这部分费用银行要在购买价格中扣除，所以银行买入外币现钞的汇率要低于外汇买入汇率，卖出外币现钞的价格则与现汇卖出价格相同。

（3）按照银行买卖外汇的时间划分为开盘汇率和收盘汇率。

开盘汇率（opening rate）是外汇银行在一个营业日刚开始营业，进行外汇买卖时所使用的汇率。

收盘汇率（closing rate）是外汇银行在一个营业日的外汇交易终了时的汇率。报刊发表的外汇行市，多以当天收盘汇率为准。

（4）以外汇买卖是否随时交割分为即期汇率和远期汇率。

即期汇率（spot rate）又称为现汇汇率，是指外汇买卖双方成交后，在两个营业日内办理交割时所使用的汇率。所谓交割就是买卖双方履行交易契约，结清各自款项的行为。外汇买卖交割，就是购买外汇者付出现金，出售外汇者付出外汇，由于交割的日期不同，汇率会发生差异。

远期汇率（forward rate）是指外汇的买卖双方达成协议并签订合同，到未来一定时期进行交割的汇率。到了事先约定的交割日期，由协议双方按预定的汇率、金额，由买方付出现金，卖方付出外汇，进行交割。

远期汇率与即期汇率之间的差额有三种情况：如果远期汇率高于即期汇率，则称为远期升水（forward premium）；如果远期汇率低于即期汇率，则称为远期贴水（forward discount）；如果远期汇率等于即期汇率，则称平价（at par）。

（5）按照银行外汇收付的方式分电汇汇率、信汇汇率和票汇汇率。

电汇汇率（telegraphic transfer rate，T/T rate）是指经营外汇业务的银行在售出外汇后，用电报或电传通知其国外的分行或代理行付款给收益人所使用的一种汇率。由于电汇付款较快，银行无法占用客户资金头寸，同时国际电报费用较高，所以电汇汇率较一般汇率高。而且由于电汇调拨资金速度快，能够加速国际资金周转，因此电汇在外汇交易中占有绝对的比重，电汇汇率成为确定计算其他各种汇率的基础。

信汇汇率（mail transfer rate，M/T rate）是指银行卖出外汇后，开立付款委托书，用信函方式通知国外分行或代理行给付时所采用的汇率。由于信函寄达的时间比电报电传长，在此期间，银行可以占用客户的资金获取利息，所以信汇汇率较电汇汇率低。但由于信汇比电汇慢得多，现在多不采用。

票汇汇率（demand draft rate，D/D rate）是指银行在卖出外汇时，开立一张由其国外分支机构或代理行付款的汇票交给汇款人，由其自带或寄往国外取款。与信汇相同，由于汇票从卖出外汇到支付外汇有一段间隔时间，银行可以在这段时间内占用客户的头寸，所以票汇汇率一般比电汇汇率低。

（6）按照外汇管制程度的不同分为官方汇率和市场汇率。

官方汇率（official rate）也称法定汇率，是外汇管制较严格的国家授权其外汇管理当局制定并公布的本国货币与其他各种货币之间的外汇牌价。这些国家一般没有外汇市场，外汇交易必须按官方汇率进行。官方汇率一经制定往往不能频繁变动，这虽然保证了汇率的稳定，但是缺乏弹性。

市场汇率（market rate）是外汇管制较松的国家在外汇市场上进行外汇交易的汇率。它一般存在于市场机制发达的国家，在这些国家的外汇市场上，外汇交易不受官方限制，市场汇率受外汇供求关系的影响自发地、经常地变动，官方不能规定市场汇率，而只能通过参与外汇市场活动来干预汇率变化，以避免汇率出现过度频繁或大幅度波动。

在一些逐步放松外汇管制、建立外汇市场的国家，可能会出现官方汇率与市场汇率并存的状况，在官方规定的一定范围内使用官方汇率，而在外汇市场上使用由供求关系决定的市场汇率。

（7）按照国际汇率制度的不同分为固定汇率、浮动汇率。

固定汇率（fixed exchange rate）是指两国货币的汇率只能在规定的幅度内波动。当实际汇率波动超出规定的幅度，中央银行有义务进行干预，使汇率波动维持在规定的上下限内。这种汇率一般不轻易变动，具有相对稳定性，故称为固定汇率。

浮动汇率（floating exchange rate）是指一国货币对另一国货币的比率，任其根据外汇市场的供求关系变化自发形成。中央银行不规定汇率波动幅度的上下限，原则上也没有义务维持汇率的稳定，任凭汇率根据外汇市场的供求关系而自由波动。目前，世界大多数国家都实行浮动汇率制，只不过由于各国具体情况不同，选择汇率浮动的方式也会有所不同。所以，浮动汇率制度又可以进一步分为自由浮动、管理浮动、联合浮动、钉住浮动等。

（8）从经济分析的角度分为名义汇率和实际汇率。

名义汇率（nominal exchange rate）是指各国外汇市场或外汇管理机构公开发布的外汇汇率，这些汇率没有经过通货膨胀或其他因素的调整。

实际汇率（real exchange rate）是指对名义汇率经过通货膨胀因素调整以后的汇率。因此，实际汇率基本上可以反映两国货币的购买力之比。探讨名义汇率与实际汇率的变动的原因和方向，有助于预测汇率的走向并做出有利于本国或自己的决策。

小知识

人民币汇率制度改革

汇率制度是一国政府针对外汇交易而建立的一系列规则、惯例和组织安排。改革开放后，人民币的汇率制度改革经历了由计划到市场、由封闭到开放、由僵化到灵活的调整过程，以1994年为分界，可以分为“政府调控为主的汇率制度”和“市场调节为主的汇率制度”两个时期。

政府调控为主的汇率制度

1978年开始，全国的工作重点转移到社会主义现代化建设上来，随着经济体制改革的逐步深入，以及对外开放政策的贯彻实施，原有的人民币固定汇率体制的弊端逐步显现出来，越来越不利于促进国内经济发展和开展对外经贸活动。为了适应经济发展和外贸的需要，发挥人民币汇率的调节作用，逐步实现人民币汇率市场化，人民币汇率体制亟待进行改革。

为此，我国政府进行了一系列外汇体制改革。1981~1984年，我国实行官方牌价和外汇调节价并存的双重汇率制度，虽然促进了出口企业的积极性，但同时也不利于外商来华投资，使我国在对外经济活动中处于被动地位。1985～1993 年，我国实行有限灵活的浮动汇率制度，但由于我国实行指令性计划和双重汇率制度，未形成全国统一的外汇调节市场，外汇调剂机制仍不健全，因此市场调节的作用并未能得到充分发挥、宏观调控力量不足、微观主体活力也较弱。

市场调节为主的汇率制度

1994 年，我国外汇管理体制进行了一次重大改革，其中涉及多项重大改革内容，包括取消外汇调剂价，实行汇率并轨，实行银行结售汇制度，实现经常账户下的货币可兑换，以及实行“以市场供求为基础的、有管理的浮动汇率安排”等。该阶段人民币汇率略有升值，并且保持稳定，对于促进贸易、引进外资、保持经济增长做出了巨大贡献。

然而，进入21 世纪后，我国“双顺差”加速增大，外部经济失衡明显。而外汇市场上，汇率的形成机制缺失，外汇市场上供求信号失真，汇率不能够真实地反映外汇市场供求关系的变化，汇率风险不能分散于各微观经济主体，弱化了企业的风险防范意识，不利于我国企业“走出去”。2005 年 7 月 21 日，我国决定重启人民币汇率制度改革，这次的汇率改革，从汇率制度、汇率形成机制、汇率水平三个方面使人民币汇率制度形成为一个以市场供求关系为主导、参考多种货币汇率变化关系的有机的整体。

2015 年 8 月 11 日，中国人民银行宣布完善人民币对美元中间汇率报价方式。根据新规定，做市商将在每日银行间外汇市场开盘前，参考上一日银行间外汇市场收盘汇率，综合考虑外汇供求情况以及国际主要货币汇率变化，向中国外汇交易中心提供中间价报价。这一改革意义深远，结束了多年来人民币中间汇率形成机制的不透明状态。此后，中国人民银行又通过引入“逆周期调节因子”，对这一改革方案进行了修正和完善。

总体上看，经过 40 余年的渐进式改革，人民币汇率的弹性已有较大程度的提升。2020 年 8 月国际货币基金组织发布的《汇兑安排与汇兑限制年报（2019）》，将截至报告发表之时的中国汇率制度归为“其他管理浮动安排”（2018 年 6 月前，被归为“类似爬行的安排”）。这种汇率安排具有中高强度弹性，比它强的安排还有“浮动安排”和“自由浮动安排”。从实际情况看，目前人民币对美元的日波动幅度依然存在上下 2% 的限制，而中间汇率的形成机制也没有完全市场化。因此，人民币汇率形成机制改革的任务尚未全面完成，应创造条件继续推进人民币中间汇率形成机制的改革，进一步提升其市场化程度。

资料来源：1. 曹婧，朱乾龙. 历史回顾与经验总结：人民币汇率制度改革 30 年［J］. 哈尔滨商业大学学报（社会科学版），2009(6).

2. 张礼卿. 人民币汇率形成机制改革：主要经验与前景展望［J］. 中国外汇，2021(13).

11.1.3 外汇市场

国际经济交易不仅产生了外汇本身，同时形成了对外汇的供应和需求，外汇的供求导致不同国家的货币兑换，即外汇交易。外汇市场（foreign exchange market）是指进行外汇交易的场所或网络，是由外汇供给者、需求者以及外汇买卖的中介机构所构成的买卖外汇的交易系统。外汇市场的基本功能是实现购买力的国际转移，提供国际性的资金融通和国际清算服务，同时通过提供套期保值和投机的工具，避免和防止外汇风险的发生。

1. 外汇市场的种类

根据交易是否有固定场所，外汇市场可分为有形市场和无形市场。有形市场（visible market）是指在固定交易场所进行外汇买卖的外汇市场。交易场所一般设在证券交易所内，从事外汇交易业务的各方代表在营业日的规定时间内，集中到此进行外汇交易，如巴黎、法兰克福的外汇市场。早期的外汇市场以有形市场为主，因该类市场最早出现在欧洲大陆，故又称大陆型市场（main-land system）。无形市场（invisible market）是指外汇交易没有固定的、具体的交易场所，交易双方通过连接于市场参与者之间的电话、传真、电报及其电信交易系统进行交易的外汇市场，如伦敦和纽约的外汇市场。目前，无形市场是外汇市场的主要组织形式，因其产生于英国、美国，故又称英美型市场（Anglo-American System）。

2. 外汇市场的参与者

外汇市场的参与者包括外汇的最终供求者、外汇银行、外汇经纪人和中央银行，它们组成一个如图11-2所示的金字塔形结构。最底层是旅游者、投资者、进出口商等个人和企业，他们的活动产生对外汇的供给和需求，并向外汇银行买卖外汇。第二层是经中央银行或货币行政当局批准，可以从事外汇经营业务的商业银行和其他金融机构（外汇银行），它们一方面直接为最底层的外汇供求者提供外汇买卖和结算业务（零售市场业务），另一方面又通过外汇经纪人的中介作用，与其他外汇银行、中央银行等发生外汇买卖关系，以调整本身的外汇头寸或进行外汇投机（批发市场业务）。第三层是外汇经纪人或外汇经纪公司，它们主要撮合各银行之间的外汇买卖，有些资金雄厚的外汇经纪公司自己也参与外汇买卖和投机。最高层是中央银行，它参与外汇买卖的主要目的是控制和稳定本币的汇率。当外汇市场上外汇供过于求，本币有升值压力时，中央银行在外汇市场上大量买进外汇，增加国际储备；当外汇市场上外汇供不应求时，中央银行在外汇市场上抛售外汇，减少国际储备，从而发挥调节和稳定本币汇率的作用。

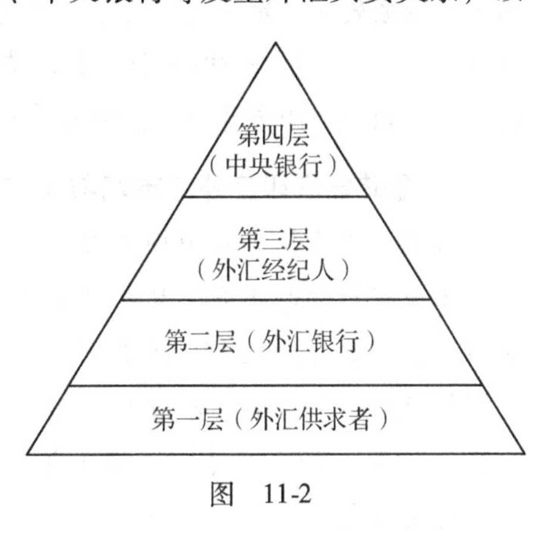

图 11-2

小知识

国际外汇市场参与主体发展现状

按照在市场中的不同角色定位与交易动机细分，国际外汇市场上的参与主体可以分为交易商与经纪商、非交易商金融机构（包括中小型商业银行、新兴专业机构、中央银行等）、零售外汇参与者等。伴随着外汇市场整体规模扩张，各参与主体交易量均有所增长，但非交易商交易增速显著快于交易商。2001～2019年，交易商市场占比逐步下降，非交易商金融机构的市场份额上升，非金融机构比重略微下降后走势持平。2007~2010年，非交易商金融机构的交易量首次超过交易商。截至2019年4月，在国际市场上以高频交易机构、对冲基金等为主的非交易商金融机构已占有相对多数市场份额，与交易商一起共同成为国际外汇市场的主要参与者（见表11-1）。

表11-1 各类型机构外汇产品日均交易额（百万美元）及占比（%）

机构	2001年		2004年		2007年		2010年		2013年		2016年		2019年4月	
	交易额	占比	交易额	占比	交易额	占比	交易额	占比	交易额	占比	交易额	占比	交易额	占比
交易商	7 194	58	10 177	53	13 924	42	15 477	39	20 724	39	21 204	42	25 215	38
非交易商金融机构	3 461	28	6 388	33	13 388	40	18 961	48	28 122	53	25 642	51	35 950	55
非金融机构	1 736	14	2 761	14	5 928	18	5 318	13	4 718	8	3 816	7	4 737	7
总计	12 391	100	19 276	100	33 240	100	39 726	100	53 564	100	50 662	100	65 903	100

数据来源：国际清算银行（BIS），截至2019年4月。

1. 英美发达国家外汇市场与参与主体

1979年，英国完全取消外汇管制后，外汇市场基本上成为完全自由的市场，外汇交易量不断增长，并持续保持全球第一的市场地位。美国外汇市场是无形市场，无固定交易场所，与全球其他外汇市场保持24小时的业务联系，是全球第二大外汇交易市场，也是全球外汇结算的枢纽。从市场结构来看，英美两国外汇市场的参与者虽然众多，但做市商机构市场份额较大，市场交易量分布明显不均，是一个由大型商业银行、投资银行等交易商主导的寡占市场。根据BIS统计，2019年英国、美国的报告交易商、其他交易商、其他金融机构、非金融企业的市场份额分别为39%、25%、32%、4%与35%、24%、33%、8%。

2. 金砖国家印度外汇市场与参与主体

印度外汇市场可分为场外市场和场内市场。场外市场起步较早，占主导地位，主要参与主体为银行和经纪商，其次是企业、个人和部分国外机构投资者。其中，银行作为代客交易和自营交易的主要金融机构，占据市场中的主要份额。2008年，印度正式推出场内外汇期货市场，其主要参与者为非银行类机构与个人，市场份额分别占63%和25%，而银行仅占12%。场内交易的兴起并没有摊薄场外市场的交易量，外汇远期和掉期市场依然保持着稳定的增长。

3. 我国外汇市场与参与主体

目前，我国银行间外汇市场实行会员制管理，并建立了做市商制度。截至2020年3月，银行间外汇市场即期会员697家，远期、外汇掉期、货币掉期和期权市场会员分别为236家、234家、192家、143家；除银行类金融机构外，还涵盖了财务公司、证券、基金公司、非金融企业等非银行境内机构合计104家，以及清算行、央行类机构，参加行等境外机构超过100家。我国外汇市场大部分交易仍集中在银行类金融机构，尤其是做市商银行，占比总交易量的2/3。

资料来源：杨育，贾茹．国际外汇市场参与主体发展的经验分析与启示［J］．黑龙江金融，2020(11)：13-15.

3. 外汇市场交易

外汇市场上的交易按交割的时间不同，可以分为即期外汇交易和远期外汇交易两种类型。

（1）即期外汇交易。

即期外汇交易（spot exchange transaction）又称现汇交易，是指买卖双方成交后两个营业日内办理交割的外汇交易。即期交易是外汇市场上最常见、最普遍的交易形式，即期交易的汇率构成了所有外汇汇率的基础。一般来说，在国际外汇市场上进行外汇交易时，除非特别指定日期，一般都视为即期交易。

这里所说的“营业日”，是指两个清算国银行全都开门营业的日期。如果两种货币交割时其中的任何一个国家，在交割日是节假日，则交割日顺延，直到两个国家的银行都营业为止。交割日为当天的，称为当日交割；交割日为成交后第一个营业日的称为明日交割；交割日为成交后第二个营业日的称为即期交割。

即期外汇交易一般有如下几种。

1）银行同业拆放。银行为了避免经营外汇业务的风险，每天都要进行轧平头寸的工作，即卖出某种外汇的长余头寸，买进某种外汇的短缺头寸，这种业务一般在银行间进行，因而称为银行同业拆借。从外汇业务的数量上来看，银行同业拆借占据了很大的比例。目前世界上最大的同业拆借市场在伦敦，伦敦同业拆借利率已成为当今国际市场上最重要的基准利率。

2）国际贸易清算。国际贸易清算主要是指银行和客户之间因为国际贸易支付而发生的即期外汇买卖。

3）套汇。套汇是指利用同一时刻不同外汇市场上的汇率差异，在这些不同的外汇市场上转移资金，以赚取汇率差价的行为。套汇按涉及地点的数目不同，可分为直接套汇和间接套汇两种。

直接套汇又叫两角套汇，是银行利用两个外汇市场之间货币汇率的差异，在一个市场上卖出货币，又在另一个市场买入同样货币，通过这种买卖赚取差价，规避风险。例如，假定某一时期，纽约外汇市场：1美元=103.82～103.92日元；东京外汇市场：1美元=104.12～104.32日元。

可见美元在纽约外汇市场上比在东京市场上便宜，银行此时套汇，可获得收益。具体办法是：某银行在纽约外汇市场以1美元=103.92日元的价格卖出103.92日元，买入1美元，同时在东京外汇市场上以1美元=104.12日元的价格卖出1美元，买入104.12日元，每1美元经过转手可得20点位的差价收益。若该银行以100万美元套汇，则可得20万日元，收益还是相当可观的。上述套汇活动可以一直进行下去，直到美元与日元两地汇差消失或接近为止。当然，套汇业务要花费电传、佣金等费用，套汇利润必须大于套汇费用，否则套汇无利可图。

间接套汇又称三角套汇或多角套汇，是银行利用三个或三个以上外汇市场之间货币汇率差异，在多个市场间调拨资金，贱买贵卖，赚取差价的一种外汇买卖业务。

例如，假定某一时期：

纽约外汇市场：1 美元 = 103.000 0 ~ 103.001 0 日元

东京外汇市场：1 欧元 = 138.000 0 ~ 138.001 0 日元

法兰克福外汇市场：1 美元 = 0.800 0 ~ 0.810 0 欧元

套汇的操作如下：

在法兰克福外汇市场上以 1 美元 = 0.800 0 欧元的价格卖出 10 万美元，买入 8 万欧元；同时电告在东京外汇市场上以 1 欧元 = 138.000 0 日元的价格卖出 8 万欧元，买入 1 104 万日元；接着电告纽约外汇市场以 1 美元 = 103.001 0 日元的价格卖出 1 104 万日元，买入 10.718 3 万美元。在此种买卖中，如果将有关费用忽略不计，该银行可净得 0.718 3 万美元。

事实上，从事外汇市场交易的银行在实务操作中，单纯依靠上述两地进行套汇，在今天几乎不可能。主要原因是电信技术日益发达，不同外汇市场的汇差会同时为各国银行所了解，因而其差价会随着买卖的增加逐渐消失。要想获得套利，往往需要三个或三个以上的地区，甚至更多的市场参与。

（2）远期外汇交易。

远期外汇交易（forward exchange transaction）又称期汇交易，是指外汇买卖双方签订合约，规定买卖外汇的数量、汇率和将来交割外汇的时间，到规定的交割日按合约进行实际交割。

远期外汇交易与即期外汇交易的主要区别是起息日不同。凡起息日在两个营业日以后交割的外汇交易均属于远期外汇交易。远期外汇交易的交割期限通常为 1 个月、2 个月、3 个月、6 个月或 1 年，其中最常使用的是 3 个月远期。以上期限的交易称为标准期限交易，除此以外的远期外汇交易日期，则称为不规则日期。1 年期以上的交易叫作超远期外汇交易，一般比较少见。

人们利用远期外汇交易主要是为了套期保值和投机。套期保值（hedging）是指为了规避汇率变动的风险，对持有的资产和负债做卖出与买入该种货币的远期交易。从事套期保值的交易者主要是已达成进出口交易的贸易商、国际投资者，以及有外汇净头寸的银行。

与套期保值者利用市场轧平风险头寸的动机不同，投机（speculation）则是有意识地持有外汇头寸以获得风险利润。投机者是基于这样一种信念，即相信自己比大多数市场参与者更了解市场趋势，自己对汇率趋势的预期更为正确。外汇投机者与套期保值者的一大区别是前者没有已发生的商业或金融交易与之对应，因此外汇投机能否获得利润主要依赖其预期是否正确。

除投机者以外，一般的经济行为人通常是回避风险的，即他们通常更为注重汇率变化可能给他造成的损失。因此，一般的经济活动者会采取不同方式来避免汇率风险的发生。

1）套利。套利（interest arbitrage）也称时间套汇，是指利用两地间的利率差异，将资金从利率较低的国家和地区转移到利率较高的国家和地区，以期获利的行为。它把外汇市场和国内资本市场联系在一起，在没有资本控制和市场完善的假设条件下，套利使不同的资本市场的利率趋于一致。

套利活动主要有两种形式，即“非抵补套利”和“抵补套利”。两者的区别在于：抵补套利是在把资金从甲地调往乙地以获取较高利息的同时，还通过在外汇市场上卖出远期的乙国货币进行“抵补”以防止汇率风险。

非抵补套利的流程如图 11-3 所示，假定 A 货币利率低，B 货币利率高。

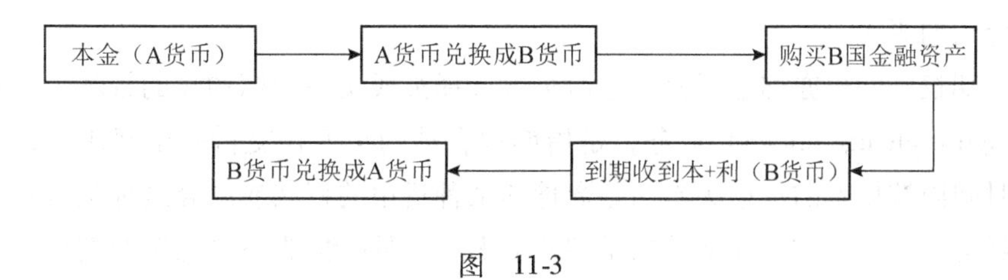

图 11-3

抵补套利的流程如图 11-4 所示，同样 A 货币利率低，B 货币利率高。

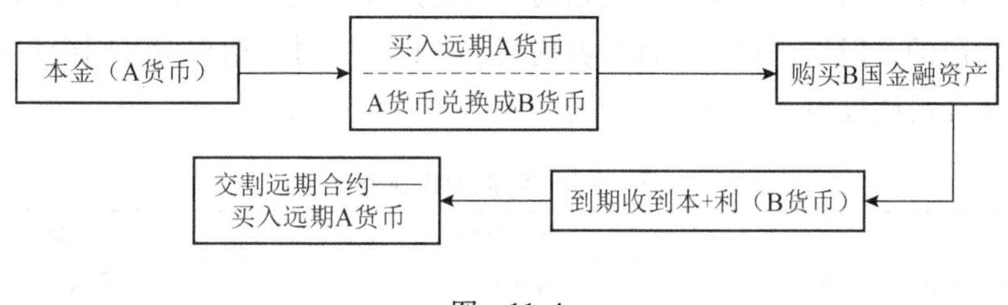

图 11-4

2）掉期交易。掉期交易（swap transaction）是指在外汇市场上，交易者在买进一种货币的同时，卖出交割期限不同的等额同种货币的交易。掉期交易最初是在银行同业之间进行外汇交易的过程中发展起来的，目的是使某种货币的净头寸在某一特定日期为零，以规避外汇风险，后来逐渐发展成具有独立运用价值的外汇交易活动。

掉期交易的主要特点是买卖同时进行，货币买卖数额相等，但交割的期限结构各不相同。广义而言，符合这三点的交易都可以被视为掉期交易。根据交割日的不同，掉期交易分为三种类型。

①即期对远期的掉期交易。这是最常见的掉期交易，是指在买进或卖出一笔即期外汇的同时，卖出或买进一笔远期外汇的掉期交易。

②即期对即期的掉期交易。这是指不同交割日的即期外汇交易组成的掉期交易。这种掉期交易分为：当日与隔日的掉期交易、隔日与标准日的掉期交易。这两种交易的时间跨度都是一个交易日，但其交割日结构不同。这种掉期交易一般用于银行同业的资金拆借。

③远期对远期的掉期交易。这是指同时买进并卖出两笔同种货币不同交割期限的远期外汇交易。这种掉期交易分为：买进较短期限的远期外汇（如 1 个月），卖出较长期限的远期外汇（如 3 个月）；买进较长期限的远期外汇，而卖出较短期限的远期外汇。

3）外汇期货与期权。外汇期货与期权是 20 世纪 70 年代和 80 年代国际金融市场上最重要的创新和发展，分别发端于 1972 年芝加哥商业交易所（CME）的国际货币市场

(IMM) 和1982年费城股票交易所。

①外汇期货。外汇期货（foreign exchange futures）交易是指买卖双方在期货交易所以公开喊价方式成交后，承诺在未来某一特定日期，以当前所约定的汇率交付某种特定数量的外汇。外汇期货合约是由交易所制定的一种标准化合约，在合约中对交易币种、合约金额、交易时间、交割月份、交割方式、交割地点等内容均有统一的规定，外汇期货交易就是对标准化合约的买卖，外汇期货交易双方通过公开竞价的方式达成成交价格，从而完成外汇期货合约的买卖。

②外汇期权。期权亦称选择权，是由买方选择买或卖一种标的物的权利。所谓的外汇期权（foreign exchange option）业务，是指期权合约的买方在支付一定费用后，可以获得在约定的时间内按规定的价格买卖约定数量的某种货币的权利或放弃这种买卖权利的一种交易。实际上，交易双方在此交易的是“选择权”，即在缴纳一定比例的期权费后，买方有权决定是否按规定买卖外汇。如果行情利于自己，期权购买者可选择履约，不利时可选择放弃履约。这是因为在一种交易交割之前，无论是买方还是卖方都有盈亏的可能，而且这种风险是无限的，但是一旦持有合约者购买了期权并支付了期权费，则会将这种风险降到一个可以承受的限度内，如表11-2所示。

表11-2 外汇期权业务

	看涨期权	看跌期权
市价 > 协定价 + 期权费	有利可图	无利可图
市价 = 协定价 + 期权费	扯平	扯平
市价 < 协定价 + 期权费	无利可图	有利可图

11.2 汇率决定理论

在国际经济交易中，市场的法则是等价交换，货币之间的交换同样要遵循等价交换的原则。汇率形成的基础是货币所含价值量之比，实际汇率的确定还要考虑市场中各方面因素的影响。对汇率的形成及其波动原因的研究，就形成了汇率决定理论。本节介绍几种有代表性的汇率决定理论，有早期的铸币平价理论、传统的购买力平价理论、利率平价理论、汇率决定的国际收支理论以及汇率决定的货币模型和资产组合平衡模型等。

11.2.1 铸币平价理论

汇率决定理论从历史和逻辑的角度看，其早期的探讨应该是金本位下的铸币平价理论。

在金本位制度下，各国均规定了每一单位货币的含金量，货币的单位价值就是铸造该铸币所耗用的黄金的实际重量，两国货币之间的比价要用其各自的含金量来折算。铸币平价（mint parity）即两种货币的含金量之比，两国货币汇率的确定，就是由铸币平价决定的。例如，1925～1931年，英国立法规定1英镑所含纯金数量是7.322 38克，美国立法规定1美元所含纯金数量是1.504 63克。要知道1英镑可换多少美元，就用美元的含金量来除英镑的含金量。

$$\frac{1\text{英镑的含金量}}{1\text{美元的含金量}}=\frac{7.322\,38}{1.504\,63}=4.866\,5$$

1英镑等于4.866 5美元即英镑与美元之间的铸币平价。

铸币平价是金本位制下决定汇率的基础，由铸币平价所确定的汇率，通常称为法定平价。在外汇市场上，由于外汇供求的变化，汇率并不总是刚好等于铸币平价，而是围绕这一平价上下波动，波动的界线是黄金输送点。这是因为，在金本位制下，各国一般采用汇票等支付手段进行非现金结算。但如果汇率变动使汇票结算较为不利，则可改用直接运送黄金的办法，从而使汇率的波动幅度受黄金输送点的限制。黄金输送点一般是在铸币平价上加一个正负百分数，这一百分数是根据进行国际贸易的两国之间运送黄金所需要的费用（如包装费、运输费、保险费及运送期的利息等）计算的。现在决定在英国和美国之间运送一英镑黄金的费用平均为0.03美元，那么1英镑$=4.866\,5+0.03=4.896\,5$美元，则为美国对英国的黄金输出点。高于此点，美国债务人就宁愿运送黄金。1英镑$=4.866\,5-0.03=4.836\,5$美元，则为黄金输入点。低于此点，美国债权人宁愿自己从英国输入黄金。因此，金本位制下铸币平价加上黄金运送费就是汇率波动的上限，减去黄金运送费就是汇率波动的下限。黄金的输出点和输入点统称为黄金输送点，正是黄金输送点限制了汇率的波动。一般来说，金本位制下汇率的波动幅度很小，基本上是稳定的。

第一次世界大战爆发后，许多国家通货膨胀严重，现钞的自由兑换和黄金的自由移动遭到破坏，于是传统的金本位制陷于崩溃，各国相继实行了两种变形的金本位制，即金块本位制和金汇兑本位制。在这两种货币制度下，国家以法律规定货币的含金量，货币汇率由纸币所代表的含金量之比来决定，称为法定平价，实际汇率因供求关系围绕法定平价上下波动。由于黄金的兑换和自由输出输入受到限制，黄金输送点也不复存在。汇率波动的幅度由政府规定和维护，政府通过设立外汇平准基金来维持汇率的稳定。1929～1933年资本主义世界经济危机爆发后，金本位制彻底瓦解，各国普遍实行不兑换的纸币制度。一般纸币的金平价是由政府通过法令规定的，以此作为汇率确定的基础。然而由于纸币不能兑换黄金，货币的发行也不再受黄金的限制，各国往往过量发行货币，致使纸币的金平价同它表示的黄金量相背离，最终导致由法定平价决定汇率这一体系变得毫无意义。

11.2.2 购买力平价理论

购买力平价理论主要形成于第一次世界大战时期，瑞典经济学家卡塞尔（Cassel）是这个理论的提出者。此理论认为：本国人需要外国货币是因为该货币在其发行国具有购买力；外国人需要本国货币是因为本国货币在本国具有购买力。那么，按一定汇率用本币购买外汇，也就是购进了外币的购买力。所以，两国货币的兑换比率是由两国货币的购买力决定的。购买力平价（purchasing power parity，PPP）是指两国货币的购买力之比，货币的购买力与一般物价水平呈反比，是一般物价水平的倒数。购买力平价又分为绝对购买力平价和相对购买力平价。前者指出两国货币的均衡水平等于两国的物价之比，说明某一时点上汇率决定的基础；后者指出汇率的变动等于两国物价指数之差，说明某一时段内汇率变动的原因。

1. 一价定律

在假定市场完全竞争、商品无差异性及交易成本为零的情况下，购买力平价理论的基础是一价定律（law of one price），它从经常项目的角度对长期汇率的决定做出直观的说明，是现代各种汇率决定理论的重要组成部分。

一价定律是指在交易成本为零的情况下，某给定商品（i）的价格如果按同一种货币计值，则在世界各国均相同。用公式表示为

$$P_i = e \times P_i^* \tag{11-1}$$

式中 P_i——第 i 种商品的国内价格；

P_i^*——第 i 种商品的国外价格；

e——直接标价法下的汇率。

一价定律也可以表述为，本币/外币的汇率等于第 i 种商品的国内价格与国外价格的比率，用公式表示为

$$e = P_i/P_i^* \tag{11-2}$$

不管是等式 $P_i = e \times P_i^*$，还是等式 $e = P_i/P_i^*$ 都不存在空间套购的机会。如果两个等式变成不等式就存在套购机会。当套购机会出现时，套购者就可以在价格低的国家购进第 i 种商品并将其运到价格高的国家出售，以赚取差价获利。

从理论上看，一价定律的成立是不言自明的，但对经验证据的研究表明，同种商品在不同国家之间存在着明显的价格差异。造成这种价格差异的原因主要有：与一价定律的假定相反，国际贸易存在不容忽视的交易成本和贸易壁垒；产品市场，尤其是国际产品市场是不完全的，产品差异、市场分割和不完全信息广泛存在；不同国家计算通货膨胀方法的差别，使得对同种商品在不同国家的名义价格的比较难以准确反映其实际的相对价格水平。

2. 绝对购买力平价

一价定律反映的是单个商品的情形，购买力平价则是对两国一般价格水平，即编制物价指数时所依据的商品篮子中所有基准商品的价格组合的比较。显然，如果一价定律对每种商品分别都是成立的，那么就没有理由认为它对全部商品不成立。如果用 P、P^* 和 e 分别表示国内的一般价格水平（物价指数）、国外的一般价格水平（物价指数）和汇率（直接标价法），那么两国一般价格水平和汇率的关系，即绝对购买力平价（absolute purchasing power parity）可表示为

$$e = P/P^* \tag{11-3}$$

此式表明，两国货币的汇率取决于两国货币的购买力之比，即两国的相对物价水平。

3. 相对购买力平价

相对购买力平价（relative purchasing power parity）是指在一定时期内汇率的变化必须与同一时期内两国物价水平的相对变化成比例。用公式表示为

$$e_t = \frac{P_t/P_0}{P_t^*/P_0^*} \times e_0 \tag{11-4}$$

式中　e_t、e_0 ——分别代表直接标价法下的当期和基期汇率；

P_t、P_0 ——分别代表当期和基期的国内物价水平；

P_t^*、P_0^* ——分别代表当期和基期的国外物价水平。

相对购买力平价也可以是在一定时期内汇率变化的百分比等于同一时期内两国国内物价水平变化的百分比之差。

如果用字母上方加圆点表示百分比变化率，并对等式 $e = P/P^*$ 两边取自然对数，然后再对自然对数求导，例如，$d(\ln p) = dp/p = \dot{p}$，$d(\ln p^*) = dp^*/p = \dot{p}^*$，且 $d(\ln e) = de/e = \dot{e}$，则相对购买力平价也可用公式表示为

$$\dot{e} = \dot{P} - \dot{P}^* \tag{11-5}$$

式（11-5）表示的就是相对购买力平价，它认为两种货币汇率的变化率取决于两国一般价格水平的变动率，即两国通货膨胀率的差异。如果两国之间存在持续的不同的通货膨胀率，必然引起汇率的相应变动。

4. 理论评价

绝对购买力平价、相对购买力平价和开放经济下的一价定律其实是同一问题的不同方面，其区别在于：一价定律针对的是单个商品，购买力平价讨论的是一般价格水平；绝对购买力平价指的是汇率同两国价格水平的关系，相对购买力平价则是指汇率的变动与两国价格变化的关系。因此，购买力平价与一价定律一样，它们在理论上都是简单明了的，但均与经验证据存在较大的差异。

对战后主要发达国家的实证研究表明：①在短期内，高于或低于正常的购买力平价的偏差经常发生，其偏离程度之大无法用各国收集数据方式的不同来解释；②即使从长期来看，也不存在购买力平价成立的明显迹象；③汇率波动的幅度远较价格波动更大，且更为频繁。因此，购买力平价难以同经验证据吻合。此外，由于购买力平价比较的是一般价格水平，因而各国在计算物价指数时所选取的商品种类的权数不同，以及大量非贸易品的存在，也使得购买力平价据以比较的价格水平不能准确反映各国的实际情形。从理论上看，国内物价指数的计算应反映国内全部商品的一般价格水平，但适用于国家间购买力比较的价格水平应是针对贸易品而言；如何在存在大量非贸易品的情形下，将一般价格水平转换为可贸易品价格水平仍是一个不容忽视的问题，也是影响购买力平价能否准确解释长期汇率决定的重要因素。

此外，除了商品市场的价格水平外，利率水平对国际资本流动的影响也是决定汇率水平的重要因素。对汇率决定的完整认识还应包括对两国利率水平的比较。总之，由购买力平价得出的长期汇率关系是不精确的。但是，不可否认，由购买力平价决定的长期汇率仍是短期汇率变动的基本趋势；在汇率决定的理论分析中，购买力平价仍不失为合理的简化和近似。

小知识

巨无霸指数

在一价定律和购买力平价法则的理论基础上，1986 年 9 月英国《经济学人》杂志首次提出“巨无霸指数”（Big Mac index，BMI）概念，用以测度两种货币的汇率在理论上是否合理。根据购买力平价理论，相同篮子货物和服务在不同国家的价格应该能够通过汇率调整成相等价格，也就是说，汇率在长期内会不断做出调整，最终使得特定篮子商品在不同国家的购买支出相等。

《经济学人》选择麦当劳的巨无霸汉堡作为 BMI 编制的篮子产品，因为麦当劳快餐公司自 1955 年成立至 2014 年年底，已在全球 119 个国家开设 33 990 家连锁店，在快餐业中长期占据“头把交椅”，而且巨无霸汉堡在其所提供的所有汉堡中是销量比较靠前的畅销产品，满足产品代表性要求。此外，巨无霸在各国的制作规格（如配料、尺寸、材质和质量等）基本相同，这一特点满足了可比性要求。所以，不论是从代表性还是可比性角度看，巨无霸作为国内外价格水平的衡量媒介，基本反映了各地货币的实际购买力。根据一价定律，如果一个巨无霸在美国的价格是 4 美元，在英国是 3 英镑，那么美元与英镑的购买力平价就是：3 英镑 =4 美元，即美元与英镑的 PPP 指数就是 0. 75（=3/4）。同理，一个巨无霸汉堡包在中国麦当劳的价格如果是 15 元，那么人民币与美元的购买力平价就是 15 元人民币 =4 美元，即可测算人民币对美元的 PPP 指数是 3. 75（=15/4）。与同期巨无霸汉堡在美国的销售价格相比：若巨无霸汉堡在其他国家销售的美元价格低于在美国销售的价格，则该国货币被低估；反之，则被高估。

资料来源：1. 韩兆洲，肖萌，方泽润. 巨无霸指数、恩格尔系数与 PPP 指数的关系研究 [J]. 中国统计，2019(11).
2. 陈梦根，胡雪梅. 巨无霸指数在汇率评估中的应用及修正 [J]. 首都经济贸易大学学报，2017(6).

11. 2. 3 利率平价理论

购买力平价理论仅强调商品贸易对汇率决定的作用，忽略了资本流动对汇率决定的影响。利率平价理论（interest rate parity，IRP）则与购买力平价理论完全相反，主要强调了资本流动对汇率决定的作用。

汇率与利率之间的关系是极其密切的，这种密切关系通过国家间的套利性资金的流动产生。随着外汇业务的不断发展和汇率的剧烈波动，远期外汇业务迅速发展起来。凯恩斯于 1923 年通过分析抵补套利所引起的外汇交易提出了利率平价理论，1931 年英国学者爱因齐格出版了《远期外汇理论》一书，进一步阐述了远期差价与利率之间的相互影响。

利率平价理论分为非抵补利率平价论（uncovered interest-rate parity，UIP）和抵补利率平价论（covered interest-rate parity，CIP）。

1. 非抵补利率平价

假定不存在交易成本，一个风险中性的投资者持有单位本国货币的收益为 $1+i$，其中 1 为本金，i 为利息，其套利过程如图 11-5 所示。如果该投资者把它兑换并持有外国货币，那么相应的收益为（$1+i^*)/e$，其中 i^* 为外国货币的利率，e 为汇率（直接标价法）；由于一年后的即期汇率不确定，则假定期末的预期汇率为 e^e，那么用本币衡量的外币存款在期末的收益为 $\frac{e^e}{e}(1+i^*)$。

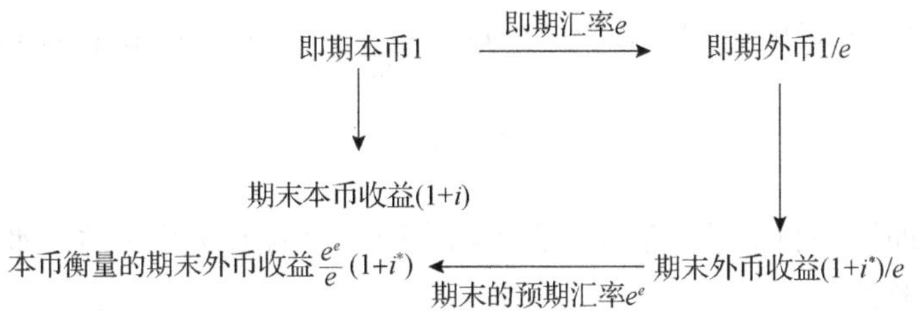

即期本币1 —即期汇率e→ 即期外币$1/e$

期末本币收益$(1+i)$

期末外币收益$(1+i^*)/e$ —期末的预期汇率e^e→ 本币衡量的期末外币收益 $\frac{e^e}{e}(1+i^*)$

图　11-5

在自由市场上，持有国内货币和国外货币的最终收益应该相等（否则会出现无风险的套利机会），即

$$1+i=\frac{e^e}{e}(1+i^*)$$

令 $\frac{e^e}{e}=1+\frac{e^e}{e}-1=1+\frac{e^e-e}{e}=1+e$，代入上式并整理得

$$i=i^*+e+i^*e$$

由于 i^*e 是二阶小量，可忽略不计，因而上式可变为

$$e=i-i^* \tag{11-6}$$

式（11-6）就是非抵补利率平价条件，它表明汇率的预期变化取决于本国利率和外国利率的差额。当非抛补的利率平价成立时，如果本国利率高于外国利率，则意味着本币远期贴水，外币远期升水；如果本国利率低于外国利率，则意味着本币远期升水，外币远期贴水。本国利率高于外国利率的差额等于外国币的预期升水率；本国利率低于外国利率的差额等于外国币的预期贴水率。

2. 抵补利率平价

在非抵补利率平价的推导中，我们把利率视为不同货币预期收益的唯一决定因素。在国际经济活动中，汇率的波动会对持有不同货币的收益率产生重要的影响。为了消除汇率变动的风险，投资者可以在通过即期交易买进外国货币的同时，通过一个远期交易在期末卖出所获得的全部外国货币，从而获取不存在汇率风险的稳定收益，其套利过程如图11-6所示。以远期汇率 e^f 代替预期汇率 e^e，$1+i=\frac{e^e}{e}(1+i^*)$ 可变为：$1+i=\frac{e^f}{e}(1+i^*)$，式中，e 和 e^f 分别为即期汇率和远期汇率。

令 $\rho=\frac{e^f-e}{e}$ 表示即期汇率和远期汇率之间的升（贴）水率［远期汇率超过（低于）即期汇率的比率］。令 $\frac{e^f}{e}=1+\frac{e^f}{e}-1=1+\frac{e^f-e}{e}=1+\rho$，代入 $1+i=\frac{e^f}{e}(1+i^*)$ 并整理得

$$\rho=i-i^* \tag{11-7}$$

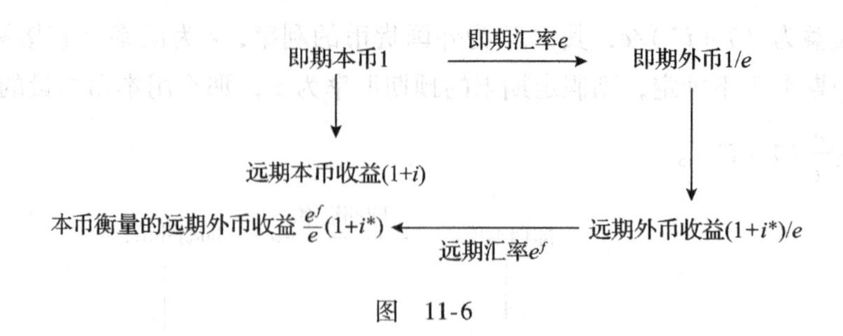

图 11-6

式（11-7）即抵补利率平价条件，它表明本国货币的远期升（贴）水率取决于本国利率和外国利率的差额。

而且低利率国家的货币在期汇市场上必定升水，高利率国家的货币在期汇市场上必定贴水。当然，如果两国利率水平相同，则远期汇率与即期汇率相同，即汇率不变。

利率平价揭示了汇率变动与两国利差之间的关系。近年来的实证研究表明，利率平价能够很好地成立（虽然不是非常准确），实际汇率波动与抵补的利率平价间的偏离通常反映了外汇管制、交易成本等因素。由于发达国家之间的资本市场较商品市场更为完全、交易成本更低且不存在贸易品和非贸易品问题，因此，利率平价较购买力平价能够更好地符合实际情形。

3. 抵补与非抵补利率平价的统一

投机者总是尝试在汇率的变动中谋取利益，通过市场投机行为，抵补利率平价决定的远期汇率和非抵补利率平价决定的期末的预期汇率最终会趋于一致。如果期末的预期汇率大于远期汇率，投机者就会认为远期汇率对外币币值低估，只要低价买入远期外汇，期满后，先交割远期协议，再按照期末实际的即期汇率卖出，便可获利，因此投机者会在外汇市场上购买远期外汇，拉动远期外汇价格上升，直至和期末的预期汇率相等；如果期末的预期汇率小于远期汇率，投机者就会认为远期汇率对外币币值高估，只要高价卖出远期外汇，期满后，先按照期末实际的即期汇率买入外汇，再交割远期协议，便可获利，因此投机者会在外汇市场上卖远期外汇，导致远期外汇价格下降，直至和期末的预期汇率相等。所以，当外汇市场均衡，投机行为停止时，远期汇率和期末预期汇率相等，即远期汇率是期末预期汇率的无偏估计。

4. 理论评价

自20世纪20年代利率平价理论被提出，利率平价就受到西方经济学家的重视。与购买力平价不同的是，它考察的是资本流动与汇率决定之间的关系，从一个侧面阐述了资本在国家间的流动是汇率变动的原因，这对人们理解远期汇率的决定以及远期汇率与即期汇率之间的关系有很重要的意义。但这一理论也并不是一个完善的汇率决定理论，对其批评主要有以下方面。

（1）没有考虑交易成本。

在现实中，交易成本是很重要的因素。如果各种交易成本（如银行手续费、邮费）过高，就会影响套利收益，从而影响到利率与汇率的关系。如果考虑交易成本，国家间的抵补套利活动在达到利率平价之前就会停止。

（2）假定不存在资本流动的障碍。

实际上，资金在国家间流动会受到外汇管制和外汇市场不发达等因素的阻碍。目前，只有在少数国际金融中心才存在完善的期汇市场，资金流动也不受政府干预。有人指出，在20世纪六七十年代，汇率与利率平价出现的偏差就是当时实际存在的或可能发生的外汇管制造成的。

（3）未能表明是利率平价决定汇率，还是即期汇率与远期汇率的差额决定利率。

在利率平价的关系式中，该理论并未说明三个变量谁是内生的，谁是外生的，利率平价是一个汇率决定理论还是一个利率决定理论。虽然多数人认为利率的差异是引起资金流动及外汇供求变化的重要原因，因而远期汇率的变动由利率差异决定，但当发生货币危机时，货币的预期贬值同样可以使本国的资产收益率发生变动。这实际上表明，利率平价理论在定义上存在着模糊之处，也未能说明汇率决定的基础，而仅仅解释了在某些特定条件下汇率变动的原因。

（4）假定套利资金规模是无限的。

如果假定套利资金规模无限，套利者就能不断地进行抵补套利，直至利率平价成立。但事实上，从事抵补套利的资金并不是无限的，因为与持有国内资产相比，持有国外资产具有额外的风险。随着套利资金的增加，其风险也不断增加。套利还存在机会成本，用于套利资金的金额越大，为预防和安全之需所持有的现金就越少。

基于以上种种不足，在现实世界中，利率平价往往难以成立。

11.2.4 汇率决定的国际收支理论

汇率决定的国际收支理论包括早期的国际借贷说和凯恩斯主义的新“国际收支理论”。

1. 国际收支理论的早期形式：国际借贷说

国际借贷理论（theory of international indebtedness），又称外汇供求理论，是第一次世界大战前较为流行的汇率理论，代表人物是英国经济学家戈森（G. L. Goschen）。

戈森认为，一国货币汇率的变化，是由外汇的供求决定的，而外汇的供求则取决于该国对外流动借贷的状况。所谓对外流动借贷，是指一国处于实际收支阶段的对外债权债务。一国国际收支中的经常账户与资本账户的收支，构成该国对外流动债权与债务。当一国对外债权大于对外债务时，外汇供给大于需求，该国货币汇率上涨；相反，货币汇率下跌。另外，戈森认为，经济中的物价、利率、信用等因素，对于一国货币的对外汇率具有相应的影响，但与国际借贷，即国际收支相比较，是次要的因素。

国际借贷说是国际收支说的早期形式，戈森的理论实际上就是汇率的供求决定论。一般认为该学说以国际收支的变动来解释汇率的变动，实际是将关于汇率的学说从静态发展到了动态，在大多数情况下，尤其是金本位下，是符合实际的（当然也有国际收支平衡而汇率发生变动的情况）。但该理论有几个局限：第一，外汇供求决定汇率的情况只适用于外汇市场比较发达的国家，如果外汇市场不发达或在政府干预外汇汇率的情况下，外汇的供求就不能决定汇率；第二，该理论只能用于解释短期汇率的形成，并不能解释长期汇率的形成；第三，该理论侧重于用外汇供求的变化解释汇率水平的波动，而没有解释汇率水平是由什么因素决定的。这些不足限制了这一理论的应用价值，后来在现代国际收支说中得到弥补。

2. 新“国际收支理论”

凯恩斯主义的新“国际收支理论”继承了“国际借贷理论”的思想，认为外汇汇率主要由外汇资金流量市场上的供给和需求决定。相对于外汇供给来说，外汇需求增加则汇率上升，外汇需求减少则汇率下跌；相对于外汇需求来说，外汇供给增加则汇率下跌，外汇供给减少则汇率上升；当外汇供给与需求相等时，则外汇汇率达到均衡水平。汇率通过自身的变动来实现外汇市场供求的平衡，从而保证国际收支始终处于平衡状态。

该理论在分析外汇汇率时，集中分析了国际收支的均衡条件，并把这种条件视为均衡外汇汇率直接的决定因素，因而从这个意义上说，它是一种新“国际收支理论”。这一理论在分析国际收支和外汇汇率的关系时，认为经常账户是影响外汇汇率的主要因素，资本账户只不过是影响外汇汇率的次要因素。进而将经常账户简单视为贸易账户，由商品与劳务的进出口决定，其中进口由本国国民收入和实际汇率决定，出口由外国国民收入和实际汇率决定。为了简单起见，假定资本和金融账户的收支取决于本国利率、外国利率和对未来汇率水平变化的预期。如果将影响国际收支的各因素中除汇率外均视为已给定的外生变量，则汇率将在这些因素的共同作用下变化至某一水平以平衡国际收支，同时各变量的变化对汇率也将产生影响，下面的分析是在假定其他变量不变的前提下进行的。

第一，国民收入的变动。当其他条件不变时，本国国民收入的增加将通过边际进口倾向带来进口的上升，这将导致对外汇需求的增加，本币汇率贬值。

第二，价格水平的变动。本国价格水平的上升将带来实际汇率的升值，本国产品国际竞争力下降，经常账户恶化，从而本币贬值。

第三，利率的变动。本国利率的提高将吸引更多的资本流入，本币升值；外国利率的提高将造成本币贬值。

第四，对未来汇率预期的变动。如果预期本币在未来将贬值，资本会流出以避免汇率损失，这带来本币即期汇率的贬值。

凯恩斯主义的这种新“国际收支理论”，在第二次世界大战后的西方外汇汇率理论中曾经居于主导地位。由于当时经常账户在国际收支中占有很大的比重，因而用这种理论解释外汇汇率的变化还是很有效的。但是20世纪60年代以来资本账户交易规模日益扩大，因而在国际经济运行中，资本账户的规模和作用已远远超过经常账户，因而这一理论的影响也日益下降。

11.2.5 汇率决定的货币模型

货币模型是西方汇率决定理论中资产市场理论的一个重要分支。资产市场理论是20世纪70年代中期以后发展起来的重要的汇率决定理论，该理论一经问世，便迅速获得西方学术界的普遍关注，成为国际货币基金组织、美国联邦储备银行和一些跨国公司、跨国银行制定汇率政策或分析和预测汇率变化的主要根据之一。该理论强调金融资产市场在汇率决定中的重要作用，由于金融资产交易变化频繁，所以这一理论能比较好地解释汇率的易变性或波动。它的产生与当时国际经济的两大时代背景密不可分。首先，1973年布雷顿森林体系的彻底崩溃，导致国际货币制度由固定汇率走向浮动汇率制，汇率的易变性成为显著的特点。其次，从20世纪60年代后期开始，大规模的国际资本流动成为国际经济中显著的经济现象，并对汇率产生巨大的影响。

货币模型强调货币市场对汇率变动的影响。一国货币市场失衡后，国内商品市场和证券市场会受到冲击，在国内外市场紧密联系的情况下，国际商品套购机制和套利机制就会产生作用。在商品套购和套利过程中，汇率就会发生变化，以符合货币市场恢复均衡的要求。但是在调整过程中，是国际商品套购机制还是套利机制发挥作用呢？这取决于两个市场的调整速度对比。根据对此问题的不同回答，货币理论分为两种分析模型，一个是弹性价格货币模型，另一个是黏性价格货币模型。弹性价格货币模型又称货币主义的汇率决定理论，它假定商品市场与证券市场一样能迅速、灵敏地加以调整，由此国际商品套购机制发挥作用；黏性价格货币模型也称汇率超调模型，假定证券市场的反应要比商品市场灵敏得多，故短期内由利率和汇率的变动，而不是由价格和汇率的变动来恢复货币市场均衡。

1. 弹性价格货币模型

弹性价格货币模型（flexible-price monetary model）是现代汇率理论中最早建立也是最基础的汇率决定模型，主要代表人物有弗兰克尔（J. A. Frenkel）、穆莎（M. Mussa）、考瑞（P. Kouri）、比尔森（J. Bilson）等人 。它是在1975年瑞典斯德哥尔摩附近召开的关于“浮动汇率与稳定政策”的国际研讨会上被提出来的。其基本思想是：汇率是两国货币的相对价格，而不是两国商品的相对价格，因此汇率水平应主要由货币市场的供求状况决定。它有两个重要假设：

1）稳定的货币需求方程，即货币需求同某些经济变量存在着稳定的关系；

2）购买力平价持续有效。

根据货币主义的观点，人们对实际货币的需求取决于实际的国民收入Y、价格水平P和利息率水平i，即

$$M_d/P=f(Y,i) \tag{11-8}$$

$$M_d^*/P^*=f(Y^*,i^*) \tag{11-9}$$

式中 M_d、M_d^*——本国和外国居民对名义货币的需求；

M_d/P、M_d^*/P^*——本国和外国居民对实际货币的需求；

Y、Y^*——本国和外国的实际收入；

i、i^*——本国和外国的利息率。

在式（11-8）和式（11-9）中，人们对实际货币的需求与国民收入的增长呈正函数关系，和利率呈反函数关系。

弹性价格货币模型认为，货币市场存在着均衡的趋势，即名义货币需求等于名义货币供给。假设用M_s、M_s^*分别代表两国的名义货币供给，则

$$M_s = M_d = P \times f(Y, i) \tag{11-10}$$

$$M_s^* = M_d^* = P^* \times f(Y^*, i^*) \tag{11-11}$$

由上面两个公式可得

$$P/P^* = [M_s/f(Y, i)]/[M_s^*/f(Y^*, i^*)]$$

因此，汇率便由式（11-12）决定，即

$$e = P/P^* = (M_s/M_s^*) \times [f(Y^*, i^*)/f(Y, i)] \tag{11-12}$$

该汇率决定公式表明，各国货币之间的汇率决定于它们均衡的货币供求。

1）货币供给。汇率变动与本国货币供给变化成正比，与外国货币供给成反比。当一国货币供给相对他国增加时，外汇汇率就会上升，即本币的对外价值会下降。

2）实际收入。当国外实际收入不变时，国内实际收入的增长导致汇率下降，本币升值；当国内实际收入不变时，国外实际收入的增长导致汇率上升，本币贬值。

3）利率。如果国外利率不变，国内利率上升，汇率上升，本币贬值；如果国内利率不变，国外利率上升，汇率下降，本币升值。

弹性价格货币模型对于说明长期汇率趋势有一定的意义，并唤醒了人们对货币的重新重视。对这一理论的批评意见主要集中在两个基本假设上。一是购买力平价始终成立是不现实的。因为购买力平价在20世纪70年代西方实行浮动汇率制以来一般是失效的，这使得弹性价格货币模型建立在非常脆弱的基础之上。二是货币需求函数。许多研究显示，主要西方国家的货币需求极不稳定，以收入和利率为基础的需求函数不能全面反映实际货币的需求变化。

2. 黏性价格货币模型

黏性价格货币模型（sticky-price monetary model）是由美国麻省理工学院教授鲁迪格·多恩布什（R. Dornbush）于1976年在《预期与汇率动态》一文中首先提出来的，其后弗兰克尔、布伊特（W. Buiter）和米勒等人的研究使该思想有了进一步的发展。黏性价格货币模型以弹性价格货币模型为基础，同样强调货币市场均衡对汇率变动的作用，并继承了其长期性的特征，即假定购买力平价在长期情形下有效。但在分析汇率的短期波动上，黏性价格货币模型则放弃了价格完全灵活可变的假设，而是采用了凯恩斯主义价格体系黏性的假设。该模型的基本思想是：当货币市场失衡后，商品市场价格具有黏性，而证券市场反应极为灵敏，利息率将立即发生调整，使货币市场恢复均衡。正是由于价格短期黏住不动，货币市场恢复均衡完全由债券市场来承受，利息率在短期内就必然发生超调，即调整的幅度超出其新的长期均衡水平。如果资本在国家间可以自由流动，利息率的变动就会引起大量的套利活动，由此带来汇率的立即变动。与利息率的超调相适应，汇率的变动幅度也会超过新的长期均衡水平，即出现超调的特征，这便是短期内汇率容易波动的原因。可以说，黏性价格货币模型弥补了弹性价格货币模型在短期分析方面的不足。

黏性价格货币模型是货币论的动态模型，它说明汇率如何由货币市场失衡而发生超调，又如何从短期均衡水平达到长期均衡水平。具体来说，货币市场失衡后，证券市场的利息率会立即变动，使其恢复均衡，汇率水平正是在证券市场的调整过程中被决定的。但变动后的汇率水平只是短期均衡水平，当商品市场价格开始调整时，汇率逐渐向长期均衡水平过渡，汇率水平就是由商品市场和资产市场的相互作用决定的。当调整过程完成，商品市场达到长期均衡时，汇率水平也就达到了弹性价格货币模型所说明的长期均衡水平。图 11-7 对汇率超调的过程给出了一个简要的描述。

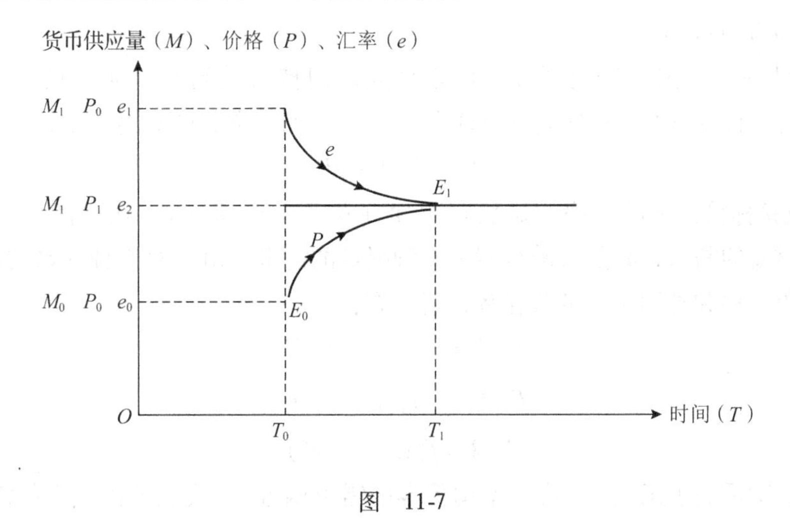

图 11-7

如图 11-7 所示，横轴表示时间，纵轴表示货币供应量（M）、价格（P）和汇率（e），M、P、e 均以指数来表示。在时间 T_0 之前，经济处于最初均衡点 E_0，假定货币供应量、价格、汇率指数的起始值（M_0，P_0，e_0）都以同样的值（如 100）表示。在时间 T_0 时，货币供应量突然增加到 M_1 水平，货币市场出现失衡。由于短期内价格粘住不变，实际货币供应量就会增加，出现货币供给过剩，从而导致国内利率下降。在各国资本具有完全流动性和替代性的情况下，利率下降引起资金外流，由此导致汇率上升，本国货币贬值，汇率会超调到 e_1 的短期均衡水平。汇率超调是由于国内利率的下降使得货币的贬值幅度超过了货币供应量的增加幅度，而这时商品市场处于超额需求，这是因为：①利息率下降会刺激需求；②汇率上升使世界商品市场偏离一价定律，产生商品套购机会，由此使世界需求移向本国商品，从而带来总需求上升。在产量不变的情况下，超额需求将带来价格水平上升，到时间 T_1 时商品价格达到均衡值 P_1。与此同时，国内价格上升导致货币需求增加，从而国内利率上升，直到货币市场达到均衡。这时，汇率也从 e_1 逐渐回落到长期均衡水平 e_2，至此经济达到新的均衡点 E_1。

通过以上分析可以看出，黏性价格货币模型强调资产市场在短期汇率决定中的重要作用，而商品市场只在长期情况下才对汇率产生实质性影响。在此之前，经济学家通常从外部随机扰动等方面来解释汇率的波动，往往不能令人满意，而黏性价格货币模型将汇率波动与经济系统的内在机制联系在一起，较好地解释了汇率的波动性。

11.2.6 资产组合平衡模型

尽管货币主义理论有其道理，但它总的来说仍不能解释 1973 年以来主要货币的汇率变动的情况，这一理论过分强调了货币的作用，低估了贸易对汇率的重要作用，特别是长期作用。而且它还假定国内外的金融资产如债券等具有完全的替代性，而实际情况并非如此，国内外资产存在不完全的替代因素，如政治风险、税赋差别等。从这一实际情况出发，布朗森（W. H. Branson）于 1975 年提出了汇率决定的资产组合平衡模型（portfolio balance approach model）。

该理论以一个小国为研究对象，假定私人部门持有的财富（W）只包括本国货币（M）、本国有价证券（B）和外国有价证券（F），从而投资者的总财富是：

$$W = M + B + eF \tag{11-13}$$

式中，e 为直接标价法下的汇率，显然有 $M/W + B/W + eF/W = 1$，在财富一定的条件下，增加对一种财富的需求，必然会减少对另一种财富的需求。由于对各种财富的需求取决于本国资产的收益率和外国资产的收益率，所以有：

$$M/W = m(i,\ i^* + \dot{e}^e)$$

$$B/W = b(i,\ i^* + \dot{e}^e)$$

$$eF/W = f(i,\ i^* + \dot{e}^e)$$

式中，m 代表货币需求函数，b 代表本国债券的需求函数，f 代表外国债券的需求函数，i 代表本国债券的预期收益率，为国内利息率，$\dot{e}^e$ 为外汇的预期升贴水率，$i^* + \dot{e}^e$ 为按本币计算的外国债券的收益率。在总财富中，各种资产的比例与其本身的预期收益率成正比，与其替代性资产的预期收益率成反比，因此私人部门资产组合中各种资产的比例分配将随国内外各种资产的预期收益率的变动而发生调整，而资产收益的变化则是由于各种资产供给存量发生了变化。

当各种资产供给存量发生变化时，资产市场供求相应会失去平衡，私人部门原有的资产组合被打破，必然对现有的资产组合进行调整，以使实际的资产组合符合其新的意愿，这种调整将促使资产市场达到新的均衡。在进行国内和国外的资产调整过程中，本国资产与外国资产之间的替代通常引起外汇供求流量的变化，从而引起汇率波动。汇率的变动反过来影响私人部门对财富的重新估价及预期，在收益最大化及规避风险的前提下，重新安排本币和外币资产，这种安排又会引起汇率的变动，该过程一直持续到汇率水平达到均衡才会停止。

以上分析的是资产市场上短期均衡汇率的变动，并没有涉及商品市场。当汇率处于均衡时，经常账户可能不平衡，在完全自由浮动的汇率制度下，国际收支会自动通过汇率的调整达到均衡。如果经常账户顺差，则意味着资本账户逆差或外币资产存量增加，外币资产存量增加又会使外汇汇率下降，本币汇率上升。本币汇率上升在满足马歇尔－勒纳条件（下一章介绍）下，将减少经常账户盈余，从而形成资产存量、流量相互作用的动态调整过程，直到外币资产存量不再变动，经常账户差额为零，此时的汇率代表长期均衡汇率。因此资产市场对短期汇率的动态调节能使它最终趋向长期均衡汇率。

小知识

深入彻底明白汇率问题

有一个故事不得不被反复提起，虽然故事的内容早已了无新意，但学习它对理解汇率原理至关重要。在人类尚处于以物易物的蒙昧时代，某甲制造了两柄锋利的斧头，某乙射死了两只肥壮的野羊，甲只需其中的一柄斧头便足够自己砍伐树木，另一柄斧头只是闲置；乙一时半会也吃不了两只羊，另一只放长了时间就会腐烂变质。于是，两人便自发地将多余的东西进行交换，尽管斧头还是斧头，野羊仍是野羊，他们的数量与质量并未发生任何变化，但是双方的境况却因为交换而得到了改善，因为双方都用自己多余的物质换回了对自己有用的财富。这个故事告诉我们，平等自愿的交换使各种资源更加合理有效地得到分配，能使交换的双方增长财富。从这个故事推广开去，要想使一国一地的百姓更加富有，就必须通过合理的政策来促进更加广泛的交换，交换越多，百姓致富的步伐就越快。当然，人类早已进入了使用货币的文明时代，但是以物易物的交换本质并未发生任何改变，货币只是充当了交换的媒介而已。对外贸易与国内百姓之间的交换并无本质上的不同，同样也能促进交换双方的财富增长。但对外贸易与国内交换也有不同，因为各自的产品在计价时使用的计价单位并不一样，美国人用的是美元，中国人用的是人民币，用多少元人民币的中国产品才能换回一美元的美国产品，这是一个难题，于是汇率的问题应运而生。

如上所述，交换的本质是以物易物，假如甲国什么资源产品都有，而乙国资源产品匮乏，此时甲国的钞票就更值钱，因为乙国迫切需要甲国的产品资源，它情愿用更多的产品来换取甲国的钞票以购买甲国的资源，否则甲国就不会与你交换。

但是，这种情况也不是一成不变的，假如乙国原先迫切需要甲国的石油资源，后来他们在自己的境内发现了一座储量丰富的大油田，那么乙国对甲国的石油资源需求就会下降，此时乙国的钞票相对于甲国的钞票自然就会升值。因为乙国缺油的窘迫已经得到了缓解，原先换1吨甲国汽油愿意拿出10吨粮食，现在却只愿意拿出5吨粮食。

以中美两国而言，人民币对美元的汇率其实是由中国对美国（或者说世界市场，因为美元是世界通用货币）各类资源产品和美国（或者世界市场）对中国各类资源产品的供需决定的，就像一国之内的物价是由供需双方决定一样。人民币汇率就是人民币在世界市场上的价格。

改革开放初期的中国缺少制造技术，汽车、电脑、大飞机及各种机械装备皆不能造，而中国又急需这些东西以支持现代化建设，于是人民币在国际贸易中就非常不值钱，因为，一方面我们迫切需要美元在美国乃至世界市场购买先进的设备与技术；另一方面，外方拿到了大把的人民币在中国市场上却没有他们需要的东西可采购。就像现在海地的货币不值钱的道理一样，因为你现在即使拥有海地的货币，但因为其已遭受严重地震，你根本买不到你需要的东西。但是，随着中国改革开放的不断深入，中国除了大飞机之外，不仅自己能够制造电脑、汽车和各类机械装备，而且能够利用这些装备和中国劳动力的优势，生产出更多鞋子、袜子、领带、打火机等诸多轻工产品，这样，一方面我们并不需要更多的美元去美国购买工业产品，因而对美元的需求就下降了；另一方面美国人拿到人民币后却可以在中国买到价廉物美的轻工产品，因而他们对人民币的需求上升了，这一降一升，意味着对美元的需求减少对人民币的需求增加，人民币理所当然地越来越值钱了。也就是说，随着中国经济的发展，人民币对美元的升值是势所必然的。

资料来源：徐昌生. 深入彻底明白汇率问题 [J]. 经济学家茶座，2010(3).

本章要点

1. 外汇的概念有动态和静态之分，静态的外汇又有广义和狭义之分，实际业务中，人们通常使用的外汇概念主要是狭义的外汇，而在理论研究中，人们使用的外汇概念主要是指广义的外汇。外汇具有国际性、可偿性、可兑换性的特征。
2. 汇率是用一国货币表示的另一国货币的价格，通常有直接标价法和间接标价法两种，在实际应用中，汇率可以从不同角度划分为不同的种类。
3. 外汇市场是由外汇供给者、需求者以及外汇买卖的中介机构所构成的买卖外汇的交易系统。外汇市场上的交易按交割的时间不同，可以分为即期外汇交易和远期外汇交易两种类型。
4. 汇率决定理论研究了汇率的形成及其波动的原因，主要有早期的铸币平价理论、传统的购买力平价理论、利率平价理论、汇率决定的国际收支理论以及汇率决定的货币模型和资产组合平衡模型等。

课后思考与练习

1. “外汇即外币，反之亦然。”这种说法对吗？为什么？
2. 什么是汇率？其标价法有哪些？在不同标价方法下的汇率涨落的含义是什么？
3. 比较外汇投机与套期保值，指出两者之间的异同。
4. 购买力平价在实际运用中遇到的麻烦是什么？为什么相对购买力平价优于绝对购买力平价？
5. 汇率的决定理论主要有哪些？
6. 给定其他情况，若发生以下变化，美元兑英镑的实际汇率下一年将发生怎样的变化？
   （1）美国预期实际利率为每年10%，而英国为5%。
   （2）美国一年的通货膨胀率为4%，而英国只有3%。

第 12 章

国际收支调节理论

学习目标

通过对本章的学习，掌握弹性分析法、乘数分析法、吸收分析法、货币分析法，理解这些理论的假设条件、逻辑关系及应用方法，并明确各个理论的优点及缺陷，能在解决实际问题中适当地应用各个理论。

在国际经济交往日趋紧密的当今世界，一国国际收支的失衡必将影响到本国经济的发展。因此，各国在国际收支出现失衡时，都会采取一定的调节措施。为了探寻国际收支调节的理论依据，经济学家根据不同的现实条件，从不同的角度提出了各种调整理论。

西方学者对国际收支的分析主要集中于一国国际收支的决定和保持国际收支平衡的适当政策。从 15 世纪的重商主义到 18 世纪中叶大卫·休谟提出的“价格－铸币流动机制”，再到 20 世纪 30 年代英国经济学家琼·罗宾逊（J. Robinson）等人提出的国际收支“弹性论”，在不同层面上对国际收支调节进行了理论探索。第二次世界大战后，亚历山大（S. S. Alexander）采用凯恩斯的宏观经济模型，提出了国际收支“吸收论”。随着货币主义的兴起，20 世纪 60 年代出现了将货币主义封闭经济条件下的原理推衍到开放经济的“货币论”，国际收支的货币分析方法成为国际收支理论中的主流。

12.1 弹性分析法

弹性分析法（elasticity approach）产生于 20 世纪 30 年代，研究的是在收入不变的条件下汇率变动对调节国际收支失衡的作用，着重考察货币贬值取得成功的条件及其对贸易收支和贸易条件的影响。它是由英国经济学家琼·罗宾逊和美国经济学家勒纳（A. Lerner）在马歇尔的微观经济学和局部均衡分析的基础上发展起来的。由于该理论紧紧围绕进出口商品的供求弹性来论述国际收支调节问题，所以被称为弹性分析法。

12.1.1 弹性分析法的基本假定

弹性分析对整个国际收支而言是一种局部均衡分析，研究贸易收支的平衡条件，其基本假设是：

1）收入、其他商品价格、偏好等条件不变，进出口需求曲线本身的位置不变，货币贬值的收入效应和价格效应被省略；

2）所有相关产量的供给弹性为无穷大，从而以本币表示的出口价格不随需求增加而上涨，与出口相竞争的外国商品价格也不因需求减少而下降；

3）没有资本流动，国际收支等于贸易收支；

4）贸易最初处于平衡状态。

在这些假定下，弹性分析法探讨汇率变动对国际收支的影响效果。

12.1.2 本币贬值与贸易差额

考察汇率变动对国际收支的影响，实际上就是考察汇率变动对出口总值和进口总值的影响，这里出口总值等于出口价格乘以出口数量，进口总值等于进口价格乘以进口数量。因此本国货币贬值对经常账户收支就有两种效应。一种是价格效应，汇率变动最直接、最主要的效应是，它将改变本国商品和外国商品之间的相对价格。在国内价格不变的情况下，本国货币贬值意味着本国出口商品以他国货币表示的价格下降；在国外商品的国际市场价格不变的情况下，本国货币贬值同时也意味着进口商品以本国货币表示的价格上升。另一种是贸易效应，即以他国货币表示的出口价格的下降会导致本国出口的增加，以本国货币表示的进口价格的上涨会导致本国进口的减少。

两种效应结合在一起，引起经常账户收支的变化。在这种情况下，一般认为贬值会有利于一国商品的出口，并限制一国商品的进口，从而会使该国的贸易收支得到改善。但实际上，这并不一定正确，因为在不同的条件下有截然不同的结果。

12.1.3 马歇尔－勒纳条件

如上所述，货币贬值会引起进出口商品相对价格的变动，从而引起进出口数量的变动，最终改变贸易收支状况。然而，由于进出口数量的变化对货币贬值的反应各不相同，货币贬值对贸易收支的影响也就不同，马歇尔－勒纳条件（Marshall-Lerner condition）就是研究在什么条件下货币贬值可以使贸易收支得到改善的理论。

由于假定没有国家间的资本流动，国际收支等于贸易收支，因此以本币表示的经常账户差额可以表示为如下形式：

$$TB = PX - eP^*M \tag{12-1}$$

式中 TB——贸易差额；

P——国内价格水平；

P^*——外国价格水平；

X——本国出口量；

M——本国进口量；

e——直接标价法下的汇率。

如果本币贬值，汇率上升 de，dTB >0，则汇率变化就能起到平衡国际收支的作用。因此，对式（12-1）求导，得

$$\frac{\mathrm{d}TB}{\mathrm{d}e} = \frac{\mathrm{d}(PX)}{\mathrm{d}e} - \frac{\mathrm{d}(eP^*M)}{\mathrm{d}e} = \left(\frac{X\mathrm{d}P}{\mathrm{d}e} + \frac{P\mathrm{d}X}{\mathrm{d}e}\right) - \left(P^*M + \frac{eM\mathrm{d}P^*}{\mathrm{d}e} + \frac{eP^*\mathrm{d}M}{\mathrm{d}e}\right) > 0$$

由于假设国内外商品本身的价格不变，则$\frac{\mathrm{d}P}{\mathrm{d}e}=0$，$\frac{\mathrm{d}P^*}{\mathrm{d}e}=0$

故
$$\frac{\mathrm{d}TB}{\mathrm{d}e} = \frac{P\mathrm{d}X}{\mathrm{d}e} - P^*M - \frac{eP^*\mathrm{d}M}{\mathrm{d}e} > 0 \tag{12-2}$$

令 η_X、η_M 分别表示出口需求价格弹性与进口需求价格弹性。由于假设国内价格不变，所以货币贬值后，以外币表示的出口价格（$P_X = P/e$）变动率就等于汇率的变动率，但符号相反；同样，以本币表示的进口价格（$P_M = eP^*$）变动率也等于汇率的变动率且变动方向相同。则 η_X、η_M 可以分别表示为

$$\eta_X = -\frac{\mathrm{d}X/X}{\mathrm{d}P_X/P_X} = \frac{\mathrm{d}X/X}{\mathrm{d}e/e} \tag{12-3}$$

$$\eta_M = -\frac{\mathrm{d}M/M}{\mathrm{d}P_M/P_M} = -\frac{\mathrm{d}M/M}{\mathrm{d}e/e} \tag{12-4}$$

由式（12-3）和式（12-4）可得

$$\mathrm{d}X = \eta_X \frac{\mathrm{d}e}{e}X$$

$$\mathrm{d}M = -\eta_M \frac{\mathrm{d}e}{e}M$$

将上述两式代入式（12-2），得到

$$\frac{\mathrm{d}TB}{\mathrm{d}e} = \frac{P\mathrm{d}X}{\mathrm{d}e} - P^*M - \frac{eP^*\mathrm{d}M}{\mathrm{d}e} = \eta_X \frac{P}{e}X + \eta_M P^*M - P^*M > 0$$

上式两边同除以 P^*M 可以得到

$$\frac{\mathrm{d}TB}{\mathrm{d}e} \times \frac{1}{P^*M} = \eta_X \frac{P}{eP^*M}X + \eta_M - 1 > 0$$

又由于货币贬值前，贸易收支是平衡的，即 $PX = eP^*M$，则上式可简化为

$$\frac{\mathrm{d}TB}{\mathrm{d}e} \times \frac{1}{P^*M} = \eta_X + \eta_M - 1 > 0 \tag{12-5}$$

如果式（12-5）成立，则 $\mathrm{d}TB/\mathrm{d}e > 0$，即货币贬值可以改善贸易收支，这一条件就是

马歇尔 - 勒纳条件，可表示为$|\eta_X + \eta_M| > 1$。

因此，马歇尔 - 勒纳条件表达的是：在假定供给弹性无穷大时，只要一国出口和进口商品的需求价格弹性之和的绝对值大于1，那么，该国的货币贬值一定能够改善贸易收支，进而改善国际收支。

12.1.4 J曲线效应

在实际经济生活中，当汇率发生变化时，进出口的实际变动并不会如我们预期的那样立刻做出反应。即使在马歇尔 - 勒纳条件成立的情况下，本币贬值也不能马上改善贸易收支，相反，在贬值初期贸易收支还可能进一步恶化，这就是货币贬值的“时滞性”(time lag)。

为什么汇率变动对贸易收支的影响会存在时滞问题呢？这是由于汇率变动在贸易收支上的效应并不是“立竿见影”的，而是呈J形曲线变动的。因为，其一，在货币贬值初期，以本币表示的进口价格会立即提高，但以本币表示的出口价格却提高较慢。同时，出口量要经过一段时间才能增加，而进口量也要经过一段时间才能减少。其二，即使在贬值后签订的贸易协议，出口增长仍要受认识、决策、生产周期等因素的影响，进口方有可能会认为现在的贬值是以后进一步贬值的前奏，从而加速订货。这样，在货币贬值后初期，出口值会小于进口值，贸易收支仍会恶化。只有经过一段时间之后，贸易收支才会逐渐好转。一般认为出口供给的调整时间需要半年到一年，整个过程用曲线描述出来，呈字母J形，故在马歇尔 - 勒纳条件成立的情况下，贬值对贸易收支带来的先恶化后改善的时滞效应，称为J曲线效应。在图12-1中，货币贬值由于合同期的存在，价格和供给的滞后反应将初期恶化国际收支（$A \sim B$），然后相对价格的变动将开始纠正贸易逆差（$B \sim C$），如果弹性条件满足，则会削减初期的贸易差额，沿C上升经过D改善国际收支，其改善的幅度同样取决于弹性的大小。

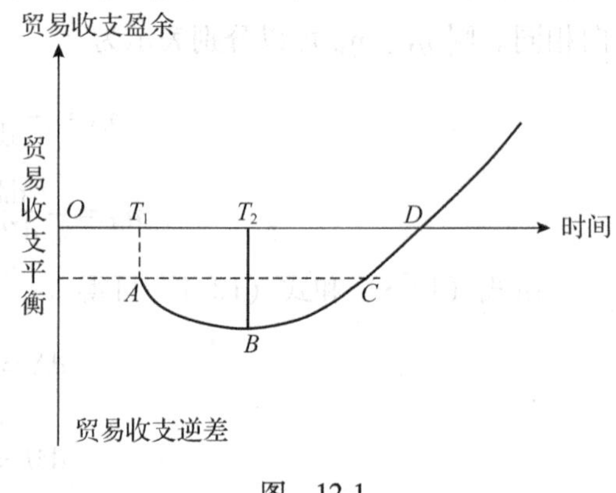

图 12-1

12.1.5 本币贬值与贸易条件

货币贬值带来了相对价格的变化，这些相对价格的变化会通过商品贸易条件的变化进而影响贬值国的实际收入。贬值究竟是改善还是恶化贸易条件，取决于进出口商品的供求弹性，具有如下的特点：如果出口与进口的需求弹性大于供给弹性，本币对外贬值促进出口、抑制进口，贸易条件会得到改善；如果出口与进口的需求弹性小于供给弹性，则贸易条件恶化；如果出口与进口的需求弹性等于供给弹性，则贸易条件不变。

$$\eta_X\eta_M > S_X S_M \quad 贸易条件改善$$

$$\eta_X\eta_M < S_X S_M \quad 贸易条件恶化$$

$$\eta_X\eta_M = S_X S_M \quad 贸易条件不变$$

式中　S_X——出口商品的供给弹性；

S_M——进口商品的供给弹性。

12.1.6　理论评价

弹性分析理论的重要贡献在于，它纠正了货币贬值一定有改善贸易收支作用与效果的片面看法，指出只有在一定的进出口供求弹性条件下，货币贬值才可能改善贸易收支。该理论将弹性分析运用于国际贸易，揭示了汇率与商品相对价格和国际收支的关系，说明贬值对改善国际收支是有条件的，因此对发展中国家有警示意义。但是，它也有很大的局限性：①假设收入和非贸易品价格不变，马歇尔-勒纳条件中供给弹性无穷大，这都与现实不符；②忽略汇率对资本流动的影响；③只分析结果，不分析原因；④采用局部均衡分析，只分析微观因素，没有分析宏观因素，所谓“局部均衡”，就是假定“其他条件不变”，然而，实际上其他条件并非不变，继发性通货膨胀，以及国民收入与利率等都在变。⑤在应用弹性论时，可能存在技术上的困难。

小案例

汇率“调节之谜”

米尔顿·弗里德曼（Milton Friedman）在1953年提出浮动汇率制度可以为国际收支调整提供更为有效的机制，之后在1969年美国波士顿联储召集的“国际调节机制”（international adjustment mechanism）研讨会上也谈到这一重要观点。此次研讨会正值美元和黄金双挂钩的布雷顿森林体系处于风雨飘摇之际，各国疲于应付国际收支失衡，在既定国际货币体系和汇率制度下内外失衡难以自行出清的情况下，如何构建新的货币制度框架已然箭在弦上。此次研讨会之后不久，1973年主要发达国家纷纷转向浮动汇率制，以汇率浮动作为国际收支的新调节机制，这恰好印证了弗里德曼的论断。

但是，工业化国家汇率的激烈变动，并未像理论预期那样发挥调整国际贸易收支使其自动均衡的作用，在此期间，许多工业化国家的国际贸易收支账户仍处于不均衡状态。20世纪80年代初，美国财政赤字剧增，对外贸易逆差大幅度增长。美国希望通过美元贬值来增加产品的出口竞争力，以期改善美国国际贸易收支的不平衡状况，因此直接导致了《广场协议》的出台。然而，事实上美元的大幅度贬值并没有像理论预期那样迅速减少美国的对外贸易收支逆差。学术界将汇率变动不能有效地调节国际贸易收支不平衡问题的普遍现象称为“调整之谜”（exchange rate adjustment puzzle），出现了“弹性悲观论”（elasticity pessimism）。美国是最典型的案例：美元不断贬值，美国的经常收支赤字却不断增加，这和传统的弹性分析法的理论背道而驰。经济学家基于全球一体化的新背景，从产业组织、跨国公司、垂直一体化等角度寻找汇率“失声”的原因，发展了汇率传递理论，从很大程度上解析了汇率“调节之谜”。这些理论进展的作用类似于打开了价格理论的“黑箱”，但并没有抹平汇率作为国际收支调节机制的功能。

资料来源：1. FRIEDMAN M. The case for flexible exchange rates[J]. Essays in Positive Economics，1953.

2. 徐忠. 汇率“调节之谜”的中国解析 [N]. 金融时报，2014-6-13(11).

12.2 乘数分析法

弹性分析法的缺陷之一是不考虑国民收入变动对国际收支的影响。随着凯恩斯主义经济学在第二次世界大战后的兴起，哈伯格（Harberger）、劳森（Laursen）和梅茨勒（Metaler）等人在1950年将乘数理论扩展到开放经济条件，提出了国际收支调节的乘数分析法。

乘数分析法又称收入分析法，在假定价格和汇率不变的条件下，考察一国国民收入变动对其国际收支的影响。它的基本论点是：自主性支出的变动能够通过乘数效应引起国民收入的成倍变动，进而影响进口支出和国际收支的变动，其影响程度取决于边际进口倾向、进口需求的收入弹性大小以及该国开放程度的高低。

12.2.1 前提假设

乘数分析法对整个国际收支而言也是一种局部均衡分析，假设条件有：

1）供给弹性为无穷大，从而进出口和收入的变动不会改变价格水平；

2）汇率、利率、工资水平保持不变；

3）没有资本流动。

12.2.2 对外贸易乘数

从凯恩斯的乘数原理可知，一国的国民收入会因自主性支出变动而发生成倍的变动，如果引入进出口贸易，开放条件下的国民收入均衡恒等式为

$$Y = C + I + G + (X - M)$$

式中，消费 $C = C_0 + cY$；投资 $I = I_0$；政府支出 $G = G_0$；出口 $X = X_0$，且 X_0 是外生变量，它是与本国国民收入无关的自发性的出口数量，取决于外国国民收入水平；进口 $M = M_0 + mY$，且 M_0 是与本国国民收入无关的自发性进口，m 是边际进口倾向，mY 是与本国国民收入呈增函数关系的引致性进口。这时，国民收入均衡恒等式可变为

$$Y = \frac{1}{1 - c + m}(C_0 + I_0 + G_0 + X_0 - M_0)$$

令 s 为边际储蓄倾向，则

$$Y = \frac{1}{s + m}(C_0 + I_0 + G_0 + X_0 - M_0)$$

假如本国出口增加 ΔX，则它对国民收入的影响为

$$\Delta Y=\frac{1}{1-c+m}\Delta X \quad 或 \quad \Delta Y=\frac{1}{s+m}\Delta X$$

$\frac{1}{1-c+m}$或$\frac{1}{s+m}$（大于1），这就是对外贸易乘数（foreign trade multiplier）或称开放经济乘数（open economy multiplier），它是指在开放经济条件下，有效需求变动使国民收入成倍变动的倍数。无论是C、I、G还是X、M，这些自主性支出的变动都会带来国民收入的倍增。因此，凯恩斯主义也倡导一国贸易盈余，主张鼓励出口，抑制进口，以刺激经济，提高国民收入。

12.2.3 国际收支的收入调节机制

乘数分析法认为进口随着国民收入的变动而增减，因此贸易差额必然受到国民收入的影响。

因不存在资本流动，国际收支差额$B=X-M$，即

$$B=X-(M_0+mY)$$

或

$$B=X-M_0-\frac{m}{1-c+m}(C_0+I_0+G_0+X_0-M_0)$$

上式表明，一国可以通过需求管理政策来调整国际收支。当一国的国际收支出现赤字时，当局可以采取紧缩性的财政政策和货币政策，降低国民收入，以减少进口支出，改善国际收支；当一国国际收支出现盈余时，当局可以采取扩张性的财政政策与货币政策，使国民收入增加，从而增加进口支出，减少国际收支盈余。这种通过变动财政货币政策来调整国际收支的效果，取决于本国边际进口倾向$\left(m=\frac{\mathrm{d}M}{\mathrm{d}Y}\right)$的大小，即取决于进口需求收入弹性$\left(\frac{\mathrm{d}M}{\mathrm{d}Y}\times\frac{Y}{M}\right)$和开放程度（$M/Y$）的高低。这表明，一国的开放程度越深，进口需求收入弹性越大，一定规模的紧缩政策所带来的国际收支改善程度越大。

由于出口和自主性进口的变动除了直接影响国际收支外，还会通过国民收入的变化诱发进口的变动，从而进一步影响国际收支的变动。因此一些学者把收入效应与弹性分析强调的替代效应结合起来，修正了贬值能够改善国际收支的马歇尔-勒纳条件，取而代之的是更加严格的哈伯格条件（Harberger condition）。

$$\eta_x+\eta_m>1+m$$

显然这个条件要比马歇尔-勒纳条件更具有现实意义，它考虑了贬值通过收入的变动对国际收支所产生的影响，并且出口供给弹性无穷大的假定更接近于非充分就业的现实。

12.2.4 理论评价

乘数分析法着重分析了对外贸易与国民收入之间的关系，在一定程度上对我们理解现实经济状况有一定的启发意义。根据乘数原理，一国可以在贸易顺差且又存在失业的情况下，通过扩张性财政政策或货币政策来增加本国的收入；或者，在贸易逆差且存在失业的

情况下，通过采取鼓励出口的经济政策来平衡本国的国际收支，同时达到增加本国国民收入的目的。

然而，乘数分析法仍然具有一定的局限性。它建立在凯恩斯的乘数原理的基础上，在其数学模型中忽略了货币供应量和价格的作用，忽略由此可能产生的通货膨胀问题，同时也没考虑国际资本流动的影响。因此，它关于国民收入对国际收支影响的分析也是不全面的。收入的提高虽然能刺激进口的增加，但往往也意味着经济繁荣，吸引大量外资流入，从而可能抵销贸易差额的变化。

12.3 吸收分析法

吸收分析法（income absorption approach）产生于实践。1948 年墨西哥出现了国际收支逆差，由于外汇储备迅速下降，当局不得不中止该国货币比索的固定比价，任其汇率下跌，并向国际货币基金组织申请贷款以平衡国际收支逆差。而在国际货币基金组织任职的经济学家亚历山大和波拉克（J. J. Pollack）等认为，墨西哥的国际收支问题主要由国内预算赤字所致，因而得出与弹性分析法迥然不同的结论：降低汇率不能从根本上解决逆差问题。1952 年，亚历山大在其发表的《贬值对贸易差额的影响》一文中首次介绍了国际收支吸收法，后来经米德、蒙代尔等经济学家的补充而不断发展完善。

12.3.1 国际收支、国民收入与总吸收的关系

根据凯恩斯的收入决定理论，在一个封闭的经济体中，国民收入与国民支出的关系为

$$\text{国民收入}(Y)=\text{国民支出}(E)=\text{消费}(C)+\text{投资}(I)+\text{政府支出}(G)$$

在开放经济条件下，考虑对外贸易差额，则国民收入的均衡公式为

$$\text{国民收入}(Y)=\text{消费}(C)+\text{投资}(I)+\text{政府支出}(G)+\text{出口}(X)-\text{进口}(M)$$

将式中贸易差额 $X-M$ 用 B 表示，国民支出（$A=C+I+G$）即被国内吸收部分，则有

$$B=Y-A$$

该式表示当国民收入大于总吸收时，国际收支顺差；当国民收入小于总吸收时，国际收支逆差；当国民收入等于总吸收时，国际收支平衡。由此可得，调节国际收支的方法无非是调节收入 Y 和吸收 A。这样，吸收分析法就将国际收支差额与总体经济活动联系起来了。

12.3.2 本币贬值对国际收支的影响

进一步假定 $A=A_0+\alpha Y$，其中 α 代表边际吸收倾向，即$\frac{\mathrm{d}A}{\mathrm{d}Y}$，则 $B=Y-A$ 可以变形为

$$B=(1-\alpha)Y-A_0$$

$$\mathrm{d}B=(1-\alpha)\mathrm{d}Y-\mathrm{d}A_0 \tag{12-6}$$

从上式可以看出，贬值能否改善国际收支取决于贬值能否使国民收入的变动相对于吸收水平而提高。它可以通过三个渠道来实现：①dY，代表货币贬值对收入的直接影响；②α，代表货币贬值通过收入的变化对吸收的间接影响；③dA_0，代表贬值对吸收的直接影响。

1. 本币贬值对收入的影响

从以上分析可以看出，当贬值的收入效应为正时，贬值就可以使一国的国际收支得到改善，那么贬值在什么情况下才会产生正的收入效应呢？

（1）闲置资源效应。

当一国存在尚未充分利用的闲置资源时，本币贬值就会使出口增加，进口减少，从而使该国的国民收入大幅度增加，进而改善国际收支状况。另外，国民收入的上升会增加本国的消费支出和投资支出，总吸收水平上升。所以，最终贸易收支将会恶化还是改善，关键要看边际吸收倾向的大小。在经济繁荣时，$(1-\alpha)$ 一般小于零，贬值起不到改善国际收支的效果；而在经济萧条时，$(1-\alpha)$ 一般大于零，贬值能改善国际收支，产生正的收入效应。

（2）贸易条件效应。

根据J曲线可以判断本币贬值后，短期内进出口数量不能立即得到调整，反而会造成贸易条件的恶化，使实际国民收入下降。随着国民收入水平的降低，总吸收水平也会随之降低，只要吸收下降的速度超过国民收入下降的速度，贸易差额就会得到改善。与闲置资源效应相同，货币贬值的贸易条件效应对国际收支状况的影响究竟如何，要看边际吸收倾向的大小。假设实际收入因贸易条件恶化而减少的数量为 t，则贬值通过贸易条件恶化对贸易差额的影响为 $(1-\alpha)t$。显然，只有 $\alpha>1$，贸易条件效应才会使国际收支得到改善。

（3）资源的配置效应。

在亚历山大的最初分析中，并没有对此做出分析，而后来的弗里兹·马克鲁普（Fritz Machlup）对此进行了补充，他证明了货币贬值一般会导致政府管制的放松。因为当一个国家的政府试图通过贬值政策来改善本国的国际收支状况时，如果不放弃那些保护性或限制性的贸易政策，贬值政策就难以发挥其调节进出口数量来改善国际收支的作用。而管制的放松，会使资源从国内生产率相对较低的部门向生产率较高的部门转移，从而提高收入。

就长期来说，资源更经济、更有效的利用是提高一国生活水平的重要因素。在短期内就业量和贸易条件的变化，掩盖了资源改变使用对实际收入的影响，但是三种效应都会受到货币贬值的影响。当闲置资源效应很小或为零时，货币贬值的资源配置效应尤其重要。在总就业不变的条件下，资源更经济、更有效配置，产量仍然可以增加。

2. 本币贬值对吸收的影响

同样，从分析中可以看出，当贬值的吸收效应为负时，贬值也可以使一国的国际收支得到改善。货币贬值对吸收的直接效应，从某种程度上可以认为是货币贬值导致通货膨胀的结果。贬值会通过多种途径提高国内物价水平，最直接的是进口价格的提高，出口商品和进口替代品的价格也会相应上升。如果国内价格继续上涨，直到本国产品可以替代进口品的倾向或出口更多的倾向消失为止，则贸易差额作为贬值的结果并没有得到改善。这正是许多情况下货币贬值适得其反的原因。但从另一角度看，贬值也存在减少吸收的倾向，这种倾向能够抑制价格上涨对贸易收支差额的消极作用，其通过以下的一些机制起作用。

（1）现金余额效应。

本币贬值会使一国的物价水平上升，在货币供应量不变的情况下，将使人们持有的现金余额实际价值减少。为了使实际现金余额恢复到原来的水平，人们或者被迫减少对商品和劳务的支出，即减少总吸收，或者变卖手中的证券。出售证券将引起证券价格的下降，利率水平提高，而利率水平的提高又会进一步降低人们的消费和投资水平，减少总吸收。因此，实际现金余额效应通过总吸收的减少会使贸易收支得到改善。

（2）收入再分配效应。

本币的贬值会引起物价水平的上升，带来收入的再分配。一般说来，物价的上涨有利于利润收入者，不利于固定收入者。由于弹性收入者的边际消费倾向相对较低，这种再分配效应使总的实际消费支出减少，即吸收减少；但同时如果弹性收入者将其增加的收入用于增加投资，那么吸收会增加。所以总吸收增加与否取决于实际消费支出的变动与投资支出变动的对比，这一比例也关系到贸易收支能否得到改善。

（3）货币幻觉效应。

本币贬值会使物价水平上升，如果货币收入与价格同比例上涨，则实际收入没有变化。但如果人们存在对物价的货币幻觉，只注意到了物价的上涨，因而减少消费，增加储蓄，一国的吸收总额就会随之减少，贸易收支逆差就会得以改善。但如果人们存在对工资的货币幻觉，因而增加消费，就会得到相反的结果。

（4）其他的各种直接吸收效应。

1）税收效应。随着本币贬值带来的物价上涨，货币收入上涨，政府的税收收入也将增加。由于政府的边际支出倾向通常小于私人的边际支出倾向，总吸收水平的下降将改善贸易收支。

2）预期效应。在本币贬值引起物价上涨时，如果人们预期物价水平将会进一步上涨，就会提前购买商品和劳务，提高现期的总吸收水平，贸易收支恶化。

3）抑制效应。物价上涨对人们的消费行为会有抑制作用，这时总支出减少，贸易收支改善。

12.3.3 理论评价

吸收分析法以凯恩斯宏观经济理论为基础，从一国国民收入与支出的关系出发，注重将国际收支调节纳入一国总体经济活动来考察，强调收入和吸收在国际收支调节中的关键作用，有助于人们对国际收支失衡和均衡性质的深入认识。它认为：贬值要起到改善国际收支的作用，必须有闲置资源的存在；出口扩大会引起国民收入的增加，只有当边际吸收倾向小于1，即吸收的增长小于收入的增长时，贬值才能改善国际收支。但是吸收分析法的缺陷在于，该理论建立在国民收入核算恒等式的基础上，但并没有对以收入和吸收为因、贸易收支为果的观点提供任何令人信服的逻辑分析；在贬值分析中，吸收论完全没有考虑相对价格在调整过程中的作用；吸收论忽略了资源运用效率，认为在充分就业的情况下，贬值不能提高收入；吸收论是一个单一国家模型；吸收分析法没有涉及国际资本流动。

12.4 货币分析法

20世纪60年代末以来，国际金融资本的流动性日益增加，从根本上改变了国际经济变量的运行环境，从而也改变了国际收支分析的焦点。当时，货币主义逐渐取代凯恩斯主义开始在经济学界流行，其核心是“现代货币数量说”。它强调经济在动态上的稳定性，减少政府干预，认为实行稳定的货币政策能够保证经济的正常运行。20世纪70年代初，美国经济学家罗伯特·蒙代尔和哈里·约翰逊（Harry Johnson）等创立并发展了国际收支调节的货币主义学说（monetary approach to balance of payment），又称货币分析法，其基本出发点是将国际收支看成一种货币现象，货币存量调整既是引起国际收支失衡的原因，又在调节失衡中起着关键作用。

12.4.1 货币分析法的假定前提和基本模型

1. 假定前提

1）一国经济长期处于充分就业均衡状态。

2）货币供给的变化不影响实物产量。

3）国内价格、利率、收入等变量是外生的。

由于国际上存在完全自发的套购、套卖和套利活动，即存在一个高效率的国际商品市场和资本市场，使得一国价格水平接近国际商品市场价格水平，一国利率水平趋向国际资本市场利率水平（一价定律）。

2. 基本模型

货币理论通过下面的简单数学模型来表现其理论内核：

$$M_d = kPY \tag{12-7}$$

$$M_s = m(D + F) \tag{12-8}$$

$$M_d = M_s \tag{12-9}$$

式中 M_d——名义货币需求量；

M_s——名义货币供应量；

P——国内物价水平；

Y——实际国民收入；

D——一国基础货币的本国部分，即国内信贷量；

F——一国基础货币的国外部分，即国际储备量；

m——货币乘数；

k——常数，表示名义货币需求量与名义国民收入（PY）的比率。

式（12-7）是货币需求方程，表明一国货币需求量是国内物价水平和实际国民收入的正函数。长期而言，PY 值趋向于充分就业水平，k 亦为常量，则 M_d 是 P 和 Y 的稳定函数。

式（12-8）是货币供给方程，F 通过国际收支顺差或逆差而增减变化，$D+F$ 构成一国基础货币。在现代银行体系中，商业银行每一单位的国内信贷量或国际储备量都会产生乘数效应，使一国货币存量呈倍数增加。但由于银行系统内各种漏出因素存在，倍数效应很小，m 可看成一个稳定常数。

式（12-9）是货币市场均衡方程。

12.4.2 国际收支失衡的原因和调节

一国的货币供给有两个来源：国内银行体系创造的信用；由经常账户收支顺差所形成的国外资金流入。货币需求只能从这两个方面得到满足。如果国内货币供给不能满足货币需求（$M_d > M_s$），只能从国外取得资金。因此，国外资金会流入，直到货币供给与货币需求恢复平衡，而使国际收支平衡。随着国外资金流入和货币供给增加，货币供给会大于货币需求（$M_s > M_d$），国际收支也会出现顺差。这时，人们就会扩大商品进口和对外投资，把资金移到国外。这样，国内的货币供给便会减少。随着这些活动的继续，国际收支将出现逆差。

用流程式表示就是：国内信贷总量变化→货币供求变化→国际收支失衡→外汇储备变化→货币供求平衡→国际收支均衡。具体地：国内信贷总量增加→$M_s > M_d$→外币资产↑→国际收支逆差→外汇储备↓→M_s↓→国际收支均衡。

由此，货币分析理论得出结论：国际收支是一种货币现象；货币政策是调节国际收支的主要手段和工具；影响国际收支的根本因素是货币供应量；国际收支逆差是国内信贷扩张所致，应采取紧缩性的货币政策调节；为使国际收支平衡，货币供给应与经济增长保持一致。

12.4.3 贬值的效应分析

货币理论认为，贬值打破了两国原有的相对价格均衡后，必然引起其货币供求关系的变化。就短期而言，本币贬值首先提高贸易品的国内价格，并通过贸易品和非贸易品的替代性使非贸易品的价格提高，物价水平的提高意味着实际货币余额的下降，从而导致对名义货币余额需求的增加。在货币供应量不变的情况下，人们必定促进商品或金融资产出口，同时抑制进口来满足对名义货币的需求，使国际收支状况得到改善。但是，从长期看，如果货币供应量增加了，本币贬值会通过各种途径使一国总体物价水平上升，贬值所引起的名义货币需求的增加由增加的货币供应量补充，而不需要通过增加商品供给、出售金融资产或减少消费支出的方法来补充，从而会抵消掉贬值所带来的贸易品价格上的竞争优势，国际收支状况得不到改善。因此，要想长期改善国际收支，一国中央银行有必要采取紧缩性货币政策，将货币供应量维持在适度的水平上，才能保证国际收支平衡。

12.4.4 理论评价

货币分析法作为一种货币主义的国际收支理论，较以前的国际收支理论有了较大的发展，其特色主要体现在以下几点。

1）该理论把研究的重点放在影响国际收支综合差额的储备项目上，即重点在国际收支平衡表“线下”的项目，将“线上”的经常项目和资本项目归为一类，避免了弹性法、吸收法侧重于经常账户收支研究的缺陷。这种研究注重国际收支的整体均衡，强调国内货币供求与国际收支之间的内在联系，通过分析货币均衡过程中的存量和流量之间的调整机制，得出国际收支失衡的原因和调节措施。

2）在政策主张上，货币分析法也与前面的理论有很大的区别。弹性理论偏向将汇率政策作为纠正国际收支失衡的主要手段；吸收理论则偏向总需求管理，强调政府运用支出转换政策和支出减少政策来提高产量与减少国内吸收，从而改善一国国际收支状况；而货币分析法则把国际收支的货币调节放在首位，强调货币政策的运用，且只要政府实行稳定增长的货币供给政策，国际收支就可以通过货币供求变动自动达到平衡。

货币分析法也存在一些缺陷，主要表现在以下两个方面。

1）过于强调货币是国际收支不平衡的唯一变量而排除其他因素。实际情况是商品流通引起货币流通，而不是货币流通决定商品流通，不能仅仅从货币市场分析国际收支失衡的原因及其调节措施。

2）货币分析法中的一些假设条件不一定能成立。如一价定律与现实情况存在较大的差距，各国商业、货币制度不同，贸易、外汇及资本管制的程度不同，各国的物价和利率也存在不同程度的差异，这都给国际收支货币理论的运用带来许多限制。

本章要点

1. 弹性分析法假定供给弹性无穷大时，货币贬值符合马歇尔 – 勒纳条件才能改善国际收支，并且存在“时滞效应”；同时，货币贬值带来了贸易条件的变化，其改善还是恶化取决于进出口商品的供求弹性的大小。
2. 乘数分析法认为自主性支出的变动能够通过乘数效应引起国民收入的成倍变动，进而影响进口支出和国际收支的变动，其影响程度取决于边际进口倾向、进口需求的收入弹性的大小以及该国开放程度的高低。
3. 吸收分析法是在国民收入方程式的基础上提出的，强调收入和吸收在国际收支调节中的关键作用。它指出，只有在能够减少支出或增加收入的条件下，本币贬值改善国际收支才是有效的。
4. 货币分析法强调了在国际收支分析中对货币因素的重视，考虑了包括资本流动在内的全部国际收支因素，是一种更全面的一般均衡分析方法。

课后思考与练习

1. 马歇尔－勒纳条件的含义是什么？该条件的运用受哪些因素的影响？
2. 一国利用货币贬值手段来改善贸易收支有何不利之处？
3. 根据国际收支调整的吸收方法，分析货币贬值对于国民收入的影响。
4. 分别解释在弹性分析法、乘数分析法、吸收分析法、货币分析法下，贬值能使国际收支改善的必要条件。
5. 简述货币分析法的局限性。

第 13 章

开放经济条件下的宏观经济政策

学习目标

通过对本章的学习，了解开放经济条件下的宏观经济政策目标与工具，掌握实现内外均衡的政策搭配原理，熟练应用 *IS-LM-BP* 模型分析固定汇率制和浮动汇率制下宏观经济政策的效果，更进一步地理解政策意义。

本章将研究的视角转向国际收支、产品市场、货币市场同时实现均衡，达到开放经济条件下的一般均衡状态。具体内容涉及：开放经济条件下基于内外平衡的二元目标，实现内外平衡的政策搭配，基于 *IS-LM-BP* 模型分析固定汇率制和浮动汇率制下财政政策和货币政策的效果。

13.1 开放经济条件下的宏观经济政策目标与工具

13.1.1 开放经济条件下的宏观经济政策目标

开放经济条件下，政府的宏观经济政策目标既涉及国内经济均衡，又涉及对外经济均衡，具有二元性，具体包括四个方面。

1. 充分就业

充分就业是指包含劳动在内的一切生产要素都以愿意接受的价格参与生产活动的状态。充分就业包含两种含义：一是指除了摩擦失业和自愿失业之外，所有愿意接受各种现行工资的人都能找到工作的一种经济状态，即消除了非自愿失业就是充分就业；二是指包括劳动在内的各种生产要素，都按其愿意接受的价格，全部用于生产的一种经济状态，即所有资源都得到充分利用。失业意味着稀缺资源的浪费或闲置，从而使经济总产出下降，社会总福利受损。因此，失业的成本是巨大的，降低失业率、实现充分就业就常常成为宏观经济政策的首要目标。

小知识

充分就业

充分就业（full employment）是一个有多重含义的经济术语。这一概念是英国经济学家凯恩斯在《就业、利息和货币通论》一书中提出的，是指在某一工资水平下，所有愿意接受工作的人都获得了就业机会。充分就业并不等于全部就业，而是仍然存在一定的失业。但所有的失业均属于摩擦性的和结构性的，而且失业的间隔期很短。通常把失业率等于自然失业率时的就业水平称为充分就业。充分就业既是微观居民户家庭实现收入最大化所追求的理性预期，也是宏观政府调控的首要政策目标。

充分就业的重大工具意义和终极目的价值在于：第一，在充分就业状态下，每个劳动者都找到了他所期望找到的就业岗位，劳动者在就业岗位上实在地证明了自身所拥有的自主决策、自愿选择、自由流动、自动就业和自我发展的真实权利，劳动者的能力得到了体现、证明和运用，其自身的内在需求偏好获得了满足，有可能实现符合个人意愿的全面发展。第二，在充分就业状态下，劳动者个人有了可靠的工作保障，找到了稳定的收入来源，居民家庭能够实现收入最大化，有可能实现个人或居民家庭在各个方面的最大化发展；劳动者一旦因失去就业机会而处于失业状态，也将同时失去个人和家庭发展的经济支撑。第三，充分就业状态下的劳动者在找到就业岗位的同时，也找到了自己的社会归属，自身将不再处于社会游离状态，不再被社会所抛弃和边缘化，其心理将不再因失业而扭曲，原有的失业心理也会得到及时矫正，对未来将不再徘徊、彷徨和迷惘，就业者有了自己期望的社会定位，证明了自己的社会价值，其精神需求会得到满足。第四，充分就业状态下包括人力资源在内的所有社会资源都得到了最优化配置，实际经济产出 GDP 接近或等于潜在产出，经济运行曲线处在生产可能性曲线的边缘附近，经济周期处在繁荣和高涨阶段，国民经济蛋糕已经做到最大，即使收入分配比例保持不变，个人家庭收入和政府财政收入也都会获得相应增长，人口发展、经济增长和社会进步处在动态和谐的健康运行状态。第五，充分就业状态证明了政府决策的公正性及有效性，政府宏观调控的政策目标已经实现，社会公众对政府机构的满意度得到提升，政治支持率会得到提高，政府也能够用不断增长的财政收入支撑社会全面发展，有劳动能力并愿意工作的劳动力人口都各就其业，社会发展过程中潜藏的某些动荡、冲突、摩擦和骚乱等不稳定因素得到及时消解，既不会出现纵向的政府与公众之间的社会剧烈摩擦，也不会出现横向的社会各阶层或各利益集团之间的巨大矛盾冲突。

2. 物价稳定

物价稳定是世界上绝大多数国家政府的一个宏观经济调节目标，也是中央银行执行货币政策的首要目标。所谓物价稳定，是指一般物价水平在短期内不发生显著的或急剧的波动，但并不排除某种商品价格相对于其他商品价格的变动。一般用价格指数来衡量一般价格水平的变化。价格稳定不是指每种商品价格的固定不变，也不是指价格总水平的固定不变，而是指价格指数的相对稳定。价格指数又分为消费物价指数（CPI）、批发物价指数（PPI）和国民生产总值折算指数（GNP deflator）三种。物价稳定并不是通货膨胀率为零，而是允许保持一个低而稳定的通货膨胀率。所谓低，就是通货膨胀率在1%～3%；所谓稳定，就是在相当时期内能使通货膨胀率维持在大致相等的水平上。这种通货膨胀率能为社会所接受，对经济也不会产生不利的影响。

3. 持续均衡的经济增长

经济增长是指在一个特定时期内经济社会人均产量和人均收入的持续增长。它包括：一是维持一个高经济增长率；二是培育一个经济持续增长的能力。一般认为，经济增长与就业目标是一致的。经济增长通常用一定时期内实际国内生产总值年均增长率来衡量。经济增长会增加社会福利，但并不是增长率越高越好。这是因为经济增长一方面要受到各种资源条件的限制，不可能无限地增长，尤其是对于经济已相当发达的国家来说更是如此。另一方面，经济增长也要付出代价，如造成环境污染，引起各种社会问题等。因此，经济增长就是实现与本国具体情况相符的适度增长率。

4. 国际收支平衡

国际收支平衡，指一国国际收支净额即净出口与净资本流出的差额为零。在特定的时间段内衡量一国对所有其他国家的交易支付，如果其货币的流入大于流出，国际收支为正值，表明该国国际收支顺差，反之则为逆差。此类交易产生于经常账户、资本和金融账户。在开放经济条件下，一国的对外贸易及资本国际流动的状况对该国国内总需求、货币供应量及经济增长有着直接的影响，实现国际收支平衡有助于一国经济实现持续健康的发展。

从四大政策目标来看，实现经济持续均衡增长是一国宏观经济政策的长期目标，目标的实现取决于要素投入数量及技术进步状况，而其他三个目标则属于政府宏观经济政策的短期目标。因此，在开放经济条件下，一国政府在短期内运用宏观经济政策就是为了实现内部平衡和外部平衡两大目标。

13.1.2 开放经济条件下的宏观经济政策工具

同时实现对内经济平衡和对外经济平衡，将使一国经济处于最适宜的发展状态，但这种状态在现实中是很难达到的。一国经济往往是在“失衡—调整—平衡—再失衡”的循环反复中，以及国内外经济的相互矛盾和制约中发展的。尽管这一过程的实现艰难而复杂，政府仍会采用相应的政策工具追求内部和外部平衡的目标。从结构上看，宏观经济政策工具可分为三类。

1. 支出调整政策

支出调整政策是指政府通过实施财政政策与货币政策直接影响总需求或总支出水平来

调节内部均衡，同时，总需求或总支出的变化又会通过边际进口倾向和利率机制来影响国际收支，从而影响外部均衡。

2. 支出转换政策

支出转换政策是一种通过货币贬值或升值来影响贸易品的国际竞争力，调整国内需求结构，以实现经济均衡的政策，因而它是与对外经济目标直接联系的政策。简单来说，支出转换政策是在改变总需求方向的基础上，调节总支出中国内外商品和劳务的消费比例，即通过调整汇率来调节内外经济。

3. 直接管制

直接管制是指政府采取直接的行政控制来影响经济运行的政策手段。在国内经济方面，具体的政策措施包括行政条例、物价管制、法律限制等。当其他政策失效时，直接管制中的价格和工资管制可用以缓解国内的通货膨胀。在国际经济方面，则包括关税、非关税壁垒、外汇管制以及其他限制国际贸易和国际资本流动的做法。直接管制的目的也是改变国内的需求结构，以实现对内对外经济的平衡。但直接管制一般会导致低效率，因为它们会干扰市场机制的运行。

13.1.3 开放经济条件下二元宏观经济政策目标实现的基础

开放经济条件下宏观经济政策目标的多样性要求组合使用独立的、有效的政策工具，只有组合搭配使用独立政策工具才能保障二元宏观经济政策目标的实现。其主要原因在于，根据荷兰经济学家丁伯根（J. Tinbergen）的理论，即丁伯根法则（Tinbergen's Rule）：如果一个经济具有线性结构，决策者有 n 个目标，只要有至少 n 个线性无关的政策工具，就可以实现这 n 个目标。也就是说，一国所需要的有效政策工具数目至少要与所想达到的独立的经济目标数目一样多。对于开放经济而言，这一结论具有重要的政策指导意义，即内外平衡的宏观经济政策目标，政府需要至少两个独立的政策工具进行组合搭配才能保证两个目标的同时实现。

除此以外，宏观经济政策的组合搭配使用：第一，有助于发挥宏观经济政策工具各自的优势，弥补不足，更好地实现宏观经济调控所要达成的目标；第二，根据内外失衡的状态和特点，组合搭配使用宏观经济政策工具，有助于弥补政策工具的时滞空档期，实现政策作用的连续性；第三，通过不同政策工具作用方式的协调糅合，抵消其负面效应，更好地发挥政策作用的效力。

13.2 开放经济条件下的内外平衡理论

13.2.1 米德的内外平衡理论

英国经济学家詹姆斯·米德在1951年出版的《国际收支》一书中最早提出了内部平衡与外部平衡的概念，并专门讨论了一国同时实现内外平衡的政策选择，认为政府可以运用支出调整政策和支出转换政策的组合来同时实现内部和外部平衡目标。

1. 假设

1）在经济达到充分就业之前物价水平保持不变；

2）贸易收支代表整个国际收支，不考虑资本流动的影响。

2. 政策运用

米德认为，内部失衡可以运用支出调整政策，外部失衡则运用支出转换政策。例如，当经济处于失业与国际收支顺差并存的内外失衡状态时，可以通过扩张性的财政政策或货币政策增加总支出，解决内部失衡的失业；解决外部失衡的顺差，则可以通过本币升值抑制出口，刺激进口，从而消除顺差。

由此可见，当经济中存在内外失衡问题时，可以通过支出调整政策和支出转换政策搭配使用实现内外同时均衡。两种政策的搭配见表 13-1。

表 13-1　米德的政策搭配

内外失衡状况	支出调整政策	支出转换政策
失业与顺差	扩张性	本币升值
失业与逆差	扩张性	本币贬值
通胀与顺差	紧缩性	本币升值
通胀与逆差	紧缩性	本币贬值

3. 图示说明

米德的政策搭配组合可以用斯旺图示加以说明，来分析采用不同的经济政策实现内外均衡的机制。如图 13-1 所示，横轴 *D* 代表国内总支出，包括消费、投资和政府支出等，反映支出调整政策；纵轴 *e* 表示直接标价法下的汇率，反映支出转换政策，汇率提高意味着本国货币贬值，反之则本币升值。

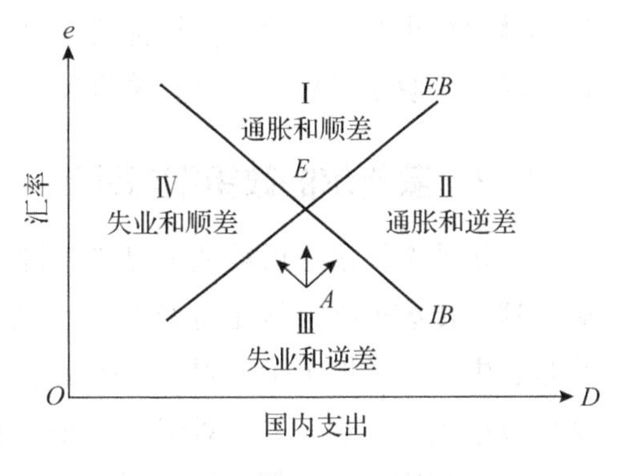

图　13-1

IB 线代表国内支出和汇率的各种组合下的内部平衡曲线，它向右下方倾斜，说明汇率下降将导致出口减少和进口增加，必须匹配一个更大的国内消费，才不致使国内出现失业。*IB* 线右上方任意一点都意味着国内出现了超额需求，存在通货膨胀；在 *IB* 线左下方的任意一点都意味着需求不足，有失业存在。

EB 线代表国内支出和汇率各种组合下的外部平衡曲线，它向右上方倾斜，原因是汇率的提高会刺激出口增加，使国际收支出现顺差，为了保持国际收支平衡，就必须同时增加国内支出，以吸引更多的进口。*EB* 线左上方的任意一点都存在着国际收支顺差，而在它的右下方的任意一点都存在国际收支逆差。

IB 线与 *EB* 线的交点 *E* 为开放条件下的一般均衡点，表明一国经济达到内外均衡。但现实情况却是很难达到这个均衡状态，绝大多数情况下经济会处于以下非均衡状态中的一种：

区域Ⅰ：内部通货膨胀与外部顺差

区域Ⅱ：内部通货膨胀与外部逆差

区域Ⅲ：内部失业与外部逆差

区域Ⅳ：内部失业与外部顺差

从图 13-1 中可以确定，为实现一般均衡，即达到 E 点，必须合理地配合使用支出调整政策与支出转换政策。同时，为使政策更有针对性，首先要弄清一国经济处于哪种非均衡状态。例如，当经济处于 A 点即存在失业和逆差时，可以通过扩张性的支出调整政策解决失业问题，同时搭配使用本币贬值的支出转换政策解决逆差问题，使经济趋向 E 点，实现一般均衡。

4. 米德冲突

尽管可以使用支出调整政策与支出转换政策同时达到经济的内外均衡，但是，第二次世界大战之后建立的布雷顿森林体系是固定汇率制，汇率的调整受到制约。在只有支出调整政策可用的情况下，单纯使用支出调整政策来实现内部平衡和外部平衡两个目标，则可能会出现冲突，这就是著名的米德冲突（Meade′s conflict）。

米德冲突是指在某些情况下，单独使用支出调整政策追求内外均衡，将会导致一国内部均衡与外部均衡之间的冲突。例如，在失业和逆差并存情况下，采取扩张性的财政政策和货币政策可以消除失业，实现内部平衡，但同时产生的总需求或总支出水平的提高也会增加进口，从而使得国际收支逆差更加严重。同样，当通货膨胀和顺差并存时，单纯的支出调整政策也会在实现一个目标的同时使另一个目标进一步恶化。可见，一种政策工具难以兼顾两个政策目标，一个政策目标的实现总是以另一个目标的加剧恶化为代价的。

13.2.2 蒙代尔的政策指派法则

米德冲突提出之后被理论界普遍接受，似乎成为一道无解的难题。1962 年，蒙代尔打破了这一传统思维，他在向 IMF 提交的《恰当运用财政货币政策以实现内外稳定》的研究报告中，正式提出了在固定汇率制下以财政政策促进内部均衡，以货币政策促进外部均衡的政策主张。这一主张对财政政策和货币政策在实现内外均衡中的作用进行了重新分配，因而被称为“政策指派法则”。

1. 财政政策和货币政策是两种独立的政策工具

与米德的分析不同，蒙代尔的分析考虑到资本国际流动的影响。由此，一国财政政策和货币政策对内部平衡和外部平衡的作用方向与作用程度是不同的，它们是两种独立的政策工具，符合丁伯根法则的要求。

就财政政策而言，政府采取扩张的或紧缩的财政政策，会导致社会的总支出或总需求增加或减少，继而在乘数效应的作用下引起产出或国民收入的倍增或倍减，导致就业增加或减少。由此可见，财政政策在一国内部平衡的实现上效果明显，作用方向明确。而从对外部平衡的影响来看，财政政策的作用具有不确定性。原因在于当政府采取扩张性的财政政策时，既由于总需求的增加导致国民收入的增加，进而导致进口的增加，使经常项目收支恶化；又由于扩张性财政政策带来利率的上升，吸引资本流入，使资本和金融项目得到改善。综合两个方面的影响，扩张性的财政政策对于外部平衡的影响方向具有不确定性，紧缩性的财政政策亦是如此。

就货币政策而言，政府采取扩张的或紧缩的货币政策，增加或减少货币供应量，导致利率下降或提高，进而刺激或抑制私人投资和私人消费，带来国民收入水平的提高或下降，导致就业的增加或减少，发挥货币政策对国内经济的影响作用。从货币政策对外部平衡的影响来看，货币政策具有效果明显、方向明确的特征。以扩张性的货币政策为例，当一国政府采取扩张性的货币政策时，利率的下降，一方面会刺激私人投资和私人消费支出的增加使国民收入水平提高，继而导致进口的增加，使经常账户收支恶化；另一方面，利率下降还导致资本外流，使资本和金融账户恶化。综合两个方面的影响，在对外部平衡的影响上货币政策形成叠加效应，效果明显。对于紧缩性货币政策的分析同理，此处不再赘述。

2. 蒙代尔的政策指派法则

根据财政政策和货币政策的作用特点与作用方向，蒙代尔提出了财政政策和货币政策的指派法则。一国可将财政政策用于实现内部平衡的目标，而货币政策用于实现外部平衡的目标，这又称为“有效市场分类法则”。

下面我们以失业和顺差并存的内外失衡状况为例加以分析：面对经济中存在的失业这一内部失衡状况，按照蒙代尔的政策指派法则，可采取扩张性的财政政策加以解决，通过“增支减收”的扩张性财政政策增加总需求，实现国民收入水平的提高，消除失业。而面对经济中存在的国际收支顺差问题，可以通过扩张性的货币政策来应对，增加货币供应量，降低利率，一方面刺激总需求，提高国民收入水平，增加进口；另一方面促使资本外流，用两个方面的叠加效应抵销国际收支顺差。各种政策搭配情形见表13-2。

表13-2　蒙代尔的政策指派法则

经济状况	财政政策	货币政策
失业和顺差	扩张性	扩张性
失业和逆差	扩张性	紧缩性
通胀和顺差	紧缩性	扩张性
通胀和逆差	紧缩性	紧缩性

3. 蒙代尔政策指派法则的图示说明

如图13-2所示，横轴 G 为政府支出，代表财政政策，G 越大说明财政政策越宽松；纵轴 R 为利率，代表货币政策，R 越高表示货币政策越紧缩。同样有两条分别代表内外平衡的曲线：IB 线为政府支出和利率的各种组合下的内部平衡线，它的斜率为正。这是因为利率上升导致投资减少，失业增加，为维持对内平衡，必须增加政府支出。IB 线上的任意一点都说明一国经济内部达到平衡，其左上方意味着有效需求不足，有失业存在，右下方则表示通货膨胀；EB 线则为

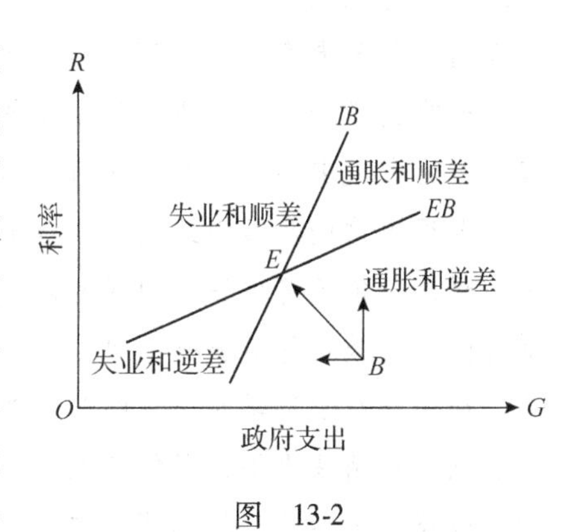

图　13-2

政府支出和利率各种组合下的外部平衡线，它同样向右上方倾斜，表示扩张性的财政政策使支出增加，进而进口增加，为维持对外平衡需提高利率，吸引资本流入。*EB* 线上的任意一点都说明一国国际收支达到平衡，其左上方表示顺差，右下方则表示逆差。虽然两条线的斜率都为正，但是 *IB* 线比 *EB* 线要陡峭，这是因为财政政策对于内部平衡的影响明显，而货币政策对于外部平衡的影响更大。

当 *IB* 线与 *EB* 线相交于 *E* 点，说明该国经济处于内外均衡状态，*E* 点即一般均衡点。若经济不在 *E* 点，则意味着该国经济内外不均衡。如图中 *B* 点，表示经济中通胀与逆差并存，按照蒙代尔的政策指派法则使用紧缩性的财政政策和紧缩性货币政策组合，使经济趋向 *E* 点，从而实现内部和外部同时均衡。

小案例

关于中国货币财政政策是否“保守”的一场激辩

“这个世界会好吗?”

在新冠肺炎疫情突袭、金融市场熔断、全球经济险象环生背景下，2020 年 5 月 8 日，凤凰财经进行了一场“危机对话”，凤凰财经总监张涛抛出这个问题，给了 2019 年诺贝尔经济学奖获得者之一的阿比吉特·班纳吉。班纳吉的回答是：经济学理论告诉我们，政府应该采取经济刺激手段，以使得供给与需求相互匹配。

事实上，全球的政策制定者们已经这么做了。各国都采取了积极的货币与财政政策。欧美国家普遍实施的“零利率”甚至负利率、“无限 QE”以及万亿经济救助计划。而与之相比，中国的货币财政政策被指“保守”。

经济学家们见仁见智。

北京大学光华管理学院院长刘俏呼吁扶持政策应该更加果断一些，下更大的决心，推出一些力度更大的政策，从而为疫情下的经济重启提供资金保障。在刘俏看来，经济重启的一揽子政策仍有点碎片化，让人感觉力度不够。按照其建议，财政刺激整体规模可能会达到 4.86 万亿元人民币。刘俏指出，中国财政赤字率其实不高，2019 年是 2.8%，如果 2020 年能够提高到 4%，那么也意味着可以新增 1.2 万亿元的财政资金帮助后疫情时代经济重启。如果考虑发行特别国债，可能有 2 万亿元空间。

北京大学国家发展研究院副院长黄益平用“不惜一切代价”来形容全球各国政策，他表示，大危机来临时，这是无可指责的，因为要防范系统性崩盘，但他同时担心，危机过后想要退出这些非常规政策是很难的。以上轮全球金融危机过后为例，宽松货币政策一直没有退出，但经济也没有明显复苏。因此，黄益平建议，现在若要采取超常规政策，需要对国际经济政治环境充分估计，并预先准备应对举措。

而中国财政科学研究院院长刘尚希则认为，现在没有到经济刺激的时候，也谈不上经济刺激。疫情冲击下，我们应当跳出传统的宏观调控思维，摆脱原有的路径依赖。他认为，政府扩大赤字、增加债务关键是要弄清楚干什么。赤字、债务政策在过去被理解为是扩张性的政策，但在疫情冲击下，财政政策其实是对冲风险，实现“六保”，避免公共风险升级。“六保”关注的领域包含居民就业、基本民生、市场主体、粮食能源安全、产业链供应链稳定、基层运转等社会经济的六个主要问题。相比扩张，刘尚希认为关键是通过保存量，保基本民生，从而实现经济的稳定和社会的稳定。

中国人民大学副校长刘元春也表示，中国不需要简单复制欧美超强度的货币宽松政策。因为疫情对中国与欧美金融市场的影响是不一样的，疫情并未给中国带来海啸级的金融震荡，股债市场也未出现流动性危机；此外中国在复工复产阶段更多采取供给侧的帮扶，在财政政策上有充足空间。但刘元春也指出，随着中国经济循环回到常态化，为应对全球产业链冲击、警惕下一轮金融震荡的可能，以及二次停工停产的风险，财政政策和货币政策都要进一步加码。

资料来源：凤凰网。

13.3　开放经济条件下的宏观经济模型

开放经济与封闭经济条件下宏观经济模型的不同之处在于加入了国际收支这个新的变量。本节将构建开放条件下的宏观经济模型（*IS-LM-BP* 模型），以它作为分析宏观经济政策效果的基础工具。*IS-LM-BP* 模型是在 *IS-LM* 模型中加入国际收支均衡之后的修正模型，而 *IS-LM* 模型在宏观经济学中已经有了详细的介绍，因此，本节我们把模型构建的重点放在 *BP* 曲线的推导上，对 *IS* 曲线和 *LM* 曲线的推导仅做简单说明。

13.3.1　开放经济条件下 *IS* 曲线和 *LM* 曲线的推导

1. 开放经济条件下 *IS* 曲线的推导

IS 曲线为产品市场达到均衡时的国民收入和利率组合的轨迹，其推导涉及一个均衡条件和两个函数关系。

一个均衡条件即开放经济条件下产品市场均衡条件，可表示为如下形式：

$$S+M=I+G+X \tag{13-1}$$

式中，S、I、G、X、M 分别代表储蓄、投资、政府购买支出、出口和进口。开放条件下当总产出与总支出相等时，产品市场达到均衡。

两个函数关系基于均衡条件等式（13-1）的两端。

先看均衡条件等式的左端（$S+M$），S、M 与本国收入水平有关，$S=-\alpha+sY$，$M=m_0+mY$（α、m_0、s、m 分别表示自主性储蓄、自主性进口、边际储蓄倾向、边际进口倾向，这四个参数均为常数），则对应的（$S+M$）函数整理后为

$$S+M=(m_0-\alpha)+(s+m)Y \tag{13-2}$$

再看均衡条件等式的右端（$I+G+X$），G 与 X 为外生变量。I 与利率 i 有关，对应的函数表达式为 $I=e-di$（e、d 分别表示自主性投资和投资需求对利率的敏感系数），则对

应的（$I+G+X$）函数整理后为

$$I+G+X=(e+G+X)-di \tag{13-3}$$

假设 $S+M=L$，$I+G+X=Z$，根据一个均衡条件和两个函数关系，可以推导出开放条件下的 *IS* 曲线。图 13-3a 描述了储蓄与进口之和（$S+M$）与国民收入 Y 之间的关系，对应曲线的斜率为（$s+m$）。当收入水平分别为 Y_1、Y_2 时，（$S+M$）分别为 L_1、L_2。根据图 13-3b 以 45°线表示的均衡条件，均衡时（$I+G+X$）分别为 Z_1 和 Z_2。再由图 13-3c 中利率与（$I+G+X$）之间的关系线可确定均衡时的利率水平分别为 i_1、i_2，则在图 13-3d 中确定产品市场达到均衡时的两个点：（Y_1，i_1）、（Y_2，i_2），重复上述过程，形成的收入与利率组合点的轨迹就是 *IS* 曲线。可以看出，*IS* 曲线的斜率为负，这是因为国民收入提高时，$S+M$ 会增加，为使产品市场保持均衡，必须通过利率下降，刺激投资增加，维持市场均衡。

IS 曲线的移动，主要受财政政策的影响，其他因素在宏观经济学中有详细的介绍，此处不再赘述。考虑开放条件下的变化，这里只介绍汇率变化的影响。在满足马歇尔－勒纳条件的前提下，本币贬值将导致 *IS* 曲线右移。这是因为，本币贬值后出口增加、进口减少，经济社会的总产出小于总支出，这样只有国民收入增加才能保证总产出与总支出之间的平衡。相反，本币升值则会导致 *IS* 曲线左移。

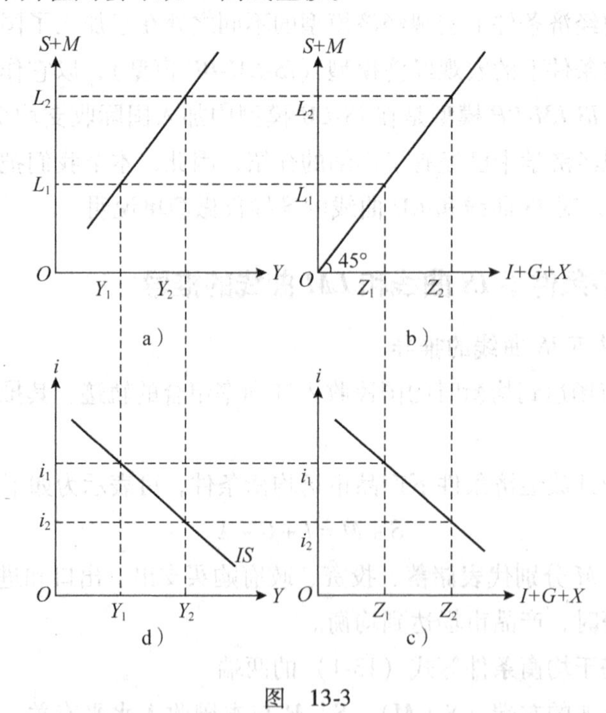

图 13-3

2. 开放经济条件下 *LM* 曲线的推导

LM 曲线是货币市场达到均衡时的国民收入和利率组合的轨迹，开放经济条件下 *LM* 曲线的推导同样涉及一个均衡条件和两个函数关系。

一个均衡条件即为开放经济条件下货币市场均衡条件，可表示为如下形式：

$$L=M \tag{13-4}$$

式中，L 和 M 分别代表货币需求和货币供给，其中 M 为外生变量。这一等式表明开放条件下当货币需求与货币供给相等时，货币市场达到均衡。

均衡条件等式中的货币需求 L 可分为两部分：交易与预防货币需求（m_1）和投机货币需求（m_2），其中，交易与预防货币需求取决于实际国民收入，投机货币需求则取决于利率。由此，均衡条件可以写为：$M = m_1 + m_2$，移项整理得：

$$m_1 = M - m_2 \tag{13-5}$$

两个函数关系基于均衡条件等式（13-5）的两端。等式的左端 m_1 是收入 Y 的增函数，表达式为 $m_1 = m_1(Y)$；等式的右端 m_2 是利率 i 的减函数，表达式为 $m_2 = m_2(i)$，M 为外生变量。

根据一个均衡条件和两个函数关系可以推导出开放条件下的 LM 曲线，推导过程如图 13-4 所示。图 13-4a 显示，当国民收入水平由 Y_1 提高到 Y_2 时，交易与预防货币需求由 m_{11} 升至 m_{12}；图 13-4b 中斜率为 -1 的直线表示货币市场均衡条件：$m_1 = M - m_2$，对应于既定的货币供给 M 以及交易与预防货币需求 m_{11} 和 m_{12}，均衡时的投机需求部分货币余额应分别为 m_{21} 和 m_{22}；图 13-4c 给出了满足货币市场均衡条件的利率水平，应分别为 i_2，i_1；最后根据所得的两个组合（Y_1，i_1）、（Y_2，i_2），在图 13-4d 中就可确定一条斜率为正的货币市场均衡曲线——LM 曲线。LM 曲线的斜率之所以为正，是因为当国民收入水平提高时，交易与预防货币需求会增加，为使货币需求继续等于不变的货币供给，要求投机货币需求减少，即利率需要提高。

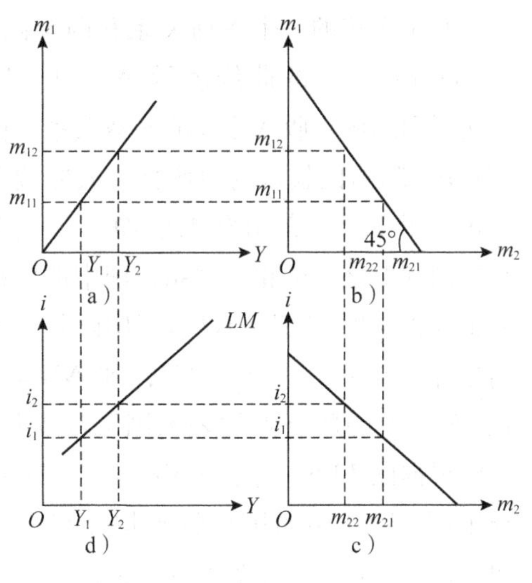

图　13-4

影响 LM 曲线位置的因素主要是国内货币供应量。当国内货币供应量增加时，LM 曲线将右移，这是因为对应于既定的利率水平，只有国民收入增加才能保证过剩的货币余额被吸收（用于交易目的）。相反，当国内货币供应量减少时，LM 曲线将左移。

13.3.2　国际收支平衡线——*BP* 曲线

1. *BP* 曲线的推导

BP 曲线的推导同样可以通过一个平衡关系和两个函数来完成。

（1）国际收支平衡的条件。

一国的国际收支达到平衡是指经常项目收支差额与资本项目收支差额之和为零。国际收支平衡的条件可以用以下公式表达：

$$\begin{cases} BP = 0 & \text{(13-6a)} \\ (X - M) + (\text{AX} - \text{AM}) = 0 & \text{(13-6b)} \\ M - X = \text{AX} - \text{AM} & \text{(13-6c)} \end{cases}$$

式中，X 表示出口，M 表示进口，AX 表示金融资产出口（asset export），即资本流入；AM 表示金融资产进口（asset import），即资本流出。

（2）两个函数关系。

国际收支平衡等式（13-6c）的左端（$M-X$）为经常项目的净进口。在汇率既定的情况下，进口量的大小主要取决于本国实际国民收入的高低，且 M 是本国实际国民收入的增函数，函数表达式可写成：$M=M(Y)$；出口 X 则主要由外国实际收入决定，为外生变量，视为常数。令 $\mathrm{NM}=M-X$，从而我们可以得到经常账户的净进口函数 $\mathrm{NM}=M(Y)-X$，它是本国国民收入的增函数。等式右端的（AX - AM）表示资本账户的净流入，令其为NF，它主要受利率变量 i 的影响。本国利率水平相对越高，资本流入就越多，而流出则越少，表示为函数形式，即 $\mathrm{AX}=\mathrm{AX}(i)$ 及 $\mathrm{AM}=\mathrm{AM}(i)$。因此，资本账户的净流入 NF 是本国利率的增函数。

由此，可以把式（13-6c）改写成：

$$M(Y)-X=\mathrm{AX}(i)-\mathrm{AM}(i) \tag{13-7}$$

基于上述的一个平衡关系和两个函数，我们可以推导出 BP 曲线，过程如图 13-5 所示。图 13-5a 中的曲线表示净进口（NM）与实际国际国民收入之间的函数关系，因为 NM 是实际国民收入的增函数，故曲线斜率为正；图 13-5c 表示资本的净流入（NF）与本国利率之间的正向关系，图中的曲线斜率也为正；图 13-5b 则显示了国际收支的均衡条件：$M-X=\mathrm{AX}-\mathrm{AM}$，即 $\mathrm{NM}=\mathrm{NF}$，在 45°线上的所有点均表示国际收支均衡。这样根据图 13-5a、图 13-5b、图 13-5c 可推导出图 13-5d 中的国际收支均衡线——BP 曲线，它同样是一条斜率为正的曲线。

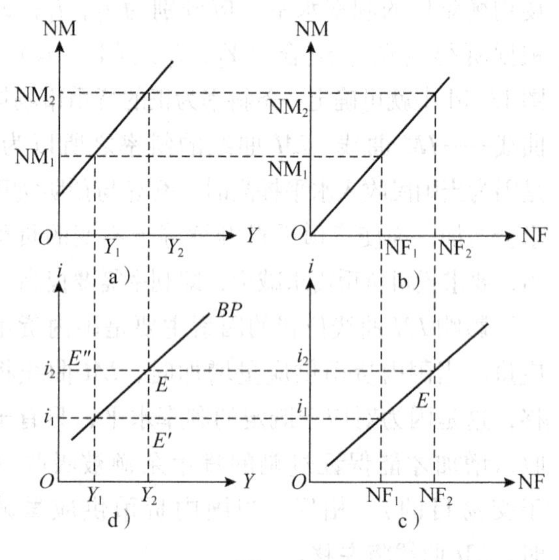

图 13-5

在通常情况下，BP 曲线向右上方倾斜，利率与实际国民收入同方向变动。BP 曲线之所以向右上方倾斜缘于内生变量之间的关系，所以我们对有关的内生变量——利率和实际国民收入进行分析。如图 13-5d 所示，假设起始的均衡点在 E 点，这时国际收支是均衡的。如果国内利率提高，国际收支为何仍能保持平衡？利率提高会吸引更多的国外资本流入，从而使国际收支出现盈余。此时，只有通过增加净进口才能抵销资本净流入的增加，而净进口又取决于实际国民收入，所以只有在实际国民收入也提高的情况下，才能使进口增加，经常项目出现逆差，进而抵消资本项目的盈余，使国际收支重新恢复平衡。同样，如果利率下降，其引起的资本账户逆差必须由实际国民收入的下降而带来的经常账户顺差来抵消，从而保持国际收支平衡。由此可见，要保持国际收支平衡，利率与国民收入一定要同方向变动，因此 BP 曲线向右上方倾斜。换个角度看，从函数关系上来讲，由于 NF

是利率 i 的增函数，而 NM 是实际国民收入 Y 的增函数，如果要实现国际收支均衡 NM = NF，利率 i 和实际国民收入显然必须同方向变动，即 *BP* 曲线的斜率为正。

BP 曲线上任何一点均代表国际收支平衡，而在 *BP* 曲线左上方或右下方的区域内任何一点则表示国际收支处于顺差或逆差状态。例如，图13-5d 中 的 E'点，与均衡点 E 相比，实际国民收入相同，但利率较低，于是资本净流入比 E 点要少，也就是说，资本净流入小于商品和劳务的净进口导致的资本净流出，这意味国际收支处于逆差；同样，E''点与 E 点相比，利率相同，但国民收入水平更低，于是净进口比 E 点要小，这意味国际收支处于顺差。

2. *BP* 曲线的两种特殊形态

BP 曲线的两种特殊形态对应着国际资本流动的两种极端情况。一种是没有资本流动的情况下，利率变化对国际收支没有影响，也就是说资本流动对利率的弹性为零，这时 *BP* 线是一条位于某一收入水平上的垂直于横轴的直线，如图 13-6a 所示。另一种则是对应于资本完全自由流动的情况，这时资本流动对于利率变动具有完全的弹性，即任何高于国外利率水平的国内利率都会导致巨额资本流入，使国际收支处于顺差；同样，任何低于国外利率水平的国内利率都会导致巨额资本流出，使得国际收支处于逆差，这时 *BP* 线为一条位于国际均衡利率水平上的水平线，如图 13-6b 所示。

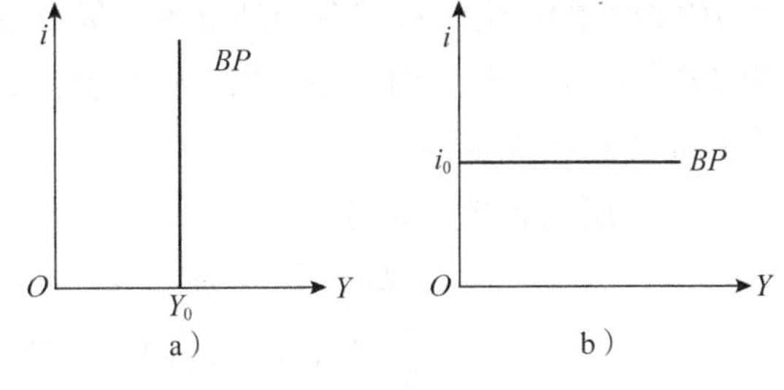

图 13-6

概括而言，*BP* 曲线的斜率处于 0 与无穷大之间，资本流动程度越低，*BP* 曲线越陡峭；资本流动程度越高，*BP* 曲线越平坦。

3. 影响 *BP* 曲线移动的因素

影响 *BP* 曲线移动的因素主要有两个：国内价格水平和汇率。在 *IS-LM* 模型的框架下，我们假定国内价格水平是不变的。因此，汇率作为一个重要的参数，对国际收支状况的影响就十分重要。凡能影响汇率的因素（如利率、实际国民收入、货币购买力等）都会使 *BP* 曲线移动。汇率上升，本币贬值，将使 *BP* 曲线右移。反之，汇率下降，本币升值，将使 *BP* 曲线左移。下面以汇率上升为例，来分析汇率变动对 *BP* 曲线移动的影响。

如图 13-7 所示，假设最初外部均衡位于 A 点，则在外部均衡实现条件下存在某一均衡汇率 e_1 与 $A(Y_1, i_1)$ 相对应。当汇率由 e_1 上升到 e_2，即本币贬值，商品出口增加，进口减少，经常账户将出现顺差。如果假定利率 i_1 不变，则资本账户余额不变，因此总的国际收支出现顺差。为保持外部平衡，本国国民收入水平须提高至 Y_2，使本国进口增加，从而出现经常账户逆差，直到收入增加导致的经常账户逆差与本币贬值带来的经常账户顺差完全相抵时，国际收支重新实现均衡，这时新的均衡汇率 e_2 与点 $B(Y_2, i_1)$ 相对应。表现在图中即 *BP* 曲线右移到 *BP'*。相反，如果汇率下降，本币升值，则 *BP* 曲线会左移。

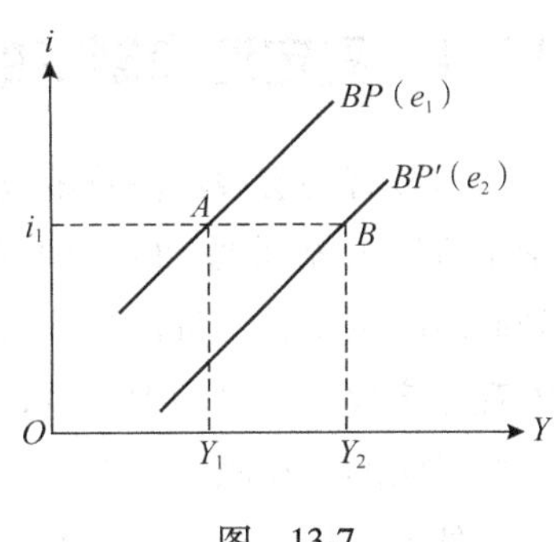

图 13-7

13.3.3 开放经济条件下的宏观经济模型——*IS-LM-BP* 模型

开放经济条件下的宏观经济模型为内外均衡模型，反映商品市场、货币市场和国际收支同时达到均衡。模型的表述方式我们在此处介绍两种。

一是用图形来表述。如图 13-8 所示，当 *IS* 曲线、*LM* 曲线和 *BP* 曲线恰好交于 *E* 点的时候，便会有唯一的一组利率 i_0、实际国民收入 Y_0 和汇率 e_0 使得产品市场均衡、货币市场均衡、国际收支均衡同时实现，这也是任何一个经济体所追求的政策目标。三条曲线的交点是 *Y-i* 平面上的唯一一个三重均衡点，其他任何点都是非三重均衡点。例如，如果 *BP* 曲线位于 *IS* 曲线与 *LM* 曲线的交点 *E* 之左侧，如 *BP'*所示，由于内均衡点 *E* 位于 *BP'* 右侧，根据上面对 *BP* 曲线的讨论，可知在产品市场与货币市场共同达到均衡时存在着国际收支逆差；如果 *BP* 曲线位于 *E* 点的右侧，如 *BP''*所示，则意味着产品市场与货币市场同时达到均衡时存在着国际收支顺差。

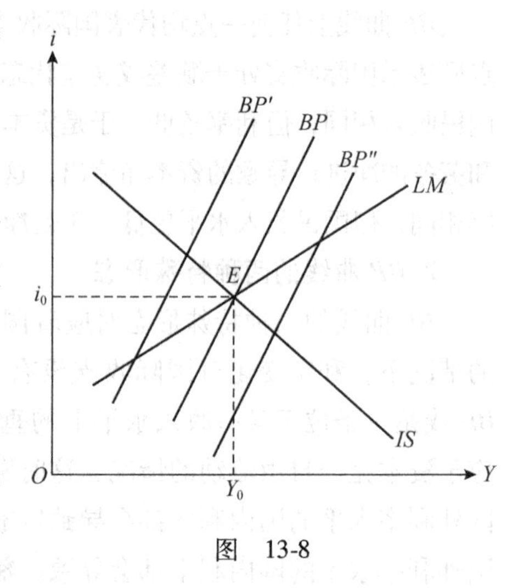

图 13-8

二是用函数式来表述：

$$\begin{cases} IS\text{ 函数：}(m_0-\alpha)+(s+m)Y=(e+G+X)-di \\ LM\text{ 函数：}m_1(Y)=M-m_2(i) \\ BP\text{ 函数：}M(Y)-X=\mathrm{AX}(i)-\mathrm{AM}(i) \end{cases}$$

IS 函数、*LM* 函数和 *BP* 函数分别为产品市场、货币市场和国际收支的局部均衡解集，三者联立求解，则可解得三个市场同时均衡的一般均衡解。

下一节开始，我们就以 *IS-LM-BP* 模型作为基础分析工具，分析不同汇率制度下宏观经济政策的作用效果。

13.4 固定汇率制下的宏观经济政策效果

本节有关宏观经济政策效果的分析，首先要说明的是其基本影响因素仍然是宏观经济学中所揭示 *IS* 曲线和 *LM* 曲线斜率的大小，以及继而所体现的边际消费倾向、投资需求对利率的敏感系数、货币需求对利率及收入的敏感系数四个经济参数；其次要说明的是所谓宏观经济政策效果的大小主要反映在宏观经济政策所导致的均衡国民收入变动的多少；最后要说明的是在固定汇率制下一国货币当局要承担维持汇率固定的义务。为此，中央银行进行外汇市场干预，干预方式分为“非消毒干预”与“消毒干预”两种。“非消毒干预”即对外汇市场的干预影响国内货币供给。而“消毒干预”是在国际收支出现逆差时，中央银行在外汇市场上抛售外币购进本币的同时，增加基础货币中的国内信贷部分，以抵消外汇市场干预所造成的对国内货币供给的冲击。采用“消毒干预”短期可以保证货币政策的有效性。但从长期来看，会导致国际收支持续恶化，再通过国际储备减少，影响基础货币而降低国内货币供给，使货币政策长期无效。后续的分析以“非消毒干预”为例展开。本节利用 *IS-LM-BP* 模型分析固定汇率制下财政政策与货币政策的作用效果，在分析中要考虑不同资本流动程度的影响。

13.4.1　财政政策的效果

开放经济条件下，政府可以采用改变政府支出或税收的方式实施财政政策。以扩张性财政政策为例，依托图 13-9 和表 13-3，分析在固定汇率制及不同资本流动情况下财政政策的效果。

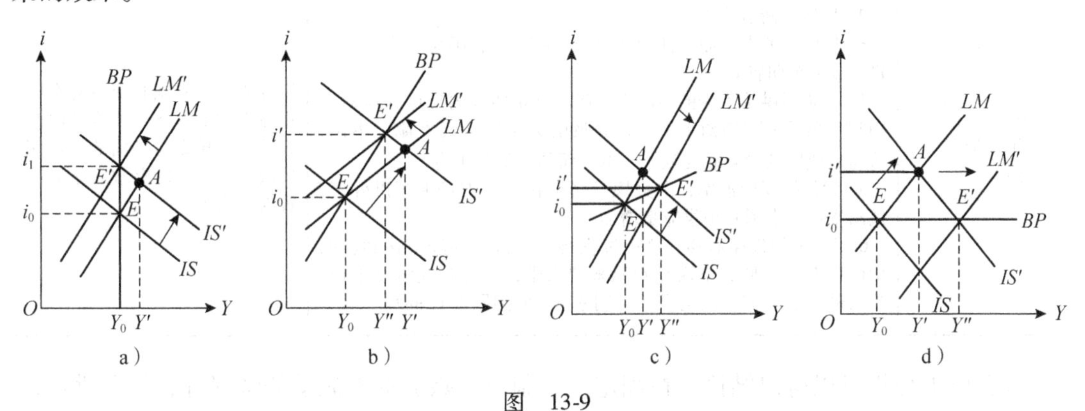

图　13-9

表 13-3　固定汇率制下财政政策效果

资本流动性	图形分析说明	财政政策效果说明
资本不流动 图 13-9a	1. 资本不流动时，*BP* 曲线是一条垂直于横轴的直线 2. 初始均衡点为 *E* 3. 扩张性财政政策使 *IS* 曲线移动至 *IS'*，国民收入增加至 *Y'*，政策短期有效 4. *IS'* 与 *LM* 曲线的交点 *A* 位于 *BP* 曲线右方，意味着国际收支出现了逆差，本币面临贬值压力 5. 本国货币当局为维持汇率不变，需要在外汇市场进行干预，抛出外汇，回购本币，导致本国货币供应量减少 6. *LM* 曲线左移，直到最终三条曲线 *IS'*、*LM'* 和 *BP* 交于 *E'* 点，经济重新恢复到均衡状态。收入从 *Y'* 减少到 Y_0，回到原来的水平	在固定汇率制和资本不流动的情况下，扩张性财政政策在短期内会提高一国的国民收入，而在长期内则对国民收入没有影响，只会使均衡利率提高
资本流动 程度较低 图 13-9b	1. 资本流动程度较低，*BP* 曲线比 *LM* 曲线更陡些 2. 初始均衡点为 *E* 3. 扩张性财政政策使 *IS* 曲线移动至 *IS'*，国民收入增加至 *Y'*，政策短期有效 4. *IS'* 与 *LM* 曲线的交点 *A* 位于 *BP* 曲线右方，意味着国际收支出现了逆差，本币面临贬值压力 5. 本国货币当局为维持汇率不变，需要在外汇市场进行干预，抛出外汇，回购本币，导致本国货币供应量减少 6. *LM* 曲线左移，直到最终三条曲线 *IS'*、*LM'* 和 *BP* 交于 *E'* 点，经济重新恢复到均衡状态。收入从 *Y'* 减少至 *Y''*，但高于初始收入水平 Y_0，收入增加	在固定汇率制和资本流动程度较低的情况下，扩张性财政政策会提高一国的均衡国民收入和利率水平。扩张性财政政策无论短期和长期对提高国民收入均有效

（续）

资本流动性	图形分析说明	财政政策效果说明
资本流动程度较高 图 13-9c	1. 资本流动程度较高，*BP* 曲线比 *LM* 曲线平坦些 2. 初始均衡点为 *E* 3. 扩张性财政政策使 *IS* 曲线移动至 *IS′*，国民收入增加至 *Y′*，政策短期有效 4. *IS′*与 *LM* 曲线的交点 *A* 位于 *BP* 曲线左方，意味着国际收支出现了顺差，本币面临升值压力 5. 本国货币当局为维持汇率不变，需要在外汇市场进行干预，抛出本币，回购外汇，导致本国货币供应量增加 6. *LM* 曲线右移，直到最终三条曲线 *IS′*、*LM′*和 *BP* 交于 *E′*点，经济重新恢复到均衡状态。收入进一步从 *Y′*增加至 *Y″*	在固定汇率制和资本流动程度较高的情况下，扩张性财政政策会提高一国的均衡国民收入和利率水平。扩张性财政政策无论短期和长期对提高国民收入均有效
资本完全自由流动 图 13-9d	1. 资本完全自由流动时，*BP* 曲线是一条水平线 2. 初始均衡点为 *E* 3. 扩张性的财政政策使 *IS* 曲线右移至 *IS′*，国民收入增加至 *Y′*，政策短期有效 4. 在货币供给不变的情况下，*IS′*与 *LM* 曲线的交点 *A* 所对应的利率高于国际均衡水平 i_0，会吸引大量国际资本流入本国，从而造成巨额国际收支顺差，本币面临升值的压力 5. 为保持固定汇率，中央银行必须在外汇市场上买进外汇，抛出本币，本国货币供应量增加 6. *LM* 曲线发生右移，这一过程将一直持续到经济达到新的均衡点 *E′*点，使利率恢复到原来的水平，国际收支恢复平衡。收入进一步从 *Y′*增加至 *Y″*，且利率从 *i′*回到原来 i_0 的水平	在固定汇率制和资本完全自由流动的情况下，扩张性财政政策会明显提高一国的均衡国民收入，此时的财政政策完全没有挤出效应

综合以上分析可以得出结论：在固定汇率制下，除资本不流动的情况外，扩张性财政政策对于提高一国的国民收入水平是比较有效的，而且资本流动程度越高，扩张性财政政策的作用效果越明显。

13.4.2 货币政策的效果

开放经济条件下，一国货币当局可以采用改变货币供应量的方式实施货币政策，但同时在固定汇率制下，其运用货币政策的能力会因为要维持汇率固定的义务而受到限制。以扩张性货币政策为例，依托图 13-10，采用列表（见表 13-4）的方式，分析在固定汇率制及不同资本流动程度下货币政策的效果。

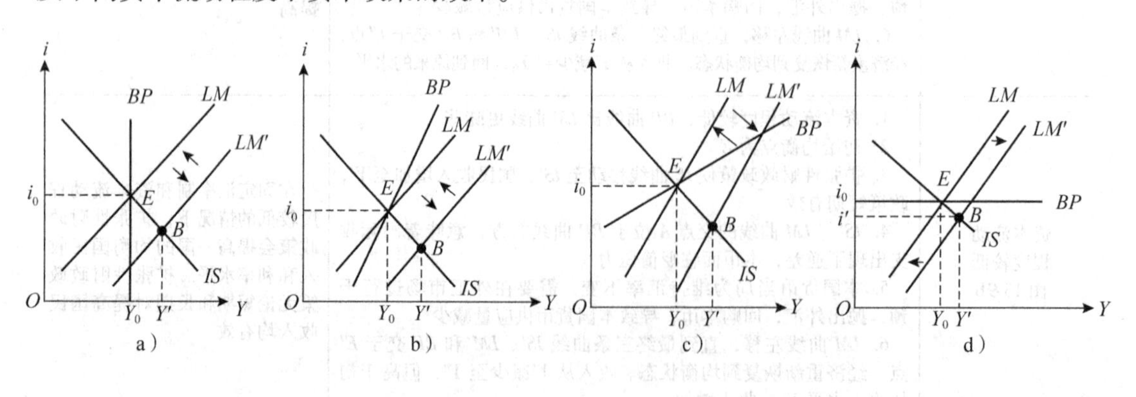

图 13-10

表13-4　固定汇率制下货币政策效果

资本流动性	图形分析说明	货币政策效果说明
资本不流动 图13-10a	1. 资本不流动时，*BP* 曲线是一条垂直于横轴的直线 2. 初始均衡点为 *E* 3. 货币当局采取扩张性货币政策，使 *LM* 曲线右移至 *LM′*，国民收入增加至 *Y′*，政策短期有效 4. *LM′*与 *IS* 曲线的交点 *B* 位于 *BP* 曲线右方，意味着国际收支出现了逆差，本币面临贬值压力 5. 本国货币当局为维持汇率不变，需要在外汇市场进行干预，抛出外汇，回购本币，导致本国货币供应量减少 6. *LM′*曲线向左回移直至到原来位置，经济重新恢复到均衡状态 7. 收入从 *Y′*回到 Y_0，收入恢复到原来的水平	在固定汇率制和资本不流动的情况下，扩张性货币政策在短期内会提高一国的国民收入，而在长期内则对国民收入没有影响
资本流动 程度较低 图13-10b	1. 资本流动程度较低，*BP* 曲线比 *LM* 曲线更陡些 2. 初始均衡点为 *E* 3. 货币当局采取扩张性货币政策，使 *LM* 曲线右移至 *LM′*，国民收入增加至 *Y′*，政策短期有效 4. *LM′*与 *IS* 曲线的交点 *B* 位于 *BP* 曲线右方，意味着国际收支出现了逆差，本币面临贬值压力 5. 本国货币当局为维持汇率不变，需要在外汇市场进行干预，抛出外汇，回购本币，导致本国货币供应量减少 6. *LM′*曲线向左回移，直到最终三条曲线 *IS*、*LM* 和 *BP* 交于 *E* 点，经济重新恢复到均衡状态 7. 收入从 *Y′*回到 Y_0，收入恢复到原来的水平	在固定汇率制和资本流动程度较低的情况下，扩张性货币政策在短期内会提高一国的国民收入，而在长期内则对国民收入没有影响
资本流动 程度较高 图13-10c	1. 资本流动程度较高，*BP* 曲线比 *LM* 曲线平坦些 2. 初始均衡点为 *E* 3. 货币当局采取扩张性货币政策，使 *LM* 曲线右移至 *LM′*，国民收入增加至 *Y′*，政策短期有效 4. *LM′*与 *IS* 曲线的交点 *B* 位于 *BP* 曲线右方，意味着国际收支出现了逆差，本币面临贬值压力 5. 本国货币当局为维持汇率不变，需要在外汇市场进行干预，抛出外汇，回购本币，导致本国货币供应量减少 6. *LM′*曲线向左回移，直到最终三条曲线 *IS*、*LM* 和 *BP* 交于 *E* 点，经济重新恢复到均衡状态 7. 收入从 *Y′*回到 Y_0，收入恢复到原来的水平	在固定汇率制和资本流动程度较高的情况下，扩张性货币政策在短期内会提高一国的国民收入，而在长期内则对国民收入没有影响
资本完全 自由流动 图13-10d	1. 资本完全自由流动，*BP* 曲线是一条水平线 2. 初始均衡点为 *E* 3. 货币当局采取扩张性货币政策，使 *LM* 曲线右移至 *LM′*，*LM′*与 *IS* 曲线的交点 *B* 位于 *BP* 曲线下方 4. 本国利率低于世界均衡利率水平，导致资本大量外流，国际收支出现巨额逆差，本币面临贬值压力 5. 为维持汇率不变，中央银行干预外汇市场，抛出外汇、回购本币，导致本国货币供应量减少 6. *LM′*曲线向左回移，直到最终三条曲线 *IS*、*LM* 和 *BP* 交于 *E* 点，经济重新恢复到均衡状态 7. 收入从 *Y′*回到 Y_0，收入恢复到原来的水平 注意：实际上，在资本完全自由流动的情况下，扩张性货币政策根本不会导致 *LM* 曲线右移至 *LM′*，因为资本流动数量巨大且非常迅速，中央银行增加货币供给会被资本流出完全抵消，所以经济会始终处于均衡点 *E*	在固定汇率制和资本完全自由流动的情况下，扩张性货币政策对于提高一国的均衡国民收入完全无效

综上所述，可以得出结论：在固定汇率制下，无论资本的流动性如何，长期内货币政策都是无效的。这是因为，一国货币当局运用货币政策的能力会因维持汇率固定的义务而受到限制。所以说在固定汇率制下，货币政策要同时兼顾内外平衡两个政策目标，难以达到预期效果。特别是在资本完全自由流动的情况下，货币政策在短期和长期都无效，不能发挥对国民收入的影响作用。

13.5 浮动汇率制下的宏观经济政策效果

本节利用 *IS-LM-BP* 模型讨论浮动汇率制下的宏观经济政策效果，从中可反映出两种不同汇率制度下宏观经济政策效果的重大差别。

13.5.1 财政政策的效果

此处，还是采用列表的方法（见表 13-5），以扩张性财政政策为例，分析图 13-11 在浮动汇率制、不同资本流动程度下财政政策的效果。

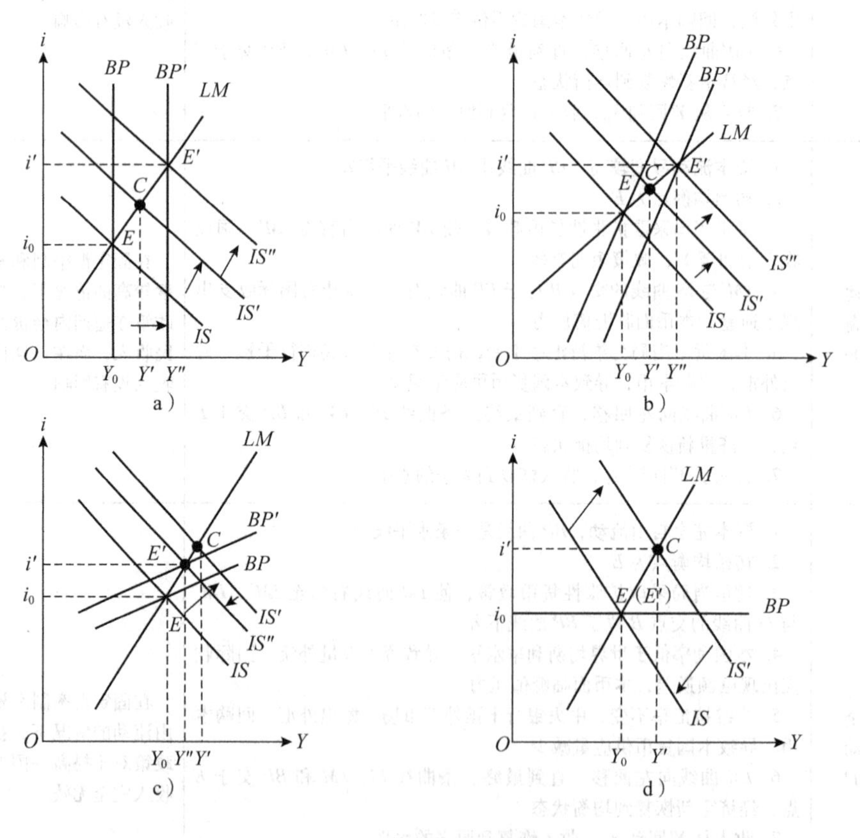

图 13-11

表 13-5　浮动汇率制下财政政策效果

资本流动性	图形分析说明	财政政策效果说明
资本不流动 图 13-11a	1. 资本不流动时 *BP* 曲线是一条垂直的线 2. 初始均衡点为 *E* 3. 政府采取扩张性财政政策，使 *IS* 曲线右移至 *IS′*，国民收入增加为 *Y′*，短期内政策有效 4. *IS′*与 *LM* 曲线的交点 *C* 位于 *BP* 曲线右方，意味着国际收支出现了逆差 5. 在浮动汇率制下，国际收支逆差会导致本币贬值 6. 本币贬值一方面会使得 *BP* 曲线右移，另一方面也会由于净出口增加而使得 *IS′*曲线继续右移，直到最终三条曲线 *IS″*，*LM* 和 *BP′*交于 *E′*点，经济重新恢复到均衡状态 7. 收入从 *Y′*进一步上升到 *Y″*	在浮动汇率制和资本不流动的情况下，扩张性财政政策对于提高一国的国民收入是有效的
资本流动 程度较低 图 13-11b	1. 资本流动程度较低，*BP* 曲线比 *LM* 曲线更陡些 2. 初始均衡点为 *E* 3. 政府采取扩张性财政政策，使 *IS* 曲线右移至 *IS′*，国民收入增加至 *Y′*，政策短期有效 4. *IS′*与 *LM* 曲线的交点 *C* 位于 *BP* 曲线右方，意味着国际收支出现了逆差 5. 在浮动汇率制下，国际收支逆差会导致本币贬值 6. 本币贬值一方面会使 *BP* 曲线右移，另一方面也会由于净出口增加而使得 *IS′*曲线继续右移，直到最终 *IS″*、*LM* 和 *BP′*三条曲线交于 *E′*点，经济重新恢复到均衡状态 7. 收入从 *Y′*进一步上升到 *Y″*	在浮动汇率制和资本流动程度较低的情况下，扩张性财政政策短期、长期均会提高一国的均衡国民收入和利率水平
资本流动 程度较高 图 13-11c	1. 资本流动程度较高，*BP* 曲线比 *LM* 曲线平坦些 2. 初始均衡点为 *E* 3. 政府采取扩张性财政政策，使 *IS* 曲线右移至 *IS′*，国民收入增加至 *Y′*，政策短期有效 4. *IS′*与 *LM* 曲线的交点 *C* 位于 *BP* 曲线左方，意味着国际收支出现了顺差 5. 在浮动汇率制下，国际收支顺差会导致本币升值 6. 本币升值一方面会使得 *BP* 曲线左移，另一方面也会由于净出口减少而使得 *IS′*曲线向左回移，直到最终三条曲线 *IS″*、*LM* 和 *BP′*曲线交于 *E′*点，经济重新恢复到均衡状态 7. 收入从 *Y′*减少到 *Y″*	在浮动汇率制和资本流动程度较低的情况下，扩张性财政政策短期、长期均会提高一国的均衡国民收入和利率水平，但效果不明显
资本完全 自由流动 图 13-11d	1. 资本完全自由流动，*BP* 曲线是一条水平线 2. 初始均衡点为 *E* 3. 政府采用扩张性财政政策，导致 *IS* 曲线右移至 *IS′*与 *LM* 相交于 *C*，国民收入增加至 *Y′*。需求扩张，产量提高，对货币需求也因此增加，并导致利率上升 4. 国内利率上升造成资本大量流入国内，从而国际收支出现巨额顺差 5. 在浮动汇率制下，国际收支顺差会导致本币升值 6. 本币升值使得本国出口受到抑制、进口增加，由此导致的净出口减少将使 *IS′*曲线向左回移，直到净进口的增加抵消国际收支顺差为止 7. 收入从 *Y′*回到 Y_0，恢复到原来的水平，新的均衡点 *E′*与 *E* 重合 注意：实际上，由于汇率的自由浮动机制会对扩张性财政政策产生一个完全的挤出效应，*IS* 曲线可能根本就不会向右移动，从而致使财政政策完全达不到降低失业、提高收入水平的目的	在浮动汇率制和资本完全自由流动的情况下，扩张性财政政策因完全的挤出效应而失效

综合以上分析可以得出结论：在浮动汇率制下，随着资本流动程度的提高，扩张性财政政策对于提高一国国民收入水平的作用受到的限制不断增强，特别是当资本完全自由流动时，财政政策完全失效。

13.5.2　货币政策的效果

与固定汇率制下的货币政策效果不同，浮动汇率制下货币政策对国内生产与收入有较强的影响力。下面我们根据图 13-12，按资本流动程度的不同予以列表（见表 13-6）分析。

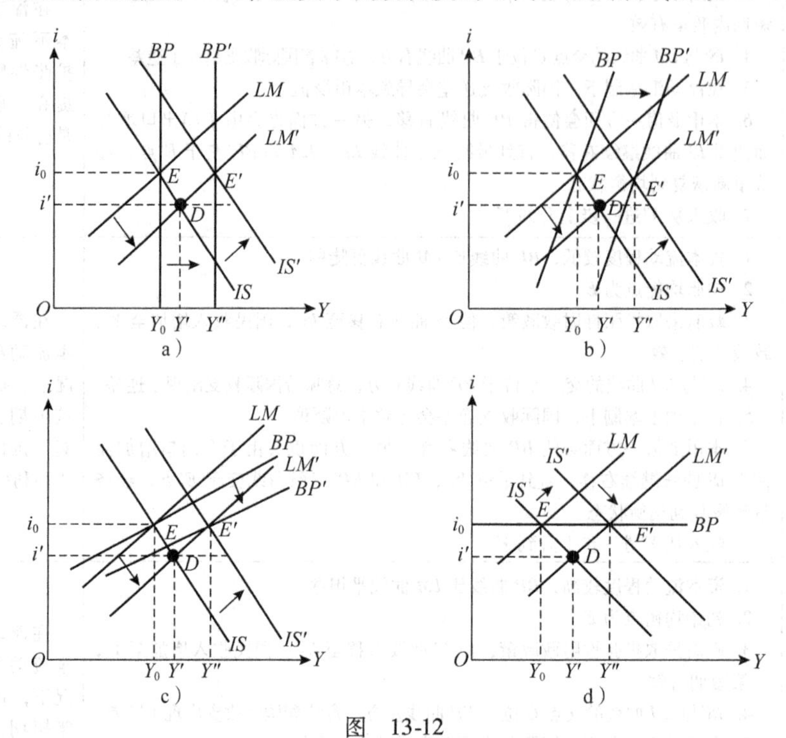

图　13-12

表 13-6　浮动汇率制下货币政策效果

资本流动性	图形分析说明	货币政策效果说明
资本不流动 图 13-12a	1. 资本不流动时 *BP* 曲线是一条垂直线 2. 初始均衡点为 *E* 3. 中央银行采取扩张性货币政策使 *LM* 曲线右移至 *LM′* 4. *LM′*与 *IS* 曲线的交点 *D* 位于 *BP* 曲线右方，意味着国际收支出现了逆差 5. 在浮动汇率制下，国际收支逆差会导致本币贬值 6. 本币贬值一方面会使得 *BP* 曲线右移，另一方面也会由于净出口增加而使得 *IS* 曲线右移，直到最终三条曲线 *IS′*、*LM′*和 *BP′*交于 *E′*点，经济重新恢复到均衡状态 7. 收入从 *Y′*上升到 *Y″*	在浮动汇率制和资本不流动的情况下，扩张性货币政策对于提高一国的国民收入是比较有效的
资本流动 程度较低 图 13-12b	1. 资本流动程度较低，*BP* 曲线比 *LM* 曲线更陡些 2. 初始均衡点为 *E* 3. 扩张性货币政策使得 *LM* 曲线右移至 *LM′* 4. *LM′*与 *IS* 曲线的交点 *D* 位于 *BP* 曲线右方，意味着国际收支出现了逆差 5. 在浮动汇率制下，国际收支逆差会导致本币贬值 6. 本币贬值一方面会使得 *BP* 曲线右移，另一方面也会由于净出口增加而使得 *IS* 曲线右移，直到最终三条曲线 *IS′*、*LM′*和 *BP′*交于 *E′*点，经济重新恢复到均衡状态 7. 收入从 *Y′*上升到 *Y″*	在浮动汇率制和资本流动性较低的情况下，扩张性货币政策对于提高一国的国民收入有效

（续）

资本流动性	图形分析说明	货币政策效果说明
资本流动程度较高 图 13-12c	1. 资本流动程度较高，*BP* 曲线比 *LM* 曲线平坦些 2. 初始均衡点为 *E* 3. 扩张性货币政策使得 *LM* 曲线右移至 *LM′* 4. *LM′* 与 *IS* 曲线的交点 *D* 位于 *BP* 曲线右方，意味着国际收支出现了逆差 5. 在浮动汇率制下，国际收支逆差会导致本币贬值 6. 本币贬值一方面会使得 *BP* 曲线右移，另一方面也会由于净出口增加而使得 *IS* 曲线右移，直到最终三条曲线 *IS′*、*LM′* 和 *BP′* 曲线交于 *E′* 点，经济重新恢复到均衡状态 7. 收入从 *Y′* 上升到 *Y″*	在浮动汇率制和资本流动性较高的情况下，扩张性货币政策对于提高一国的国民收入有效，且效果更为明显
资本完全自由流动 图 13-12d	1. 资本完全自由流动，*BP* 曲线是一条水平线 2. 初始均衡点为 *E* 3. 扩张性的货币政策使 *LM* 曲线右移至 *LM′* 4. *LM′* 与 *IS* 曲线的交点 *D* 所对应的利率低于国际均衡水平 i_0，导致大量资本流出本国，造成巨额国际收支逆差 5. 在浮动汇率制下，国际收支逆差会导致本币贬值 6. 本币贬值会使得出口增加、进口减少，由此导致的净出口增加将使 *IS* 曲线右移，直至国际收支恢复平衡为止。最终经济均衡点移至 *E′* 点 7. 收入从 *Y′* 上升到 *Y″*，利率与国际均衡利率相等	在浮动汇率制和资本完全自由流动的情况下，扩张性货币政策对于提高一国的国民收入非常有效

综上所述，在浮动汇率制度下，由于一国货币当局没有维持固定汇率的义务，不必干预外汇市场，从而可以控制货币供应量，使得货币政策能够有效发挥对国民收入的调节作用。并且，资本的流动性越强，货币政策越有效。

13.6　开放经济条件下政策选择的“三元悖论”

13.6.1　蒙代尔 - 弗莱明模型

蒙代尔 - 弗莱明模型被称为“研究开放经济货币和财政政策的主导政策范式”。该模型简称 *M-F* 模型，20 世纪 60 年代由美国经济学教授蒙代尔和国际货币基金组织研究员弗莱明（John Marcus Fleming）所创。该模型扩展了对外开放经济条件下不同政策效应的分析，说明了资本是否自由流动以及不同的汇率制度对一国宏观经济的影响。

1. 基本假设

蒙代尔 - 弗莱明模型分析的是一个资本完全自由流动的小型开放经济，其基本假设条件如下所述。

1）价格水平不变。该模型旨在分析短期波动，所以假设物价水平是外生固定的。此假设可使分析简化，也符合 20 世纪 60 年代的情况。

2）假设对象是开放的小国，并且资本具有完全流动性，从而本国利率取决于世界利率。此假设说明了 *BP* 曲线由于资本的完全流动性而成为一条水平线。

2. 蒙代尔－弗莱明模型的结论

蒙代尔－弗莱明模型是基于资本的完全流动之上的特殊的*IS-LM-BP*模型。有关于此，在前述*IS-LM-BP*模型一般介绍中我们已有所涉及，所以，此处对固定汇率和浮动汇率制前提下财政政策和货币政策的有效性问题不再赘述，主要看其分析的基本结论。根据蒙代尔－弗莱明模型的分析，基本结论如下所述。

对于小型开放经济来说，任何一种经济政策的效果都取决于其汇率制度是浮动的还是固定的。在浮动汇率制度下，货币政策是有效的，能够改变均衡的收入水平；财政政策的效果会被汇率的变化及由其引起的净出口的变化所抵消。在固定汇率制度下，财政政策是有效的，能够改变均衡的收入水平；货币政策效力的丧失则是由于货币供给全部用在了把汇率维持在所宣布的水平上。

13.6.2　克鲁格曼的"三元悖论"

通过上述的分析可以看出，对于开放经济体而言，在不同的汇率制度下，其财政政策和货币政策的效果会有很大差异。蒙代尔－弗莱明模型结论的另一面反映出在资本完全流动的假设前提下，汇率政策和货币政策的独立只能取其一，这被称为"不可能三角"（impossible trinity）。后来，美国经济学家克鲁格曼以该模型为基础，把资本的自由流动看成一个内生变量，进一步将其概括为"永恒的三角形"或"三元悖论"（如图13-13所示），其含义是：在开放经济条件下，货币政策的独立性、汇率的稳定性和资本的自由流动三个目标不可能同时实现，各国（地区）只能选择其中对自己有利的两个目标，而放弃另一个目标。

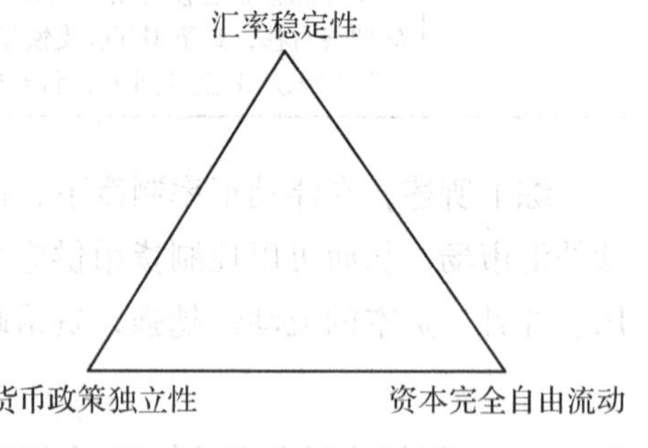

图　13-13

从"永恒的三角形"来看，政府有三种可能的政策选择。

1）一国（地区）政府可以选择固定汇率制和货币政策独立性目标，但必须放弃资本完全自由流动目标而实行资本管制。中国内地就是这方面的一个典型案例。2005年汇率形成机制改革前的很长一段时间，中国内地事实上实行的是钉住美元的汇率制度，这种情况下必须对资本的流入流出进行管制，否则钉住美元的汇率制度就难以维持。

2）一国（地区）政府也可以选择固定汇率制和资本自由流动目标，但会丧失货币政策的独立性。中国香港是这种情况的典型代表。中国香港实行联系汇率制度，港币严格钉住美元，同时允许资本自由进出，在这种情况下丧失了货币政策的独立性。如果美联储提高或降低利率，中国香港货币当局也不得不随之提高或降低利率，否则港币就会遭受严重的投机性攻击。

3）一国（地区）政府还可以选择货币政策独立性和资本自由流动目标，但必须放弃固定汇率制。美国和英国是这种情况的典型代表。它们可以通过调节利率来实现控制通货膨胀和促进经济增长的目标，同时也允许资本自由进出，但放弃了实行固定汇率制的可能性。因为在这种情况下利率的上升和下降会引起资本的流入和流出，进而导致本国（地区）货币的升值和贬值，固定汇率制难以维持。

“三元悖论”对于发展中国家具有重要的现实指导意义。许多发展中国家实行钉住汇率制，在这种情况下，它们要保持货币政策的独立性就必须实行资本管制，而要实现资本自由流动就必须放弃货币政策的独立性。对于发展中国家来说，货币政策对于经济增长具有重要作用，同时资本项目逐步开放和自由也是大势所趋，在这种情况下，发展中国家就需要对钉住汇率制进行调整，实行更为灵活的汇率制度。

小思考

“三元悖论”下中国的选择

任何开放经济体都面临货币政策独立性、资本自由流动和固定汇率制度三大目标同时实现的困境。“三元悖论”的困境，对于现实经济是一个指导作用，其重点并不是放弃一个目标而去实现另外两个目标。

1994 年在汇率管制方面中国采取了钉住汇率制。这是由于：第一，对于中国庞大的经济体而言，必须保证经济的稳定性。放弃稳定的汇率制度，允许资本自由出入，则国家要承担浮动汇率带来的风险，必将严重影响整体国民经济的稳定性。第二，货币政策的有效性是确保国家调整经济平衡具有的必要工具。

2005 年后，中国经济出现流动性过剩现象，内外失衡严重。一是货币供应增加，M2 占 GDP 比重提高，CPI 上升；二是在国际收支上，外汇储备增加，导致经济的外部失衡主要表现为高额的外汇储备和国际收支的“双顺差”。在内部失衡方面，因乘数效应，货币供应增加，流动性过剩进一步加剧内部失衡，在此情况下，中国实行了紧缩性货币政策。总的来看，一旦进出口出现顺差，货币供给必然增加，央行主要通过提高存款准备金率来解决由此引发的流动性过剩问题，但在稳定汇率的制度下，解决效果并不显著。在内外失衡方面，中国经济主要表现在内部流动性过剩而外部持续盈余。但基于固定汇率制，要同时实现内外均衡是相当困难的，这也是对“米德冲突”的实际诠释。因此，根据“三元悖论”理论，解决冲突的关键在于改固定汇率制度为浮动汇率，实现资本自由流动，但这种直接跳跃性的汇率制度改革难度较高。如何才能突破“三元悖论”的约束呢？

我国经济学者易纲在 2001 年就“三元悖论”提出了扩展三角理论框架，得出了 $X+Y+M=2$。式中的 X 为汇率，Y 为货币政策，M 为资本流动状态。三个变量取值范围是 0 ~ 1，代表各项目标的实现程度。2005 年中国汇率改革后，不再实行钉住汇率制，开始采取“货币政策独立 + 有限制的资本流动 + 有管理的浮动汇率制”的政策组合，扩大了本币浮动区间，突出市场对外汇供求的调节作用，逐渐减弱固定汇率制下货币政策的约束性。

纵观过去十余年中国经济的运行状态，正是在中间地带的艰难平衡，货币政策也在掣肘中内外兼顾。

资料来源：夏晗．基于“三元悖论”的中国的抉择［J］．时代金融，2016(27)．

本章要点

1. 通常情况下，一国需要兼顾经济的内部平衡和外部平衡，而要实现这一目标需借助宏观经济政策的搭配使用。
2. 丁伯根法则：一国所需要的有效政策工具数目至少要与所想达到的独立的经济目标数目一样多，即内外平衡的宏观经济政策目标，政府需要至少两个独立政策工具进行组合搭配才能保证两个目标的同时实现。
3. 米德内外平衡理论：当经济中存在内外失衡问题时，可以通过支出调整政策和支出转换政策搭配使用实现内外同时均衡。内部失衡可以运用支出调整政策，外部失衡则运用支出转换政策。但是，在固定汇率制下，单独使用支出调整政策追求内外均衡，将会导致一国内部均衡与外部均衡之间的冲突。
4. 蒙代尔政策指派法则：在固定汇率制下，财政政策和货币政策是两种独立的政策工具，一国可将财政政策用于实现内部平衡的目标，而货币政策用于实现外部平衡的目标，以实现内外均衡。
5. *IS-LM-BP* 模型是开放经济条件下的宏观经济内外均衡模型，反映商品市场、货币市场和国际收支同时达到均衡。
6. 在固定汇率制下，资本流动程度越高，财政政策的作用效果越明显，货币政策始终无效。
7. 在浮动汇率制下，随着资本流动程度的提高，财政政策提高一国国民收入水平的作用受到的限制不断增强，特别是当资本完全自由流动时，财政政策完全失效；货币政策能够有效发挥对国民收入的调节作用，并且资本的流动性越强，货币政策越有效。
8. “三元悖论”：在开放经济条件下，货币政策的独立性、汇率的稳定性和资本完全自由流动三个目标不可能同时实现，各国只能选择其中对自己有利的两个目标，而放弃另一个目标。

课后思考与练习

1. 通常情况下，政府有哪些维持外部经济平衡的措施？
2. 浮动汇率制下，政府如何实现内外经济均衡？
3. 当冲击来自外部时，为什么浮动汇率更能稳定经济？
4. 财政政策与货币政策对一国内部平衡和外部平衡的作用程度与方向有何不同？
5. *BP* 曲线在什么条件下比 *LM* 曲线更陡峭？
6. “三元悖论”对我国汇率形成机制改革有何启示？
7. 如何理解“三元悖论”中间状态并形成多元的目标结构？
8. 伴随人民币国际化进程，实现资本自由流动是不是唯一的选择？

第 14 章

国际经济政策协调

学习目标

通过对本章的学习，熟悉国际经济政策协调的必要性和内容，掌握政策协调的效应和对不同国家的影响机制，了解国际经济政策协调的实践及现实中存在的困难。

开放经济条件下，各个国家间的经济密切相关，与其他国家的相互依赖和相互影响使得一国经济政策的外部性明显增强。当一国制定并执行经济政策时自然会对其他国家的经济产生影响，传导机制主要是国际收支以及汇率的变化。在这一背景下，国际经济政策的协调是各国经济的外向性不断增加、经济政策“溢出性”特征日益明显的必然结果。在经济一体化日益增强的国际环境下，一国制定宏观经济政策，不仅要考虑国内经济目标，还要考虑对其他国家的影响。

14.1　国际经济政策协调的必要性

在现今的浮动汇率制度下，理论界对国际经济政策协调的必要性已经形成共识，存在的争议主要在国际经济政策协调的方式、水平及其效果方面。

14.1.1　开放条件及浮动汇率制下一国宏观经济政策的局限性

我们可以以货币政策为例分析没有国际协调的情况下货币政策的局限性，来反证国际经济政策协调的必要性。

上一章分析了浮动汇率制和资本完全流动情况下财政政策和货币政策的效果，结论是财政政策无效而货币政策非常有效。但需要注意的是，结论的得出基于不考虑别国影响。如果考虑别国经济政策的影响，一国货币政策是否还能够达到目标呢？

假设本国经济存在有效需求不足问题，本国政府采取宽松的货币政策来增加货币供应量。同时与本国经济密切相关的国家采取紧缩的货币政策使其利率提高，则本国增加的货币将大量外流，最终本国宽松的货币政策的效果因货币的流出被抵消。而同时，对方国家紧缩的货币政策也会因货币的流入难以发挥作用。

由此可见，由于宏观经济政策的相互联系和相互影响，当各国采取不一致，尤其是相反的经济政策时，政策的效果就会大打折扣，甚至在资本自由流动的情况下完全失效。因此，各国为保持经济政策的有效性需要进行国际经济政策的协调。

14.1.2 打破“以邻为壑”需要宏观经济政策协调

所谓“以邻为壑”政策是指一国所采取的经济政策虽然给本国带来了一定的经济利益，却因经济政策的“外溢”效应损害了其他国家的经济利益，下面以图 14-1 加以说明。

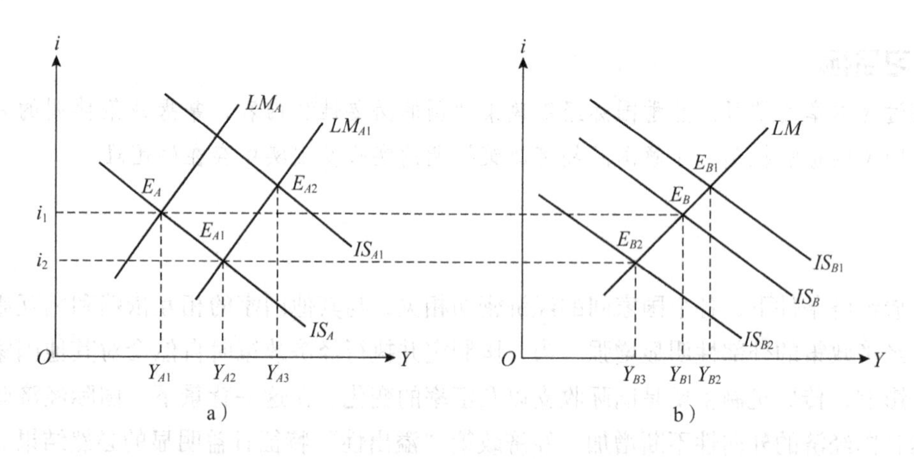

图 14-1

在图 14-1a 中，假设本国（A 国）因有效需求不足采取了扩张性货币政策，使 LM_A 曲线右移至 LM_{A1}。扩张性的货币政策使本国利率从 i_1 下降至 i_2，从而推动本国国民收入增加，使经济均衡点从 E_A 变动到 E_{A1}。国民收入的增加，导致本国进口的增加，从而拉动外国（B 国）国民收入增加及利率的提高。在图 14-1b 中，外国的 IS_B 曲线右移至 IS_{B1}，均衡点由 E_B 变为 E_{B1}。两国的国民收入均增加了，但 E_{A1} 和 E_{B1} 在开放条件下只是内部局部均衡点，具有不稳定性。这是由于随着本国利率的下降，本国资本外流，在 E_{A1} 点出现国际收支逆差，在浮动汇率制下导致本币贬值。而外国由于资本流入在 E_{B1} 点出现国际收支顺差，使外币升值。本国货币贬值，刺激了本国的出口而抑制了进口，导致国民收入进一步增加，使图 14-1a 中的 IS_A 曲线右移至 IS_{A1}。本国货币的贬值及两国产品相对价格的变化，使本国居民和外国居民均增加A国产品消费，从而导致外国（B国）国民收入下降，在图14-1b中表现为IS_{B1}左移至IS_{B2}。本国和外国的最终均衡点分别为E_{A2}和E_{B2}。本国扩张性的货币政策最终导致外国国民收入的下降。本国国民收入的增加以外国国民收入的减少为代价，这被看作“以邻为壑”政策的典型例证。

这种“以邻为壑”政策必然会给他国经济带来一定的冲击，进而引发各国间的经济报复，不利于本国乃至于世界经济的持续发展，最终也会损害本国利益。为了避免“以邻为壑”政策，就需要各国广泛地进行宏观经济政策协调。

小案例

货币政策的以邻为壑效应与国际协调

2008年发轫于美国肆虐全球的金融危机爆发之后，各主要发达经济体纷纷长时间地实施了量化宽松的货币政策以刺激自身经济复苏。其规模之大，持续之久使得全球面临着流动性泛滥的冲击。其中，美国连续推出四轮量化宽松货币政策（QE），希望借助美元贬值达到削减债务负担、刺激美国出口等目的；日本中央银行推出企业融资支持计划，重新大力推行定量宽松的货币政策；欧洲中央银行宣布实施总额高达1万亿欧元的量化宽松政策，通过购买政府债券来增强流动性，以刺激萎靡不振的欧元区经济。

量化宽松政策作为扩张性货币政策的一种，究竟是不是“以邻为壑”的政策工具呢？在开放经济条件下，量化宽松政策除能够对本国总需求产生影响外，也具有一定的溢出效应，影响外国的总需求。从对国外总需求的影响来看，其方向和程度都具有不确定性。如果量化宽松政策刺激了国外总需求，即被称为具有“富邻效应”；如果量化宽松政策降低了国外总需求，则被视为是“以邻为壑”的工具。当然，这两个判断的前提都是量化宽松政策刺激了本国的总需求。然而，从对国内总需求的影响来看，通过量化宽松刺激本国经济的初衷在政策效果上同样具有不确定性。如果量化宽松政策刺激了本国总需求，而损害了外国总需求，那么可以定义为量化宽松政策具有“单向以邻为壑”效应；如果量化宽松政策损害了外国总需求，同时并没有刺激本国总需求，反而也损害了本国总需求，那么将其定义为量化宽松政策具有“双向以邻为壑”效应。以美国为例，美国QE在初期给其他国家或经济体产出都造成了明显的负面影响，同时，也给美国自身的产出带来了负面影响，持续时间为政策实施后的6个月内至11个月内，约为0.5年至1年的时间。对其他国家或经济体产生的负面影响在持续时间和程度上均大于对美国产出的负面影响，也就是说，美国的基础货币供给冲击给其他国家或经济体带来了更为严重的产出损失。美国量化宽松货币政策表现为一种“双向以邻为壑”的政策工具。日本的量化宽松政策同样如此。在各方面的压力和左右考量之下，美联储已经在2014年年初开始逐步废除量化宽松政策。

货币政策短期有效而长期无效。在这一共识的基础上，推论量化宽松政策同样具有短期效应和长期效应，即在短期内影响本国产出和外国产出，在长期内，产出对货币的冲击无明显波动。全球竞相量化宽松，无异于是在全球范围内互相“以邻为壑”，在政策是否能真正复苏本国经济的不确定性下，真实地影响了其他国家的经济增长。各自为战之下，世界经济复苏缓慢，联合国发布的《2016年世界经济形势与展望》报告预测2016年世界经济增速仅为2.6%。而这正是国际货币政策协调机制失效的重要表现。

从2007年开始，全球衰退已经有八年，但到目前为止，全球经济仍然处于弱复苏、低增长、通货紧缩、高失业和高负债状况。由于货币政策的外溢效应突出，任何国家都不能独善其身。现在，全世界都在艰难地推动一些供给侧、实体经济层面的改革。其中，货币金融政策的协调尤为重要。“以邻为壑”还是“唇亡齿寒”，全球货币政策协调已成为当下世界经济发展中的当务之急。

资料来源：李蕊. 货币政策的以邻为壑效应与国际协调研究［M］. 上海：上海人民出版社，2015.

14.1.3 维护各国间汇率稳定需要进行国际经济政策的合作与协调

汇率稳定具有至关重要的意义。麦金农（Mckinnon）认为，将汇率稳定在一个固定的水平或限制在狭窄的“目标区”（target zone）内波动，有助于降低国际贸易和国际收支的被动性。在浮动汇率制及资本完全自由流动的条件下，货币政策会引发汇率波动。一国扩张性货币政策导致货币贬值，而紧缩性货币政策则导致货币升值。如美国相对于日本和欧盟实行相对扩张的货币政策，就会出现美元对日元和欧元贬值的趋势。如果此时日本和欧盟采取联合行动，也采取扩张性货币政策，在外汇市场上抛出本币，购进美元，就会阻止美元的贬值，维持美元汇率的稳定。由此可见，即使在浮动汇率制下，各国通过货币政策的协调与配合也可以实现汇率的相对稳定，从而为国际贸易和国际投资的顺利进行提供良好的外部环境。

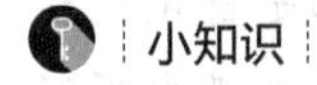

麦金农方案

在国际货币制度于20世纪70年代初由固定汇率制转向浮动汇率制后，许多经济学家对当时实行的浮动汇率制非常不满意，提出了各种在恢复固定汇率制基础上进行国际协调的方案，这其中最为著名的是美国经济学家麦金农所提出的设想。

麦金农认为恢复固定汇率制的原因在于以浮动汇率制为特征的国际货币制度缺乏效率。除了通常对浮动汇率制的批评外，他从两个角度分析浮动汇率制的不足。首先，从国际角度看，汇率的波动除了增加各国外部环境的不确定性外，并不能自动实现调节经常账户的目的。麦金农认为经常账户反映的是各国投资与储蓄的差额，因此汇率的变动可以实现经常账户平衡是一个错误的教条，本币贬值所带来的经常账户的改善将立即被国内吸收的相应增长所抵消。其次，从国内角度看，汇率的频繁波动意味着各国货币价值的不稳定，由此引发的货币替代及各国资产之间的转换活动使一国的货币需求难以确定，各国原有的货币政策因此难以有效地实现控制通货膨胀等目的，一国通过本国的政策搭配实现内外均衡的努力更加困难了。根据以上分析，麦金农得出了浮动汇率制不利于实现内外均衡的国内政策搭配与国际政策协调的结论，提出应在恢复固定汇率制的基础上进行国际政策协调。

具体来看，麦金农方案对国际政策协调的设计包括如下内容。

第一，各国应依据购买力平价确定彼此之间的汇率水平，实行固定汇率制。麦金农认为购买力平价是良好的均衡汇率确定标准，它可以在较长时期内维持一国国际竞争力的稳定，为各国实现国际收支均衡创造条件。他还具体规定了这一购买力平价的计算方法，即采用批发物价指数，并且只包括可贸易商品。在固定汇率制的实施方法上，麦金农指出可以先在美国、德国、日本这三个主要工业国家间实行，并且可以通过逐步缩小汇率波动区间的方法最终过渡到固定汇率制。

第二，各国应通过协调货币供给的方法维持固定汇率制。从全球角度讲，全球货币供应量的确定依据应该是在考虑经济增长的基础上，维持全球的物价水平稳定。这一全球货币供应量在各国间的分配原则如下：在考虑各国经济的具体情况的差异（例如经济增长情况、不可贸易商品部门发展情况、货币流通速度等因素）后，能使各国可贸易商品的相对比价维持稳定，从而使依据购买力平价确定的名义汇率保持稳定。麦金农认为引起汇率不稳定因素的主要原因是货币替代以及各国间金融资产的替代活动，因此在发生这一类的冲击时，各国应采取对称的、非冲销的外汇市场干预措施以稳定汇率，由此带来的各国货币供给的调整，实际上是全球货币供给根据各国货币需求的变动，而自发调节其在各国之间的分配。例如，当一国因国内的货币供给过多而出现较严重的通货膨胀时，该国货币购买力的下降将引起居民将该国货币转换成外国货币；外汇市场上出现该国货币贬值的压力，由此带来的外汇市场干预活动将使该国货币供给下降，该国通货膨胀得到遏制。这样，通过货币供给的国际协调，就能带来全球的物价稳定与汇率稳定，实现各国的内外均衡。

资料来源：何国华．国际金融理论最新发展［M］．北京：人民出版社，2014.

14.2 国际经济政策协调的可能性

如前所述，开放经济条件及浮动汇率制下存在一国宏观经济政策的局限性，可能会产生“以邻为壑”的不良影响，且不利于汇率的稳定。因此，克服宏观经济政策的局限性，消除不良影响，并最终实现各国利益的客观需求，为各国之间进行国际经济政策协调提供了可能。

14.2.1 国际经济政策协调的利益

1976年，日本经济学家滨田（Koichi Hamada）对国际经济政策协调的收益和成本问题进行了大量研究。他指出，仅仅将区域货币安排当成集体行动的最大不足在于忽视了成员之间的摩擦，而事实上，由于政策溢出效应广泛存在，如果不对国与国之间的政策加以协调，很可能会导致低效产出。因此，一国（地区）是否加入一个货币区取决于该国（地区）能否协调好自身政策以适合共同需求。

图 14-2 以滨田模型为基础，对国际经济政策协调的收益与成本进行了理论分析。该图示虽然反映的是两个国家的情况，但其结论可直接推广到多国情况。假设有 A、B 两国，且两国经济相互依存程度很高，它们均以社会福利的最大化制定经济政策目标。图中，横轴 I_A 表示 A 国的政策工具，纵轴 I_B 表示 B 国的政策工具。沿坐标轴向右和向上移动，表示 A、B 两国政策趋向扩张。由于两国存在很高的经济依存度，故而任何一方最优政策选择必然受另一方政策选择的影响。显然对于 A 国而言，必然存在点 E_A，表示 A 国最愿意采取的政策与 B 国的政策构成的组合，即 E_A 点是 A 国的最佳福利点（bliss point）；同样对于 B 国也必然存在这样一个最佳福利点 E_B。图中两组无差异曲线 U_A 和 U_B 分别表示 A 国和 B 国能产生相同效用水平的政策组合。从 A 国角度看，越接近 E_A 点的政策组合给其带来的效用越大，本国获得的福利水平越高，即 U_{A1} 的政策组合优于 U_{A2}，U_{A2} 优于 U_{A3}……同理，对于 B 国而言，U_{B1} 政策组合优于 U_{B2}，U_{B2} 政策组合优于 U_{B3}，依此类推。需要注意的是，在滨田模型中，并非距离原点越远，其无差异曲线代表的效用水平就越高，而是离最大福利点越近的无差异曲线代表的效用水平越高。

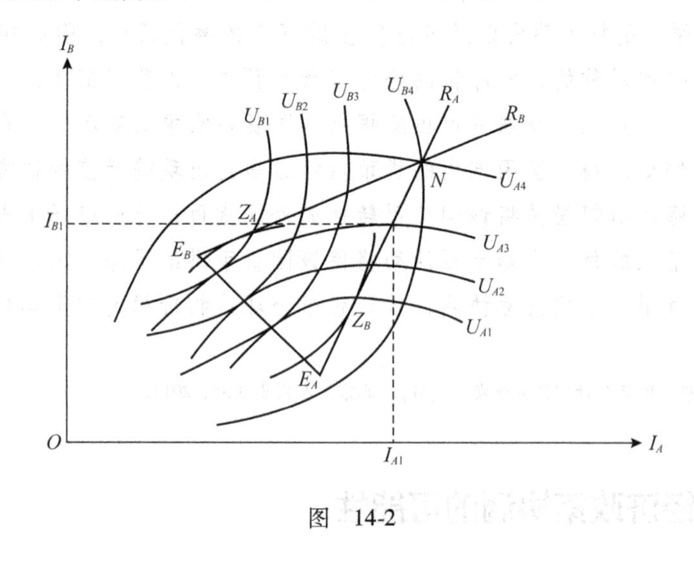

图 14-2

图 14-2 中，连接两国无差异曲线切点的线 E_AE_B 称为帕累托契约线（Pareto contract curve），代表两国最优的、最有效率的政策组合，该线上的点不存在任何的帕累托改进，达到帕累托最优状态，而契约线外的点都没有达到帕累托最优状态。两国为争取达到契约曲线必须进行国际经济政策协调，开展合作。至于最终落在契约曲线的哪一个点上则取决于 A、B 两国相对谈判能力。

进一步的分析放在两国所制定的经济政策的依存度上。

1. 两国制定的经济政策互不影响，不存在政策的溢出效应

这种情况下，A 国的无差异曲线为垂直线而 B 国的为水平线，两国只需要调整自己的政策工具就可以实现最优的福利水平，而不需要考虑对方的政策选择。如图 14-3 所示，假设 E_A、E_B 分别为 A、B 两国的最佳福利点，A 国初始政策为 I_{A1}，B 国为 I_{B1}，两国的政策组合点为 M 点，两国均未达到福利的最大化。此时只需要两国各自调整自己的政策工具，比如 A 国从 I_{A1} 调整到 I_{A2}，B 国从 I_{B1} 调整到 I_{B2}，政策组合点调整到 M'，则两国均可以实现各自福利的最大化。

2. 两国制定的经济政策相互影响，存在政策的溢出效应

如果两国之间存在政策协调，则一国就会将另一国的经济政策视为事先给定的条件，来争取本国福利的最大化。如图 14-2 所示，假定 B 国选择的政策工具为 I_{B1}，则 A 国可选择无差异曲线为 U_{A3} 及其以上，U_{A3} 与 B 国 I_{B1} 政策线相切，是 A 国在 B 国既定政策下的最优选择的无差异曲线，这是由于该曲线是可选择的最靠近 A 国最大福利点的无差异曲线。依此，B 国的政策线与 A 国的无差异曲线切点的连线，构成了 A 国的反应曲线。所谓反应曲线，是指在任何一种他国政策的条件下，本国实现福利最大化的选择所导致的本国政策与他国政策组合点的轨迹。由此可以看出，A 国的反应曲线为 E_AR_A，B 国的反应曲线为 E_BR_B。

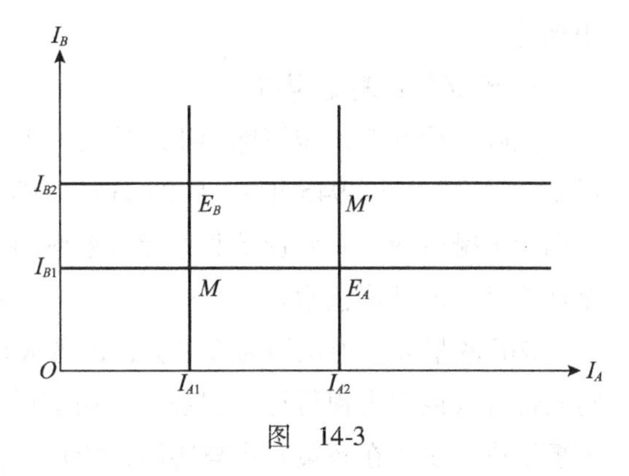

图　14-3

但是，当两国的经济政策存在相互影响而它们之间不存在政策协调时，则可能会产生两种不合作均衡——纳什均衡（Nash equilibrium）和斯塔克尔伯格均衡（Stackleberg equilibrium）。

第一种情况：两国都独立行动，即 A 国和 B 国均在给定对方政策选择的条件下，独立地、不受影响地选择自己的最优政策，而且没有一个国家希望改变其政策，从而最终均衡点是两国反应曲线 E_AR_A 和 E_BR_B 的交点 N。N 点为纳什均衡点。

第二种情况：假定 A 国为先行者，B 国为追随者，A 国意识到一旦自己采取某种政策，B 国将根据反应曲线选择其最佳政策。考虑到自己的政策选择对追随者的影响，A 国将根据追随者 B 国的反应曲线选择效用水平最高的无差异曲线，最终均衡点为 Z_A，若 B 国为先行者，则均衡点为 Z_B。在这两点，是先行者的无差异曲线与追随者的反应曲线相切，因此是先行者在考虑到追随者的反应时所能实现的最佳政策选择。

上述两种情况下出现的非合作均衡，其均衡点都不在帕累托契约线 E_AE_B 上，所以都不是帕累托最优点。而如果两国之间进行政策协调，使得均衡点在契约曲线 E_AE_B 上，则双方都可以达到比非合作均衡更高的无差异曲线所代表的效用水平，从而实现帕累托改进。均衡点在契约曲线上的具体位置取决于双方讨价还价的能力。

综上所述，滨田模型说明，当各国经济政策存在相互影响的溢出效应时，各国间经济政策的不合作均衡是无效率的，而通过各国经济政策的协调，可以达到帕累托最优状态，实现各国福利的最大化。

14.2.2　国际经济政策协调的组织保障

自第二次世界大战以来，为了构建新的国际经济秩序，保障世界经济的健康发展，开展良好的国际经济政策协调与合作，陆续设立了一系列的各类国际经济组织，包括国际性的和区域性的、正式的和非正式的、常设的和非常设的、官方的和民间的、营利的和非营利的等。这些国际经济机构的设立，客观上为国际经济政策协调提供了有效的组织保障。

1. 国际货币基金组织

国际货币基金组织简称IMF，是根据1944年7月在布雷顿森林会议签订的《国际货币基金协定》，于1945年12月27日在华盛顿成立的。它与世界银行同时成立，并列为世界两大金融机构，其职责是监察货币汇率和各成员贸易情况，提供技术和资金协助，确保全球金融制度运作正常。

IMF的最高权力机构为理事会，由各成员派正、副理事各一名组成，一般由各成员的财政部部长或中央银行行长担任。该组织的决策和指导机构是临时委员会，由24名执行董事组成，主要在政策合作与协调，特别是在制定中期战略方面充分发挥作用。国际货币基金组织每年与世界银行共同举行年会。

（1）国际货币基金组织的宗旨。

该组织宗旨是通过一个常设机构来促进国际货币合作，为国际货币问题的磋商和协作提供方法；通过国际贸易的扩大和平衡发展，把保持成员就业、促进生产资源发展、提高实际收入水平作为经济政策的首要目标；稳定国际汇率，在成员之间保持有秩序的汇价安排，避免竞争性的汇价贬值；协助成员建立经常性交易的多边支付制度，消除妨碍世界贸易的外汇管制；在有适当保证的条件下，国际货币基金组织向成员临时提供普通资金，使其有信心利用此机会纠正国际收支的失调，而不采取危害自身或国际繁荣的措施；按照以上目的，缩短成员国际收支不平衡的时间，减轻不平衡的程度等。

（2）国际货币基金组织的主要职能。

1）制定成员间的汇率政策和经常账户的支付以及货币兑换性方面的规则，并进行监督。

2）对发生国际收支困难的成员在必要时提供紧急资金融通，避免其他国家（地区）受其影响。

3）为成员提供有关国际货币合作与协商等会议场所。

4）促进国际上的金融与货币领域的合作。

5）促进国际经济一体化。

6）维护国际上的汇率秩序。

7）协助成员之间建立经常性多边支付体系等。

小知识

牙买加体系下IMF的作用

在牙买加体系下，IMF不再承担维护固定汇率制的义务，这一阶段IMF的主要任务突出表现为经济监督与条件性贷款。当成员发生金融危机时，IMF承担起“救火队”的任务；在国际债权人与债务人谈判时，IMF充当“调解人”的角色。通过这些工作，维持国际金融体系的稳定，为国际贸易、世界经济的稳定发展创造有利条件。

从20世纪80年代发生债务危机的拉美国家，到90年代发生金融危机的墨西哥及东南亚国家，再到21世纪初发生金融危机的阿根廷，都能看到IMF为应对危机而奔波的身影。但是，与此同时，人们对IMF的指责与批评之声也不绝于耳。IMF在给危机国（地区）提供紧急援助贷款时，往往附带很多苛刻的条件，如要求危机国（地区）紧缩货币与财政政策，取消经常账户管制，开放资本市场等。同时，接受IMF贷款援助的国家（地区）必须接受IMF的经济监督。而实际效果表明，许多接受IMF贷款条件的国家（地区），虽然其金融体系得到了挽救，但经济却陷于深度衰退之中。半个多世纪以来的事实也说明，IMF关心的是危机国家（地区）的财政和货币政策，而且深深地介入到这些国家（地区）的内部事务当中，如要求危机国（地区）进行经济结构调整、取消补贴、根除腐败、加强竞争等，这引起了人们的极大质疑。另外，在牙买加体系下，IMF对危机国（地区）是否提供援助、援助程度如何等都要视危机对大国利益的影响程度而定，这表明IMF受到大国意志的左右。

资料来源：金时网。

2. 世界银行

成立于1945年的世界银行（World Bank）是世界银行集团的简称，由国际复兴开发银行、国际开发协会、国际金融公司、多边投资担保机构和国际投资争端解决中心五个成员机构组成。狭义的世界银行仅指国际复兴开发银行（IBRD）和国际开发协会（IDA）。世行的所有权力由其最高决策机构理事会掌管。

世界银行的成员必须是IMF的成员，但IMF的成员不一定都参加世界银行。世界银行与国际货币基金组织两者起着相互配合的作用。国际货币基金组织主要负责国际货币事务方面的问题，世界银行则主要负责经济的复兴和发展，向各成员提供发展经济的中长期贷款。

（1）世界银行的宗旨。

按照《国际复兴开发银行协定》的规定，世界银行的宗旨如下所述。

1）通过使投资更好地用于生产事业的办法以协助成员境内的复兴与建设，包括恢复受战争破坏的经济，使生产设施恢复到和平时期的需要，以及鼓励欠发达国家生产设施与资料的开发。

2）利用担保或参加私人贷款及其他私人投资方式，促进外国私人投资。当私人资本不能在合理条件下获得时，则在适当条件下，运用本身资本或筹集的资金及其他资源，为生产事业提供资金，以补充私人投资的不足。

3）用鼓励国际投资以发展成员生产资源的方式，促进国际贸易长期均衡地增长，并保持国际收支的平衡，以协助成员提高生产力、生活水平和改善劳动条件。

4）应本行所贷放或担保的贷款而与通过其他渠道的国际性贷款有关者做出安排，以便使更有用和更迫切的项目，不论多少都能优先进行。

5）在执行业务时恰当地照顾到国际投资对各成员境内工商业状况的影响，在紧接战后的几年内，协助促使战时经济平稳地过渡到和平时期的经济。

（2）世界银行的主要目标。

世界银行向发展中国家提供长期贷款和技术协助来帮助这些国家实现它们的反贫穷政策。世界银行的贷款被用在非常广泛的领域中，从对医疗和教育系统的改革到诸如堤坝、公路和国家公园等环境与基础设施的建设。除财政帮助外，世界银行还在所有的经济发展方面提供顾问和技术协助。

私营部门发展是世界银行的一个战略，其目的是推动发展中国家的私营化。世界银行的所有其他战略都必须与这个战略相协调。

世界银行为全世界设定了到2030年要实现的两大目标：终结极度贫困，将日均生活费低于1.25美元的人口比例降低到3%以下；促进共享繁荣，促进每个国家底层40%人口的收入增长。

3. 亚洲太平洋经济合作组织

亚洲太平洋经济合作组织（Asia-Pacific Economic Cooperation，APEC），简称亚太经合组织，是亚太地区最具影响的经济合作官方论坛，成立于1989年。成立之初是一个区域性经济论坛和磋商机构，经过三十几年的发展，已逐渐演变为亚太地区重要的经济合作论坛，也是亚太地区最高级别的政府间经济合作机制，现有21个成员。

亚太经合组织的宗旨是：保持经济的增长和发展；促进成员间经济的相互依存；加强开放的多边贸易体制；减少区域贸易和投资壁垒，维护本地区人民的共同利益。为了加强成员间的经济协调与合作，APEC自1993年起，将每年举行的部长级会议变成经济体领导人非正式会议，共同探讨与全球及区域经济有关的议题，开放、渐进、自愿、协商、发展、互利与共同利益，被称为反映APEC精神的7个关键词。

贸易投资自由化和便利化是APEC的长远目标，为此1994年通过了《茂物宣言》，要求发达成员和发展中成员分别于2010年和2020年实现投资自由化，并且实施了《大阪行动议程》和《马尼拉行动计划》，通过单边行动计划和集体行动计划两种途径，落实各成员对贸易投资自由化的承诺。经济技术合作（ECOTECH）则是与贸易投资自由化并列的APEC的两个车轮之一，1995年APEC确立了合作的三个基本要素，即政策共识、共同活动和政策对话，制定了APEC经济技术合作的行动议程，确定了合作的目的、合作方式及13个合作领域。合作模式也有别于传统意义上的那种给取关系，而是确立了经济技术合作机制，鼓励私人部门和其他相关机构参加合作，并发挥市场机制的作用。

自成立以来，亚太经合组织在推动区域和全球范围的贸易投资自由化和便利化、开展经济技术合作方面不断取得进展，在加强区域经济合作、促进亚太地区经济发展和共同繁荣方面发挥了重要作用。

4. 20国集团（G20）

G20是一个国际经济合作论坛，于1999年9月25日由八国集团（G8）的财长在德国柏林成立，于华盛顿举办了第一届G20峰会，属于非正式对话的一种机制，由原G8以及其余12个重要经济体组成，包括中国、韩国、日本、印度、印度尼西亚、沙特阿拉伯、俄罗斯、英国、法国、德国、意大利、土耳其以及欧盟、南非、澳大利亚、美国、加拿大、墨西哥、巴西、阿根廷。20国集团成员涵盖面广，代表性强，构成兼顾了发达国家和发展中国家以及不同地域利益平衡，因此已取代G8成为全球经济合作的主要论坛。

G20的宗旨是：促进工业化国家和新兴市场国家就国际经济、货币政策和金融体系的重要问题开展富有建设性和开放性的对话，并通过对话，为有关实质问题的讨论和协商奠定广泛基础，以寻求合作并推动国际金融体制的改革，加强国际金融体系架构，促进经济的稳定和持续增长。按照以往惯例，国际货币基金组织与世界银行列席该组织的会议。

G20的成立为国际社会齐心协力应对经济危机，推动全球治理机制改革带来了新动力和新契机，全球治理开始从“西方治理”向“西方和非西方共同治理”转变。

小知识

G20罗马峰会关注了经济复苏和气候变化

2021年10月30日至31日，G20领导人峰会以线上线下相结合方式在罗马举行。峰会以“人、地球与繁荣”为主题，中国国家主席习近平以视频方式出席峰会并发表重要讲话，就携手应对全球挑战提出对策建议，充分彰显了大国领袖的远见卓识和责任担当。

新冠肺炎疫情影响了人们的健康与生命，也对世界经济造成复杂深远影响。一方面，通胀攀升、大宗商品价格上涨、产业链供应链不畅等因素交织叠加，世界经济复苏势头有所减弱，下行风险和不确定性明显上升，国际社会担忧情绪不断加剧；另一方面，世界经济恢复呈现两极分化趋势。国际货币基金组织最新报告预计，发达经济体产出将在2022年恢复到疫情暴发前预测的水平，到2024年还将稍稍超过疫情前的预测水平，而大多数发展中国家到2024年仍将比疫情前的预测值低5.5%。鉴于此，习近平主席呼吁各国“加强宏观经济政策协调，保持政策的连续性、稳定性、可持续性”，“着眼长远，完善全球经济治理体系和规则”，“维护以世界贸易组织为核心的多边贸易体制，建设开放型世界经济”。这符合各国长远利益和根本利益，也顺应国际社会对G20的共同期待。

G20成员包含主要发达经济体和新兴市场经济体，人口占世界2/3，温室气体排放量占全球80%。罗马峰会适逢《联合国气候变化框架公约》第26次缔约方大会前夕，所以气候变化成为重要议题。G20成员关于气候变化的立场与行动方案，对联合国气候谈判取得成果和加快实现气候目标至关重要。目前，世界多个主要经济体已就应对气候变化提出明确行动方案，但各国之间经济、能源结构迥异，能源转型方案也不尽相同。习近平主席旗帜鲜明地指出了国际气候合作和全球气候治理的原则与方向，强调G20应秉持“共同但有区别的责任”原则，发达国家要在减排问题上做出表率，充分照顾发展中国家的特殊困难和关切，并且提出中国构建碳达峰、碳中和“1+N”政策体系等重要举措，为全球应对气候变化注入强大的正能量。

资料来源：《南方日报》，2021年11月2日。

5. 亚洲开发银行

亚洲开发银行（Asian Development Bank，ADB），简称亚行，是一个致力于促进亚洲及太平洋地区发展中成员经济和社会发展的区域性政府间金融开发机构，创建于1966年11月24日，总部位于菲律宾首都马尼拉，由美国和日本共同主导。自1999年以来，亚行特别强调扶贫为其首要战略目标。

（1）亚行宗旨。

建立亚行的宗旨是通过发展援助，帮助亚太地区发展中成员消除贫困，促进亚太地区的经济和社会发展。亚行对发展中成员的援助主要采取四种形式：贷款、股本投资、技术援助、联合融资相担保，以实现“没有贫困的亚太地区”这一终极目标。亚行主要通过开展政策对话、提供贷款、担保、技术援助和赠款等方式支持其成员在基础设施、能源、环保、教育和卫生等领域的发展。

（2）亚行具体任务。

1）为亚太地区发展中成员的经济发展筹集和提供资金。

2）促进公私资本对亚太地区各成员投资。

3）帮助亚太地区各成员协调经济发展政策，以更好地利用自己的资源在经济上取长补短，并促进其对外贸易的发展。

4）对成员拟定和执行发展项目与规划提供技术援助。

5）以亚行认为合适的方式，同联合国及其附属机构，向亚太地区发展基金投资的国际公益组织，以及其他国际机构、各国公营和私营实体进行合作，并向它们提供投资与援助的机会。

6）开展符合亚行宗旨的其他活动与服务。

6. 亚洲基础设施投资银行

亚洲基础设施投资银行（Asian Infrastructure Investment Bank，AIIB），简称亚投行，是一个政府间性质的亚洲区域多边开发机构，重点支持基础设施建设，其宗旨是促进亚洲区域的建设互联互通化和经济一体化的进程，并且加强中国及其他亚洲国家和地区的合作。

亚洲经济占全球经济总量的1/3，是当今世界最具经济活力和增长潜力的地区，拥有全球六成人口。但因建设资金有限，一些国家和地区铁路、公路、桥梁、港口、机场和通信等基础建设严重不足，这在一定程度上限制了该区域的经济发展。由于基础设施投资的资金需求量大、实施的周期很长、收入流不确定等的因素，私人部门大量投资于基础设施的项目是有难度的。现有的多边机构并不能提供巨额的资金，亚行和世界银行每年能够提供给亚洲国家的资金大概只有区区200亿美元，没法满足亚洲地区基础设施建设资金的需求。另外，中国已成为世界第三大对外投资国，经过多年的发展和积累，中国在基础设施装备制造方面已经形成完整的产业链，在公路、桥梁、隧道、铁路等方面的工程建造能力也已经是首屈一指。中国基础设施建设的相关产业期望更快地走向国际。但亚洲经济体之间难以利用各自所具备的高额资本存量优势，缺乏有效的多边合作机制，缺乏把资本转化为基础设施建设的投资。在此背景下，2013 年 10 月 2 日，中国提出筹建亚投行的倡议。2014 年 10 月 24 日，包括中国、印度、新加坡等在内 21 个首批意向创始成员国的财长和授权代表在北京签约，共同决定成立亚投行。2015 年 4 月 15 日，亚投行意向创始成员国确定为 57 个，其中域内国家 37 个、域外国家 20 个。2015 年 12 月 25 日，亚投行正式成立，全球迎来首个由中国倡议设立的多边金融机构。

亚投行是在全球经济增长潜力最大的亚洲地区设立的区域性投资银行，它通过多种直接投融资手段与途径牵头组织大规模基础设施建设，实现区域经济乃至全球经济一体化，是有效疏导化解全球游资、使全球游资转变为社会生产力，挤掉全球经济泡沫、使全球虚拟经济和实体经济从不对称复归对称，促进全球金融体制改革、使全球金融体制由间接投融资为主导转变为直接投融资为主导、消除全球金融危机根源的重要途径。

7. 博鳌亚洲论坛

博鳌亚洲论坛（Boao Forum for Asia，BFA）由 25 个亚洲国家和澳大利亚发起，于 2001 年 2 月 27 日在我国海南省琼海市万泉河入海口的博鳌镇成立。作为一个非官方、非营利、定期、定址、开放性的国际会议组织，博鳌亚洲论坛以平等、互惠、合作和共赢为主旨，立足亚洲，推动亚洲各国间的经济交流、协调与合作；同时又面向世界，增强亚洲与世界其他地区的对话与经济联系。

近半个世纪以来，亚洲各国在经济与社会发展方面取得了显著成就，在国际和地区事务中的影响力日益上升。特别是近二三十年来，亚洲经济总体发展迅速，东亚经济实现了腾飞，创造了令世人瞩目的“东亚奇迹”，并成为 20 世纪最具经济发展活力的地区之一。虽然在 20 世纪末，遭受金融危机的重创，但经过自我调整与改革，亚洲经济已迅速复苏。由于亚洲大多数国家和地区现已实行开放政策，彼此间的贸易和投资联系日益密切，双边、区域、次区域以及跨区域的合作逐步展开；各国和地区间工商、金融、科技、交通、文化等领域的合作与交流不断增加；东亚地区合作（10 +3）已进入实质性阶段；东盟内部经济一体化、澜沧江 - 湄公河流域合作、图们江流域合作等次区域合作正在进行；亚太经济组织、亚欧会议、东亚 - 拉美论坛等跨区域合作也在向前推进。如何应付全球化对本地区带来的挑战，保持本地区经济的健康发展，加强相互间的协调与合作已成为亚洲各国和地区面临的共同课题。亚洲国家和地区虽然已经参与了 APEC、PECC 等跨区域国际会议组织，但就整个亚洲区域而言，仍缺乏一个真正由亚洲人主导，从亚洲的利益和观点出发，专门讨论亚洲事务，旨在增进亚洲各国和地区之间、亚洲与世界其他地区之间交流与合作的论坛组织。博鳌亚洲论坛正是在这样的背景下成立起来的。

14.3 国际经济政策协调的内容及实践

14.3.1 国际经济政策协调的内容

伴随着全球经济一体化进程的不断推进，陆续有相关国家提出了双边或多边经济政策协调的方式，主要涉及货币政策协调、财政政策协调、汇率政策协调三个方面。

1. 货币政策的协调

各国间货币政策的协调，主要涉及有关国家利率的协调，而协调主要针对利率调整的方向。若某国欲通过利率调整干预经济，实现控制通货膨胀或经济衰退的目标，则该国既要确定利率调整的方向，还要与有关国家协商，协调相互间利率调整的基本方向。这是由于，在资本流动性强的现实情况下，若各国利率调整的方向完全相反，则相关国家的经济政策目标均无法实现。除了协调其利率变动的方向，同时还要协调各国利率调整的幅度。如前所述，各国利率调整的幅度不同，将导致他们之间利率水平的差异，引起资本在各国之间流动，直至消除各国之间的利差为止。

也有一些经济学家或经济流派认为，政府应将控制的对象放在货币的增长量上，而不是控制利率。因此，各国货币政策协调的内容还包括对货币供应增长率的协调。现代货币主义就持这种观点，主张通过控制货币供应量调节经济。

2. 财政政策的协调

货币政策协调的效果在很大程度上依赖于财政政策的协调状况，因此，协调财政政策也是国际经济政策协调的必要内容。假设某国采取扩张性财政政策，财政支出过度，政府以货币政策加以配合，其结果是货币发行量增加，或较高的物价上涨率。这将导致该国货币供应增长率的上升，从而会出现因没有协调财政政策而使各国间的货币政策难以维持的现象。因此，各国之间只有协调货币政策和财政政策，一国宏观经济政策的目标才能顺利实现。

3. 汇率政策的协调

开放经济条件下各国的宏观经济政策目标包含了内部平衡和外部平衡两个方面，因此，它们之间既涉及货币政策和财政政策的协调，还需要进行汇率政策的协调。虽然一国政府可以采取完全浮动的汇率制度，从而将政府的关注点置于内部平衡上，但这种做法并不利于维持一国经济持续稳定发展，且存在着相当的外部风险。因而，各国还是趋向采用有管理的浮动汇率制。在有管理的浮动汇率制下，一国政府必须兼顾内部平衡和外部平衡两个目标。假设某国经济存在有效需求不足的问题，该国政府采取本币贬值的汇率政策，以期刺激出口，抑制进口。但如果其他国家政府采取同样的政策措施而出现各国货币竞相贬值的现象，最终结果可能是各国的货币兑换率回到原来的初始状态。如果任何一国的货币贬值幅度超过其他国家，各国间的贸易风险随之产生。而如果一些国家采取货币贬值或预期货币贬值的政策，而其他国家采取货币升值或预期货币升值的政策，则会引起这些国家货币汇率的变化，引起投机或资金转移。而单纯由汇率变动引起的资金转移对各有关国家经济的稳定和正常增长不利。

各国货币政策、财政政策以及汇率政策协调的最高级阶段是各国货币的统一，即用一种统一的货币来替代各国独立使用的货币。在货币统一的条件下，各国不能自行增加或减少货币供给，也不能独立提高或降低本国的利率水平。同样，在这个条件下各国必须有协调一致的财政政策，否则，财政政策的实施将失去条件。这是由于扩张性财政政策的有效实施依赖于信用的扩张，如果是在货币供应量不变的条件下，政府支出的增加将引起利率的上升，产生政府财政的挤出效应，从而大大抵消财政政策的作用。实际上，各国的货币统一后，汇率的协调也就不复存在。

现实中，协调各国经济政策困难重重。首先是由于各国经济发展的情况存在差异，特别是经济波动的程度有所不同；其次是各国的偏好差异以及政策协调的利益分配；最后是各国不愿意放弃其经济政策的独立性。基于上述原因，使得各国在经济政策的协调上很难达成一致意见。因此在各国间的协调上，一般选择较为松散的协调方式，比如相互信息交换、临时危机管理等。

14.3.2 国际经济政策协调的实践

第二次世界大战以后，在国际经济政策的协调实践中，出现了全球性和区域性两种模式。全球性的经济政策协调主要由国际货币基金组织及一些主要发达国家参与进行，而区域性的国际经济政策协调主要出现在一些区域经济一体化组织内部，协调水平比较高且比较成功的区域组织是欧盟。

1. 全球性的国际经济政策协调实践

第二次世界大战结束以后，为了建立新的国际金融秩序，在美英的主导下，国际货币基金组织成立。在布雷顿森林体系发挥作用时期，各国的汇率不能随意调整。即便是到了 20 世纪 70 年代初该体系崩溃，浮动汇率制度普遍实施后，国际货币基金组织仍要求对成员的汇率政策进行全面评估，其监督评估的对象既包括发达国家，也包括发展中国家。

国际货币基金组织对汇率的监督采取两种形式：一是多边监督，主要分析各工业化国家国际收支和汇率政策的相互作用，并评估这些政策对国际经济的影响。该组织试图在讨论和协商的基础上，促进工业化国家在国际货币金融领域的合作和加强其在宏观经济政策上的协调。二是个别监督，主要是检查各成员的汇率政策，要求各成员将其汇率调整的安排通知该组织，以利于成员之间的协调。

事实上，总体来看这种协调是有限的，原因有二：其一，国际货币基金组织涉及成员多，且它们之间经济发展水平差异明显；其二，成员之间经济关系的紧密程度也存在差异，导致各成员对这种协调的重视程度不同。

为加强发达国家之间的经济政策协调，1976 年七国集团成立。该集团包括美国、联邦德国[⊖]、日本、法国、英国、加拿大和意大利七个主要的西方工业国家。它们认识到，发达

⊖ 1990 年 10 月 3 日，与民主德国统一为德国。

国家之间的宏观经济政策协调和合作不仅关系到世界经济的稳定和发展，更关系到其各自的经济稳定和发展。七国商定每年就其关心的各国经济及世界经济中的主要问题进行协商。

1985 年，五个主要工业国家美国、日本、联邦德国、法国和英国的财长和央行行长召开了著名的“广场会议”，提出协调各国经济政策，促进汇率稳定的改革建议，并实现美元对日元的贬值。1986 年，七国财长在东京召开会议，提出 10 项具体指标来实现各国政策协调。1987 年，七国首脑在威尼斯会议上对实现各国经济政策协调做出了具体规定。同年七国财长在法国卢浮宫召开会议，要求美国减少财政赤字，德、日扩大内需，以消除汇率不稳的根源，实现汇率的稳定。1987 年全球股市危机爆发以后七国财长联合发表声明，强调为稳定汇率进行国际干预。1994 年年底，七国财长会议协商对策以稳定墨西哥比索的币值。1998 年 10 月，七国首脑和财长会议又针对东南亚金融危机的蔓延和扩散提出了一系列旨在稳定日益动荡的国际金融局势的建议。2003 年以来，为促进发达国家与发展中国家在人类面临的共同挑战和重大国际问题上的沟通和了解，八国集团[㊀]加强了同发展中国家的联系，多次召开八国集团和发展中国家领导人对话会议，就全球进程中世界经济、全球能源安全、气候变化和其他重大的国际问题进行磋商和政策协调，对世界经济和政治产生了重要的影响。

自 2008 年全球金融危机爆发以来，世界主要经济体、联合国和权威国际金融机构举行了一系列高级别会议，以加强合作，应对金融危机。

（1）二十国集团华盛顿金融峰会。

会议于 2008 年 11 月 15 日在美国首都华盛顿举行，这是二十国集团[㊁]为应对金融危机首次举行的金融市场和世界经济峰会，就应对世界面临的金融和经济问题的措施达成行动计划。在金融领域，计划涉及提高金融市场透明度和完善问责制、加强监管、促进金融市场完整性、强化国际合作以及改革国际金融机构五个方面。

（2）二十国集团伦敦金融峰会。

会议于 2009 年 4 月 2 日在英国首都伦敦举行。会议承诺：加强宏观经济政策协调，刺激全球总需求，促进世界经济复苏；增加国际金融机构的资源，并增加发展中国家的发言权和代表权；进一步加强国际金融监管合作，将监管扩展到所有具有系统重要性的金融机构、工具和市场；坚决抵制贸易保护主义，尽快完成多哈回合谈判；高度重视发展问题，继续全力支持实现千年发展目标。

（3）世界银行和国际货币基金组织春季会议。

会议于 2009 年 4 月 26 日在华盛顿举行。会议集中商讨了应对危机和支持增长、稳定金融市场和改革金融体系等重大问题，并就如何落实二十国集团伦敦金融峰会所达成的共识进一步交流情况和协调立场。

㊀ 八国集团（G8），1997 年俄罗斯被接纳为成员国，正式成立了八国集团首脑会议。2014 年 3 月 25 日，美国白宫宣布暂停俄罗斯 G8 成员国地位。

㊁ 二十国集团（G20）由七国集团财长会议于 1999 年倡议成立。

(4) 联合国世界金融和经济危机及其对发展的影响高级别会议。

会议于2009年6月24日~27日在纽约联合国总部举行。会议旨在帮助世界各国在金融和经济危机面前协调立场，合作制定长期的应对方案。会议特别关注广大发展中国家、特别是最不发达国家在危机中的困难和需求。这是联合国历史上首次就国际金融危机问题举行高级别会议。会议通过一份成果文件，呼吁国际社会增加对发展中国家的援助。

(5) 金融稳定委员会（FSB）成立大会。

会议于2009年6月26日~27日在瑞士巴塞尔举行。根据伦敦峰会精神，新成立的金融稳定委员会已取代金融稳定论坛，成为继IMF和世界银行之后的又一家权威国际金融机构，并与IMF一道对全球宏观经济和金融市场上的风险实施监测。该委员会在金融实务的国际协调方面有更大的发言权。

(6) 八国集团首脑会议。

会议于2009年7月8日~10日在意大利中部城市拉奎拉举行。与会各方主要围绕金融危机与世界经济复苏、气候变化、能源安全、粮食安全、国际贸易、发展特别是非洲发展等国际社会最为关心的问题充分交流看法。

(7) 二十国集团匹兹堡金融峰会。

会议于2009年9月24日~25日在美国匹兹堡举行。会上，二十国集团领导人就全球经济复苏和可持续发展、加强国际金融监管、国际金融机构改革、共同发展以及反对贸易保护主义和多哈回合谈判等内容交换意见。

2. 区域性的经济政策协调实践

欧盟是目前世界范围内区域经济一体范围最大、程度最高的地区，但是欧盟自身也面临着区域经济发展不平衡的问题。为了消除这一问题，在欧盟内部的经济一体化进程中，欧盟不断采取积极的政策协调措施，来消除区域经济发展差距。欧盟的区域协调政策是世界上最典型、也是相对比较成功的区域协调政策。因此，我们就以欧盟为例，来介绍区域性的经济政策协调实践。

1999年年初，欧元作为区域货币正式启动，各成员国放弃自己的货币，采用统一的货币，同时带来了各国调整经济的宏观经济政策工具的变化，货币政策交由欧洲中央银行制定，各国只拥有财政政策的制定权。因此，欧盟在统一货币政策的基础上，研究各自的财政政策如何制定以实现欧盟整体经济发展与自身发展的协调统一，就成了主要问题。欧盟分别于1991年和1997年签订了《马斯特利赫特条约》和《稳定与增长公约》，先后对各国的财政赤字、国债占GDP的比例以及如何惩罚做了严格、具体的规定，从法律角度规定了各成员国的财政纪律，制定了严格的财政趋同指标，这有助于欧盟成员国充分运用财政政策来刺激经济。统一各成员国的税收制度也是财政政策协调的一大方面。欧盟采取了务实和谨慎的做法，允许成员国自行确定本国的税收制度和政策，但同时也确立了一系列税收一体化的原则，规定了各成员国税制改革的方向，对成员国的税制进行了原则性的规定。

随着一体化程度的不断加深，欧盟对政策协调不断地进行调整。首先，确定了“经济政策指导原则”为协调欧盟经济政策的核心，包括为成员国提供普通的经济政策指导，对成员国和欧盟提出特殊政策建议。同时为了增强这一协调框架的效率，欧盟还加强了对欧元区的经济计量分析，对货币政策和财政政策组合进行经常性的评估，并给成员国发送全面的政策组合评估报告。其次，为了避免政策出现负面的外部性，欧盟加强了财政和货币政策当局间的协调和对话，为成员国和欧洲央行建立了一个非正式论坛，各成员国可以进行政策对话，交换各自对经济状况的看法，交流政策需求信息，甚至在必要时候进行联合决策。

但是，由于欧盟各国的经济周期和主要经济矛盾各不相同，容易产生欧盟财政政策方向与成员国的经济需求不相一致的矛盾，特别是在个别成员国受到不对称经济冲击时，这一矛盾将会更加突出。2009 年始于希腊的欧洲主权债务危机爆发后，一些国家的主权债务评级先后被调降，欧盟市场动荡，成员国政府债券价格都出现了下跌的趋势，大量资金逃离欧洲转向美国，欧元对美元大幅度贬值。客观来讲，危机的出现在一定程度上是欧盟统一的货币政策和成员国分散的财政政策之间的冲突造成的。欧盟的货币政策由欧洲中央银行负责实施，它独立地制定以稳定物价为主要目标的货币政策，使成员国经济朝着良好的方向发展。而财政政策由欧盟委员会负责执行和监督，其主要任务是在经济不稳定时进行适当调控。由于欧盟中央财政的预算规模很小，财政权力更是微乎其微，无法实现对整个欧元区财政政策的协调，这就决定了欧元区的财政决策权力基本上由各成员国所掌控。由于欧洲央行统一的货币政策，欧元区国家为了刺激国内经济，只能通过过度的财政预算，以国家信用为担保大规模举债。可见，统一的货币政策与高度分散的财政政策在没有实现政治一体化的欧盟进行组合，这是一种前所未有的宏观经济政策协调，其难度可见一斑。

随着欧洲主权债务危机的深化，欧盟财政政策协调的重点也有所调整。2010 年欧盟峰会上商定了欧盟经济方案，强化财政纪律，深化经济政策协调，建立永久危机解决机制，完善配套机构建设和引入新的宏观监督机制。具体改进包括：欧盟和 IMF 讨论后建立了临时的欧洲金融稳定机构和出台救助方案，为爱尔兰和葡萄牙提供了数百亿欧元的救助资金；欧洲央行首次在二级市场购买一些欧元区国家的国债，缓解了债券市场的压力，对危机救援起到一定的作用。

综上所述，尽管存在着国际经济政策协调的必要性和可能性，各国具有进行国际经济政策协调的愿望，但由于各国政府的宏观经济政策目标并不一致，所以国际经济政策协调真正实行起来会遇到许多困难。

本章要点

1. 在开放经济下，一国宏观经济政策在实现内外均衡目标方面发挥作用，同时也会发生国际传导，从而对其他国家产生溢出效应。正是这种正或负的溢出效应使得国际政策协调成为必要。
2. 各国经济政策的有效协调可以为各国带来潜在收益，提高各国的福利水平。
3. 国际经济政策协调的内容主要包括各国的货币政策、财政政策、汇率政策的协调和配合。

4. 在当今世界经济中，国际货币基金组织及西方的一些主要国家在国际政策协调中扮演了较为重要的角色，而欧盟各成员国经济政策的协调则是目前较高级别的国际经济政策协调。
5. 由于各国政府的宏观经济政策目标并不一致，所以国际经济政策协调真正实行起来会遇到许多困难。

课后思考与练习

1. 举例说明何为“以邻为壑”的经济政策。
2. 1983～1984年，美国实行扩张性的财政政策。请简述这种政策在短期内和长期内对国内和国外分别会有怎样的影响？如果美国实行的是扩张性的货币政策呢？请说明两种政策影响的不同之处。
3. 考虑以下政策博弈：

		A国	
		货币扩张	货币紧缩
B国	货币扩张	①两国均扩大产出，且维持经常账户平衡	②B国产出提高，经常账户盈余，A国经常账户亏损
	货币紧缩	③A国产出提高，经常账户盈余，B国经常账户亏损	④两国经常账户平衡，但产出止步不前

（1）若两国单独决策，其博弈的均衡结果是怎样的？
（2）对于社会来说最优的结果是什么？
（3）在这种情况下国际经济政策协调是否必要？

参考文献

[1] 李坤望. 国际经济学 [M]. 4版. 北京：高等教育出版社，2017.
[2] 海闻，施建淮. 国际经济学 [M]. 北京：高等教育出版社，2011.
[3] 黄卫平，彭刚. 国际经济学教程 [M]. 3版. 北京：中国人民大学出版社，2019.
[4] 佟家栋，高乐咏. 国际经济学 [M]. 4版. 北京：高等教育出版社，2021.
[5] 克鲁格曼，奥伯斯法尔德，梅里兹. 国际经济学：理论与政策：第11版 [M]. 丁凯，等译. 北京：中国人民大学出版社，2021.
[6] 阿普尔亚德，菲尔德. 国际经济学：国际贸易分册：第8版 [M]. 赵英军，译. 北京：机械工业出版社，2014.
[7] 方齐云，方臻旻. 国际经济学 [M]. 武汉：华中科技大学出版社，2022.
[8] 郑甘澍，刘莉. 国际经济学 [M]. 2版. 上海：上海财经大学出版社，2018.
[9] 胡曙光，门淑莲，张帆. 国际经济学 [M]. 2版. 大连：东北财经大学出版社，2007.
[10] 杨培雷. 国际经济学 [M]. 4版. 上海：上海财经大学出版社，2021.
[11] 周文贵，等. 国际经济学论纲 [M]. 广州：中山大学出版社，2004.
[12] 萨尔瓦多. 国际经济学：第12版 [M]. 刘炳圻，译. 北京：清华大学出版社，2019.
[13] 高鸿业. 西方经济学：微观部分 [M]. 8版. 北京：中国人民大学出版社，2021.
[14] 斯密. 国民财富的性质和原因的研究 [M]. 郭大力，王亚南，译. 北京：商务印书馆，1979.
[15] 李嘉图. 政治经济学及赋税原理 [M]. 郭大力，王亚南，译. 北京：商务印书馆，1979.
[16] 奥林. 地区间贸易和国际贸易 [M]. 王继祖，等译. 北京：商务印书馆，1981.
[17] 余淼杰. 国际贸易学：理论、政策与实证 [M]. 2版. 北京：北京大学出版社，2021.
[18] 于倩. 国际贸易 [M]. 北京：经济科学出版社，2013.
[19] 安德森. 中国经济比较优势的变化 [M]. 经济合作与发展组织发展中心，译. 北京：经济科学出版社，1992.
[20] 程大中. 国际贸易：理论与经验分析 [M]. 上海：格致出版社，2022.
[21] 余智. 国际贸易基础理论与研究前沿 [M]. 上海：格致出版社，2015.
[22] 海闻，等. 国际贸易和投资：增长与福利，冲突与合作 [M]. 北京：北京大学出版社，2010.
[23] 李洁. 国际贸易与经济增长：基于技术转移视角的理论及中国的实证研究 [M]. 北京：中国社会科学出版社，2012.
[24] 赵春明. 跨国公司与对外直接投资 [M]. 北京：机械工业出版社，2007.
[25] 朱廷珺. 国际贸易 [M]. 3版. 北京：北京大学出版社，2016.
[26] 吴志明，杨胜刚. 国际金融 [M]. 5版. 北京：高等教育出版社，2021.
[27] 范小云，陈平. 国际金融 [M]. 2版. 北京：高等教育出版社，2019.
[28] 邓立立. 国际金融 [M]. 2版. 北京：清华大学出版社，2019.
[29] 凯弗斯，法兰克尔，琼斯. 世界贸易与国际收支：第9版 [M]. 张永，吴素萍，徐卫宇，译. 北京：中国人民大学出版社，2005.

[30] 戴国强. 货币金融学 [M]. 4 版. 上海：上海财经大学出版社，2017.
[31] 朱旭强. 国际金融理论与实务 [M]. 2 版. 北京：机械工业出版社，2017.
[32] 奚君羊. 国际金融学 [M]. 3 版. 上海：上海财经大学出版社，2019.
[33] 刘园. 国际金融学 [M]. 2 版. 北京：机械工业出版社，2016.
[34] 王春萍，李成华. 国际金融学：修订版 [M]. 西安：西北工业大学出版社，2020.
[35] 汪洋. 国际金融：理论与政策 [M]. 北京：机械工业出版社，2021.
[36] 曼昆. 经济学原理：第 8 版 [M]. 梁小民，梁砾，译. 北京：北京大学出版社，2020.
[37] 何国华. 国际金融理论最新发展 [M]. 北京：人民出版社，2014.
[38] 王琦，田志宏. 农业利益集团对农产品关税政策的影响：基于美国、欧盟、印度和日本的案例分析 [J]. 经济研究参考，2013(65)：71-74.
[39] 杨茂森. 国际要素流动与服务贸易国际竞争力文献评述 [J]. 商情，2014(3)：71，77.
[40] 卓凡超，常志有. 国际要素流动和商品贸易的关系研究 [J]. 经济研究导刊，2016(19)：161，189.
[41] 韩晓. 国际贸易理论的演进及发展研究 [J]. 中国市场. 2017(32)：104-105.
[42] 周小琳，吴翔，独孤昌慧. 异质性企业贸易理论关于国际贸易基本问题的回答：一个文献综述 [J]. 经济问题探索，2015(9)：156-163.
[43] 王爱俭. 20 世纪国际金融理论研究：进展与评述：修订版 [M]. 北京：中国金融出版社，2013.
[44] 王刚贞. 国际金融理论的研究进展 [J]. 郑州航空工业管理学院学报，2009，27(6)：92-96.
[45] EDWARD E L. Sources of international comparative advantage [M]. Cambridge: MIT Press, 1984.
[46] ROBERT E B. Determinants of the commodity structure of U. S. trade [J]. American Economics Review, 1971, 61(1): 126-146.
[47] LEONTIEF W. Domestic production and foreign trade: the American capital position re-examined [R]. Proceedings of the American Philosophical Society, 1954: 3-32.
[48] LEONTIEF W. Factor proportions and the structure of American trade: further theoretical and empirical analysis [J]. Review of Economics and Statistics, 1956: 386-407.
[49] OLIVIER B, LAWRENCE K. Regional evolutions [J]. Brookings Papers on Econmic Activity, 1991.
[50] EBERHARDT M, CHRISTIAN H, Yu Z H. Is the dragon learning to fly? an analysis of the Chinese patent explosion [J]. CSAE Working Paper, 2011.
[51] BERNARD A B, JENSEN B J, REDDING S J, et al. Firms in international trade [J]. Journal of Economic Perspectives, 2007, 21(3): 105-130.
[52] LINDER S. An essay on trade and transformation [M]. New York: John Wiley and Sons, 1961: 102.
[53] MELITZ M J. The impact of trade on intra-industry reallocations and aggregate industry productivity [J]. Econometrica, 2003, 71(6): 1695-1725.
[54] MELITZ M J, OTTAVIANO G I P. Market size, trade, and productivity [J]. Review of Economics Studies, 2008, 75(1): 295-316.
[55] MELITZ M J, REDDING S J. Handbook of international economics [M]. Pergamon: Elsevier Science Ltd, 2013.
[56] VERNON R. International investment and international trade in the product life cycle [J]. Quarterly Journal of Economics, 1966: 190-207.
[57] ELHANAN H, KRUGMAN P. Market structure and foreign trade: increasing returns, imperfect competition, and the international economy [M]. Cambridge: MIT Press, 1987.